Standard C++ Bible

D1399745

Standard C++ Bible

Al Stevens and Clayton Walnum

IDG Books Worldwide, Inc.
An International Data Group Company

Foster City, CA ✦ Chicago, IL ✦ Indianapolis, IN ✦ New York, NY

Standard C++ Bible

Published by
IDG Books Worldwide, Inc.
An International Data Group Company
919 E. Hillsdale Blvd., Suite 400
Foster City, CA 94404
www.idgbooks.com (IDG Books Worldwide Web site)

ISBN: 0-7645-4654-6

Library of Congress Card Number: 00-10166

Printed in the United States of America

10 9 8 7 6 5 4 3 2 1

1B/QX/QU/QQ/FC

Distributed in the United States by IDG Books Worldwide, Inc.

Distributed by CDG Books Canada Inc. for Canada; by Transworld Publishers Limited in the United Kingdom; by IDG Norge Books for Norway; by IDG Sweden Books for Sweden; by IDG Books Australia Publishing Corporation Pty. Ltd. for Australia and New Zealand; by TransQuest Publishers Pte Ltd. for Singapore, Malaysia, Thailand, Indonesia, and Hong Kong; by Gotop Information Inc. for Taiwan; by ICG Muse, Inc. for Japan; by Intersoft for South Africa; by Eyrolles for France; by International Thomson Publishing for Germany, Austria, and Switzerland; by Distribuidora Cuspide for Argentina; by LR International for Brazil; by Galileo Libros for Chile; by Ediciones ZETA S.C.R. Ltda. for Peru; by WS Computer Publishing Corporation, Inc., for the Philippines; by Contemporanea de Ediciones for Venezuela; by Express Computer Distributors for the Caribbean and West Indies; by Micronesia Media Distributor, Inc. for Micronesia; by Chips Computadoras S.A. de C.V. for Mexico; by Editorial Norma de Panama S.A. for Panama; by American Bookshops for Finland.

For general information on IDG Books Worldwide's books in the U.S., please call our Consumer Customer Service department at 800-762-2974. For reseller information, including discounts and premium sales, please call our Reseller Customer Service department at 800-434-3422.

For information on where to purchase IDG Books Worldwide's books outside the U.S., please contact our International Sales department at 317-596-5530 or fax 317-572-4002.

For consumer information on foreign language translations, please contact our Customer Service department at 800-434-3422, fax 317-572-4002, or e-mail rights@idgbooks.com.

For information on licensing foreign or domestic rights, please phone +1-650-653-7098.

For sales inquiries and special prices for bulk quantities, please contact our Order Services department at 800-434-3422 or write to the address above.

For information on using IDG Books Worldwide's books in the classroom or for ordering examination copies, please contact our Educational Sales department at 800-434-2086 or fax 317-572-4005.

For press review copies, author interviews, or other publicity information, please contact our Public Relations department at 650-653-7000 or fax 650-653-7500.

For authorization to photocopy items for corporate, personal, or educational use, please contact Copyright Clearance Center, 222 Rosewood Drive, Danvers, MA 01923, or fax 978-750-4470.

ABOUT IDG BOOKS WORLDWIDE

Welcome to the world of IDG Books Worldwide.

IDG Books Worldwide, Inc., is a subsidiary of International Data Group, the world's largest publisher of computer-related information and the leading global provider of information services on information technology. IDG was founded more than 30 years ago by Patrick J. McGovern and now employs more than 9,000 people worldwide. IDG publishes more than 290 computer publications in over 75 countries. More than 90 million people read one or more IDG publications each month.

Launched in 1990, IDG Books Worldwide is today the #1 publisher of best-selling computer books in the United States. We are proud to have received eight awards from the Computer Press Association in recognition of editorial excellence and three from Computer Currents' First Annual Readers' Choice Awards. Our best-selling *...For Dummies*® series has more than 50 million copies in print with translations in 31 languages. IDG Books Worldwide, through a joint venture with IDG's Hi-Tech Beijing, became the first U.S. publisher to publish a computer book in the People's Republic of China. In record time, IDG Books Worldwide has become the first choice for millions of readers around the world who want to learn how to better manage their businesses.

Our mission is simple: Every one of our books is designed to bring extra value and skill-building instructions to the reader. Our books are written by experts who understand and care about our readers. The knowledge base of our editorial staff comes from years of experience in publishing, education, and journalism — experience we use to produce books to carry us into the new millennium. In short, we care about books, so we attract the best people. We devote special attention to details such as audience, interior design, use of icons, and illustrations. And because we use an efficient process of authoring, editing, and desktop publishing our books electronically, we can spend more time ensuring superior content and less time on the technicalities of making books.

You can count on our commitment to deliver high-quality books at competitive prices on topics you want to read about. At IDG Books Worldwide, we continue in the IDG tradition of delivering quality for more than 30 years. You'll find no better book on a subject than one from IDG Books Worldwide.

John Kilcullen
Chairman and CEO
IDG Books Worldwide, Inc.

Eighth Annual
Computer Press
Awards ≳1992

Ninth Annual
Computer Press
Awards ≳1993

Tenth Annual
Computer Press
Awards ≳1994

Eleventh Annual
Computer Press
Awards ≳1995

IDG is the world's leading IT media, research and exposition company. Founded in 1964, IDG had 1997 revenues of $2.05 billion and has more than 9,000 employees worldwide. IDG offers the widest range of media options that reach IT buyers in 75 countries representing 95% of worldwide IT spending. IDG's diverse product and services portfolio spans six key areas including print publishing, online publishing, expositions and conferences, market research, education and training, and global marketing services. More than 90 million people read one or more of IDG's 290 magazines and newspapers, including IDG's leading global brands — Computerworld, PC World, Network World, Macworld and the Channel World family of publications. IDG Books Worldwide is one of the fastest-growing computer book publishers in the world, with more than 700 titles in 36 languages. The "...For Dummies®" series alone has more than 50 million copies in print. IDG offers online users the largest network of technology-specific Web sites around the world through IDG.net (http://www.idg.net), which comprises more than 225 targeted Web sites in 55 countries worldwide. International Data Corporation (IDC) is the world's largest provider of information technology data, analysis and consulting, with research centers in over 41 countries and more than 400 research analysts worldwide. IDG World Expo is a leading producer of more than 168 globally branded conferences and expositions in 35 countries including E3 (Electronic Entertainment Expo), Macworld Expo, ComNet, Windows World Expo, ICE (Internet Commerce Expo), Agenda, DEMO, and Spotlight. IDG's training subsidiary, ExecuTrain, is the world's largest computer training company, with more than 230 locations worldwide and 785 training courses. IDG Marketing Services helps industry-leading IT companies build international brand recognition by developing global integrated marketing programs via IDG's print, online and exposition products worldwide. Further information about the company can be found at www.idg.com.   1/26/00

Credits

Acquisitions Editors
John Osborn
Debra Williams Cauley

Project Editors
Greg Robertson
Andy Marinkovich
Elyn Wollensky

Technical Editor
Al Stevens

Permissions Editor
Lenora Chin Sell

Media Development Manager
Stephen Noetzel

Media Development Specialist
Jason Luster

Quality Control Specialist
Chris Pimentel

Proofreading and Indexing
York Production Services

Graphics and Production Specialists
Bob Bihlmayer
Jude Levinson
Michael Lewis
Ramses Ramirez
Victor Pérez-Varela
Dina F Quan

Copy Editors
Victoria Lee
Amy Joy Eoff

Project Coordinators
Linda Marousek
Louigene A. Santos

Book Designer
Drew R. Moore

Cover Design
Kippy Thomsen

Illustrator
Karl Brandt
Mary Jo Richards

About the Author

Al Stevens has written the "C Programming" column in *Dr. Dobb's Journal,* the number one programmer's magazine, since 1988. He is the author of more than a dozen best-selling titles for MIS PRESS, including, *Teach Yourself C++ 5th Edition* and *Teach Yourself Microsoft Windows 98.* Al lectures nationally to programmers, educators, and systems managers on technical issues related to programming and software design. A professional programmer since 1958, and an independent programming consultant and writer since 1978, Al maintains a loyal following of readers who appreciate his insight and clear writing style.

Clayton Walnum started programming computers in 1982 when he traded in an IBM Selectric typewriter to buy an Atari 400 computer (16K of RAM!). Clay soon learned to combine his interest in writing with his newly acquired programming skills, and started selling programs and articles to computer magazines. In 1985, *ANALOG Computing*—a nationally distributed computer magazine—hired him as a technical editor. Before leaving the magazine business in 1989 to become a freelance writer, Clay had worked his way up to Executive Editor. He since has acquired a degree in Computer Science, and has worked on more than 40 books (translated into many languages) covering everything from computer gaming to 3-D graphics programming. He also has written hundreds of magazine articles and software reviews, as well as countless programs. His recent books include *Windows 98 Programming Secrets*, *C++ Master Reference*, and *The Complete Idiot's Guide to Visual Basic 6*. Clay's biggest disappointment in life is that he wasn't one of the Beatles. To compensate, he writes and records rock music in his home studio. You can reach Clay by sending e-mail to cwalnum@claytonwalnum.com or by visiting his Web site at www.claytonwalnum.com. And don't forget to visit Clay's music page at www.mp3.com/claywalnum.

To Lynn
Clayton Walnum

To my pal Ed Dwyer, who always needs a new computer book
to use for a doorstop.
Al Stevens

Foreword

On every college campus, everyone seems to know which professors to get and which ones to avoid. When it comes to C++, everyone wants to be in Al Stevens's class. Why not? Al has taught C and C++ to an untold number of programmers in person, in his popular "C Programming" column that appears in *Dr. Dobb's Journal*, and in numerous authoritative books.

In *Standard C++ Bible,* Al Stevens and Clayton Walnum take you on a guided tour of C++'s powerful features. Starting with the basic elements, you find solid coverage of object-oriented programming using the latest features of C++.

This book also has excellent coverage of poorly understood topics, such as templates (including the Standard Template Library), namespaces, and run-time type identification (RTTI). These features are especially important for developers working on large or complex systems. Everyone from the novice to the seasoned programmer can find a wealth of information here.

Using Al's popular Quincy integrated development environment, Al and Clayton show you how C++ works and how to make it work for you in a real-world project. You not only learn the technology, but also the best practices that differentiate professional programmers from mere amateur coders.

This book is an excellent way to learn C++. It is so comprehensive, you'll refer to it long after you learn the fundamentals.

Al Williams, author and columnist

Preface

C++ rapidly has become the language of choice for professional programmers the world over. Now that there is an approved standard for C++, and now that many compilers support most of the requirements of that standard, there is no better time to dig in and learn to program with this versatile and powerful language. This book leads you through the entire language as it is defined in the ANSI/ISO International Standard.

Not a C Programmer?

This book does not assume that you already know C, and it stands alone as a complete tutorial in the C++ language. Most books on C++ published in the past several years assume that the reader already knows C. By now, however, most C programmers have learned C++. Therefore, the principal audience for this book is the programmer who knows neither language and wants to learn C++.

According to conventional wisdom, you should learn C first and then learn C++. That advice turns out not so wise after all. It is better to avoid learning the "C style" of programming lest you start out with a few unnecessary and unhealthy biases. If you do not already know C, you should wade right into C++ according to more current conventional wisdom. I decided, therefore, to turn this work into a full treatment of C++ aimed at those who understand programming — but not necessarily any particular programming language. Of course, C programmers who want to learn C++ can use this book, too.

Already a C Programmer?

It may seem to C programmers that Chapters 2 through 8 are mostly about the C language component built into C++. A C programmer may be tempted to skim these chapters, but I recommend that you read them carefully. Chapter 2, for example, provides an introduction to the C++ console input/output iostream objects, which C++ programmers use instead of the getchar(), putchar(), gets(), puts(), printf(), and scanf() family of Standard C functions. Also watch for subtle differences in other parts of the C++ language scattered throughout these chapters. For example, the behavior of the C++ goto statement described in Chapter 4 is different from that of the C goto; a void pointer in C++ cannot be assigned to a pointer to a type without a cast; the main() function cannot be called recursively in a C++ program; you must initialize a const object; variables cannot be declared implicitly as int; an enumerator is a type and not an int; and so on. I do not highlight all of these differences. Instead, I tend to treat C++ as a completely new subject. In essence, do not depend on your C knowledge and neglect the lessons that Chapters 1 through 8 teach.

Example Programs

Beginning in Chapter 1, this book leads you through the C++ learning process with a series of example programs. Each program includes C++ source code that you can compile and execute. To get the maximum benefit of these lessons, you should load, compile, and run the programs as you go along.

The programs guide you through the subjects in a sequence that introduces simpler concepts first, using them in successive programs as more complex subjects are developed. The programs build upon preceding ones. Therefore, you should follow the programs in the order in which they appear.

The example programs are small. They are not — nor are they intended to be — full-blown, useful programs that you take into the workplace. Each example demonstrates a particular feature of C++. The examples are complete programs in that they compile and link independently.

Compiler Included

The CD-ROM in the back cover sleeve includes Quincy 99, a Windows-hosted (Windows 95 or greater) C++ compiler system that you can use to compile and run the example programs. Quincy 99 leads you through the programs by having you select from a list that corresponds with the listing numbers and titles that appear in the book.

An Approach to Teaching and Learning

A complex subject such as a programming language often sends you into a learning loop. You cannot learn a lesson without knowing about a prerequisite lesson, which has some other prerequisite lesson, which in turn has the new lesson as a prerequisite. A case in point is the C++ iostream classes, which define objects that read from and write to the console. To understand them thoroughly, you must understand C++ classes and overloaded operators, both of which are advanced C++ topics. Yet, to progress to those advanced topics, you must run exercises that use the keyboard and screen devices. The iostream family of classes implements these devices. You must use the system-defined cin and cout objects with an unquestioning faith that what they do and how they do it eventually will make sense.

Because of this circular approach, a programmer who already is well versed in C++ may wonder about the organization of this book. Some example programs do not include code constructs that a seasoned C++ programmer would recognize as conventional, appropriate, or even necessary. These omissions are intentional and result from the learning sequence of this book. Eventually, the book covers those bases. Other omissions are due to the highly advanced nature of C++ and the kind of strange and exotic code that it permits. There are elements in C++ that a tutorial work should spare the newcomer. Later, when you have the language well in hand, you can study advanced books and push C++ to its limits.

Trust the book and be patient — everything eventually becomes clear. You will see many forward references to chapters when topics are mentioned that you haven't yet learned. If a discussion is unclear, make a note to yourself and return to the discussion after you read more about the topic in the referenced chapter.

The Organization of This Book

Chapter 1 introduces you to programming in C++. It explains what you should know already and what you need in order to use the programs on the CD-ROM. This chapter includes a brief history of C++ and an overview of the C++ programming language with an introduction to the main() function, the entry point of every C++ program.

Chapter 2 is where you begin writing programs. I teach you more about the main() function, how to put comments in your code, how to include the header files of the standard libraries, and how to perform simple console output to view the results of your programs. You learn about C++ expressions and assignment statements. You also discover how to read data from the keyboard and display onscreen information.

Chapter 3 focuses on functions. I show you how C++ programs declare, define, and call functions, while passing parameter arguments and getting return values. You learn how C++ functions are arranged into nested blocks of code. You also learn how to link C++ program modules with modules written in other languages, such as C.

Chapter 4 introduces program flow control. You learn the if...else, do, while, for, goto, switch, break, continue, and return statements.

Chapter 5 teaches you about C++ data types, including characters, integers, and floating-point numbers. You learn how to use constants and learn about the scope of variables. Also, you see how to arrange data types into aggregates called arrays, structures, and unions.

Chapter 6 covers the use of pointers in your programs. You learn to define new data type identifiers with the typedef operator, as well as about recursion and C++ reference variables.

Chapter 7 discusses some of the Standard C Library functions. You learn how to use header files for the standard functions that your programs call. You also learn about string functions, memory allocation functions, math functions, and others.

Chapter 8 focuses on the C++ preprocessor, which enables you to define macros and write compile-time conditional expressions that control how a program compiles.

Chapter 9 introduces the class mechanism by expanding on what you can do with the struct. You learn about the data abstraction properties of intrinsic and user-defined types, data members and member functions, and access specifiers.

Chapter 10 explains function templates, which enable you to create generalized functions that can work with different types of data. You learn about template parameters and arguments, and about more advanced template subjects, such as template overloading.

Chapter 11 expands the discussion of classes by introducing constructors, destructors, conversion functions, assignment functions, arrays of class objects, and class object memory allocation.

Chapter 12 deals with overloaded operators — a feature that assigns behavior to class objects to mimic the behavior of intrinsic data types when used in expressions that include arithmetic, relational, and other operators.

Chapter 13 introduces class inheritance, which enables you to build object-oriented class hierarchies consisting of base and derived classes. You learn about the object-oriented property called polymorphism.

Chapter 14 focuses on multiple inheritance, a language feature that allows derived classes to inherit the properties of multiple base classes.

Chapter 15 discusses class templates, the C++ feature that enables you to build generic parameterized classes.

Chapter 16 describes the techniques used in object-oriented programming, including a discussion of such topics as abstraction, encapsulation, inheritance, and polymorphism.

Chapter 17 deals with the Standard C++ Library. You extend your knowledge of the iostream console input/output classes and learn how to read and write disk files. This chapter also introduces you to the standard string and complex classes and the set of container classes referred to as the Standard Template Library.

Chapter 18 describes managing and formatting iostreams.

Chapter 19 goes into detail about using C++ streams to manipulate disk files. You discover the different stream classes you can use to read and write files, as well as how to handle text and binary files.

Chapter 20 introduces you to the various types of classes defined in the Standard Template Library (STL), which include classes for objects such as sequences, associative containers, algorithms, and iterators.

Chapter 21 teaches you how to program with the STL sequence classes, which implement lists, queues, stacks, vectors, and more.

Chapter 22 explains how to use the associative container classes, which implement maps, sets, and bitsets.

Chapter 23 focuses on generic algorithms, which are a library of functions that enable your programs to process the data defined in STL objects. Such processing includes counting, sorting, and grouping.

Chapter 24 explains STL iterators, which are a special type of pointer that enables programs to move through the contents of a container in forward or reverse directions. You also learn how to use iterators to access the information stored in an element of a container.

Chapter 25 details exception handling, which allows a program to throw and catch exceptions in an orderly fashion.

Chapter 26 introduces namespaces and includes discussions on how to define a namespace. This chapter also explains namespace scope resolution, unnamed namespaces, and namespace aliases.

Chapter 27 describes C++'s Runtime Type Information (RTTI) and new-style casts, including dynamic casts, static casts, and constant casts.

Chapter 28 provides an introduction to the C++ locale classes and how to use the classes to provide internationalization for your applications. You learn to set a locale and how to display information in the format required by that locale.

Appendix A describes the CD-ROM included with this book.

Appendix B describes the elements of the C++ language in easy-to-reference table form.

The Glossary defines some common C++ programming terms. If I use a term in the book that you do not know, look in the Glossary to see whether it's defined there.

Al Stevens — astevens@ddj.com

Clayton Walnum — www.claytonwalnum.com

Acknowledgments

I would like to thank the many people whose hard work made this book as good as it could be. Thanks to Greg Croy for signing me up for this book and getting things off on the right track. Thanks also to the team of editors for keeping things rolling and for making sure everything resembled the English language. Specifically, those editors are (in no particular order) Elyn Wollensky, Andy Marinkovich, Amy Barkat, Amy Eoff, Greg Robertson, and Victoria Lee. A big thanks to Al Stevens, who provided the original text for this book and ensured that the facts were correct. Finally, as always, thanks go to my family: Lynn, Christopher, Justin, Stephen, and Caitlynn.

Clayton Walnum

Contents at a Glance

Contents

• •

Part III: The Standard C++ Library   501

Chapter 17: Introduction to the Standard C++ Library 503

Chapter 18: Formatting iostreams and the stringstream Classes 529

The C++ Language

An Introduction to Programming in C++

The C and C++ programming languages are, between them, older than many of their users. C was developed in the early 1970s, and C++ saw first light in 1980. In the time since, C and C++ have evolved from a small tool that a research laboratory programmer built for himself and some colleagues into the worldwide object-oriented language of choice for several generations of programmers. C++ now has a published standard definition; the C standard has been formal for several years; and the proposed C++ standard definition recently was approved. There are C++ compilers for virtually every computer and operating system, and C++ now enjoys the distinction of being the language with which most contemporary mini- and microcomputer applications are written.

A Brief History of C and C++

In the early 1970s, Dennis Ritchie, a programmer at AT&T Bell Laboratories, adapted the programming language BCPL into the first version of what he named C. Ritchie's goal was to provide a language that would allow the programmer to access the hardware much as is done with assembly language, but with structured programming constructs similar to those found in high-level languages. He included integer and pointer data types that mapped directly over the hardware registers of the PDP-11 minicomputer, and he took advantage of the PDP-11's hardware stack architecture to support local variables and recursive functions.

C, as originally designed, ran on the AT&T in-house Unix multiuser, multitasking operating system, which ran first on the PDP-7 and then on the PDP-11. When Ritchie rewrote the Unix C compiler in C itself and when Unix developer Ken Thompson successfully rewrote Unix in C, they made programming history. Unix became the first major operating system to be written in something other than assembly language. When they ported the C compiler to other computers, the developers turned Unix into the first operating system able to run on many different platforms — a truly portable operating system. Porting Unix became a matter of porting the C compiler, rewriting a few assembly language operating-system driver programs and interface functions, and recompiling the operating system itself. These achievements distinguished C as a unique language, one that could be used to write systems programs — previously the exclusive domain of assembly language — and one that could be used to write portable programs, a goal never achieved by the high-level languages that came before it.

For years, C existed mainly in Unix systems and Unix remained an internal AT&T operating system. Eventually though, AT&T offered Unix to universities at virtually no cost, and a whole generation of students was exposed to Unix and C en mass. Those students left school and entered the field of programming with experience in — and a love for — Unix and C. This influence eventually found its way into corporate America, and C began to enjoy mainstream support in circles previously dominated by COBOL at the top and assembly language at the bottom.

Although C's origins are in the research labs of big business and academia, its widespread acceptance outside those walls was ensured when developers provided C compilers for the first personal computers. Early microcomputers ran on the 8080 and Z80 microprocessors under the CP/M operating system. While BASIC was the dominant programming language, with assembly language running a close second, vendors began publishing C compilers for those microcomputers, and programmers of the so-called home computers began making the switch. The IBM PC, introduced in 1981, and the clones that followed continued this trend. C rapidly became most programmers' favorite language for writing programs under MS-DOS. At one time, more than a dozen C compilers were available for the PC. In fact, most of the applications and systems software for the PC are written in C and C++. MS-DOS itself consists of C programs, as do most of its utility programs. The Windows 3.x graphical operating environment was written in C. Windows 98 and Windows NT are written mostly in C.

C was originally defined in 1981 in *The C Programming Language* (Prentice Hall), by Brian Kernighan and Dennis Ritchie. The book was not a formal language specification, but it described C the way Ritchie had implemented it. The book became known simply as K&R, for the initials of its authors; and the dialect of C that it described was, for many years, called K&R C. Some programmers now refer to K&R C as "Classic C." Over the years, compiler builders added features to C according to the requirements of their users. As the industry accepted the best of those extensions, a newer dialect came into being and a de facto standard evolved.

In 1983, the American National Standards Institute (ANSI) formed a committee whose task it was to define a standard definition of the C language based on the industry's de facto standard. ANSI was joined in their task by a committee of the International Standards Organization (ISO), which formed to define the language for the international programming community. Its charter was to codify the language as it existed without inventing new features. The combined committees published a standards document in 1990. The language that they defined is known as Standard C. A second edition of the K&R book describes Standard C, obscuring somewhat the identity of K&R C.

The C++ programming language was designed and developed by Bjarne Stroustrup, also at AT&T Bell Labs. He began this work around 1980 to answer a need for a simulation language with the features of object-oriented programming—then a relatively new programming paradigm. Rather than design a language from the ground up, Dr. Stroustrup decided to build upon the C language.

C already was implemented on several architectures and supported portable program development, so Dr. Stroustrup elected to develop the C++ language system as a translator program that processes C++ source language into C source language. This allowed the translated C source language to be compiled on any computer system that supported C. He called his translator program cfront. Many implementations of C++ have been ports of that same cfront program and its successors, the source code of which is available to language system developers under license from AT&T. The C++ language has been available outside AT&T since about 1985.

Over the years, C++ has continued through several versions. Dr. Stroustrup remains its staunchest advocate and is a strong contributing presence wherever C++ issues surface. A joint ANSI/ISO committee—designated X3J16 within ANSI and WG21 within ISO—was formed in 1989 to tackle the formidable task of defining a standard for C++. In February 1994, the committee published its first working paper of a draft standard for informal public review. Several drafts have followed, and the work is now complete with the publication of the C++ international standard in 1998.

C++, like C before it, has become the language of choice among programmers. C++ language systems have appeared in every environment and on most system architectures where C once reigned supreme.

C's Continuing Role

You might wonder about C's future given the current popularity of C++ and object-oriented programming. Has C++ displaced C as the language of choice? For the most part, yes; however, this in no way spells the demise of C as a viable programming language. Few good programming languages are ever completely killed off. There are almost always development circumstances in which they excel, and usually there are existing programs to maintain.

C is more suitable than C++ for solving some programming problems. Many staunch C++ advocates might not agree with this opinion, but it is widely held by others. C++ software development environments typically are big. They use lots of disk space and require large, fast computers. These requirements grow with each new version of the language and each new release of the compilers. Many C++ compilers are oriented toward development under graphical user interface environments such as Windows 98. Unless the development environment includes cross-platform targets, such compilers are not well suited for developing small programs to run on small systems. Object-oriented programs that use complex class hierarchies can compile large executable modules that do not run as efficiently as their C language procedural counterparts. C, which is a traditional procedural programming language, is sometimes a better choice for writing low-level device drivers and embedded applications.

The Windows 98 operating system is written almost entirely in C, even though its developer, Microsoft, also developed and aggressively markets the Visual C++ compiler product. I do question, however, whether that apparent anomaly reflects an immature C++ mentality among Microsoft's operating system developers and the company's desire to leverage existing operating system code rather than the relative suitability of the two languages for writing operating systems. If one were to undertake the development from scratch of a new operating system today, the language of choice probably would be C++.

C versus C++

C++ is a superset of C. While you could say that C is a subset of C++, C came first. As a general rule, a C++ compiler should be able to compile any C program. There are, however, small differences between C programs and C++ programs — differences that reveal subtle incompatibilities between the two languages.

For example, the C++ language adds keywords that are not reserved by the C language. Those keywords legitimately can be used in a C program as identifiers for functions and variables. Although C++ is said to include all of C, clearly no C++ compiler can compile such a C program.

C programmers can omit function prototypes. C++ programmers cannot. A C function prototype with no parameters must include the keyword `void` in the parameter list. A C++ prototype can use an empty parameter list. You learn about function prototypes in Chapter 3.

Many Standard C functions have counterparts in C++, and C++ programmers view them as improvements to the C language. Here are some examples:

✦ The C++ `new` and `delete` memory allocation operators replace Standard C's `malloc` and `free` functions.

✦ The Standard C++ string class replaces the character array processing functions declared in the Standard C library's <cstring> header file.

✦ The C++ iostream class library replaces Standard C's stdio function library for console input and output.

✦ C++'s try/catch/throw exception handling mechanism replaces Standard C's setjmp() and longjmp() functions.

You should note that the examples in this book are C++ programs and any Standard C++ compiler can compile most of them. In addition, except where it is necessary to make a particular point, we always use C++ idioms rather than their C counterparts.

A Brief Description of C++

The following introduction describes C++ at its most elementary level, but even so, don't expect to understand everything that you read right away. You will learn more about each of these concepts by studying the examples in the chapters that follow. As you proceed through the lessons, return to this synopsis and see how it begins to fall into place.

C++ is a procedural programming language with object-oriented extensions. This means that you can design and code programs as procedural modules, and you can define and *instantiate* (create from a class) objects. The procedural modules in a C program are called functions. Object declarations are called classes.

Every C++ program begins execution in a function named main() and terminates when the main() function returns. The next section, "The main() Function," explains the main() function in more detail. The main() function calls lower-level functions, which in turn call even lower-level functions. A function starts execution at its first, topmost statement and continues until the last, bottommost statement executes or until the function executes a return statement from inside the function body. Each function, upon completion, returns to its caller. Execution then continues with the next program statement in the caller function.

You read a C++ program from the top to the bottom, but the functions do not have to be coded in that sequence. However, all declarations of functions and variables must be coded in the program above any statements that reference them. That is, a function must be declared before it is called, and a variable must be declared before it is used in a statement. You can declare a function by providing a function prototype that describes its name, return value, and parameters (see note for parameter description) to the compiler. You must provide a function's prototype ahead of any calls to the function; you can put the function itself anywhere in the program. The function's declaration and all calls to it must match the prototype with respect to its return type and the types of its parameters.

Note   A parameter is a value that a function declares in its definition. Parameters represent values that are passed into the function when the function is called.

Functions may contain parameters. The caller of the function passes arguments that the function uses as the values for its parameters. The argument types must match or be compatible — with respect to type conversion — with the types of the parameters declared for the function.

Some functions return a value and others do not. The caller of a function that returns a value can code the function call on the right side of an assignment statement, assigning the returned value to a named data variable. You also can code a function call as the argument that provides the parameter value to another function call, as an initializer to a local data variable, or as an element in an expression.

Each function consists of one or more blocks of statements. The blocks are nested (one enclosed within the other). Each block can have its own local variables, which remain in scope as long as statements in that block are executing. A C program also can have variables declared outside any function. Those variables are said to have global scope, because the statements in all the functions in the same source file can reference them.

Statements fall into one of the following categories:

✦ *Declarations*: Declare variables and functions

✦ *Definitions:* Define instances of variables and functions

✦ *Procedural Statements:* Executable code statements that reside inside a function's definition

A variable declaration specifies the variable's storage class, data type, type qualifier, level of indirection (if it is a pointer), name, and dimensions (if it is an array). A function declaration (more frequently called its prototype) declares the function's return type, name, and the number and types of its arguments.

A variable definition includes the components of a declaration and may include an initializer if the variable has an initializing value. A definition defines the instance of the variable and reserves memory for it. A function definition contains the function's executable code.

Usually, a variable's declaration and definition are the same statement. A function's prototype and definition are usually in different places. If the function's definition appears in the source code file ahead of all calls to the function, however, the function's definition may also serve as its prototype.

Procedural statements are assignments, expressions, or program flow control statements. An expression is a program statement that returns a value. An expression can stand on its own or be on the right side of an assignment statement. Expressions consist of variables, constants, operators, and function calls. Paradoxically, assignments are themselves expressions.

C++ uses the control structures of structured programming, which include sequence (one statement executing after another), iteration (`for` and `while` loops), and selection (`if-then-else` and `switch-case` control structures). C++ also permits unstructured programming with the `goto` statement.

Classes are aggregate definitions that consist of data members and member functions. A class encapsulates the implementation and interface of a user-defined data type and constitutes an abstract data type.

The class's implementation — its aggregate private members — usually is hidden from the class user (the programmer who instantiates objects of the class). The class's public interface usually is revealed to the class user in the form of methods: class member functions that operate on the data members of the class.

The class user instantiates objects of the class and invokes the class methods against that object by calling the class's member functions for the object. A class is said to have behavior, which is another way of saying that an object of the class responds to its methods in ways that are understood by the class user at an abstract level without necessarily revealing the details of that behavior.

C++ supports exception handling, which permits a program to make an orderly jump to a defined location higher in the program's executing hierarchy. C++ also supports parameterized types or genericity through its template mechanism, a device that enables you to define and instantiate objects of generic data types.

Like most contemporary compiled programming languages, C++ programs consist of multiple source-code modules that are compiled into object-code modules, which are then linked into a single executable program module. Much of the object code in a typical C++ program comes from packaged libraries of previously compiled, reusable software components implemented as classes or functions.

A C++ source-code module is a text file (usually ASCII) that you can read and modify with any text editor, such as Windows 98's Notepad applet. The Quincy compiler included on the CD-ROM that accompanies this book integrates a programmer's editor with the compiler. It also includes an integrated source-code debugger similar to those you see in larger C++ development platforms.

Unlike languages such as COBOL, BASIC, and FORTRAN, C++ has no built-in input/output statements. Instead, input and output are implemented by C++ classes in standard class libraries. In fact, many features that are intrinsic parts of other languages are performed instead by classes in C++. Data conversions, string manipulations, and output formatting are three examples of operations that C++ supports with classes and functions taken from standard libraries rather than with intrinsic language features. C++ is a small language capable only of declaring and defining variables, assigning expressions to variables, and calling functions — only one of which, main(), is defined as a part of the language proper. C++'s power comes in the way that it is extended with functions and classes. Standard C++ defines the format and behavior of a standard set of classes and functions in a standard suite of class and function libraries. User-defined classes and functions further extend the language to support specific problem domains.

The main() Function

Every C++ program has a function named main(). It provides the entry and exit points of the program. Listing 1-1 represents the minimum C++ program.

On the CD-ROM
Name: **pr01001.cpp**
Location: **Quincy99\Programs\Chap01**

Listing 1-1: **The minimum C++ program**

```
int main()
{
    return 0;
}
```

This is a good time to turn to Appendix A and learn how to use Quincy to run the tutorial listings. You can compile and run Listing 1-1 if you want to, but it does nothing except return to the operating system.

Listing 1-1 declares and defines the main() function. That's all the program does. The program begins executing with the first statement in main() and terminates when the main() function returns.

The minimum C++ program also is the minimum C program. Both languages require that a program have, at a minimum, a main() function.

The main() function in Listing 1-1 illustrates several things about C++ functions in general. The first line provides the function's return type and identifier. The main() function returns an integer value and always has the identifier main. The int keyword specifies the function's integer return type. You learn about integers and other data types in Chapter 2.

The parentheses after the function's name contain the function's parameter list. In this case, main() has no parameters, so the parameter list is empty. An empty parameter list is represented by the ( ) character sequence.

The function body follows the parameter list. The function body begins with a left brace character ({) and ends with a right brace character (}). In between are the function's statements—the lines of code that execute when the function is called. Listing 1-1 has only one statement, the return statement that terminates the main() function and, consequently, the program.

Observe the semicolon at the end of the return statement. Every C++ statement is terminated with a semicolon.

A brace-surrounded group of statements is called a statement block. Statement blocks may be nested. You see how this nesting contributes to program flow control in Chapter 4. Every function has at least one statement block; Listing 1-1's main() function has only one statement block.

A function finishes executing immediately after its last statement executes, or when the return statement executes. Listing 1-1's main() function terminates when its return statement returns the integer constant 0. The return statement can be positioned anywhere inside the function.

The operating system calls main(), and main() returns to the operating system. Well, not exactly; but for beginning C++ programmers, that explanation suffices to describe main()'s behavior. Later, when you study the execution of class constructor and destructor functions for external objects, you will learn how you can write code that executes before main() starts and after it returns. But, for now, think of main() as the entry and departure points of your program. Remember, too, that no other place in your program is allowed to call the main() function.

Summary

This chapter gets you started toward your goal of learning the C++ programming language. You gain an initial insight into the fundamentals of the C++ language. Also, you see what the minimum C++ program looks like. Chapter 2 continues by showing how to get simple C++ programs compiled and running.

✦   ✦   ✦

Writing Simple C++ Programs

This chapter is the starting point for learning C++ programming. First, you jump the starting hurdle by writing your first real C++ program. Then, I introduce you to the data components of a C program: variables and constants.

Your First Program

Listing 1-1 in Chapter 1 is a program, but it does nothing except demonstrate the main() function. For a program to have any consequence, it must do something meaningful from within that main() function. That's your starting place in learning C++.

C++ programs consist of variables and functions. A *function* consists of variable declarations and executable statements organized into nested statement blocks. As Listing 1-1 demonstrates, every C++ program begins with a function named main(). The best way to get started is with a real program. Listing 2-1 is your first C++ program; one that has a main() function and several other fundamental C++ language constructs.

Name: **pr02001.cpp**
Location: Quincy99\Programs**Chap02**

Listing 2-1: **Your first C++ program**

```cpp
#include <iostream>

int main()
{
    // write to the screen
    std::cout << "My first C++ program";

    return 0;
}
```

Listing 2-1 is a tiny program that illustrates a lot of what makes up a C++ program. It has source-code comments, includes a standard library header file, and — from its main() function — writes a message on the screen.

If you're a C programmer and, like most C programmers, you have read Kernighan and Ritchie's *The C Programming Language,* compare Listing 2-1 to the famous "hello world" example, which is the first C program presented in that book.

Listing 2-1 displays a message onscreen and returns to the operating system. It does all that with only eight lines of code in a source-code file. The following sections examine Listing 2-1 one line at a time.

The #include Directive

The first line of code in Listing 2-1 looks like this:

```cpp
#include <iostream>
```

This statement is a *preprocessing directive.* I discuss the preprocessor in more detail in Chapter 8. The #include directive tells the compiler to include a different source-code file in the program. Listing 2-1 includes the file named <iostream>, a standard library header file that describes classes, functions, and global values used for console input and output. The listing includes the header file so that the program can use the cout object. Most programs in this book include <iostream>. Don't worry about what else the header file contains just yet.

The file name in the #include directive is enclosed by angle brackets, another name for the combined use of the less-than and greater-than symbols. This usage identifies header files that the compiler system supplies. When you include your own header files, you surround those names with double quotes. Chapter 8 has more details about this usage.

White Space

The second line in Listing 2-1 is a blank line. The C++ language is a free-form language, which means that white-space characters — newlines, spaces, tabs, and blank lines — are extra. Except for the rare occasion when two keywords or identifiers are separated by a space (such as else if) or inside string constants (described later), a program needs no white space at all to compile. Without white space, however, most programs are hard to read. Here is what Listing 2-1 looks like without white space:

```
#include <iostream>
int main(){// write to the screen
std::cout << "My first C++ program";return 0;}
```

Programmers use white space to indent and separate code in various styles to make their programs legible. There are many styles for writing C++ code. I take no position with regard to style, although the exercises reflect my preferences. You will see other styles that use different conventions for indenting and the placement of brace characters, but there is no one right way. Choose a style that works for you, make it legible, and be consistent in its use.

The main() Function Declaration

Line 3 in Listing 2-1 looks like this:

```
int main()
```

This line declares the main() function as a function that returns an integer (int) value and that accepts no arguments. Chapter 3 discusses function declarations in more detail.

The main() Function's Statement Block

Line 4 consists of a single left brace ({) character to define the start of main()'s outermost statement block. The statement block continues until the matching right brace (}) character on line 9. This portion of the program, which comprises the main() function's single program block, looks like this:

```
{
    // write to the screen
    std::cout << "My first C++ program";

    return 0;
}
```

Source-Code Comments

Line 5 contains a program comment in this format:

```
// write to the screen
```

Comments in a program's source code document the meaning of the code. They have no effect on the executable program itself. C++ comments begin with the characters // and continue to the end of the source-code line.

C++ also supports the traditional C comment format. C comments begin with the /* character sequence and continue through the */ character sequence like this:

```
/* write to the screen */
```

C comments may span several source-code lines and may not be nested. They may occupy lines of their own, or they may appear on lines that have other code.

C++'s // comments may not span source-code lines, because there is no comment termination code like the C */ token. This book uses C++'s // comment format exclusively, except in the rare C source-code module that contributes to a C++ program.

Use comments throughout your programs. Make them meaningful with respect to what they convey to programmers who might be reading your code. Do not make the two common mistakes that many programmers make: assuming that you will be the only programmer who reads your code and assuming that you will always remember why you wrote a program a certain way. Comments document your intentions. Use them.

Writing to the Console

Line 6 is the most complicated line in the program. That line looks like this:

```
std::cout << "My first C++ program";
```

This line's cryptic code tells the compiler to display a string constant on the screen. You learn more about displaying output later in this and subsequent chapters.

The Return Statement

Line 8 is the statement that tells the main() function to terminate processing and return a constant integer zero value to the operating system. Chapter 3 addresses the `return` statement in more detail. Constant expressions are discussed later in this chapter.

Terminating the Statement Block

Line 9, the last line in the program, contains the right brace (}) character that defines the end of the `main()` function's statement block.

Identifiers

A C++ program consists of many elements—variables, functions, classes, and so on—all of which have names. The name of a function, variable, or class is called its *identifier*. As the programmer, you assign identifiers to the parts of your program. Other identifiers are assigned in the Standard C and C++ libraries. Following are the rules for identifiers in the C++ language.

✦ An identifier consists of letters, digits, and the underscore character.

✦ An identifier must begin with a letter. (Underscores are allowed in the first character, but leading underscores are reserved for identifiers that the compiler defines.)

✦ Identifiers are case sensitive. For example, `MyFunc` and `myfunc` are different identifiers.

✦ An identifier may be any length, but only the first 32 characters are significant. Some early C implementations restricted the significance of external identifiers (ones with global scope) to six characters. This was because of limitations in the particular linker program and not because of any limitation in the C language.

✦ An identifier may not be one of the reserved C++ keywords, as listed in the following section.

Keywords

The C++ language reserves a number of keywords. You must not use these keywords as identifiers in your program. Table 2-1 lists the C++ keywords.

Table 2-1
Standard C++ Keywords

Non-Identifiers

asm	do	inline	short	typeid
auto	double	int	signed	typename
bool	dynamic_cast	long	sizeof	union
break	else	mutable	static	unsigned
case	enum	namespace	static_cast	using
catch	explicit	new	struct	virtual
char	extern	operator	switch	void
class	false	private	template	volatile
const	float	protected	this	wchar_t
const_cast	for	public	throw	while
continue	friend	register	true	
default	goto	reinterpret_cast	try	
delete	if	return	typedef	

C++ includes other keywords that also cannot be used as identifiers. These keywords—alternatives to the Standard C trigraphs—are designed for international keyboards that do not have the special characters used in English to express some operators. The Committee added these keywords so that international programs would be more readable. This book does not use any of these keywords, listed in Table 2-2, in any program.

Table 2-2
International C++ Keywords

Non-Identifiers

and	bitor	or	xor_e
and_eq	compl	or_eq	not_eq
bitand	not	xor	

The Standard Output Stream

The cout variable, seen in Listing 2-1, is the C++ standard output stream object, which writes to the console:

```
std::cout << "My first C++ program";
```

The string to be written is specified in the string constant, which is the character sequence between the double quotes. Just as a BASIC programmer knows that the PRINT statement writes data to the screen, a C++ programmer knows that the standard std::cout object does somewhat the same thing. The important difference is that PRINT is part of the BASIC language—an *intrinsic operator* whereas cout happens to be the name that a programmer many years ago gave to the standard output stream object that displays data on the console, and std:: is the namespace for objects that the compiler defines for the standard library. A *namespace* is a way to isolate identifiers from other parts of the program and to prevent name collisions when various library writers and the programmers themselves inadvertently use the same identifier for different external declarations. You learn all about namespaces in Chapter 26. For now, accept the fact that most of the identifiers that the compiler defines are in the namespace named std and that to reference those identifiers, you must prefix the references with the std:: prefix. Thus, all references to the cout object are made like this: std::cout. You see the std:: prefix on many other identifiers throughout this book.

The << operator is, in this context, the output operator. It is called the *stream insertion operator*, because you use it to insert data objects into the output stream. The operator points symbolically from what is being sent to where it is going.

You can think of std::cout, std::cin, and std::cerr (std::cin and std::cerr are described later in this chapter) as devices. In C++ stream input/output, std::cout, std::cin, and std::cerr are identifiers that name objects (instances) of classes. In this example, the string is being written to the cout object, which displays data on the console. Later in this chapter, you learn how to display other data types.

This example is your first experience with C++ classes, the foundation of C++'s data abstraction and object-oriented programming support. A full understanding of the stream classes requires a thorough understanding of classes. For now, however, you need to understand only how a program uses objects of these classes so that you can manage basic console input/output. You learn more about classes beginning in Chapter 9.

Variables

You saw in Listing 2-1 how a C++ program declares a function—in this case, the `main()` function. Programs declare data variables, too. A variable is a storage location that contains a data value. Every variable has a type. The type defines the format and behavior of the variable. C++ supports character, integer, and floating-point data types. C++ has six intrinsic data types, also called built-in types. They are `bool`, `char`, `wchar_t`, `int`, `float`, and `double`.

You can extend C++ and define your own types using the `class`, `struct`, and `union` constructs. We'll talk more about these constructs in Chapter 9.

Each variable declaration in a program provides the variable's type and identifier. Variables can have other properties, as well. Integer type specifiers can include `unsigned`, `long`, or `short` to further define the type. A `double` also can be a `long double`, increasing its precision. You can use the `static`, `extern`, `register`, and `auto` storage classes. There are `const` and `volatile` type qualifiers. You learn about these data properties in this and later chapters.

The size of a variable depends on its type. The size of each type depends on the C++ implementation and usually is expressed as the number of bytes an object of the type occupies in memory. The examples in this book use data types with sizes typical of 32-bit C++ compilers for the PC.

Next, you learn to declare variables of each of the types. Later, you learn how to put those declarations into their proper context in a program.

The bool Type

A `bool` variable is a two-state logical type that can contain one of two values: `true` or `false`. If you use a `bool` variable in an arithmetic expression, the `bool` variable contributes the integer value 0 or 1 to the expression depending on whether the variable is false or true, respectively. If you convert an integer to a `bool`, the `bool` variable becomes `false` if the integer is zero or becomes `true` if the integer is nonzero. Variables of *type* `bool` typically are used for runtime Boolean indicators and can be used in logical tests to alter program flow. Listing 2-2 is an example of how the `bool` type is used.

On the
CD-ROM

Name: **pr02002.cpp**
Location: Quincy99\Programs**Chap02**

Listing 2-2: **Using a bool variable**

```
/////////////////////////////////////
// File Name: pr02002.cpp
/////////////////////////////////////
#include <iostream>

/////////////////////////////////////
// The main() function.
/////////////////////////////////////
int main()
{
    bool senior;     // bool variable
    senior = true;   // set to true.

    // Test the senior variable.
    if (senior)
        std::cout << "Senior citizen rates apply";

    return 0;
}
```

Listing 2-2 begins by declaring a `bool` variable named `senior`. The program introduces the assignment statement, which you study in more detail later in this chapter. An *assignment statement* assigns the value of an expression to a variable. The value can be any complex expression that returns a value of a compatible type. Until you learn more, however, the example programs use simple constants. In the case of Listing 2-2, the constant is the reserved C++ keyword `true`, which, according to the rules of C++ semantics, can be assigned to a `bool` variable. The opposite of `true` is, of course, `false`.

Another new construct that you see in Listing 2-2 is the C++ `if` statement, which tests whether the expression in parentheses is true or false. In this case, it is true, so the program executes the statement that follows, which displays a message on `std::cout`. You learn more about program flow control later in this chapter and in Chapter 4.

The char Type

A `char` variable contains one character from the computer's character set. Characters in PC implementations of the C++ language are contained in 8-bit bytes using the ASCII character set to represent character values. A program declares a character variable with the `char` type specification:

```
char ch;
```

This declaration declares a variable of type char with the identifier ch. Once you declare a variable in this manner, the program can reference it in expressions, which I discuss in the next section. Listing 2-3 illustrates the use of a char variable.

On the CD-ROM

Name: **pr02003.cpp**
Location: Quincy99\Programs**Chap02**

Listing 2-3: **Using the char variable**

```
/////////////////////////////////////
// File Name: pr02003.cpp
/////////////////////////////////////
#include <iostream>

/////////////////////////////////////
// The main() function.
/////////////////////////////////////
int main()
{
    char c;             // char variable
    c = 'b';            // assign 'b' to c
    std::cout << c;     // display 'b'
    c = 'y';            // assign 'y' to c
    std::cout << c;     // display 'y'
    c = 'e';            // assign 'e' to c
    std::cout << c;     // display 'e'

    return 0;
}
```

Listing 2-3 employs std::cout three times to display three single characters on the screen:

```
bye
```

Listing 2-3 also uses assignment statements to assign values to a char variable. The 'b', 'y', and 'e' values are ASCII character constant expressions in the C++ language.

If you think that there must be a better way to display the "bye" message, you're right. At the very least, you can send a "bye" string constant to std::cout as in Listing 2-1. Listing 2-3, however, contrives to show you how to declare and use the char data type.

The char data type is, in fact, an integer 8-bit numerical type that you can use in numerical expressions just as you use any other integer type. As such, a char variable can be signed or unsigned. You declare an unsigned char variable this way:

```
unsigned char c;
```

Unless they are unsigned, char variables behave like 8-bit signed integers when you use them in arithmetic and comparison operations.

The wchar_t Type

C++ includes the wchar_t type to accommodate character sets that require more than eight bits. Many foreign language character sets have more than 256 characters and cannot be represented by the char data type. The wchar_t data type typically is 16 bits wide.

The Standard C++ iostream class library includes classes and objects to support wide characters. Listing 2-4 repeats Listing 2-3, but with the std::wout object— which is the wide-character version of the cout object.

On the CD-ROM

Name: **pr02004.cpp**
Location: Quincy99\Programs**Chap02**

Listing 2-4: **Using a wchar_t variable**

```
/////////////////////////////////////
// File Name: pr02004.cpp
/////////////////////////////////////
#include <iostream>

/////////////////////////////////////
// The main() function.
/////////////////////////////////////
int main()
{
    wchar_t wc;         // wide char variable
    wc = 'b';           // assign 'b' to wc
    std::wout << wc;    // display 'b'
    wc = 'y';           // assign 'y' to wc
    std::wout << wc;    // display 'y'
    wc = 'e';           // assign 'e' to wc
    std::wout << wc;    // display 'e'

    return 0;
}
```

The GNU compiler that Quincy uses does not implement the wide character library classes and stream objects that Standard C++ defines. Consequently, Listing 2-4 does not compile and run with the compiler. Watch http://www.midifitz/com/alstevens/ quincy99 for announcements of updates to this compiler suite.

The int Type

Variables of integral types come in several varieties. The basic integer is a signed quantity that you declare with the int type specifier, like this:

```
int Counter;
```

An integer can be signed, unsigned, long, short, or a plain signed integer such as the one just shown. The following declarations display some of the different kinds of integers:

```
long int Amount;            // long integer
long Quantity;              // long integer
signed int Total;           // signed integer
signed Kellie;              // signed integer
unsigned int Offset;        // unsigned integer
unsigned Offset;            // unsigned integer
short SmallAmt;             // short integer
short int Tyler;            // short integer
unsigned short Landon;      // unsigned short integer
unsigned short int Woody;   // unsigned short integer
```

As the examples show, you can omit the int keyword when you specify long, short, signed, or unsigned. With some older PC compilers, an int without a long or short type specification was 16 bits. The increasing popularity of 32-bit compilers has changed that. A long integer usually is 32 bits. A short integer usually is 16 bits. Quincy uses 16-bit short integers and 32-bit integers and long integers.

The signed qualifier is redundant, because the integral types are signed unless you specify the unsigned qualifier. C++ includes the signed keyword mainly to preserve symmetry in the language specification. Listing 2-5 illustrates the use of the int data type.

On the CD-ROM

Name: **pr02005.cpp**
Location: Quincy99\Programs**Chap02**

Listing 2-5: **Using an int variable**

```
//////////////////////////////////////
// File Name: pr02005.cpp
//////////////////////////////////////
#include <iostream>
```

```
/////////////////////////////////////////
// The main() function.
/////////////////////////////////////////
int main()
{
    int Amount;          // an int variable
    Amount = 123;        // assign a value
    std::cout << Amount; // display the int

    return 0;
}
```

Listing 2-5 declares an `int` variable named `Amount`. Next, it assigns an integer constant value to the variable. Then, it displays the variable on the console.

When a type has several properties, you can place the type keywords in any sequence. The following declarations are all the same:

```
// 8 ways to declare an unsigned long integer.
unsigned long Tyler1;
long unsigned Tyler2;
unsigned long int Tyler3;
unsigned int long Tyler4;
long unsigned int Tyler5;
long int unsigned Tyler6;
int unsigned long Tyler7;
int long unsigned Tyler8;
```

Floating-Point Numbers

C++ supports three kinds of floating-point numbers, which are distinguished by their precision. Following are declaration examples for all three:

```
float Amount;                // single precision
double BigAmount;            // double precision
long double ReallyBigAmount; // long double precision
```

Standard C++ does not specify the range of values that floating-point numbers can contain. These ranges depend on the particular implementation of the C++ language. The standard defines a header file, <cfloat>, with global symbols that identify the ranges.

Now that you know about the ranges of floating-point numbers, you can forget about them for a while. This book has very little math, using only what you need in Chapter 6 to demonstrate some standard math functions. If you are mathematically inclined, you already know about precision, mantissas, exponents, scientific notation, and so on. If not, you can write C++ programs for the rest of your life without ever having to know more about math than you do now. Listing 2-6 illustrates the declaration and use of the `float` data type.

Name: **pr02006.cpp**
Location: Quincy99\Programs**Chap02**

Listing 2-6: **Using a float variable**

```
/////////////////////////////////////
// File Name: pr02006.cpp
/////////////////////////////////////
#include <iostream>

/////////////////////////////////////
// The main() function.
/////////////////////////////////////
int main()
{
    float realValue;          // a float variable
    realValue = 1.23;         // assign a value
    std::cout << realValue;   // display the float

    return 0;
}
```

Listing 2-6 declares a `float` variable named `realValue`. Next, it assigns a constant value to the variable. Then, it displays the value.

Constants

The next section explains C++ expressions, which consist of variables, operators, and constants. You already have learned about variables, and you have used some constants in the exercises. Now, let's discuss constants in a C++ program.

Constants, in this context, are what some languages call *literals* and others call *immediate values*. They are constant values that you use explicitly in expressions. A constant is distinguished from a variable in two ways. First, it has no apparent compiled place in memory except inside the statement in which it appears. Second, you cannot address the constant or change its value. Be aware that these constants are not the same as the `const` variable type qualifier discussed in Chapter 5.

Character Constants

Character constants specify values that a char variable can contain. Listing 2-3 assigns character constants to a char variable. You can code a character constant with an ASCII expression – as shown in Listing 2-3 or as an escape sequence surrounded by single quote characters (apostrophes). The following statements are assignments of character constants to char variables:

```
ch1 = 'A';     // ASCII char constant
ch3 = '\x2f'; // char constant expressed as hex value
ch3 = '\013'; // char constant expressed as octal value
```

Escape Sequences

The backslash in the second and third examples just shown begins an escape sequence. It tells the compiler that something special is coming. In this case, \x means that the characters that follow are hexadecimal digits, and \0 (backslash-zero) means that the characters that follow are octal digits. Other escape sequences — consisting of a backslash and other characters that represent ASCII values — do not have a displayable character (one that you can type and print) in the character set. These escape sequences apply to character constants and string constants, as described later. Table 2-3 shows all the escape sequences.

Table 2-3 Constant Escape Sequences	
Escape Sequence	**Description**
\'	Single quote
\"	Double quote
\\	Backslash
\0	Null (zero) character
\0nnn	Octal number (nnn)
\a	Audible bell character
\b	Backspace
\f	Formfeed
\n	Newline
\r	Carriage return
\t	Horizontal tab
\v	Vertical tab
\x	Hexadecimal number (nnn)

The backslash-backslash (\\) escape sequence enables you to code the backslash character itself into the constant so that the compiler does not translate it as an escape sequence. The single quote (\') and double quote (\") escape sequences allow you to include those characters in character and string constants so that the compiler does not interpret them as the terminating character of the constant itself.

The newline (\n) escape sequence probably is the one you will use the most. When a screen output function finds a newline character in the output data, it resets the cursor to the leftmost column on the screen and moves the cursor down one line. The newline character acts like a carriage return on a typewriter.

Integer Constants

An integer constant specifies a long or short, signed or unsigned integer value.

Quincy supports signed short integer values of -32768 to +32767, and unsigned short integer values of 0 to 65535. These are the ranges that you can represent in a 16-bit integer.

The int and the long int are both 32 bits in Quincy. Quincy supports signed long integer values of -2147483648 to +2147483647 and unsigned long integer values of 0 to 4294967295. These are the ranges that you can represent in a 32-bit integer.

You can specify an integer constant as a decimal, hexadecimal, or octal value, as shown in these statements:

```
Amount = -129;       // decimal integer constant
HexAmt = 0x12fe;     // hexadecimal integer constant
OctalAmt = 0177;     // octal integer constant
```

The leading 0x specifies that the constant is a hexadecimal expression. It can contain the digits 0-9 and the letters A-F in mixed uppercase or lowercase. A leading zero alone specifies that the constant is octal and may contain the digits 0-7.

You can specify that a constant is long or unsigned by adding the L or U suffix to the constant:

```
LongAmount = 52388L;      // long integer constant
LongHexAmt = 0x4fea2L     // long hex constant
UnsignedAmt = 40000U;     // unsigned integer constant
```

The suffixes can be uppercase or lowercase. On compiler systems in which int and long are the same length (Quincy, for example), the L suffix is unnecessary; but you should use it if you expect your program to be portable across compiler platforms that support other int lengths. Many older MS-DOS compilers, for example, have 16-bit integers and 32-bit long integers.

Floating-Point Constants

A floating-point constant consists of integer and fractional parts separated by a decimal point. Some floating-point constants use scientific, or exponential, notation to represent numbers too big or too small to express with normal notation. Here are some examples:

```
Pi = 3.14159;            // regular decimal notation
SmallNumber = 1.234E-40; // 1.234 x 10 to the -40th power
BigNumber = 2.47E201     // 2.47 x 10 to the 201st power
```

Floating constants default to the `double` type unless you provide a suffix on the constant:

```
FloatNumber = 1.23E10F   // float constant
LongDoubleNumber = 3.45L // long double constant
```

The suffixes can be uppercase or lowercase.

Address Constants

When you begin to use pointers in C++ programs, a subject covered in Chapter 6, you use address constants. Variables and functions have memory addresses, and C++ enables you to reference their addresses with address constants as shown here:

```
CounterPtr = &Counter;   // address of a variable
FunctPtr = &DoFunction;  // address of a function
```

Address expressions of array elements can be non-constant expressions, too. Chapter 5 discusses arrays.

String Constants

Listing 2-1 passes "My first C++ program," a string constant (also called a string literal), to the `std::cout` object. You code a string constant as a sequence of ASCII characters surrounded by double quote characters. Escape sequences inside the string constant work the same as they do in character constants. Here are some examples of string constants:

```
cp = "hello, dolly";
std::cout << "\nEnter selection: ";
std::cout << "\aError!";
```

The first statement apparently assigns a string constant to a variable, but it really assigns the address of the string constant to a pointer variable (refer to Chapter 6). The compiler finds a place in memory for the string constant and compiles its address into the statement.

The same thing happens in the second and third statements in the example. The compiler passes the addresses of the string constants to the `cout` object.

The string constants in the second and third statements include escape sequences. The second statement's escape sequence is \n, the newline character. The third statement's escape sequence is \a, the audible alarm character, which beeps the computer's speaker.

Adjacent string constants concatenate to form a single string constant. This feature allows you to code long string constants on multiple source-code lines, as shown in Listing 2-7.

On the
CD-ROM

Name: **pr02007.cpp**
Location: Quincy99\Programs**Chap02**

Listing 2-7: **Concatenated string constants**

```
//////////////////////////////////
// File Name: pr02007.cpp
//////////////////////////////////
#include <iostream>

//////////////////////////////////
// The main() function.
//////////////////////////////////
int main()
{
    std::cout <<
            "This is the beginning of a very long message\n"
            "that spans several lines of code.\n"
            "This format allows a program to build long\n"
            "string constants without going past the\n"
            "program editor's right margin.\n";

    return 0;
}
```

Expressions

Statements in a function body consist of individual expressions terminated by the semicolon (;) character. All statements and declarations in C are terminated that way. The statement is not complete until the semicolon appears.

An *expression* is a combination of constants, variables, function calls, and operators that, when evaluated, returns a value. Following are some typical C++ expressions:

```
1+2;
Counter*3;
GrossPay-(FICA+GrossPay*WithHoldingRate);
```

By themselves, these expressions do nothing. They return values, but they have no effect because the program does nothing with the returned values. Expressions such as these take on meaning when placed on the right side of assignment statements (discussed next), or when used as arguments in a function call (discussed in Chapter 3).

The numerical value that an expression returns has a type. The implicit type of an expression depends on the types of variables and constants that contribute to the expression. Therefore, an expression might return an integer of any size, an address, or a floating-point number of any precision.

Each expression also has a logical property associated with its value. If the expression's value is nonzero, the expression is said to return a true value. If the value is zero, the expression returns a false value. These logical values can be used as conditions in program flow-control statements — the subject of Chapter 4.

Assignments

An *assignment statement* assigns to a variable the value returned by an expression. The variable's contents are the value of the expression after the assignment statement. Here are the preceding expressions used in assignment statements:

```
Amount = 1+2;
Total = Counter*3;
NetPay = GrossPay-(FICA+GrossPay*WithHoldingRate);
```

Now, the program does something meaningful with the expressions. Each of the assignment statements assigns an expression's returned value to a named variable. In this example, you can assume that the program declared the variables elsewhere.

A variable that receives an assigned value is called an *lvalue*, because its reference appears on the left side of the assignment. The expression that provides the assigned value is called an *rvalue*, because it is on the right side of the assignment. You will learn that this is an important distinction. Not all expressions can be used as lvalues. A constant, for example, is an rvalue but cannot be an lvalue. A variable can be an lvalue if it is not a `const` variable, which I discuss in Chapter 5.

The next program illustrates how a program uses assignments such as those just shown. To do that, the program declares variables to receive the values returned by the expressions. Declarations of local variables are made in a statement block at the beginning of the block before any statements. You learn more about local and global variables in Chapter 5. Listing 2-8 declares three integer variables, assigns to those integers the values returned by the expressions, and displays the new values of the integer variables on the screen.

On the
CD-ROM

Name: **pr02008.cpp**
Location: Quincy99\Programs**Chap02**

Listing 2-8: **Assignments and expressions**

```
/////////////////////////////////////
// File Name: pr02008.cpp
/////////////////////////////////////
#include <iostream>

/////////////////////////////////////
// The main() function.
/////////////////////////////////////
int main()
{
    // Declare three integers.
    int HourlyRate;
    int HoursWorked;
    int GrossPay;

    // Assign values to the integers.
    HourlyRate = 15;
    HoursWorked = 40;
    GrossPay = HourlyRate * HoursWorked;

    // Display the variables on the screen.
    std::cout << HourlyRate;
    std::cout << ' ';
    std::cout << HoursWorked;
    std::cout << ' ';
    std::cout << GrossPay;

    return 0;
}
```

When you use Quincy's tutorial mode to run Listing 2-8, observe that Quincy opens its Watch window at the bottom of the screen and displays the values of the three integer variables. As you step through the program, you can watch the values change when the assignment statements execute. Many of the programs use this automatic variable Watch feature in Quincy to assist you with the lesson.

When you run Listing 2-8, it displays these three values on the screen:

```
15 40 600
```

The first value in the display, 15, reflects the contents of the HourlyRate variable. The second value, 40, is HoursWorked. The third, 600, is GrossPay.

If you are a mathematician, assignments may look to you like algebraic equations. In some respects, the two concepts are almost the same thing, but at other times they are not. Consider this assignment:

```
AmountDue = Dues + Penalty;
```

Before the assignment statement executes, the two sides can be different, so the assignment statement is not an equation. After the execution, the two sides are the same, so the assignment statement appears to be an equation. Now consider this assignment statement:

```
AmountDue = AmountDue + 37.43;
```

This assignment statement is never an equation. The two sides can never be equal at any given time.

Comma-Separated Declarations

C++ permits you to use a comma-separated list of identifiers to declare multiple variables that have the same type. The three declarations in Listing 2-8 can be coded this way:

```
int HourlyRate, HoursWorked, GrossPay;
```

Some programmers use the comma-separated identifier notation but put each identifier on a separate line, like this:

```
int HourlyRate,      // hourly rate
    HoursWorked,     // number of hours worked
    GrossPay;        // gross weekly pay
```

This style provides visual separation of the identifiers and allows you to add comments about each variable. There is another advantage to this style: You can use it to group all related variables. Later, if the requirements of the program call for you to change the type of a number of related variables, you need only make the change on the first line of code in the declaration. The types of all the others then automatically are changed.

Operators in Expressions

An expression consists of function calls, variables, constants, and operators. The previous examples used some operators. Now, you learn what they mean. Operators can be arithmetic, logical, bitwise logical, bitwise shift, relational, increment, decrement, or assignment operators. Most operators are binary, which means that you code the operator between two expressions. The addition operator, for example, is binary. Other operators are unary, which means that the operator is associated with one expression only. Unary plus and minus operators are examples.

Arithmetic Operators

The C++ language has two unary and five binary arithmetic operators, as shown in Table 2-4. The multiplication, division, and modulus operators have higher precedence than the binary addition and subtraction operators, and the unary plus and minus operators are higher than the others. See "Precedence and Order of Evaluation" later in this chapter.

Table 2-4 Arithmetic Operators	
Symbol	**Description**
+	Unary plus
–	Unary minus
*	Multiplication
/	Division
%	Modulus
+	Addition
–	Subtraction

The following are examples of assignment statements, where the expressions on the right side of the assignments use some of the arithmetic operators from Table 2-4:

```
Celsius = 5 * (Fahrenheit - 32) / 9;
Height = Top - Bottom + 1;
Area = Height * Width;
```

Listing 2-9 uses the first expression to calculate and display Celsius temperatures from Fahrenheit values that you type. This program is also your first use of the standard `cin` object, which reads keyboard data into program variables.

On the CD-ROM

Name: **pr02009.cpp**
Location: Quincy99\Programs**Chap02**

Listing 2-9: **Assigning an expression**

```cpp
////////////////////////////////////////
// File Name: pr02009.cpp
////////////////////////////////////////
#include <iostream>

////////////////////////////////////////
// The main() function.
////////////////////////////////////////
int main()
{
    int Celsius, Fahrenheit;

    // Prompt for Fahrenheit temperature
    std::cout << "\nEnter temperature as degrees Fahrenheit: ";

    // Read Fahrenheit temperature from keyboard
    std::cin >> Fahrenheit;

    // Compute Celsius
    Celsius = 5 * (Fahrenheit - 32) / 9;

    // Display the result
    std::cout << "Temperature is ";
    std::cout << Celsius;
    std::cout << " degrees Celsius";

    return 0;
}
```

Listing 2-9 declares two integer variables and uses `cout` to prompt you to type in the temperature.

The `std::cin` object is the <iostream> input device. Observe that it uses the `>>` operator, which signifies that the data value flows from the device to the variable. The `>>` operator, in this context, is called the *stream extraction operator* because it extracts data values from the input stream.

When you run the program in Listing 2-9, it displays the following messages. The value 75 in this example is what you type. The value 23 is the computed Celsius temperature. You can use other values to see their effects.

```
Enter temperature as degrees Fahrenheit: 75
Temperature is 23 degrees Celsius
```

The modulus operator (%) returns the remainder of a division when the first expression is divided by the second, as shown in the next example. The example uses a `BitNumber` variable, which contains a number from 0 to the highest bit in a bit array, to compute the `ByteOffset` and `BitOffset` variables.

```
ByteOffset = BitNumber / 8;   // offset to the byte
BitOffset = BitNumber % 8;    // bit offset within the byte
```

The unary minus operator returns the negative value of the numeric expression that follows it. If the value already was negative, the operator returns the positive value of the expression.

The unary plus operator is redundant and was added to Standard C++ for symmetry with unary minus. The unary plus operator doesn't change anything. For example, it does not make a negative expression positive.

Logical Operators

Logical operators use the true/false properties of expressions to return a true or false value. In C++, the true result of an expression is nonzero. When a nonzero value is subjected to a logical operation, the value is converted to 1. False values are always zero. Table 2-5 lists the logical operators.

Table 2-5 Logical Operators	
Symbol	**Description**
&&	Logical AND
||	Logical OR
!	Unary NOT

Here are some expressions that use logical operators:

```
tf = flots && jets;   // 1 if flots and jets are nonzero
tf = flots || jets;   // 1 if flots or jets is nonzero
tf = !flots;          // 1 if flots is zero
```

Do not confuse the && and || operators with their bitwise & and | counterparts discussed in the next section.

The && and || logical operators can have more complex expressions on either side than are shown in these examples. These operators most often are used to form conditional expressions in the C++ language's if, for, and while program flow control statements, which I discuss in Chapter 4.

Programs often use the unary NOT logical operator (!) to convert a variable's numeric value to its logical true/false property:

```
tf = !!blob; // 1 if blob is nonzero; 0 otherwise
```

This expression uses the unary NOT logical operator twice to compound the negation and return the desired 1 or zero, true or false value associated with the variable's numeric value. Chapter 5 includes examples that use logical operators within program flow control statements.

Bitwise Logical Operators

The *bitwise logical operators* perform bit setting, clearing, inversion, as well as complement operations on the expressions and return the results. Table 2-6 lists the bitwise logical operators.

Table 2-6	
Bitwise Logical Operators	
Symbol	**Description**
&	Bitwise AND
||	Bitwise OR
!	Bitwise exclusive OR (XOR)
~	One's complement

All except the last of the operators in Table 2-6 are binary operators. The one's complement operator is a unary operator. You can use these operators with integer expressions only. Bitwise logical operators typically are used to set, clear, invert, and test selected bits in an integer variable. Programmers often use bits as on/off switches in programs. Low-level hardware device driver programs often must manipulate bits in the input/output device registers.

The first three operators in Table 2-6 perform bit mask operations as shown in these examples:

```
result = InputCh & 0x80;  // clear all but most significant bit
newval = CtrlCh & ~0x80;  // clear the most significant bit
mask = KeyChar | 0x80;    // set the most significant bit
newch = oldch ^ 1;        // invert the least significant bit
```

The second example also uses the ~ one's complement operator to convert the 0x80 constant to its one's complement, which is 0x7f. This usage emphasizes the bit that is cleared rather than the bits that are not cleared.

Consider the following example, which shows a typical use for the bitwise AND operator-testing the setting of bits in a field:

```
if (Field & BITMASK)
    // at least one of the bits is set
```

The if statement tests the expression inside the parentheses that follow. If the expression returns a true value, the next statement or statement block executes. Otherwise, it is skipped. Chapter 4 covers the if statement in more detail, but for now the usage demonstrates logical AND in a conditional expression. In this example, the program uses the operator to test whether any of the bits in the BITMASK variable match the contents of the Field variable.

Bitwise Shift Operators

The bitwise shift operators in Table 2-7 shift integer values right and left a specified number of bits. You can use these operators with integer expressions only.

Table 2-7 Bitwise Shift Operators	
Symbol	**Description**
<<	Left shift
>>	Right shift

The shift operators return a value that is equal to the leftmost expression shifted a number of bits equal to the value of the rightmost expression, as shown here:

```
NewFld = OldFld << 3;    // Shift OldFld 3 bits to the left
MyData = YourData >> 2;  // Shift YourData 2 bits to the right
```

In these statements, the field on the left of the assignment receives the shifted value. The variables on the right of the assignment are not shifted themselves. Instead, their values contribute to the expression, which returns a shifted value.

Shifting left inserts zero bits into the low-order bits of the result. Shifting right propagates the most significant bit. This behavior preserves the signed property of an integer.

Programmers often use the shift left operator to multiply integers and the shift right operator to divide integers when the multiplier or divisor is known to be a power of two.

Relational Operators

Relational operators compare two expressions and return a true or false value depending on the relative values of the expressions and the operator. Table 2-8 shows the six relational operators.

Table 2-8	
Relational Operators	
Symbol	**Description**
>	Greater than
<	Less than
>=	Greater than or equal to
<=	Less than or equal to
==	Equal to
!=	Not equal to

Relational operators typically are used in conditional expressions for program control flow statements as shown here:

```
while (Counter > 0)  // test Counter for zero
{
    // ...
}
```

Why do you suppose that C++ uses == for equality and = for assignment? Other languages, such as BASIC, use the same = operator for both. The reason is that an assignment statement is an expression that returns a value. The following code is valid:

```
if (Amount = 123)
    // ...
```

The code looks like a test for equality between `Amount` and the constant value 123, but it is not, because it uses the assignment operator (=) rather than the equality operator (==). The assignment (`Amount = 123`) is an expression that returns the value 123. The `if` program flow control statement tests the true/false condition of the expression. This statement always returns a true value because 123, being nonzero, is always true. If the right side of the expression were a variable, then the true/false result of the test would depend on the value in the variable.

The syntax of the two operators and of conditional expressions invites coding errors. New C++ programmers often code the = operator when they mean to code the == operator. The previous statement is a valid statement, but because of the potential for confusion, most compilers issue a warning when they see such a statement. The warning says something like, "Possibly incorrect assignment."

To eliminate warnings and to clarify the code's intentions, most programmers who want to test the result of an assignment for a true/false condition use one of two ways. The first is shown here:

```
Amount = NewAmount;
if (Amount != 0)
    // ...
```

This combination of statements resembles the way you code the assignment and test in programming languages that do not treat assignments as conditional expressions. It is clear and unambiguous. No one misunderstands what the code is doing. Once you are experienced and comfortable with C++, however, you may opt for this format:

```
if ((Amount = NewAmount) != 0)
    // ...
```

This format is more concise than the first one, and many C++ programmers prefer it. The parentheses are important. As you soon learn, the != operator has higher precedence than the = operator. If you omit the parentheses, `NewAmount != 0` is evaluated before the assignment, and `Amount` is assigned the true/false, one/zero result of that test. Without parentheses, the expression works like this one, which has parentheses added to emphasize the default precedence:

```
if (Amount = (NewAmount != 0))
    // ...
```

Chapter 5 includes examples that use relational operators within program control flow statements.

Increment and Decrement Operators

C++ includes several unique operators. Two of them, the ++ increment and --
decrement operators, increment or decrement a variable by the value of 1. Table 2-9
shows these operators.

Symbol	Description
++	Increment operator
--	Decrement operator

Table 2-9
Increment and Decrement Operators

The increment and decrement operators can be placed before (prefix) or after
(postfix) the variable that they change, as shown in these examples:

```
--Counter;    // decrement Counter, prefix notation
Quantity--;   // decrement Quantity, postfix notation
++Amount;     // increment Amount, prefix notation
Offset++;     // increment Offset, postfix notation
```

As used here, the prefix and postfix forms of the operators have the same effect.
But when they are used as part of a larger expression, the two forms have a
different meaning. The prefix operators change the variable before it contributes
to the expression, and the postfix operators change it afterward. Listing 2-10
demonstrates that behavior.

Name: **pr02010.cpp**
Location: Quincy99\Programs**Chap02**

Listing 2-10: **Increment and decrement operators**

```
///////////////////////////////////
// File Name: pr02010.cpp
///////////////////////////////////
#include <iostream>

///////////////////////////////////
// The main() function.
///////////////////////////////////
```

Continued

Listing 2-10 *(continued)*

```
int main()
{
    int Ctr, OldCtr, NewCtr;

    // Make the assignments
    OldCtr = 123;        // OldCtr is 123
    NewCtr = ++OldCtr;   // NewCtr is 124, OldCtr is 124
    Ctr = NewCtr--;      // Ctr is 124, NewCtr is 123

    // Display the results
    std::cout << OldCtr;
    std::cout << ' ';
    std::cout << NewCtr;
    std::cout << ' ';
    std::cout << Ctr;

    return 0;
}
```

Listing 2-10 declares three integer variables and assigns a value to one of them. Then, the program assigns the value of that variable to one of the other variables by using a prefix increment operator. The variable is incremented, and the incremented value is assigned to the receiving variable. The third assignment uses a postfix decrement operator. The variable on the right side is decremented — but not until after the assignment. The variable on the left side receives the value before the decrement. You can use Quincy's Watch window to observe these effects as they happen. Listing 2-10 displays this output on the screen:

```
124 123 124
```

Assignment Operators

It might not be obvious, but the assignment statements you're learning about in this chapter are themselves expressions that return values. C++ has a number of assignment statement formats, all of which are shown in Table 2-10.

Consider first the garden-variety assignment operator that you have been using until now. Each assignment statement itself returns a value. The value that it returns is the value that is assigned to the variable on the left side of the assignment. That behavior makes possible a widely used C++ idiom that you do not see in other programming languages (except C, of course). This example shows that idiom:

```
FirstTotal = SecondTotal = 0;
```

Table 2-10
Assignment Operators

Symbol	Description
=	Assignment
+=	Addition assignment
-=	Subtraction assignment
*=	Multiplication assignment
/=	Division assignment
%=	Modulus assignment
<<=	Shift left assignment
>>=	Shift right assignment
&=	Bitwise AND assignment
|=	Bitwise OR assignment
^	Bitwise exclusive OR (XOR) assignment

The effect of this statement is to assign the value zero to both of the variables. Why is this? First, consider the order in which the assignment statements are evaluated. The assignment operator has right-to-left associativity, which means that the expressions are evaluated starting with the rightmost one. This means that `SecondTotal = 0` is evaluated first. That expression returns the result of the assignment which, in this case, is zero. When the leftmost expression is evaluated, the zero return from the rightmost expression is assigned to the leftmost variable. It is as if you coded the expression this way:

```
FirstTotal = (SecondTotal = 0);
```

The parentheses are not needed to force the precedence of the rightmost expression over the leftmost expression, because the associativity of the operator takes care of that. Listing 2-11 demonstrates this behavior.

Name: **pr02011.cpp**
Location: Quincy99\Programs**Chap02**

Listing 2-11: **Assigning assignments**

```
/////////////////////////////////////
// File Name: pr02011.cpp
/////////////////////////////////////
#include <iostream>

/////////////////////////////////////
// The main() function.
/////////////////////////////////////
int main()
{
    unsigned int This, That, Those;

    // Assign the same value to three variables
    This = That = Those = 62440;

    // Display three unsigned ints
    std::cout << This;
    std::cout << ' ';
    std::cout << That;
    std::cout << ' ';
    std::cout << Those;

    return 0;
}
```

The assignment statement in Listing 2-11 assigns the same value to all three unsigned int variables and displays this output on the screen:

```
62440 62440 62440
```

Can you see why the following multiple assignment expression does not work?

```
(FirstTotal = SecondTotal) = 0;
```

C++ compilers report an error if you try to code an expression such as this one. The reason is that the leftmost expression, (FirstTotal = SecondTotal), is not an lvalue and does not represent a variable that the program can modify. This expression is an rvalue—the value of an assignment—which would be whatever is in SecondTotal before the statement executes. You cannot assign a value to such an expression. An assignment expression is an rvalue and cannot appear on the left side of another assignment operator.

Compound Assignment Operators

The other assignment operators in Table 2-10 are unique to the C and C++ languages. Called compound assignment operators, they are a form of shorthand that provides a more concise way to modify a variable. Consider this simple assignment statement usage, which is common to most programming languages:

```
Total = Total + 3;
```

This statement assigns a value to a variable where the value is the result of an expression that includes the variable itself. C++ includes a set of compound assignment operators that do the same thing. The previous statement can be coded this way instead:

```
Total += 3;
```

Each of the other compound assignment operators in Table 2-10 has a similar effect on the variable. Listing 2-12 demonstrates compound assignment.

On the CD-ROM

Name: **pr02012.cpp**
Location: Quincy99\Programs**Chap02**

Listing 2-12: **Compound assignments**

```
/////////////////////////////////////
// File Name: pr02012.cpp
/////////////////////////////////////
#include <iostream>

/////////////////////////////////////
// The main() function.
/////////////////////////////////////
int main()
{
    long Total, SubTotal, Detail;

    // Initial values
    Total = 10000;
    SubTotal = 90;
    Detail = 5;
    SubTotal *= Detail;        // compute SubTotal
    Total += SubTotal;         // compute Total
```

Continued

Listing 2-12 *(continued)*

```
// Display all three
std::cout << Total;
std::cout << ' ';
std::cout << SubTotal;
std::cout << ' ';
std::cout << Detail;

    return 0;
}
```

Listing 2-12 displays this output on the screen:

```
10450 450 5
```

There is one significant difference between simple and compound assignment. In a simple assignment, such as A = A + 1, the A expression is evaluated twice; in a compound assignment, such as A += 1, the A expression is evaluated once. Usually, this difference has no effect on the operation of the program, but if the expression de-references an address returned from a function, the function is called twice. Most C++ programmers intuitively avoid those kinds of side effects. It may not make sense just yet, but put a bookmark in this place. After you learn about functions (Chapter 3) and pointers (Chapter 5), you may want to return here and reread this note.

The Conditional Operator

The conditional operator (?:) tests an expression and returns the result of one of two other expressions depending on the true/false value of the first. The operator takes this form:

```
<expression1> ? <expression2> : <expression3>
```

The evaluation tests the first expression. If that value is true, the resulting value is that of the second expression and otherwise, the resulting value is that of the third expression. Listing 2-13 demonstrates the conditional operator with a simple algorithm that computes the penalty for overdue dues at 10 percent.

Name: **pr02013.cpp**
Location: Quincy99\Programs**Chap02**

Listing 2-13: **The conditional operator**

```cpp
/////////////////////////////////////////
// File Name: pr02013.cpp
/////////////////////////////////////////
#include <iostream>

/////////////////////////////////////////
// The main() function.
/////////////////////////////////////////
int main()
{
    float Dues;        // dues amount

    // Read the dues.
    std::cout << "Enter dues amount: ";
    std::cin >> Dues;

    // Are the dues paid on time?
    std::cout << "On time? (y/n) ";
    char yn;
    std::cin >> yn;
    bool Overdue;    // true if overdue, false if on time
    Overdue = yn != 'y';
    float AmountDue; // amount to be computed

    // Use conditional operator to compute.
    AmountDue = Overdue ? Dues * 1.10 : Dues;

    // Display the dues amount.
    std::cout << "Amount due: ";
    std::cout << AmountDue;

    return 0;
}
```

Observe the declaration of the char yn variable in Listing 2-13. If you are a C programmer, you might think there is an error in this code. In C, all declarations in a brace-surrounded statement block must appear before all executable statements in the block—yet there are several executable statements ahead of the char yn declaration. In C++, a declaration can appear anywhere in the block as long as the item is declared before any other statements refer to it.

When you run Listing 2-13, the program displays the following messages. The 35.50 is the amount you enter as dues. The "n" following the On time? (y/n) message is the response you type to the question. You can try the program with different dues amounts and different responses to the question.

```
Enter dues amount: 35.50
On time? (y/n) n
Amount due: 39.05
```

The conditional operator is a shorthand form of the traditional if-then-else program flow control operation. The preceding expression can be performed this way, as well:

```
if (OverDue)
    AmountDue = Dues * 1.10;
else
    AmountDue = Dues;
```

It also can be performed this way:

```
AmountDue = Dues;
if (OverDue)
    AmountDue *= 1.10;
```

And this way:

```
AmountDue = Dues;
if (OverDue)
    AmountDue += AmountDue * 0.10;
```

And so on. As you can see, C++ is not only the language of choice but also a language of choices.

Comma Operator

In C and C++, expressions can be separated by commas. Each comma-separated expression is evaluated, and the value returned from the group is the value of the rightmost expression. Listing 2-14 is an example of this behavior.

On the CD-ROM

Name: **pr02014.cpp**
Location: Quincy99\Programs**Chap02**

Listing 2-14: **Comma-separated expressions**

```
///////////////////////////////////////
// File Name: pr02014.cpp
///////////////////////////////////////
#include <iostream>

///////////////////////////////////////
// The main() function.
///////////////////////////////////////
int main()
{
    int Val, Amt, Tot, Cnt;
    Amt = 30;
    Tot = 12;
    Cnt = 46;

    // Compute Val = rightmost expression
    Val = (Amt++, --Tot, Cnt+3);

    // Display the result
    std::cout << Val;

    return 0;
}
```

Listing 2-14 displays the value 49 on the screen, which is the value returned by the comma-separated expression.

Without the parentheses, Val is assigned the value in Amt before the increment. This is because the assignment operator has higher precedence than the comma operator. You learn just what that means in the next section.

Precedence and Associativity

Operators have two important properties: their *precedence* and their *associativity* (also called *order of evaluation*). These properties affect the results of an expression that contains more than one operator or that might produce side effects. They determine when and if each inner expression in an outer expression is evaluated. Table 2-11 shows the precedence and order of evaluation of the operators in the C++ language.

Table 2-11
Operator Precedence and Order of Evaluation

Precedence	Operators	Associativity
(Highest)	() []-> .	Left-right
	! ~ ++-- +- * & (type) sizeof	Right-left
	* / %	Left-right
	+ -	Left-right
	<< >>	Left-right
	< <= > >=	Left-right
	== !=	Left-right
	&	Left-right
	^	Left-right
	|	Left-right
	&&	Left-right
	||	Left-right
	?:	Right-left
	= += -= *= /= %= &= ^= |= <<= >>=	Right-left
(Lowest)	,	Left-right

The + and - operators in the second entry of Table 2-11 are the unary plus and minus operators. The ones in the fourth entry are the binary addition and subtraction operators.

The first two entries list some operators that you haven't learned yet. The first entry includes the parentheses operators for function calls — discussed in Chapter 3 and not to be confused with precedence-overriding parentheses — and array subscripts and structure members (see Chapter 5). The second entry includes the * pointer operator, the & address-of operator, typecast notation, and the sizeof operator — all discussed in Chapters 5 and 6.

The operators in Table 2-11 are the ones that C++ shares with C. C++ adds several operators of its own: the :: scope resolution operator, the new and delete memory allocation operators, and several typecasting operators. You learn about them in later chapters.

Associativity

Operators at the same level in Table 2-11 have equal precedence. The expressions affected by the operators are evaluated in the order specified in the associativity column of Table 2-11. For example, consider this expression:

```
Total = Price - Discount + SurCharge;
```

The binary minus (-) and plus (+) operators have equal precedence, and they have higher precedence than the assignment (=) operator. Therefore, the order of evaluation proceeds left to right starting with the + and - operators according to their associativity. The evaluation computes the value Price - Discount, adds SurCharge to that value, and assigns the value to Total, which sounds like a reasonable computation.

Suppose, however, that you want to subtract the sum of Discount and SurCharge from Price. The calculation just shown cannot work because of the associativity of the operators. You need to override the associativity and force the Discount + SurCharge expression to be evaluated first. You do this by putting parentheses around the expression:

```
Total = Price - (Discount + SurCharge);
```

Precedence

Similarly, there are times when the default precedence of operators does not produce the desired result. Consider this expression:

```
Total = Price - Discount * SalesTax;
```

The multiplication operator has higher precedence than the subtraction operator does. And, as a result, the expression evaluates Discount * SalesTax first and then evaluates the expression where the result from the multiplication is subtracted from Price. This is probably not what you want. Generally, you want to compute Price - Discount first and then multiply that result by the SalesTax rate. To do that, you override the expression's default precedence by using parentheses, just as you do to override associativity. Here is the same expression corrected to produce the desired result:

```
Total = (Price - Discount) * Tax;
```

When an Expression Is Not Evaluated

The && and || operators evaluate the expressions starting with the leftmost one. As soon as the truth of the total expression is guaranteed, expression evaluation stops. This means that expressions with side effects might not be evaluated, and the side effects might not be realized. Consider this example:

```
if (MoreData() || MoreTime())
    // ...
```

If the MoreData() function call returns a true value, the full expression is assumed to be true, and it is not necessary to call the MoreTime() function. If the MoreTime() function takes some action that other parts of the program depend on, that action — also known as a side effect — does not get taken. Here's another example:

```
while (--aCounter && --bCounter)
    // ...
```

If the decrement of aCounter produces a zero result, the full expression is assumed to be false and the balance of the expression is not evaluated. This means that bCounter is not decremented.

The conditional operator (?:) behaves in a similar fashion, as shown in this example:

```
Amount = FirstTime ? InitialAmount++ : RunningAmount++;
```

Only one of the second two expressions is evaluated, depending on the true/false value of the first. This means that when FirstTime is true, only InitialAmount is incremented; and when FirstTime is false, only RunningAmount is incremented.

Initializers

Declaration of a variable does not put any data into the variable. The exercises so far have placed assignment statements after the declarations to provide initial data values. You can, however, initialize variables with data by providing an initializer as part of the declaration. Listing 2-15 demonstrates three different variable initializers.

On the CD-ROM

Name: **pr02015.cpp**
Location: Quincy99\Programs**Chap02**

Listing 2-15: **Initializers**

```
/////////////////////////////////////
// File Name: pr02015.cpp
/////////////////////////////////////
#include <iostream>

/////////////////////////////////////
// The main() function.
/////////////////////////////////////
int main()
{
    int Amount = 3;      // initialize an int
    char ch = 'A';       // initialize a char
    float Value = 1.23;  // initialize a float

    // Display the initialized variables
    std::cout << Amount;
    std::cout << ' ';
    std::cout << ch;
    std::cout << ' ';
    std::cout << Value;

    return 0;
}
```

Usually, a variable is initialized each time the declaration is executed. Listing 2-15 initializes the three variables immediately after the main() function begins execution. Variables that are declared inside other functions and statement blocks are initialized every time the function or statement block begins execution. An exception is the static local variable, which is initialized the first time it is declared and never again. You can study functions and statement blocks in Chapter 3 and static variables in Chapter 5.

Listing 2-15 displays this message on the screen:

```
3 A 1.23
```

An initializer takes the form of an assignment statement, with the declaration on the left and an expression on the right. If the variable is global or static, the initializing expression must be a constant value. In other words, it cannot contain any function calls, references to other variables, or increment and decrement operators. It can contain multiple constants and operators, but that's all. Local variables — the kind you've been using until now — can contain any expression as their intializers.

There are two formats for coding initializers in C++. Listing 2-15 demonstrates the format that C++ and C initializers use. The assignments in Listing 2-15 can be coded with the alternative C++ initializer syntax as shown here:

```
int Amount(3);      // initialize an int
char ch('A');       // initialize a char
float Value(1.23);  // initialize a float
```

The alternative initializer syntax reflects the syntax with which a class object declaration calls a class constructor function with initializer values. You learn about class constructors in Chapter 12.

Type Conversion

The various numeric types — characters, integers, long integers, and floating-point numbers — have different ranges of values because of their sizes and their signed and unsigned properties. But, what happens when you use them interchangeably? What happens if you assign a long int variable to a char variable, for example? Or vice versa?

C++ applies certain rules of type conversion in these cases. Numeric types are interchangeable within certain limits. If you assign a variable of a smaller type to one of a larger type, the value is promoted to that larger type and no information is lost. If you assign a variable of a larger type to one of a smaller type, the value is demoted; and if the larger value is greater than the smaller type can contain, the demotion includes truncation of the excess data. Some compilers warn you when this can happen unless you use a typecast (refer to Chapter 5) to tell the compiler that you know about it in advance. Listing 2-16 illustrates several type conversions in action.

On the
CD-ROM

Name: **pr02016.cpp**
Location: Quincy99\Programs**Chap02**

Listing 2-16: **Type conversions**

```
//////////////////////////////////////
// File Name: pr02016.cpp
//////////////////////////////////////
#include <iostream>

//////////////////////////////////////
// The main() function.
//////////////////////////////////////
```

```
int main()
{
    // Three uninitialized variables, different types.
    char myChar;
    short int myInt;
    long myLong;

    // An initialized variable of yet another type.
    float myFloat = 7e4;

    // Assign and convert.
    myChar = myInt = myLong = myFloat;

    // Display the variables.
    std::cout << myChar;
    std::cout << ' ';
    std::cout << myInt;
    std::cout << ' ';
    std::cout << myLong;
    std::cout << ' ';
    std::cout << myFloat;

    return 0;
}
```

When you compile Listing 2-16, the compiler issues this warning message, which alerts you that some data can be lost in the conversion in the assignment statement on source-code line 20:

```
pr02016.cpp:20: warning: assignment to 'long int' from 'float'
```

Listing 2-16 displays this message on the screen:

```
p 4464 70000 70000
```

The myInt variable reflects the lost data when a long int variable with a value greater than can be held in 16 bits is assigned to a short int variable. The long int variable myLong loses no data when the float variable is assigned to it, because a long can hold the value represented by 7e4—which is 7 times 10 raised to the 4th power, or 70000.

Console Input and Output

You have been using std::cin and std::cout in the exercises in this chapter. They read the keyboard and write to the screen in Standard C++ programs. If you write a program that you intend to be portable, you probably should use std::cin and std::cout extensively, because they are the lowest common denominator for console input/output across all implementations of the C++ language on all computers.

Many commercial C++ programs never use std::cin and std::cout. They use screen and keyboard libraries associated with the user interfaces of the system on which the program is to run: Windows 95, X-Windows, OS/2 Presentation Manager, Macintosh, and so on. You might rarely use std::cin and std::cout again after finishing this book, although many small utility programs run from the command line and do not use exotic user interfaces.

This section introduces console input/output because you need to know how to read the keyboard and write the screen in order to use the exercises in this book that teach other parts of the C++ language.

The Standard Output Stream

Our use of std::cout has been primitive until now. We used one statement for every item that we wanted to display. But std::cout is more powerful than that, providing shortcuts that enable us to achieve the same effect with fewer lines of code. Look back at Listing 2-15, and note how Listing 2-17 gets the same result with less code.

On the CD-ROM

Name: **pr02017.cpp**
Location: Quincy99\Programs**Chap02**

Listing 2-17: **Improved std::cout usage**

```
/////////////////////////////////////
// File Name: pr02017.cpp
/////////////////////////////////////
#include <iostream>

/////////////////////////////////////
// The main() function.
/////////////////////////////////////
int main()
{
    int Amount = 3;      // initialize an int
```

```
char ch = 'A';       // initialize a char
float Value = 1.23; // initialize a float

// Display the initialized variables
std::cout << Amount << ' ' << ch << ' ' << Value
        << std::endl;

return 0;
}
```

Listing 2-17 connects several data types with the << operator. The output is the same as that of Listing 2-15. This behavior is a by-product of the C++ this pointer and the overloaded << operator for ostream objects. Both topics get full treatment later in the book. For now, don't worry about exactly how these things work; accept their behavior as this chapter describes it and forge ahead.

Observe that Listing 2-17 sends an object named std::endl to the std::cout object at the end of the other transmissions. The std::endl object is the first of a set of *manipulators* that you learn about later in the book. The std::endl manipulator represents an *end-of-line* character. Sending it to an output stream usually is the same as sending a newline character, like this:

```
std::cout << '\n';
```

The difference between sending std::endl and the newline character is that the std::endl manipulator flushes the output stream after sending a newline character, whereas the newline character alone does not. This behavior makes a difference with some compilers and makes no difference with others. (Eventually, when all compilers comply with the standard, their stream libraries all will work the same.) This book uses std::endl in most of its example programs instead of the newline character to ensure that the message displays on the console when you expect it to irrespective of which compiler you use.

Formatted Output: Manipulators

Suppose you want to display the hexadecimal representation of an integer variable instead of its decimal value. The iostream class system associates a set of manipulators with the output stream. These manipulators change the displayed numerical base for integer arguments. You insert the manipulators into the stream to make the change. There are three such manipulators. Their symbolic values are std::dec, std::oct, and std::hex. Listing 2-18 uses manipulators to display an integer in three numerical base representations.

On the
CD-ROM

Name: **pr02018.cpp**
Location: Quincy99\Programs**Chap02**

Listing 2-18: **Formatting numerical data**

```
/////////////////////////////////////
// File Name: pr02018.cpp
/////////////////////////////////////
#include <iostream>

/////////////////////////////////////
// The main() function.
/////////////////////////////////////
int main()
{
    int amount = 123;
    std::cout << std::dec << amount << ' '
              << std::oct << amount << ' '
              << std::hex << amount;

    return 0;
}
```

The exercise inserts the manipulators std::dec, std::oct, and std::hex into the stream to convert the value that follows — amount — into different numerical base representations. Listing 2-18 displays the following result:

```
123 173 7b
```

Each of the values shown is the decimal value 123 in a different base representation.

The concept of sending so-called manipulators to a device might be alien to programmers who are more familiar with other languages. In BASIC, for example, all the data objects that you code after a PRINT statement get displayed. In C++, however, each console device is implemented as an object. The object reacts to the data you send it according to the data types. Manipulators are themselves data objects of a unique type defined within the iostream class system. When you send a manipulator to a stream object, the object uses the appearance of the manipulator to modify the console object's behavior for the next data object; in this case, the behavior to be modified is the format of the data to be displayed.

As you proceed through the exercises in later chapters, the programs use manipulators to control the display of their output. Whenever a new manipulator shows up, the discussion surrounding the exercise explains the manipulator.

The Standard Error Stream

The `std::cerr` object uses the same syntax as `std::cout`, except that `std::cerr`'s output goes to the standard error device. This technique enables you to display error messages on the console even when the program's user redirects the standard output device.

The Standard Input Stream

By using `std::cout` and `std::cerr`, you can display all types of data on the screen. You must also be able to read data into your programs. The `iostream` version of standard input is implemented with the `std::cin` object, which you learned about earlier in this chapter. Listing 2-19 uses `cin` to read an integer from the keyboard.

On the CD-ROM

Name: **pr02019.cpp**
Location: Quincy99\Programs**Chap02**

Listing 2-19: **The standard input stream**

```
/////////////////////////////////////
// File Name: pr02019.cpp
/////////////////////////////////////
#include <iostream>

/////////////////////////////////////
// The main() function.
/////////////////////////////////////
int main()
{
    short int amount;
    std::cout << "Enter an amount...";
    std::cin >> amount;
    std::cout << "The amount you entered was " << amount;

    return 0;
}
```

Listing 2-19 sends a string to cout to prompt you for input. The cin device writes the value into the amount integer variable. The program then displays the amount variable on cout to demonstrate that the cin operation worked. Listing 2-19 displays the following messages. (The first three digits 123 are the value that you type into the program. It could be any digits that make up an integer value.)

```
Enter an amount...123
The amount you entered was 123
```

Suppose that you use this program in a system with a 16-bit short integer (Quincy, for example). If you enter the value 65535, the program displays -1. If you enter 65536, the program displays 0. These displays occur because the amount variable is a signed integer. Change the amount variable's type to an unsigned integer and retry the program. For another experiment, see what happens when you enter a value with a decimal point and digits to the right of the decimal point.

Try entering alphabetic characters instead of numbers. It doesn't work. The std::cin device is able to work with strings — character arrays, actually — as well as with numbers, but you must use the correct data type in the expression. To illustrate, Listing 2-20 uses the std::cin device to read a string value from the keyboard into a character array.

Name: **pr02020.cpp**
Location: Quincy99\Programs**Chap02**

Listing 2-20: **Reading a string**

```cpp
/////////////////////////////////////
// File Name: pr02020.cpp
/////////////////////////////////////
#include <iostream>

/////////////////////////////////////
// The main() function.
/////////////////////////////////////
int main()
{
    char name[20];
    std::cout << "Enter a name...";
    std::cin >> name;
    std::cout << "The name you entered was " << name
              << std::endl;

    return 0;
}
```

Listing 2-20 displays the following messages. (The name Tyler is used here for the name that you type into the program.)

```
Enter a name...Tyler
The name you entered was Tyler
```

Listing 2-20 has a flaw: The character array is only 20 characters long. If you type too many characters, the program overwrites whatever follows the name array in the computer's memory, and peculiar things happen. An `iostream` function named `std::get()` solves this problem; you learn about `std::get()` in Part III. For now, the example programs assume that you do not type more characters than the declared character array can accept.

The `std::cin`, `std::cout`, `std::cerr`, and `std::endl` objects are not themselves a part of the compiled C++ language. They are defined by the ANSI Standard C++ specification, but they are not intrinsic language components. Binary plus (+) and minus (-) are examples of intrinsic operators. C++ has no intrinsic input/output operators that coincide with BASIC's `PRINT` statement or COBOL's `WRITE` verb. The stream classes are not built-in data types, and the << and >> operators are not, in this context, built-in C++ operators. Input and output streams are implemented as C++ classes, and `std::cin` and `std::cout` are instances of those classes. This implementation exists outside the C++ language implementation. C++ allows you to define new data types and to associate custom operators with those data types, and that's what the designers of the `iostream` facility did to provide a standard console input/output system. This is a significant lesson. You learn how to do this for your own data types in later chapters.

Summary

In this chapter, you learn that a C++ program consists of functions and variables. You learn about including header files and putting comments in your program. You also learn the C++ data types, how to declare variables of those data types, and how to assign values to them. You learn about C++ constants, expressions, operators, and initializers. Finally, you discover how to display data on the screen by using `cout` and how to read data from the keyboard into memory variables by using `cin`.

In the next chapter, you get a close look at functions and how you use them in your programs. You'll study such topics as arguments, prototypes, return types, identifier scope, inline functions, recursion, linkage specifications, and much more.

✦   ✦   ✦

Functions

This chapter describes C++ functions, the building blocks of a C++ program. Functions hold the executable code of a program. The entry and exit points of every C++ program are in the main() function. The main() function calls other functions, each of which returns to the main() function. Those other functions may — and probably do — call lower-level functions. Calling a function executes the function immediately. The calling function suspends operation until the called one returns. Functions can accept arguments, as well as return values.

Programmers learn to think of lower-level functions as trustworthy "black-box" operations that do their jobs without the programmers having to know the details of how those jobs are done. All the standard library functions are in this category. Programmers also develop and acquire function libraries to serve in this capacity. When you study full-length programs, you seldom see the majority of the source code that contributes to the whole of the program.

The Function

A function has a function header and a statement body. The function header has three parts:

✦ A return type

✦ A name

✦ A parameter list

The return value is a C++ data type (one of the data types from Chapter 2), a pointer to one of the data types, a pointer to a structure, or a pointer to an array. You learn about pointers, structures, and arrays in Chapters 5 and 6.

The function's name is unique within the program. It obeys the rules for identifier naming as discussed in Chapter 2. The parameter list consists of zero or more variables into which the caller's arguments are copied. The statement body holds the local variable declarations and executable code for the function. All the programs in Chapter 2 have `main()` functions. None of them declare other functions, which is the subject of this chapter.

Remember the main()

All C++ programs require a `main()` function. The system declares it and your program defines it. The `main()` function returns an `int` data type and can accept two arguments. If you do not specify what the function returns, the function's definition defaults to a return of an `int` type.

In addition to its default return type, the `main()` function has two default parameters — an `int` and a pointer to an array of `char` pointers — yet the `main()` functions in Chapter 2 have empty parameter lists. You learn about `main()`'s default parameters in Chapter 5; but, for now, you should know that `main()` can define no parameters when arguments are, in fact, passed to it. Other functions are required to adhere to their declarations, but `main()` is exempt from this rule.

Your program never calls the `main()` function. Doing so is illegal, according to the ANSI /ISO C++ Standard. The system's startup procedure calls `main()` to begin running the program. When `main()` returns, the system shutdown procedures take over. You don't have to worry about the startup and shutdown procedures. The compiler provides them when you compile and link the program. However, by convention, when the program terminates successfully, it should return an integer with a zero value. Other values are implementation-dependent, although the value -1 usually represents unsuccessful completion of the program. Operating systems often use shell programs that execute applications programs from a batch command file and include batch operators to respond to the return values from applications programs. The MS-DOS command-line processor is one such shell program, and Unix has several.

To get you into the habit of returning values from `main()`, all example programs in this book declare `main()` with an `int` return value and return something, usually zero, as shown here:

```
int main()
{
    // ...
    return 0;  // successful completion
}
```

You learn other ways to use the `return` statement later in this chapter.

Arguments versus Parameters

The caller of a function passes expressions to the function as arguments. The apparently interchangeable terms argument and parameter appear frequently in discussions about the values passed. Here is the difference. A function has *parameters*, which are the variables into which the values passed are copied before the function begins executing. The function prototype declares the parameter types in its parameter list. The caller of a function passes *arguments*, which are the values returned from expressions to be copied into the function's parameter variables.

Declaring Functions by Using Prototypes

To call a function, you must declare the function first with respect to its return and parameter types. K&R C did not have that requirement. Functions could be declared implicitly by the first reference to them. They were assumed to expect whatever argument types the function call passed and, unless otherwise declared, were expected to return signed integers. Standard C++ has stronger type checking built into the language definition. Before you can call a function, you must tell the compiler the types of the function's parameters and return value. The declaration of a function is called its *prototype*. Here are examples of function prototypes:

```
unsigned int BuildRecord(char, int);
void GetRecord(char, int, int);
int isMonday(void);
void DoList(int, ...);
```

Unnamed Parameter Types

Observe that the parameter lists in the prototypes contain type specifications with no identifiers for the parameters. You can put parameter identifiers into prototypes, but the identifiers serve as documentation only. They need not correspond to the same identifiers in the function definition's parameter list. Some programmers prefer to omit the identifiers. Others prefer to assign meaningful parameter identifiers in the prototype to convey the meanings of the parameters to other programmers who read the prototype.

A Typical Prototype

Here is a typical prototype:

```
unsigned int BuildRecord(char, int);
```

This first prototype declares a function named `BuildRecord()` with two parameters in its parameter list: a `char` argument and an `int` argument. The function returns an `unsigned int` value. You can see from this example why some programmers prefer to supply identifiers for prototype parameters. Nothing in the prototype just shown gives a clue as to the purpose of the parameters. A more descriptive (and less terse) prototype of the same function looks like this:

```
unsigned int BuildRecord(char RecordCode, int RecordNumber);
```

Functions Returning void

```
void GetRecord(char, int, int);
```

This prototype declares a function named `GetRecord()` with three parameters of types `char`, `int`, and `int`. (This one is even more obscure than the previous one. Even if you remember the purposes of the parameters, you might easily forget which `int` comes first.) The `void` return type means that the function returns nothing. A `void` function cannot return a value, and you cannot call it in the context of an expression where it is expected to return a value. For example, you cannot call a `void` function from the right side of an assignment statement or as an argument in a function call.

The concept of a `void` function appears to be a contradiction. Traditionally, a function is thought to be something that takes arguments, processes them, and returns a value. K&R C did not have `void` functions. Every function was assumed to return an `int` unless it was declared otherwise, even when the function itself returned nothing. That was one of the anomalies in the K&R C definition. Other languages, such as BASIC, Pascal, and PL/1, differentiate among functions — which return values — and procedures or subroutines, which do not. Standard C++ preserves the classic C tradition by using the `void` function to define a procedure that returns no value.

Functions with No Parameters

```
int isMonday();
```

This prototype defines a function with no parameters. The empty parameter list identifies it as such. You cannot pass arguments to a function with an empty parameter list. You must assume that functions that accept no arguments get the data that they work on from external sources instead of from arguments passed by the caller.

Functions with Variable Parameter Lists

```
void DoList(int, ...);
```

This prototype contains one integer parameter type and the ellipsis (. . .) token. The ellipsis identifies a function that accepts a variable number of arguments with unspecified types. The Standard C library `printf()` and `scanf()` functions are defined as accepting a variable number of arguments. That is how they can accept different numbers and types of arguments that match their formatting strings. Functions with variable argument lists require special handling, which Chapter 7 describes in the discussion about <cstdarg>.

Functions Returning Nothing and with No Parameters

```
void DoSomething();
```

What is the purpose of a function that takes no arguments and returns no value? In fact, many functions do just that. They apparently have no input and no output. They perform some task, perhaps using data taken from external sources or maintained internally, and post their results externally. All functions have some effect; otherwise, there is no reason to call them. The caller can invoke the function and not benefit directly from its execution, except when the caller uses an external data item that the called function modifies. An example is a `Beep()` function that sounds an audible alarm to alert the user. It needs no parameters and has nothing meaningful to return that a caller can use. Its purpose is singular, and its effect is unaltered by external influences. There are many similar examples.

Standard Library Prototypes

The prototypes for all the standard library classes and functions are in their respective header files. That is why you need to include <iostream>, for example, before you can use `cin`, `cout`, `cerr`, or any of the other standard input/output devices.

Functions Without Prototypes

You need not code a prototype when the function definition itself appears in the code ahead of any call to it — in which case the function definition serves as its own prototype. To preserve the top-down representation of a program's execution, many programmers do not take advantage of this feature. They put prototypes at the beginning of the program and always make the `main()` function the first function defined in the program.

Defining and Calling Functions

You define a function when you write the code for its function header and statement body. All of the listings so far have defined one function — the `main()` function. When a function has a prototype, the function definition must match the prototype exactly with respect to the types of its return value and parameters. Listing 3-1 defines and calls a function that displays a message on the screen.

On the CD-ROM

Name: **pr03001.cpp**
Location: Quincy99\Programs**Chap03**

Listing 3-1: **Defining a function**

```cpp
/////////////////////////////////////
// File Name: pr03001.cpp
/////////////////////////////////////
#include <iostream>

// Function prototype.
void ErrorMsg();

/////////////////////////////////////
// The main() function.
/////////////////////////////////////
int main()
{
    // Call the function.
    ErrorMsg();

    return 0;
}

/////////////////////////////////////
// Display an error message.
/////////////////////////////////////
void ErrorMsg()
{
    std::cout << "\aError!";
}
```

Listing 3-1 declares a function named `ErrorMsg()` in a function prototype. The `ErrorMsg()` function returns nothing and accepts no arguments. The `main()` function calls the `ErrorMsg()` function. The `ErrorMsg()` function uses `cout` to sound the audible alarm and display the message "Error!" on the screen. (The \a escape sequence sounds the alarm.)

Returning from Functions

A function stops executing in one of several ways. One way, as discussed in Chapter 6, is by calling the standard `exit()` function, which terminates both the calling function and the program. A function can terminate by falling through the bottom of its definition, as the `ErrorMsg()` function in Listing 3-1 does. A function that terminates that way must be declared as returning `void`, because falling through the bottom returns no value. A function can execute the `return` statement from within its body. The `main()` function in Listing 3-1 executes `return` with a value. A `void`-returning function can use the `return` statement with no value. You can code the `ErrorMsg()` function in Listing 3-1 this way:

```
void ErrorMsg()
{
    std::cout << "\aError!";

    return;   // return from the function
}
```

The `return` statement can appear anywhere in the function body, as illustrated by Listing 3-2.

On the CD-ROM

Name: **pr03002.cpp**
Location: Quincy99\Programs**Chap03**

Listing 3-2: **Returning with the return statement**

```
/////////////////////////////////////
// File Name: pr03002.cpp
/////////////////////////////////////
#include <iostream>

// Function prototype.
void DecideWhen();

/////////////////////////////////////
// The main() function.
/////////////////////////////////////
int main()
{
    DecideWhen();

    return 0;
}

/////////////////////////////////////
// Decide when to return
```

Continued

Listing 3-2 *(continued)*

```
/////////////////////////////////////////
void DecideWhen()
{
    int when;
    std::cout << "When to return (0 = now, 1 = later): ";
    std::cin >> when;

    if (when == 0)
    {
        std::cout << "Returning now";
        return;     // return from inside the function
    }

    std::cout << "Returning later";
    return;           // traditional return at the bottom
}
```

Listing 3-2 prompts you to enter 0 or 1. Depending on your entry, the program displays a message and returns. Observe that if you enter values other than 0 and 1, the program's behavior is unpredictable. This is a result of the way `cin` works. The program shows that you can return from anywhere in a function by using the `return` statement. Here are the messages that Listing 3-2 returns when you enter 0 — and then run the program again and enter 1:

```
When to return (0 = now, 1 = later): 0
Returning now

When to return (0 = now, 1 = later): 1
Returning later
```

Some programming theorists contend that returning from anywhere except at the end of a function is one of several "improper" programming practices. C++ permits the usage, and many programmers, including myself, find it useful on occasion. There are, however, good reasons for this deprecation of what is a fairly common programming practice. If you always return from the last statement of a function, then you never need to search a function to see under what circumstances it returns. As with all choices in C++, use what works best for you.

Listing 3-2 introduces a new construct: the nested, brace-enclosed statement block. The `if` statement's condition is followed by a left-brace character, which starts a statement block. The matching right-brace character three lines later closes the statement block. The block contains the statements that execute if the condition tested by the `if` statement is true. A program can return from inside a nested statement block, as the example demonstrates.

Returning Values from Functions

Functions that return values do so in their return statement. Both preceding examples in this chapter return a zero value int from their main() functions. Functions that you define in your programs also can return values. The prototype declares the return value, as Listing 3-3 shows.

On the CD-ROM

Name: **pr03003.cpp**
Location: Quincy99\Programs**Chap03**

Listing 3-3: **Returning a value**

```cpp
/////////////////////////////////////
// File Name: pr03003.cpp
/////////////////////////////////////
#include <iostream>

int WidthInInches();  // prototype

/////////////////////////////////////
// The main() function.
/////////////////////////////////////
int main()
{
    // Call a function that returns a value.
    int wd = WidthInInches();

    // Display the returned value.
    std::cout << "Width in inches = " << wd;

    return 0;
}

/////////////////////////////////////
// Compute width in inches.
/////////////////////////////////////
int WidthInInches()
{
    int feet;
    std::cout << "Enter width in feet: ";
    std::cin >> feet;

    return feet * 12;
}
```

Listing 3-3 displays this prompt and then the following message. The value displayed is the value returned from the `WidthInInches()` function.

```
Enter width in feet: 37
Width in inches = 444
```

Ignoring Return Values

What happens when you call a value-returning function in a context in which no value is expected—in which you do not use the return value, do not assign it to anything, nor use it as an argument to another function? Nothing unusual happens. The function executes, and it dutifully returns its value. But the caller can choose to ignore it.

Passing and Using Arguments

The `WidthInInches()` function in Listing 3-3 functionally is not strong. It has multiple purposes. Sound program design principles call for the definition of functions, each of which has one specific task. The `WidthInInches` function performs two related, but independent, tasks. First, it reads the width in feet from the keyboard, and then it uses that value to compute the width in inches. A stronger design can break these tasks into separate functions. Then, other parts of the program independently can retrieve widths in feet and compute widths in inches without necessarily doing them both at the same time.

Strengthening Listing 3-3 involves breaking the weak function into two stronger functions. One of the two functions illustrates how you pass arguments to functions, which is the point of this lesson. Listing 3-4 is the program from Listing 3-3, improved and strengthened.

On the
CD-ROM

Name: **pr03004.cpp**
Location: Quincy99\Programs**Chap03**

Listing 3-4: **Function arguments**

```cpp
/////////////////////////////////////////
// File Name: pr03004.cpp
/////////////////////////////////////////
#include <iostream>

// Prototypes
int WidthInFeet();
int WidthInInches(int feet);
```

```
/////////////////////////////////////
// The main() function.
/////////////////////////////////////
int main()
{
    // Initialize variables by calling functions.
    int feet = WidthInFeet();
    int wd = WidthInInches(feet);

    // Display results.
    std::cout << "Width in inches = " << wd;

    return 0;
}

/////////////////////////////////////
// Read width in feet
/////////////////////////////////////
int WidthInFeet()
{
    int feet;

    std::cout << "Enter width in feet: ";
    std::cin >> feet;

    return feet;
}


/////////////////////////////////////
// Compute width in inches
/////////////////////////////////////
int WidthInInches(int feet)
{
    return feet * 12;
}
```

Ignore everything else that Listing 3-4 does for the moment, except that it declares the WidthInInches() function differently than Listing 3-3 does. The prototype specifies in the parameter list that the function expects an int argument. The main() function calls WidthInInches() and passes an int variable argument named feet. The program defines WidthInInches() to match the prototype with respect to the return type and parameter type, but the parameter list must assign an identifier to the parameter. This parameter, also named feet, is a local variable in the WidthInInches() function. The function call copies the value of the argument into this variable. The return statement uses the feet variable in an expression to compute the return value. The declaration, call, and definition of functions that have parameters are the main lessons that Listing 3-4 teaches. The program displays the same messages that Listing 3-3 displays.

The Scope of Identifiers

Listing 3-4 teaches other lessons in addition to the passing of arguments. First, observe that the main(), WidthInFeet(), and WidthInInches() functions all have integer variables named feet. This is correct, because C++ supports variables with local scope. As long as an identifier is declared inside a statement block, that identifier is visible only to the statements in that and lower blocks. Identical identifiers in other blocks outside the function are distinct from the local one. Identical identifiers in higher blocks in the hierarchy are effectively overridden by the lower declaration until the identifier goes out of scope. You learn more about the scope of identifiers in Chapter 5. The parameter variables declared in a function header are also local to the function, which is why the WidthInInches() function can name its parameter feet.

Initializing with Function Calls

The declarations of the feet and wd variables in main() have initializers obtained from calls to the WidthInFeet() and WidthInInches() functions. So far, you have seen initializers that contain constant expressions only. Initializers of automatic variables, such as these two variables, can contain any kind of expression that returns a value, including a call to a function. You learn about automatic variables in Chapter 5.

The Sequence of Initializer Execution

Another lesson in Listing 3-4 is that the second initializer uses the first initialized variable as an argument to the function that the second initializer calls. This tells us that initializers are executed in the top-down order in which they occur in the program.

Passing Several Arguments

Some functions accept more than one argument. For example, a function that computes the volume of a brick-shaped object needs to know the height, width, and depth of the object. Listing 3-5 is an example of a function with several parameters.

On the
CD-ROM

Name: **pr03005.cpp**
Location: Quincy99\Programs**Chap03**

Listing 3-5: **Functions with multiple parameters**

```cpp
/////////////////////////////////////
// File Name: pr03005.cpp
/////////////////////////////////////
#include <iostream>

// Prototype
double Volume(double, double, long);

/////////////////////////////////////
// The main() function.
/////////////////////////////////////
int main()
{
    float ht, wd;
    long int dp;

    // Get the brick's dimensions
    std::cout <<
        "Enter height (x.xx), width (x.xx), depth (x): ";
    std::cin >> ht >> wd >> dp;

    // Compute and display the volume
    // calling a function with many arguments.
    std::cout << "Volume = " << Volume(ht, wd, dp);

    return 0;
}

/////////////////////////////////////
// Compute volume of a brick
/////////////////////////////////////
double Volume(double height, double width, long depth)
{
    return height * width * depth;
}
```

Listing 3-5 displays this message in response to your input:

```
Enter height (x.xx), width (x.xx), depth (x): 1.5 2.2 7
Volume = 23.1
```

Function Calls as Arguments

As with many example listings in this book, Listing 3-5 teaches another lesson in addition to its principal one. This time, the call to the `Volume()` function is coded as an argument to `std::cout`'s `<<` operator. It is perfectly acceptable to use a function call in the context of an expression that returns what the function returns. A more traditional programming language requires a temporary variable, an assignment, and the temporary variable passed as the argument. You can write C++ programs using that convention — as shown next — but most programmers prefer the more concise code used in Listing 3-5.

```
double temp;    // temporary variable
temp = Volume(ht, wd, dp);
cout << "Volume = " << temp;
```

Note that this version of the code is a little easier to read than the previous version. C++ offers many coding tricks — such as using a function call as an argument — which can make program code extremely concise. However, this conciseness often comes at the expense of readability. As you develop your C++ coding style, you need to balance conciseness with readability.

Pass by Value

C++ programs pass their arguments to functions *by value* as opposed to *by reference*. This means that a function gets a copy of the argument in its matching parameter. Sometimes, as in the case large structures, passing by value is inefficient, and you may prefer to pass a reference to the argument than a copy of it. Other times, the function's purpose is to modify the caller's copy of the argument. In both cases, you can build functions that accept the addresses of arguments instead of the arguments themselves. The function declares the parameter to be a pointer to the type of the argument, and the caller passes the address of the argument. You still pass by value, however, except that now you pass the value of the address of the argument. You learn about pointers and addresses in Chapters 5 and 6.

C++ also supports reference variables, which are aliases for real variables. You can use reference variables for pass-by-reference, too. Chapters 5 and 6 discuss reference variables.

Type Conversions in Arguments and Return Values

Although the return and parameter types of the prototype and function definition must match exactly, the caller of the function has a bit of leeway. The rules for type conversion, which I discuss in Chapter 2, apply to function return values and arguments. Just as it does in assignments, the compiler appropriately promotes or demotes numeric values to accommodate the expressions that your program provides.

Unnamed Function Parameters

You can declare a C++ function with one or more parameters that the function does not use. This circumstance often occurs when several functions are called through a generic function pointer. Some of the functions do not use all the parameters named in the function pointer declaration. Following is an example of such a function:

```
int func(int x, int y)
{
    return x * 2;
}
```

Although this usage is correct and common, most C and C++ compilers complain that you fail to use the parameter named y. C++, however, allows you to declare functions with unnamed parameters to indicate to the compiler that the parameter exists and that the callers pass an argument for the parameter — but that the called function does not use it. Following is the C++ function coded with an unnamed second parameter.

```
int func(int x, int)
{
    return x * 2;
}
```

Default Function Arguments

A C++ function prototype can declare that one or more of the function's parameters have default argument values. When a call to the function omits the corresponding arguments, the compiler inserts the default values where it expects to see the arguments. You can declare default values for arguments in a C++ function prototype like this:

```
void myfunc(int = 5, double = 1.23);
```

The expressions declare default values for the arguments. The C++ compiler substitutes the default values if you omit the arguments when you call the function. You can call the function in any of the following ways:

```
myfunc(12, 3.45); // overrides both defaults
myfunc(3);        // effectively func(3, 1.23);
myfunc();         // effectively func(5, 1.23);
```

To omit the first argument in these examples, you must omit the second one; however, you can omit the second argument by itself. This rule applies to any number of arguments. You cannot omit an argument unless you omit the arguments to its right. Listing 3-6 demonstrates the use of default arguments.

Name: **pr03006.cpp**
Location: Quincy99\Programs**Chap03**

Listing 3-6: **A function with default arguments**

```cpp
/////////////////////////////////////////
// File Name: pr03006.cpp
/////////////////////////////////////////
#include <iostream>

// Prototype
void show(int = 1, float = 2.3, long = 4);

/////////////////////////////////////////
// The main() function.
/////////////////////////////////////////
main()
{
    show();                 // all three arguments default
    show(5);                // provide 1st argument
    show(6, 7.8);           // provide 1st two
    show(9, 10.11, 12L);    // provide all three arguments
}

/////////////////////////////////////////
// Display results of default arguments.
/////////////////////////////////////////
void show(int first, float second, long third)
{
    std::cout << "  first = "  << first;
    std::cout << ", second = " << second;
    std::cout << ", third = "  << third << std::endl;
}
```

The first call to the show() function in Listing 3-6 allows the C++ compiler to provide the default values for the parameters just as the prototype specifies them. The second call provides the first parameter and allows the compiler to provide the other two. The third call provides the first two and allows the compiler to provide the last. The fourth call provides all three parameters, and none of the defaults are used.

Inline Functions

You can tell the C++ compiler that a function is inline, which, in turn, compiles a new copy of the function each time it is called. The inline function execution eliminates the function-call overhead of traditional functions. You should use inline functions only when the functions are small or when there are relatively few calls to them. Listing 3-7 uses the `inline` keyword to make a small function into an inline function.

Name: **pr03007.cpp**
Location: Quincy99\Programs**Chap03**

Listing 3-7: **An inline function**

```
//////////////////////////////////////
// File Name: pr03007.cpp
//////////////////////////////////////
#include <iostream>
#include <cstdlib>

//////////////////////////////////////
// An inline function.
//////////////////////////////////////
inline void error_message(char* s)
{
    std::cout << '\a' << s;
    std::exit(1);
}

//////////////////////////////////////
// The main() function.
//////////////////////////////////////
main()
{
    error_message("You called?");
}
```

Observe that Listing 3-7 declares the inline function ahead of the call to it. The C++ standard does not define where an inline function must be declared as such and under what conditions the compiler may choose to ignore the inline declaration, except to say that the compiler may do so. Because of this ambiguity in the language specification, compiler builders have leeway in how they interpret the requirements. You can declare an inline function (for performance reasons, perhaps) but the compiler may overrule you without saying so. To be safe, always declare inline functions ahead of all calls to them. If an inline function is to assume the appearance of an `extern` global function — if it is to be called by code in several source files, as Chapter 5 discusses — put its declaration in a header file.

Using `inline` supports two idioms. First, it offers an improved macro facility, which Chapter 8 discusses. Second, it permits you to break a large function with many nested levels of statement blocks into several smaller inline functions. This usage improves a program's readability without introducing unnecessary function-call overhead.

Chapter 7 compares inline functions to preprocessor `#define` macros.

Recursion

All C++ functions are recursive, which means that a function can call itself, either directly or indirectly, by a lower function that is executing as the result of a call made by the recursive function.

Functions can be recursive because each execution of a function has private copies of its arguments and local data objects, and those copies are distinct from the copies owned by other executions of the same function. Chapter 5 explains recursion in detail.

Overloaded Functions

C++ enables you to assign the same function name to multiple functions but with different parameter types. Then, all versions of the function are available at the same time. This feature is called function overloading.

Overloading for Different Operations

Sometimes you overload a function because it performs a generic task but there are different permutations of what it does. The Standard C `strcpy()` and `strncpy()` functions (refer to Chapter 7) are examples. Both functions copy strings but in slightly different ways. The `strcpy()` function copies a string from the source to the destination. The `strncpy()` function copies a string, but stops copying when the source string terminates or after the function copies a specified number of characters. Listing 3-8 provides two functions named `string_copy()` that copy strings two different ways.

Name: **pr03008.cpp**
Location: Quincy99\Programs**Chap03**

Listing 3-8: **Overloading functions, example 1:**

```cpp
/////////////////////////////////////
// File Name: pr03008.cpp
/////////////////////////////////////
#include <iostream>

/////////////////////////////////////
// The first version of string_copy().
/////////////////////////////////////
void string_copy(char *dest, const char* src)
{
    while((*dest++ = *src++) != '\0')
        ;
}

/////////////////////////////////////
// The second version of string_copy().
/////////////////////////////////////
void string_copy(char* dest, const char* src, int len)
{
    while (len && (*dest++ = *src++) != '\0')
        --len;
    while (len--)
        *dest++ = '\0';
}

char misspiggy[20], kermit[20];

/////////////////////////////////////
// The main() function.
/////////////////////////////////////
main()
{
    string_copy(misspiggy, "Miss Piggy");
    string_copy(kermit,
        "Kermit, the file transfer protocol", 6);
    std::cout << kermit << " and " << misspiggy;
}
```

There are two functions named string_copy() in this program. What sets them apart is their different parameter lists. The first of the two string_copy() functions has destination and source character pointers as parameters. The second function has the pointers, as well as an integer length. The C++ compiler recognizes that these are two distinct functions by virtue of these differences in their parameter lists.

Overloading for Different Formats

Listing 3-8 shows how to overload a function to get a different algorithm on similar data. Another reason to overload a function is to get the same result from data values that can be represented in different formats. Standard C++ has various ways of representing the date and time. You can find other ways in Unix, and still others in MS-DOS. Listing 3-9 shows how you can send two of the Standard C formats to the overloaded display_time() functions.

On the CD-ROM

Name: **pr03009.cpp**
Location: Quincy99\Programs**Chap03**

Listing 3-9: **Overloading functions, example 2:**

```cpp
////////////////////////////////////////
// File Name: pr03009.cpp
////////////////////////////////////////
#include <iostream>
#include <ctime>

////////////////////////////////////////
// The first version of display_time().
////////////////////////////////////////
void display_time(const struct std::tm* tim)
{
    std::cout << "1. It is now " << std::asctime(tim);
}

////////////////////////////////////////
// The second version of display_time().
////////////////////////////////////////
void display_time(time_t* tim)
{
    std::cout << "2. It is now " << std::ctime(tim);
}

////////////////////////////////////////
// The main() function.
////////////////////////////////////////
int main()
{
    std::time_t tim = std::time(0);
    struct std::tm* ltim = std::localtime(&tim);
    display_time(ltim);
    display_time(&tim);

    return 0;
}
```

Listing 3-9 uses the Standard C data formats `time_t` and `struct tm`, loading them with the value of the current date and time using the Standard C `time()` and `localtime()` functions. (Chapter 7 describes these data formats and functions.) Then, the program calls its own overloaded `display_time()` function for each of the formats. Listing 3-9 displays the following results:

```
1. It is now Mon Jan 27 12:05:20 2000
2. It is now Mon Jan 27 12:05:20 2000
```

Dates and times are good ways to experiment with overloaded functions. There are many ways to represent them internally, many ways that different systems report them to a program, and many ways to display them. In addition to all these formats, there are many common date and time algorithms. A comprehensive date and time package is a solid addition to any programmer's tool collection.

Type-Safe Linkages

If you can give several functions the same name, what reconciles the apparent conflicts between similarly named functions that are declared in different translation units (source-code files)? It seems that the linker cannot know which function to use in resolving a reference to one of those functions. Function linkages are not type-safe.

C++ solves this problem by applying a process called *name mangling* to the compiler's internal identifier of a function. The mangled name includes tokens that identify the function's return type and the types of its arguments. Calls to the function and the function definition itself are recorded in the relocatable object file as references to the mangled name — which is unique even though several functions can have the same unmangled name.

Mangled names also transcend the use of prototypes to ensure that the functions match their calls. Unlike C, you cannot override the C++ type-checking system simply by using different prototypes for the same function.

Algorithms for name mangling vary among compilers, but that is of no concern to programmers. You rarely see the mangled names. But you must understand the underlying principle, because it creates a problem — one that C++ linkage specifications — discussed next — solves.

Linkage Specifications

Although C++ mangles function names, other languages do not (in particular, C compilers and assembly language assemblers). This presents a problem, because a C++ program must be able to call functions that are compiled or assembled in other languages, and a C++ program must be able to provide functions that are called from other languages. If the C++ compiler always mangled function names internally, references to external functions in other languages would not be resolved properly.

All the Standard C functions are compiled by the C compiler component of any C++ development system. Consequently, their names are not mangled internally. Your project may employ other function libraries, too. Without some method for telling the C++ compiler not to mangle references to those functions, you can never call them from a C++ program.

C++ employs the linkage specification to make functions compiled by compilers of other languages accessible to a C++ program. Unless you tell the C++ compiler otherwise, it assumes that external identifiers are subject to C++ name mangling. Therefore, you must tell the C++ compiler when a function has been (or must be) compiled with different linkage conventions.

The following code shows how a linkage specification tells the C++ compiler that a C compiler compiled the functions in a header file.

```
extern "C"                // the linkage-specification
{
    #include "mychdr.h"   // tells C++ that functions in the
}                         // library were compiled with C.

int main()
{
    return foobar();  // call a C function
}
```

The extern "C" statement specifies that everything within the scope of the brace-surrounded block—in this case, everything in the "mychdr.h" header file—was compiled by a C compiler.

Language environments that support both languages manage the translation for you by hiding the linkage specification in the Standard C library header files for the C functions. The GNU compiler uses the convention shown in the following code fragment:

```
/* --- typical Standard C Library header file --- */
#ifdef __cplusplus
extern "C" {
#endif
/* header file contents ... */
#ifdef __cplusplus
}
#endif
```

The compiler's front end (Quincy, in our case) defines with the #define preprocessing directive a global macro named __cplusplus when you compile a C++ source-code file. Other compilers may use other macro names. The compiler's preprocessor program uses the #ifdef and #endif directives to include or exclude the linkage-specification statements depending on whether __cplusplus is defined. Chapter 8 explains the preprocessor and its directives.

So with respect to Standard C library functions, you can ignore the name convention differences between C functions and C++ functions. There are times, however, when you need to use linkage specifications. If you have a large library of custom C functions to include in your C++ system, and if you do not want to take the time and trouble to port them to C++ (perhaps you do not have the source code), then you must use a linkage specification. You can use the convention that the Standard C library uses, or you can code the linkage specifications directly into your C++ programs.

Listing 3-10a is a C++ program that calls a function compiled with a C compiler and containing C linkages. The C++ program also includes a function of its own that is called from the C program and, therefore, must be compiled with C linkages.

On the CD-ROM
Name: **pr03010a.cpp**
Location: Quincy99\Programs**Chap03**

Listing 3-10a: **The C++ source code**

```
/////////////////////////////////////
// File Name: pr03010a.cpp
/////////////////////////////////////
#include <iostream>

// Array of string pointers to be sorted.
static const char* brothers[] =
{
    "Frederick William",
    "Joseph Jensen",
    "Harry Alan",
    "Walter Ellsworth",
    "Julian Paul"
};

// Linkage specification.
extern "C"
{
    // Prototype of C function.
```

Continued

Listing 3-10a *(continued)*

```cpp
        void SortCharArray(const char**);

        // C++ function to be called from the C program
        int SizeArray()
        {
            return sizeof brothers / sizeof (char*);
        }
    }

    /////////////////////////////////////////
    // The main() function.
    /////////////////////////////////////////
    int main()
    {
        // Sort the pointers.
        SortCharArray(brothers);

        // Display the brothers in sorted order.
        int size = SizeArray();
        for (int i = 0; i < size; i++)
            std::cout << brothers[i] << std::endl;

        return 0;
    }
```

On the CD-ROM
Name: pr03010b.c
Location: Quincy99\Programs\Chap03

Listing 3-10b: The C source code

```c
/*//////////////////////////////////////*/
/* File Name: pr03010b.c                */
/*//////////////////////////////////////*/
#include <string.h>
#include <stdlib.h>

/* Prototype of the C++ function. */
int SizeArray(void);

/*//////////////////////////////////////*/
/* The compare function for qsort().    */
/*//////////////////////////////////////*/
static int comp(const void *a, const void *b)
{
```

```
    return strcmp(*(char **)a, *(char **)b);
}

/*/////////////////////////////////////*/
/* C function called from C++ program.*/
/*/////////////////////////////////////*/
void SortCharArray(char **List)
{
    int sz = SizeArray();
    qsort(List, sz, sizeof(char *), comp);
}
```

Listing 3-10 consists of two source files: a C++ source-code module (3-10a) and a C source-code module (3-10b). The C module has a SortCharArray() function that sorts an array of character pointers but does not know the length of the array. It calls a function named SizeArray(), which is provided by the C++ caller to determine the length of the array. The C++ module declares two items within its extern "C" linkage specification: the SortCharArray() C function that the C++ program calls, and its own SizeArray() function that the C function calls.

Observe that the actual SizeArray() function is defined within the extern "C" linkage specification. The GNU compiler that Quincy uses allows such functions to call other functions without regard to whether they are compiled with extern "C" or extern "C++" linkage. The compiler figures it out at compile time. It is not clear whether this behavior is standard or merely idiomatic of the GNU compiler.

Without the linkage specifications, the C++ compiler can mangle the names of the C++ function and the C++ program's call to the C function. The linker cannot resolve the C++ program's call to the SortCharArray() C function or the C function's call to the SizeArray() C++ function.

In the real world, you take other measures to give the length of the array to the C function. You can null-terminate the array, and the C function can determine the array length on its own. You also can pass the length of the array as an argument to the C function. You can pass the address of a function in the C++ program, which then doesn't need to be compiled with C linkages. Perhaps you are not in control of the C program, not having its source code, and you are stuck with whatever conventions the C programmer uses. Perhaps the C function is used already so widely that you cannot change it.

Linkage specifications can nest. For example, if you have C++ prototypes within a C linkage specification, you can code a nested C++ linkage specification.

Languages other than C and C++ can be supported by linkage specifications, in which case their string values are implementation-dependent. The C++ compiler must know how to encode the names for those languages. The other language must support C++-compatible conventions for passing arguments and return values. If you link with assembly language or some other language that employs no name mangling, you usually can use `extern "C"` as the linkage specification for those languages.

There are a few other things that Listing 3-10 can show you, particularly with regard to the C source-code module in Listing 3-10b. First, observe the `#include` directives. They specify `<string.h>` and `<stdlib.h>` whereas C++ source-code files specify `<cstring>` and `<cstdlib>`, as many of the listings in this book do. The C specifications name the actual Standard C library header files. The C++ specifications name small header files that themselves include the C header files but within the `std` namespace. Chapter 2 introduces the `std` namespace. Chapter 26 discusses the C++ namespace feature in detail.

Next, observe the prototype for the `SizeArray()` function. C prototypes for functions with empty parameter lists must include the `void` keyword. C++ prototypes may include that keyword, but it is not necessary. The C requirement is to allow the compiler to distinguish prototypes from old-style K&R function declarations, which Standard C continues to support but which C++ does not support.

Finally, the C module uses C-style comments only. Many contemporary C compilers permit you to use the C++ double-slash (`//`) comment format in C source code. Quincy's GNU compiler is one of them. However, that usage is nonstandard, and you should avoid it in C-only source-code files if you are concerned about portability.

Summary

In this chapter, you learn how to design and call functions. You learn that a function's prototype provides its declaration and that all uses of the function, as well as the function definition itself, must comply with the specification of the prototype. You also learn how to define a function by providing a return type, function name, parameter list, and statement body. You discover some of the contexts in which function calls may be used: by themselves, in initializers of local variables, on the right side of expressions, and as arguments to other functions. Additionally, you learn that function calls pass their arguments by value. Finally, you learn about default function arguments and inline functions, as well as linkage specifications and unnamed function parameters.

✦   ✦   ✦

Program Flow Control

This chapter is about C++ language statements that control the flow of a program's execution. C supports the sequence, selection, and iteration control structures of structured programming, as well as the goto operation of unstructured programming.

Statement Blocks

Every C++ function has at least one brace-surrounded statement block: the one at the outer level just under the function header. Listing 3-2 in Chapter 3 includes a function with a statement block nested inside the outer statement block. A C++ function can have many nested levels of statement blocks. These nested blocks are important to C++'s ability to define groups of statements that execute under controlled conditions. They are also important to the management of local variable scope, as discussed in Chapter 5.

Nesting Depth

As you develop your programs, be wary of constructs that have a great many nested levels of statement blocks. If you indent your statements properly, your code shifts farther to the right of the page as the nested levels increase. Go too far, and the code becomes difficult to read and understand. It is better to reorganize the function and put the more deeply nested blocks into separate functions.

Indentation Styles

There are several styles for indenting C++ code and for placing the braces that define statement blocks. C++, being a free-form programming language, mandates no particular style for braces, indenting, and white space. The style of the listings in this book reflects a personal preference. Here are examples of different styles for writing C++ code:

```
if (a == b)  { // then ... endif
    // ...
}

if (a == b)      // begin ... end
{
    // ...
}

if (a == b)      // do ... doend
    {
    // ...
    }
```

The comments in these style examples show how C++ programmers use brace punctuation to express blocks in ways that other languages use keywords. No one style is right, and no one style is wrong. You should strive for consistency, using the same style throughout a program. Eventually, you will find one that you like. If you modify someone else's work, use the style that the program uses even if you don't like it. Consistency in code contributes to more readable and, therefore, more maintainable code.

Selection: Tests

The power of the first digital computer was said to be in its ability to make decisions, and all its descendents inherited that ability. Programmers express decisions as tests of a condition, which is the true or false value of an expression. Almost every expression returns a value that you can test for truth. Exceptions are the void function that returns nothing (which is covered in more depth in Chapter 3) and the function that returns a struct (as covered in Chapter 5), which cannot, itself, be tested for truth.

An expression is true if its value is not equal to zero; otherwise, it is false. As you learn in Chapter 2, an expression can consist of other expressions and operators and has a true/false condition based on the result of the evaluation of the full expression, which can include arithmetic, logical, relational, and bitwise operations. Anytime an expression is used in a context in which the program is testing its true/false value, that use of the expression is said to be a condition.

The if Statement

C++ programs use the `if...else` program flow control statement to test conditions and execute one of two statements or statement blocks depending on the condition. Listing 4-1 illustrates this usage.

On the CD-ROM

Name: **pr04001.cpp**
Location: Quincy99\Programs**Chap04**

Listing 4-1: **Testing with if for zero**

```
/////////////////////////////////////
// File Name: pr04001.cpp
/////////////////////////////////////
#include <iostream>

/////////////////////////////////////
// The main() function.
/////////////////////////////////////
int main()
{
    int selection;
    std::cout << "Enter 0 to compute: ";
    std::cin >> selection;

    if (selection == 0)
        std::cout << "You chose to compute";

    return 0;
}
```

The expression tested by an `if` statement is always enclosed in parentheses. It can be a complex expression and can include function calls, operators, variables, and constants.

By now, you are accustomed to reading code and running programs — either with Quincy or your own C++ development system. Until now, this book has told you what to expect on the screen when you run the programs. You've reached the point where, in most cases, you can discern for yourself from the code what the programs display, and you certainly can see it on the screen when you run them. Unless it is either not obvious or is critical to the point being made, the book doesn't belabor the output any further.

There is an important lesson in Listing 4-1. The if statement tests to see whether the selection variable is equal to zero. This condition is true only if the variable is equal to zero. This might seem backwards. When the variable's value is zero, the expression is true. The explanation for this seeming anomaly is that the full expression includes a comparison with the constant 0. The condition returned by the expression depends on the value of the variable as compared with the constant 0 by the == equality operator; it does not depend on the value of the variable itself. Listing 4-2 is the same program, except that it tests for anything but zero in the variable.

On the CD-ROM

Name: **pr04002.cpp**
Location: Quincy99\Programs**Chap04**

Listing 4-2: **Testing with if for nonzero**

```cpp
/////////////////////////////////////
// File Name: pr04002.cpp
/////////////////////////////////////
#include <iostream>

/////////////////////////////////////
// The main() function.
/////////////////////////////////////
int main()
{
    std::cout << "Enter any number but 0 to compute: ";
    int selection;
    std::cin >> selection;

    if (selection)
        std::cout << "You chose to compute";

    return 0;
}
```

The if statement in Listing 4-2 uses the variable name selection alone in the condition. A nonzero value in the variable satisfies the test. Many programmers prefer to code such tests explicitly:

```cpp
if (selection != 0)
```

There is no difference between this usage and the usage in Listing 4-2.

Listings 4-1 and 4-2 execute one statement if the condition being tested is true. Listing 4-3 shows that a test executes the statement block that follows immediately when the condition is true.

On the CD-ROM

Name: **pr04003.cpp**
Location: Quincy99\Programs**Chap04**

Listing 4-3: **Conditionally executing a program block**

```cpp
/////////////////////////////////////
// File Name: pr04003.cpp
/////////////////////////////////////
#include <iostream>
#include <cmath>

/////////////////////////////////////
// The main() function.
/////////////////////////////////////
int main()
{
    std::cout << "Enter a dimension to compute a cube: ";
    int dimension;
    std::cin >> dimension;

    if (dimension)
    {
        std::cout << dimension << " cubed = "
            << std::pow(dimension, 3);
        return 0;
    }

    std::cout << "You chose not to compute.";

    return 0;
}
```

Listing 4-3 contains several new lessons. First, the program demonstrates that when the if statement finds a true condition — when you enter anything other than zero in response to the prompt — all statements in the following brace-surrounded statement block execute. The indentation of the code emphasizes that relationship, but has nothing to do with the effect. White space in a C++ program is for legibility and aesthetics only.

Also, observe that Listing 4-3 includes the <cmath> header file and uses the Standard C std::pow() function to compute the third power of the dimension variable. Compiler header files (ones expressed between angle brackets) with names that begin with "c", and that have no file extension, contain the declarations for the Standard C library functions. Standard C++ includes the complete Standard C library enclosed within the std namespace. Chapter 7 discusses the Standard C library in more detail. Chapter 26 discusses namespaces.

The `std::pow()` function expects `double` types for its two parameters; yet Listing 4-3 passes `int` arguments. This usage demonstrates a key point in Chapter 3 that function arguments are subject to the C++ language rules of type conversion. The compiler promotes the caller's arguments to the types expected by the `std::pow()` function based on the function's prototype declaration in the <cmath> header.

Finally, the program calls upon a programming technique that, as you learn in Chapter 3, may be considered improper programming: The `main()` function returns from a place other than the bottom of the function. This book takes no position about the propriety of such code, but the next lesson, which is really about `else`, shows how to remove the so-called improper code.

The if...else Statements

In addition to allowing statements that execute when a condition is true, a test can specify that different statements execute when the condition is false. C++ uses the `else` statement for that purpose. Listing 4-4 modifies Listing 4-3 to use the `else` statement.

On the CD-ROM

Name: **pr04004.cpp**
Location: Quincy99\Programs**Chap04**

Listing 4-4: **Using else**

```cpp
///////////////////////////////////////
// File Name: pr04004.cpp
///////////////////////////////////////
#include <iostream>
#include <cmath>

///////////////////////////////////////
// The main() function.
///////////////////////////////////////
int main()
{
    std::cout << "Enter a dimension to compute a cube: ";
    int dimension;
    std::cin >> dimension;

    if (dimension)
        std::cout << dimension << " cubed = "
            << std::pow(dimension, 3);
    else
        std::cout << "You chose not to compute.";

    return 0;
}
```

The else statement executes the statement or statement block that follows when the condition tested by the associated if statement is false. You can have an else statement only when it follows an if statement.

The else...if Statements

Joining a sequence of if and else keywords produces the equivalent of the ELSEIF operator of other programming languages. It enables you to make a series of mutually exclusive tests. Listing 4-5 demonstrates that usage by implementing a simple screen menu.

On the CD-ROM

Name: **pr04005.cpp**
Location: Quincy99\Programs**Chap04**

Listing 4-5: **Using else if for a menu**

```cpp
/////////////////////////////////////
// File Name: pr04005.cpp
/////////////////////////////////////
#include <iostream>

// Prototypes
void DisplayMenu();
int GetSelection();

/////////////////////////////////////
// The main() function.
/////////////////////////////////////
int main()
{
    // Display the menu.
    DisplayMenu();

    // Get the menu selection.
    int selection;
    selection = GetSelection();

    // Select the matching process.
    if (selection == 1)
        std::cout << "Processing Receivables" << std::endl;
    else if (selection == 2)
        std::cout << "Processing Payables" << std::endl;
    else if (selection == 3)
        std::cout << "Quitting" << std::endl;
    else
        std::cout << "\aInvalid selection" << std::endl;
```

Continued

Listing 4-5 *(continued)*

```
    return 0;
}

/////////////////////////////////////
// Display a menu.
/////////////////////////////////////
void DisplayMenu()
{
    std::cout << "--- Menu ---" << std::endl;
    std::cout << "1=Receivables" << std::endl;
    std::cout << "2=Payables" << std::endl;
    std::cout << "3=Quit" << std::endl;
}

/////////////////////////////////////
// Read a menu selection from the
// keyboard.
/////////////////////////////////////
int GetSelection()
{
    int selection;
    std::cout << "Enter Selection: ";
    std::cin >> selection;

    return selection;
}
```

Listing 4-5 displays a menu on the screen and reads the user's selection from the keyboard. Then, the program uses the `else if` idiom to test the value of the selection and run an appropriate process, which in this case is simply a message to indicate which process the user selected.

Observe the `std::endl` identifier that the program sends to `std::cout` at the end of each message:

```
    std::cout << "--- Menu ---" << std::endl;
```

The `std::endl` object is a newline character. It represents a portable way for a program to tell the console to position the display and input cursor at the beginning of the next line. The following statement does the same thing:

```
    std::cout << "--- Menu ---\n";
```

The switch...case Statements

The switch...case statements provide a convenient notation for multiple elseif tests when you test a single integral variable for multiple values. In Listing 4-5, all of the if statements test the value of the integer variable selection. The program also can be written with a switch statement. Listing 4-6 illustrates how to do that.

On the CD-ROM

Name: **pr04006.cpp**
Location: Quincy99\Programs**Chap04**

Listing 4-6: The switch...case statement

```cpp
int main()
{
    // Display the menu.
    DisplayMenu();

    // Get the menu selection.
    int selection;
    selection = GetSelection();

    // Select the matching process
    switch (selection)
    {
        case 1:
            std::cout << "Processing Receivables" << std::endl;
            break;
        case 2:
            std::cout << "Processing Payables" << std::endl;
            break;
        case 3:
            std::cout << "Quitting" << std::endl;
            break;
        default:
            std::cout << "\aInvalid selection" << std::endl;
            break;
    }

    return 0;
}
```

Note

For brevity, Listing 4-6 shows only the main() function—the only change from Listing 4-5. The rest of the code is in the program nonetheless and in the program on the Quincy CD-ROM. Subsequent listings apply the same convention.

The condition tested by the switch statement must be an integral expression. This means that it can contain operators and function calls. The values tested by the case statements must be constant integral values. This means that they can have constant expressions and operators but cannot have variables, function calls, or side effects such as assignments and increment and decrement operators. When your tests use these things, or when the series of tests involves different variables, use the else if idiom.

No two case values may evaluate to the same constant value.

The default statement is followed by code that executes if none of the case values is equal to the switch expression. You may omit the default statement; but if you include it, there may be only one in a switch.

Braces always enclose the list of cases (including the default). The expression tested by the switch is always enclosed in parentheses.

A break statement follows the code in a case statement. If you omit the break, execution falls through to the code for the next case in the list. This is not always an error, but often is exactly what you want. It allows you to assign the same statements to the same case, as shown here:

```cpp
switch (keystroke)
{
    case 'a':
    case 'b':
    case 'c':
        doit("abc");   // executed for first three cases
        break;
    case 'd':
        // ...
    default:
        // ...
}
```

Declaration within an if Conditional Expression

You can declare a variable within the conditional expression of an if statement. The following code fragment is an example:

```cpp
if (int selection = GetSelection())
{
    // selection is in scope ...
}
else
{
    // selection is in scope ...
}
// selection is not in scope ...
```

A variable declared in a conditional expression must be able to be converted to the `bool` type. The program can reference the `selection` variable in the preceding example anywhere in the statement block that executes if the condition returns a true value, and anywhere in the statement block that executes following an associated `else` statement. The program cannot reference the `selection` variable past those statement blocks. Chapter 5 explains the scope of variables in more detail.

The following syntax is not permitted, however:

```
if ((int selection = GetSelection()) == 1)
```

The declaration must appear first in the conditional expression with no parentheses.

Iterations: Looping

In addition to making decisions, a program must be able to *iterate*: repeat sequences of instructions against successive data values. These iterating processes are called *loops*, and C++ has three looping statements: `while`, `do...while`, and `for`.

Most programs loop. They operate on a set of data values from a database, the keyboard, a text file, or any of a number of data sources that contain multiple records of similar data. Loop iterations proceed from the first of these records through subsequent ones until there are no more records to process.

Other loops occur within a program's main loop. The program might iterate through arrays once for each input record. Loops can have inner loops, too, such as an array that has multiple dimensions, as discussed further in Chapter 5.

The while Statement

The `while` statement tests a condition and, if the condition is true, executes the statement or statement block immediately following. When each iteration of the loop is finished, the program returns to the controlling `while` statement and repeats its test. If the condition is false the first time, no iteration of the loop executes, and execution proceeds with the statement following the loop statements. If the test is true the first time, then something in the loop must, during the first or a subsequent iteration, cause the condition to become false. Otherwise, the loop never terminates.

In a typical mixed (or possibly confused) programming metaphor, a loop that never is terminated is said to be a *dead loop* or *infinite loop.* The program in Listing 4-6 does not loop. It gets one menu selection from the user, processes it, and exits. More typically, programs process menu selections until the user chooses to exit. Listing 4-7 uses the `while` statement to execute the program that way.

On the CD-ROM

Name: **pr04007.cpp**
Location: Quincy99\Programs**Chap04**

Listing 4-7: **Iterating with while**

```cpp
int main()
{
    int selection = 0;
    while (selection != 3)
    {
        // Display the menu.
        DisplayMenu();

        // Get menu selection.
        selection = GetSelection();

        // Select matching process
        switch (selection)
        {
            case 1:
                std::cout << "Processing Receivables"
                          << std::endl;
                break;
            case 2:
                std::cout << "Processing Payables"
                          << std::endl;
                break;
            case 3:
                std::cout << "Quitting" << std::endl;
                break;
            default:
                std::cout << "\aInvalid selection"
                          << std::endl;
                break;
        }
    }

    return 0;
}
```

With one new line of code, Listing 4-7 turns the earlier program into one that runs until the user says to stop. Note that, because of the way the program is written, the first iteration of the loop always runs. The selection variable is initialized to 0, and the while statement tests it to be equal to 3. Often, a while statement does not execute its loop statements at all because the condition is false the first time it is tested.

The `selection` variable's initializer is necessary in Listing 4-7, because there is no guarantee that local variables are initialized to anything in particular, and the random value that `selection` could have on startup might be a 3. Listing 4-6 reads data into the variable before it tests it, so the initializer is not necessary.

Can you see the potential in Listing 4-7 for a so-called dead loop? If the user never enters a 3, the `while` loop goes on forever. This arrangement is not a problem in an interactive situation such as this one. The user can be expected to understand from the menu display what is required. Eventually, he or she will enter that 3 to get out of the program and on with other things. Dead loops in a program usually are bugs, often occurring in loops that involve no interaction with the user. Here's a simple one:

```
int x = 0, y = 0;
while (x < 3)
    y++;
```

The loop increments `y`, but the `while` statement tests `x`, which never changes. You know when you are in such a dead loop. The computer stops dead in its tracks. If you run the program in Quincy, you can break out of the loop by choosing the Stop command on the Project menu. If you compile the program with a commercial compiler and run it under an operating system, such as MS-DOS, in which preemptive interrupts of programs do not occur, you must reboot the computer.

The do...while Statement

Sometimes a loop iteration must execute at least once, regardless of the condition of the variable being tested. The `do...while` statement allows you to write such a loop. Listing 4-8 demonstrates this behavior.

On the CD-ROM

Name: **pr04008.cpp**
Location: Quincy99\Programs**Chap04**

Listing 4-8: **Iterating with do...while**

```
/////////////////////////////////////////
// File Name: pr04008.cpp
/////////////////////////////////////////
#include <iostream>
#include <cstdlib>

/////////////////////////////////////////
// The main() function.
/////////////////////////////////////////
int main()
```

Continued

Listing 4-8 *(continued)*

```
{
    char ans;

    // Loop until user is done
    do
    {
        // Choose a secret number
        int fav = std::rand() % 32;

        // Loop until user guesses secret number
        int num;
        do
        {
            std::cout << "Guess my secret number (0 - 32) ";
            std::cin >> num;

            // Report the status of the guess
            std::cout << (num < fav ? "Too low"  :
                    num > fav ? "Too high" :
                            "Right") << std::endl;
        }
        while (num != fav);

        std::cout << "Go again? (y/n) ";
        std::cin >> ans;
    }
    while (ans == 'y');

    return 0;
}
```

Listing 4-8 has two do...while constructs. Each do statement is followed by a statement block to be iterated, which is followed by the while test. Observe that the conditions that follow the while keywords are in parentheses and are terminated with semicolons.

The difference between while and do...while is that the test in a while happens before each iteration, and the test in a do...while happens after each iteration. This behavior is reflected in the way you code the two loops. You code the while statement ahead of the loop statements in a while test, and after the loop statements for a do...while test.

The program in Listing 4-8 computes a random number by calling the <cstdlib> Standard C std::rand() function. This function returns a random integer between 0 and 32,768. The program reduces this number to a number between 0 and 32, by computing the remainder of the random number divided by 32. Then it goes into a do...while loop, letting you guess the number and telling you whether your guess is too high, too low, or right on the mark. When you guess the number, the loop terminates. An outer do...while loop allows you to exit or guess another number.

Observe the message displayed on std::cout after you enter a guess. It uses a compound conditional operator (?:) to determine which message to display. The first condition is num < fav. If that expression is true, the conditional operator passes the "Too low" message. If that expression is not true, the rightmost expression—which is evaluated and returned for the first conditional operator—is another conditional expression that tests num > fav. If that expression is true, the statement returns the "Too high" message. Otherwise, neither condition is true. This means that num is equal to fav, and the statement returns the "Right" message. This example demonstrates how you can use a series of conditional operators to make a compound test that evaluates to a single value.

The for Statement

The C++ for statement is similar to BASIC's FOR operator in that it can control a loop, modifying an initialized variable in each loop iteration. C++'s for statement is more general than BASIC's, however. The statement consists of three expressions separated by semicolons. The three expressions are surrounded by parentheses and followed by the statement or statement block that constitutes the iteration. The program evaluates the first expression once—when the for statement executes. Then, the program evaluates the second expression. If the second expression is true, the iteration executes, and the program evaluates the third expression. The loop continues with another test of the second expression, and so on until the second expression is false. This is the format of the for statement:

```
for ( <expr1>; <expr2>; <expr3> )
    <iteration>
```

Although the three expressions can be anything you want, including comma-separated expressions, the for statement is a convenient notation for a common programming idiom that you can write by using while notation this way:

```
<expr1>;
while ( <expr2> )
{
    <iteration>
    <expr3>;
}
```

Consequently, a typical use of the `for` statement is to assign a value to a variable, test that variable for a maximum value, use the variable in the loop iteration, and increment the variable at the end of the iteration. Listing 4-9 illustrates that usage.

Name: **pr04009.cpp**
Location: Quincy99\Programs**Chap04**

Listing 4-9: **The for statement**

```cpp
/////////////////////////////////////////
// File Name: pr04009.cpp
/////////////////////////////////////////
#include <iostream>
#include <cstdlib>

/////////////////////////////////////////
// The main() function.
/////////////////////////////////////////
int main()
{
    int counter;

    for (counter = 0; counter < 10; counter++)
    {
        std::srand(counter+1);
        std::cout << "Random number " << counter+1 << ": "
            << std::rand() << std::endl;
    }

    return 0;
}
```

In Listing 4-9, the first expression in the `for` loop assigns a zero value to the `counter` variable. The second expression is a conditional expression that returns true if the `counter` variable is less than 10. The third expression increments the `counter` variable. This combination of expressions in a `for` statement iterates the loop 10 times, as long as nothing in the loop modifies the `counter` variable.

Each iteration uses the new value in the `counter` variable as an argument to the <cstdlib> Standard C function `srand()`. The `srand()` function seeds the standard random number generator. Then, the program displays the `counter` variable and the next computed random number.

If you do not provide a seed value, the `rand()` function always starts with a seed of 1, and the random number sequence is predictable. Observe that the program in Listing 4-8 always computes the same progression of secret numbers for you to guess. In Chapter 7, you learn to use values from the <ctime> functions to seed the random number generator in order to get less predictable results.

The `for` statement is convenient for iterating through the elements of arrays, which is discussed in depth in Chapter 5. Listing 4-10 introduces this concept.

Name: **pr04010.cpp**
Location: Quincy99\Programs**Chap04**

Listing 4-10: **Iterating through an array**

```cpp
/////////////////////////////////////
// File Name: pr04010.cpp
/////////////////////////////////////
#include <iostream>

/////////////////////////////////////
// The main() function.
/////////////////////////////////////
int main()
{
    int items[5] = {9, 43, 6, 22, 70};
    for (int i = 0; i < 5; i++)
    {
        std::cout << "Item #" << i+1;
        std::cout << ": " << items[i] << std::endl;
    }

    return 0;
}
```

The `items` declaration is a C++ array. The value inside the square brackets specifies the dimension — the number of elements — in the array. The `items` variable is an array of `int` objects that contains five elements.

The `for` statement iterates the `i` integer variable from 0 through 4. Remember that the loop executes only when the second expression in the `for` statement is true; in this case, the expression is true only for the values 0 through 4. When the program increments the integer at the end of the loop to the value 5, the second expression, `i < 5`, becomes false and the loop is not executed again.

Array subscripts are relative to 0. Therefore, you can access the elements of a five-element array with subscripts 0 through 4. The argument in the `cout` statement, `items[i]`, references the array element of `items` relative to the value in `i`. The expression `items[0]` returns the first element in the array, `items[1]` returns the second, and so on.

Declaration within a for Conditional Expression

Observe that the first expression in the for statement declares the int i variable that the program uses to iterate the loop. This variable is in scope in the for statement and in the statement(s) in the iteration. You learn more about variable scope in Chapter 5.

Loop Control

Often, a while, do...while, or for loop needs to break out of the loop abruptly, regardless of the value of the conditional expression. Other times, you need to terminate the current iteration and return to the top of the loop. C++ provides the break and continue loop control statements for these purposes.

break

The break statement terminates a loop and jumps to the next statement following the iteration code. Be aware that this break statement is not the same one used in the switch...case selection statement. Listing 4-11 illustrates the break statement from within a while loop.

On the
CD-ROM

Name: **pr04011.cpp**
Location: Quincy99\Programs**Chap04**

Listing 4-11: **The break statement**

```cpp
/////////////////////////////////////
// File Name: pr04011.cpp
/////////////////////////////////////
#include <iostream>
#include <cstdlib>

/////////////////////////////////////
// The main() function.
/////////////////////////////////////
int main()
{
    char selection = '\0';
    while (selection != 'q')
    {
        std::cout << "S-how number, Q-uit: ";
        std::cin >> selection;

        if (selection != 's' && selection != 'q')
        {
            std::cout << '\a';
```

```
        break;    // Break out of the while loop.
    }

    if (selection == 's')
        std::cout << std::rand() << std::endl;
}

return 0;
}
```

Listing 4-11 stays in a loop while the `selection` variable is not equal to the character constant 'q'. The user can type any character. As long as that character is 's', the program displays a new random number. If the user presses 'q', the loop terminates normally as the result of the `while` conditional expression. If the user presses any other key, the program sounds the audible alarm with the `std::cout << '\a'` statement and breaks out of the loop. Similarly, you can use the `break` statement to break out of `for` and `do...while` loops.

continue

Sometimes a program needs to return to the top of the loop iteration rather than break out of the loop. The program in Listing 4-11 beeps and quits if the user enters an incorrect command code. A more hospitable program may give the user another chance. Listing 4-12 uses the `continue` statement in place of `break`. This action terminates the current iteration and returns to the `while` statement to test for the next iteration.

Name: **pr04012.cpp**
Location: Quincy99\Programs**Chap04**

Listing 4-12: **The continue statement**

```
/////////////////////////////////////
// File Name: pr04012.cpp
/////////////////////////////////////
#include <iostream>
#include <cstdlib>

/////////////////////////////////////
// The main() function.
/////////////////////////////////////
int main()
{
```

Continued

Listing 4-12 *(continued)*

```cpp
char selection = '\0';
while (selection != 'q')
{
    std::cout << "S-how number, Q-uit: ";
    std::cin >> selection;

    if (selection != 's' && selection != 'q')
    {
        std::cout << '\a';
        continue;
    }

    if (selection == 's')
        std::cout << std::rand() << std::endl;
}

return 0;
}
```

By using the `continue` statement instead of `break`, the program continues to display the menu until the user presses 'q'.

The `continue` statement works similarly with `for` and `do...while` loops. In a `for` loop, the `continue` statement jumps to evaluate the third expression in the `for` expression list and then to the evaluation of the second. This strategy continues the loop as you may expect. In a `do...while` loop, the `continue` statement jumps to the `while` test at the bottom of the loop.

Jumping: goto

The `goto` statement causes a program to jump immediately to an executable statement elsewhere in the function. The `goto` references an identifier that is declared as a statement label elsewhere in the same function. The label can be positioned ahead of any executable statement and is identified with a colon (:) suffix. You can jump in either direction, as well as into and out of loops. Listing 4-13 shows how you can use `goto` to jump out of an inner loop when a simple `break` does not work.

Name: **pr04013.cpp**
Location: Quincy99\Programs**Chap04**

Listing 4-13: **The goto statement**

```cpp
/////////////////////////////////////
// File Name: pr04013.cpp
/////////////////////////////////////
#include <iostream>

/////////////////////////////////////
// The main() function.
/////////////////////////////////////
int main()
{
    for (int dept = 1; dept < 10; dept++)
    {
        std::cout << "Department " << dept << std::endl;
        int empl;

        do
        {
            std::cout << "Enter Empl # "
                    "(0 to quit, 99 for next dept) ";
            std::cin >> empl;

            if (empl == 0)
                goto done;

            if (empl != 99)
                std::cout << "Dept: " << dept << ", "
                    << "Empl: " << empl << std::endl;
        } while (empl != 99);
    }

done:
    std::cout << "Entry complete" << std::endl;

    return 0;
}
```

Invalid Uses of goto

You cannot use a goto statement to jump over statements that declare variables involving implicit or explicit initialization. C++ involves complicated initialization of class objects during construction, actions that must be undone when the object is destroyed. For example, class objects can allocate memory during initialization. If you were permitted to jump around the initialization of an object, its subsequent destruction—which the compiler automatically invokes, assuming that the object's initialization object occurred—can cause undesirable consequences. Furthermore, any use of such an uninitialized object also can be dangerous. Consider, for example, this code:

```cpp
int main()
{
    std::cout << "Compute a random number? (y/n) ";
    char ans;
    std::cin >> ans;

    if (ans == 'n')
        goto done;

    int ran = std::rand();
    std::cout << ran;

done:
    return 0;
}
```

The program does not compile, because the goto statement jumps over the initialization of the ran variable. The theory is that a variable that needs initialization must be guaranteed to have undergone that initialization as long as the variable is in scope.

C++ goto versus C goto

The restriction I just described doesn't apply to the C language goto, which permits such jumps, assuming that the programmer takes responsibility for the integrity of all variables under such circumstances. But C variables do not involve the kinds of construction and destruction often found in C++ class objects. You learn about class object construction and destruction in Chapter 12.

Fixing an Invalid goto

There are two ways to fix the invalid `goto` in the previous example. The code in Listing 4-14 is valid.

On the
CD-ROM

Name: **pr04014.cpp**
Location: Quincy99\Programs**Chap04**

Listing 4-14: **The fixed goto program**

```
///////////////////////////////////////
// File Name: pr04014.cpp
///////////////////////////////////////
#include <iostream>
#include <cstdlib>

///////////////////////////////////////
// The main() function.
///////////////////////////////////////
int main()
{
    std::cout << "Compute a random number? (y/n) ";
    char ans;
    std::cin >> ans;

    if (ans == 'n')
        goto done;

    int ran;
    ran = std::rand();
    std::cout << ran;

done:
    return 0;
}
```

To fix the program wherein the `goto` jumps over an initialized variable, you can remove the initializer and replace it with an assignment. The compiler allows this usage, because the jump does not bypass an initialization. The variable remains in scope and has no assigned value, but the compiler leaves that problem for you to solve. The code in Listing 4-15 is valid, too.

Name: **pr04015.cpp**
Location: Quincy99\Programs**Chap04**

Listing 4-15: **The fixed goto program — again**

```cpp
////////////////////////////////////////
// File Name: pr04015.cpp
////////////////////////////////////////
#include <iostream>
#include <cstdlib>

////////////////////////////////////////
// The main() function.
////////////////////////////////////////
int main()
{
    std::cout << "Compute a random number? (y/n) ";
    char ans;
    std::cin >> ans;

    if (ans == 'n')
        goto done;
    else
    {
        int ran = std::rand();
        std::cout << ran;
    }

done:
    return 0;
}
```

By enclosing the ran declaration in a brace-surrounded statement block, you fix the program in a different way. The compiler accepts this usage, because the goto jumps over the entire scope wherein the program declares and initializes the ran variable.

Listings 4-14 and 4-15 are not particularly good examples of structured programming. Try to improve the programs by eliminating the goto statement and the label.

Should You Use goto?

Everyone who writes about programming deprecates the goto statement and cautions you not to use it. Structured programming purists forbid its use. Yet most structured programming languages include some variant of the goto statement. Pascal, originally designed to be a language for teaching structured programming to university students, supports goto. Writers who caution against using goto often suggest programming idioms where goto might result in clearer, more efficient programs.

Take another look at how Listing 4-13 uses goto. The program represents the way most people who write and teach about structured programming demonstrate goto (as if such an example justified the idiom's existence). Does it?

As the theory goes, without the goto statement, the program in Listing 4-13 needs extra measures to force its way out of both loops when the user enters 0 into the employee number. In this particular program, that measure is not a terrible burden, and it preserves structure and correctness in the code. But I once encountered a programming problem in which propriety wouldn't do.

The program in question was a time-critical, real-time simulation (a game, actually). It had several nested loops that repeated many times during the rendering of a complex animated graphical scene. As in Listing 4-13, the innermost loop always found a reason to exit so that the program could proceed with the next sequence. Without the goto, the extra measures that the program took to exit gracefully from the loop levied too severe a performance burden on the program, and the screen refreshed its images too slowly. The result was jerky, flickering animation. By abandoning structure in this one case and applying the less graceful but more efficient goto, the program was able to achieve an acceptable refresh rate. Case closed.

However, it has been proven conclusively that any algorithm can be designed with the three control structures of structured programming (sequence, selection, and iteration) and without the goto statement. Nonetheless, goto is a part of the C++ language, and you should know how it works and decide for yourself whether you need to use it.

Summary

In this chapter, you learn about C++ statements that manage program flow control. You learn about statement blocks and how they nest. You also learn how to use the if, if...else, switch...case, while, do...while, and for flow-control statements. You gain knowledge of testing and looping and how to use break and continue to manage loops. You also discover how to jump with the goto statement.

✦   ✦   ✦

More about C++ Data

This chapter adds substantially to what you already know about C++'s intrinsic data types and introduces user-defined data types. This chapter also explains the ways that a C++ program stores, references, and retrieves data objects in memory.

Scope

Identifiers in C++ programs are said to be in *global*, *local*, or *file* scope. An identifier's *scope* determines which statements in the program may reference it — that is, its visibility to other parts of the program. Scope usually is implied by position in the program. The exception is file scope, which must be declared. Variables in different scopes sometimes have the same identifiers.

Global Scope

Some variables and functions have global scope, which means that they can be referenced from anywhere in the program. When a variable is declared outside any function, it is called an external variable and it has global scope by default. The declaration must occur before any references to the variable from within the same source-code file, but all functions past that point may reference it. Listing 5-1 illustrates an external variable with global scope.

On the CD-ROM

Name: **pr05001.cpp**
Location: Quincy99\Programs**Chap05**

Listing 5-1: **Global scope**

```cpp
/////////////////////////////////////////
// File Name: pr05001.cpp
/////////////////////////////////////////
#include <iostream>

// A variable with global scope.
int Counter;

// Function prototype.
void AddCounter(int);

/////////////////////////////////////////
// The main() function.
/////////////////////////////////////////
int main()
{
    AddCounter(53);

    // Reference a global variable
    std::cout << "Counter = " << Counter;

    return 0;
}

/////////////////////////////////////////
// Add a value to the Counter variable.
/////////////////////////////////////////
void AddCounter(int incr)
{
    // Reference a global variable
    Counter += incr;
}
```

The Counter variable in Listing 5-1 has global scope, because it is declared outside any function and is not static (which I explain later). Therefore, both the main() and the AddCounter() functions can reference Counter. All functions (except class member functions explained in Chapters 9 and 12) have global scope unless they are declared to be static.

A variable or function with global scope can be referenced from independently compiled source-code modules as long as each module that references the variable or function declares it to be external with the extern keyword. You learn about the static and extern storage classes later.

Local Scope

Most of the variables in the listings of earlier chapters have local scope. They are declared inside functions and are not accessible to the code in other functions. Function parameter variables also have local scope. They are in the scope of — and, therefore, are accessible to — all the statement blocks in the function.

Variables declared in a statement block are in the scope of that block, as well as all lower blocks in the declaring block. Listing 5-2 illustrates variables with local scope.

Name: **pr05002.cpp**
Location: Quincy99\Programs**Chap05**

Listing 5-2: **Local scope**

```cpp
/////////////////////////////////////
// File Name: pr05002.cpp
/////////////////////////////////////
#include <iostream>

/////////////////////////////////////
// The main() function.
/////////////////////////////////////
int main()
{
    // i is in scope in all of main().
    int i = 123;
    if (i > 0)
    {
        // j is in scope in all of the outer if statements,
        // which includes the program block that ends with
        // the brace immediately before the return statement.
        int j = 456;
        if (j > 0)
        {
            // k is in scope only within the inner if
            // statement, which extends to the next brace.
            int k = 789;

            // All 3 are in scope here.
            std::cout << i << ' ' << j << ' ' << k;
        }
    }

    return 0;
}
```

Variables in different scopes can have the same identifiers. If a variable in a lower scope in a function uses the same name as a previously declared variable, the new declaration hides the earlier one from the program until the newer one goes out of scope. A local variable goes out of scope when the statement block in which it is declared completes executing. Listing 5-3 demonstrates this behavior.

Name: **pr05003.cpp**
Location: Quincy99\Programs**Chap05**

Listing 5-3: **Variables hidden by scope**

```cpp
////////////////////////////////////////
// File Name: pr05003.cpp
////////////////////////////////////////
#include <iostream>

// This variable is in global scope.
int var = 1;

////////////////////////////////////////
// The main() function.
////////////////////////////////////////
int main()
{
    std::cout << var << ' ';

    if (var > 0)
    {
        // This var hides the global var.
        int var = 2;
        std::cout << var << ' ';

        if (var > 1)
        {
            // This var hides the local var defined
            // in the outer if statement.
            int var = 3;
            std::cout << var << ' ';
        }

        std::cout << var << ' ';
    }
    std::cout << var << ' ';

    return 0;
}
```

Listing 5-3 contains five `std::cout` statements, each one apparently displaying the value of the same variable. The first `std::cout` references the global `var`, because that is the only one that is in scope. The second `std::cout` references the local `var` that is initialized with the value 2 and that hides the global `var`. The third `std::cout` references the local `var` in an inner scope that is initialized with the value 3 and that hides both `var` objects in outer scopes.

When the innermost statement block completes executing, the next outer `var` comes back into scope. Similarly, when its statement block completes, the global `var` comes back into scope. Listing 5-3 displays the following output on the screen:

```
1 2 3 2 1
```

The Global Scope Resolution Operator

As Listing 5-3 shows, if a local variable and a global variable have the same name, all references to that name — while the local variable is in scope — refer to the local variable. To tell the compiler that you want to refer to a global variable rather than the local one with the same name, use the `::` global scope resolution operator. The global scope resolution operator — which is coded as a prefix to the variable's name (for example, `::varname`) — enables you explicitly to reference a global variable from a scope in which a local variable has the same name. Listing 5-4 is an example of the global scope resolution operator.

On the CD-ROM

Name: **pr05004.cpp**
Location: Quincy99\Programs**Chap05**

Listing 5-4: **Global scope resolution operator**

```cpp
//////////////////////////////////////
// File Name: pr05004.cpp
//////////////////////////////////////
#include <iostream>

// A global variable.
int amount = 123;

//////////////////////////////////////
// The main() function.
//////////////////////////////////////
int main()
{
    // A local variable with the same
    // name as the global variable.
    int amount = 456;
```

Continued

Listing 5-4 *(continued)*

```cpp
    // Display the value of the global value.
    std::cout << ::amount;
    std::cout << ' ';

    // Display the value of the local variable.
    std::cout << amount;

    return 0;
}
```

The listing has two variables named `amount`. The first is global and contains the value 123. The second is local to the `main()` function. The first `std::cout` statement displays 123, the contents of the global `amount` variable, because that first reference to the variable name uses the `::` global scope resolution operator. The second `cout` statement displays 456, the contents of the local `amount` variable, because that reference to the variable name has no global scope resolution operator and defaults to the local variable.

File Scope

File scope refers to external identifiers that are available only to functions declared in the same translation unit, which is the source-code file in which they are defined (including any source-code files specified by #include directives). The `static` storage class specifier declares identifiers with file scope. Listing 5-5 illustrates the `static` storage class specifier.

Name: **pr05005.cpp**
Location: Quincy99\Programs**Chap05**

Listing 5-5: **File scope**

```cpp
/////////////////////////////////////
// File Name: pr05005.cpp
/////////////////////////////////////
#include <iostream>

// A variable with file scope.
static int Counter;

// A prototype for a function with file scope.
```

```
static void AddCounter(int);

///////////////////////////////////////
// The main() function.
///////////////////////////////////////
int main()
{
    // Reference a file-scope function.
    AddCounter(1940);

    // Reference a file-scope variable.
    std::cout << "Counter = " << Counter;

    return 0;
}

///////////////////////////////////////
// Add a value to the Counter variable.
///////////////////////////////////////
static void AddCounter(int incr)
{
    // Reference a file-scope variable.
    Counter += incr;
}
```

The Counter variable and the AddCounter() function are declared with the static storage class specifier. This gives them file scope, which makes them available only to the functions in the translation unit in which they are defined. Listing 5-5 consists of only one translation unit.

Most of the listings in this book have only one translation unit, because the programs are small examples. Larger C++ projects involve independent compilation of many source files, and the static storage class specifier hides the identifiers of functions and variables from other source-code files linked into the same program. However, as you learn in later chapters, C++ classes and namespaces virtually eliminate the need for any program to use the static storage class for functions and for variables declared outside a function.

Scope versus Lifetime

The term scope often is used to describe an identifier's *lifetime*, which is the period of time from when the program creates an object to when the object is destroyed. This usage is not altogether accurate and reflects a typical degree of ambiguity in the way we talk about programming.

A variable declared within a function's statement block exists from the point of the declaration to the point that the program exits the statement block. As long as program execution stays within that statement block, or within a block nested inside the statement block, the variable is alive. This period of time is its lifetime. If, while the variable is still alive, the program calls another function, then the variable effectively goes out of scope until the function returns. The variable is no longer in scope because the executing function cannot reference the variable. Listing 5-6 demonstrates this principle.

On the CD-ROM

Name: **pr05006.cpp**
Location: Quincy99\Programs**Chap05**

Listing 5-6: **Scope vs. lifetime**

```
///////////////////////////////////
// File Name: pr05006.cpp
///////////////////////////////////
#include <iostream>

// Function prototype.
void DisplayTitle();

///////////////////////////////////
// The main() function.
///////////////////////////////////
int main()
{
    // auto storage-class specifier.
    auto int Amount = 500;

    DisplayTitle();
    std::cout << Amount;

    return 0;
}

///////////////////////////////////
// A function that executes during
// the variable Amount's lifetime.
///////////////////////////////////
void DisplayTitle()
{
    // main()'s Amount exists,
    // but is not in scope here.
    std::cout << "Amt = ";
}
```

The best way to grasp the lesson illustrated in Listing 5-6 is to step through the program with a debugger while watching the Amount variable in a watch window. If you run the listings with Quincy, the programming environment already is set up for you. On the first step, the watch window displays ?? for the Amount variable's value; this means that the debugger cannot fetch the value from memory because the Amount identifier is out of scope. When you step into the main() function, the ?? display changes to a random integer value that displays whatever the variable's memory location contains before the program initializes the variable. This tells you that the Amount identifier is alive and in scope. After you step into the variable's initialized declaration, the value changes to 500, which is the initializer value. When you step into the DisplayTitle() function, however, the watched display reverts to ??. The variable still exists, but it is out of scope temporarily. When you step through the DisplayTitle() return and back into the main() function, the watched variable displays the value 500 again, telling you that the Amount variable is back in scope.

Consequently, when you read that a variable is in scope from its definition until the program exits the statement block in which the variable is declared, understand that that is not always the case. Try to avoid that confusion.

Storage Classes

Variables can be declared with storage class specifiers that tell the compiler how variables are to be treated. The storage classes are auto, static, extern, and register. For convenience, C++ considers the typedef keyword to represent a storage class, but it serves a different purpose, as I explain later in this chapter.

The auto Storage Class

The auto storage class specifier identifies a local variable as *automatic*, which means that each invocation of the statement block in which the variable is defined gets a fresh copy with its own memory space and with reinitialization each time. Local variables implicitly are declared auto unless the program declares them otherwise. Use of the auto keyword, then, is optional. If you omit the auto keyword, and don't use any other storage class specifier on a local variable, that variable automatically is automatic, so to speak. The following code fragment illustrates the auto storage class specifier.

```
int main()
{
    // Auto storage class specifier.
    auto int Amount = 500;

    // ...

    return 0;
}
```

The code in this example works exactly the same whether or not you include the `auto` keyword in the declaration of the `Amount` variable. Function parameters are, by default, `auto` unless you declare them to be in the `register` storage class (discussed later).

The static Storage Class

You learn the meaning of the `static` storage class when you apply it to function declarations and external variables in Listing 5-5. The `static` storage class has a different meaning with local variables: It is the opposite of `auto`. Although the scope of a static local variable begins inside the statement block in which the variable is declared and ends when the block terminates, the variable itself retains its value between executions of the statement block. Initializers are effective only for the first execution of the statement block. Subsequent executions find that the variable has the value it had when the previous execution ended. Listing 5-7 shows how static local variables work.

On the
CD-ROM

Name: **pr05007.cpp**
Location: Quincy99\Programs**Chap05**

Listing 5-7: **The static storage class**

```
/////////////////////////////////////
// File Name: pr05007.cpp
/////////////////////////////////////
#include <iostream>

// Function prototype.
int Gather();

/////////////////////////////////////
// The main() function.
/////////////////////////////////////
int main()
{
    int gwool = 0;
    while (gwool < 60)
    {
        gwool = Gather();
        std::cout << gwool << std::endl;
    }
}

/////////////////////////////////////
// Return the current value of the wool
// static variable.
```

```
////////////////////////////////////////
int Gather()
{
    // A static local variable.
    static int wool = 50;

    return ++wool;
}
```

The wool variable in the Gather() function is a static local variable with an initial value of 50. The function increments the variable and returns the incremented value. When you run the program, you can see from the output that the returned value is incremented each time, and the wool initializer does not have an effect after the first call of the function. If you were to remove the static storage class specifier from the declaration, the program would go into a dead loop, displaying the value 51 endlessly. This is because the wool variable would be auto rather than static, and its intializer would execute every time the function was called, resetting it to 50. The while test in the main() function would never find a true condition, and the program would stay in the loop until you interrupted it manually.

The extern Storage Class

The extern storage class declares external variables that haven't been defined yet, but that the program needs to reference. Usually, an extern declaration refers to a variable defined in a different translation unit. Listing 5-8 demonstrates a program that uses an extern variable. This program comprises two translation units: pr05008a.cpp and pr05008b.cpp.

 Name: **pr05008a.cpp**
Location: Quincy99\Programs**Chap05**

Listing 5-8a: **The extern storage class, part 1**

```
////////////////////////////////////////
// File Name: pr05008a.cpp
////////////////////////////////////////
#include <iostream>

// Function prototype.
void AccumulateAmount(void);

////////////////////////////////////////
// The main() function.
////////////////////////////////////////
```

Continued

Listing 5-8a *(continued)*

```cpp
int main()
{
    // A variable declared as external.
    extern float Amount;

    AccumulateAmount();
    std::cout << Amount;

    return 0;
}
```

On the CD-ROM

Name: **pr05008b.cpp**
Location: Quincy99\Programs**Chap05**

Listing 5-8b: **The extern storage class, part 2**

```cpp
////////////////////////////////////////
// File Name: pr05008b.cpp
////////////////////////////////////////

// Definition of the external variable.
float Amount;

////////////////////////////////////////
// Set the value of the Amount variable.
////////////////////////////////////////
void AccumulateAmount()
{
    Amount = 5.72;
}
```

The two translation units — source-code files — are compiled independently and are linked into a single executable module. Quincy refers to such a program as a project and includes a project file that lists the included source-code modules.

The Amount variable that the main() function refers to actually is declared in a different translation unit, the pr05007b.cpp source-code file. Consequently, the compiler cannot compile an address for the variable when the compiler compiles pr05007a.cpp. The `extern` declaration tells the compiler to compile all references to `Amount` as an as-yet-unresolved reference, and to delay resolving those references until the compiled object-code modules are linked into an executable program module.

An `extern` variable declaration may be inside or outside the function that references the external variable. If the variable is outside, all functions in the translation unit following the declaration can reference the external variable. If the declaration is inside a function, only functions that contain the `extern` declaration of the variable can reference the variable.

A program can have several `extern` declarations of a variable but only one definition: a declaration without the `extern` storage class specifier. The definition must appear outside any functions. The declarations and definition may be scattered among many translation units, or all of them may be in the same unit. Only one definition or declaration may have an initializer. The initializer may be in the definition or in any of the `extern` declarations, but it may not be in a declaration that is inside a function. If an `extern` declaration has an initializer, the variable does not need a definition elsewhere in the program, although it may have one. If there is no initializer, then there must be at least one definition.

Remember from Chapter 1 that a declaration declares the format of a variable but does not reserve memory, and a definition defines the instance of a variable and reserves memory for it. Often, a variable's definition and declaration are the same C++ language statement.

Typically, a program declares all `extern` variables in project-specific header files that are included by all the translation units. Then, it defines each external variable in the C++ source-code module where the variable logically originates.

The register Storage Class

A variable declared with the `register` storage class is the same as an `auto` variable, except that the program cannot take the variable's address. You learn about variable addresses later in this chapter. Listing 5-9 demonstrates a `register` variable.

Name: **pr05009.cpp**
Location: Quincy99\Programs**Chap05**

Listing 5-9: **The register storage class**

```cpp
//////////////////////////////////////
// File Name: pr05009.cpp
//////////////////////////////////////
#include <iostream>

//////////////////////////////////////
// The main() function.
//////////////////////////////////////
int main()
{
    // A register variable declaration.
    register unsigned int Counter;

    for (Counter = 100; Counter < 1000; Counter += 50)
        std::cout << "Counter: " << Counter << endl;

    return 0;
}
```

The register storage class is a relic whose purpose is to allow the programmer to specify conditions under which the program's performance can be improved if certain local, automatic variables are maintained in one of the computer's hardware registers. It states the programmer's intention to use the variable in ways that might work best if the variable resided in a hardware register rather than in the computer's main memory. The register storage class is only a suggestion to the compiler that the variable occupy a register. The compiler can ignore the suggestion.

You cannot take the address of register variables, because hardware registers on most computers do not have memory addresses. The address restriction applies even when the compiler chooses to ignore the suggestion and puts the variable in addressable memory.

Effective application of the register storage class requires an assembly language programmer's understanding of the processor architecture with respect to the number and kinds of registers available to be used for variables and how the registers behave. That understanding does not apply necessarily to a different computer, so the register storage class does not contribute much to a portable program. In addition, contemporary optimizing compilers usually do a better job than the programmer of selecting which variables can be maintained in registers, although the register storage class conceivably can help an aggressive optimizer do its job.

Initial Default Values

Non-local and static local variables are guaranteed to be initialized with zeros if the program does not initialize them explicitly. Automatic variables are not guaranteed to have any particular initial value when they come into scope. You should either initialize them or assign an initial value to them before you use them. Parameters are always initialized with the values of the caller's arguments.

Type Qualifiers

C++ includes two type qualifiers, the keywords `const` and `volatile`, that further define the nature and behavior of variables.

The const Type Qualifier

A `const` variable is one that the program may not modify, except through initialization when the variable is declared. The phrase "const variable" seems to be an oxymoron. How can something be constant and variable at the same time? Nonetheless, the usage is common among programmers. Listing 5-10 uses a `const` variable as the upper limit for a loop.

On the CD-ROM

Name: **pr05010.cpp**
Location: Quincy99\Programs**Chap05**

Listing 5-10: **The const type qualifier**

```
/////////////////////////////////////
// File Name: pr05010.cpp
/////////////////////////////////////
#include <iostream>

/////////////////////////////////////
// The main() function.
/////////////////////////////////////
int main()
{
    // A const variable declaration.
    const int MaxCtr = 300;

    for (int Ctr = 100; Ctr < MaxCtr; Ctr += 50)
        std::cout << "Ctr = " << Ctr << endl;

    return 0;
}
```

The const variable might or might not occupy memory, have an address, and be used in any context that does not modify the contents of the variable. Whether it has an address depends on how you use it and on the C++ compiler implementation. If you take the address of a const variable, the compiler must give it a memory location. Otherwise, the compiler is free to treat a reference to the expression as if it were coded as a constant in an expression. When a variable is qualified as const, the compiler prevents the program from modifying the variable's contents. The discussion on pointers in Chapter 6 contains more details about const.

The volatile Type Qualifier

A volatile variable is the opposite of a const variable. The volatile type qualifier tells the compiler that the program can change the variable in unseen ways. Those ways are implementation-dependent. One possibility is that a variable can be changed by an asynchronous interrupt service routine. The compiler must know about such a variable so that the compiler does not optimize its access in ways that defeat the external changes. Listing 5-11 shows how you declare a volatile variable.

On the CD-ROM

Name: **pr05011.cpp**
Location: Quincy99\Programs**Chap05**

Listing 5-11: **The volatile type qualifier**

```cpp
/////////////////////////////////////
// File Name: pr05011.cpp
/////////////////////////////////////
#include <iostream>

// A volatile variable declaration.
volatile int Value = 300;

/////////////////////////////////////
// The main() function.
/////////////////////////////////////
int main()
{
    int Counter;
    for (Counter = 100; Counter < Value; Counter += 50)
        std::cout << "Counter: " << Counter << endl;

    return 0;
}
```

Suppose that a program posts the address of a variable in an external pointer and that an interrupt service routine elsewhere in the program or in the system modifies the contents of the variable by dereferencing the pointer. If the compiler has optimized the function by using a register for the variable while the program uses its contents, the effects of the interrupt could be lost. The `volatile` type qualifier tells the compiler not to make such optimizations.

User-Defined Data Types

A C++ programmer can define collections of variables organized in a *structure*. A structure encapsulates related data into an aggregate. Programs can manipulate structures in ways similar to the manipulation of intrinsic data types. Another data aggregate, called a *union*, assigns one memory location to several variables, possibly of different types.

Structures have much more power than you learn here. The C++ `struct` is a variant on the C++ class, as discussed in Chapter 9. This discussion concentrates on the `struct` as it is used in C language programs, but with a few C++ improvements.

You can declare instances of unions and structures, initialize those instances, assign them to one another, pass them to functions, and return them from functions. In the following sections, you learn to perform these programming tasks.

Declaring a struct

You declare a structure by using the `struct` keyword, giving the structure a name, and declaring the data types that are in the structure, as shown here:

```
// A structure named date.
struct Date
{
    short int month;   // Data members.
    short int day;
    short int year;
};
```

A structure declaration begins with the `struct` keyword followed by the name of the structure. The structure consists of variables, called the structure's *members*, whose declarations are surrounded by braces. You terminate a structure declaration with a semicolon.

The `struct` declaration does not reserve memory. It merely defines the format of the structure for later use by the program. The structure members can be any valid C++ type, including other structures.

Defining a struct Variable

You define a variable of the structure type by providing, optionally, the `struct` keyword, the structure's name, and a name for the instance of the structure—the `struct` variable—as shown here:

```
// A Date structure named birthday.
struct Date birthday;
```

Because a structure declares a new data type, you can define a `struct` variable without including the `struct` keyword. This demonstrates one of the C++ improvements to the C structure:

```
// A Date structure named date_hired.
Date date_hired;
```

Referencing struct Members

You reference the members of a structure by providing the name of the structure variable, the dot (.) operator, and the name of the member, as shown here:

```
// Assign a value to a structure member.
birthday.day = 24;
```

Listing 5-12 declares and uses a `struct`.

On the
CD-ROM

Name: **pr05012.cpp**
Location: Quincy99\Programs**Chap05**

Listing 5-12: **The struct data type**

```
/////////////////////////////////////
// File Name: pr05012.cpp
/////////////////////////////////////
#include <iostream>

// Declare a structure.
struct Date
{
    short int month, day, year;
};

/////////////////////////////////////
// The main() function.
/////////////////////////////////////
int main()
{
    // A Date structure.
```

```
    Date dt;

    // Assign values to the structure members.
    dt.month = 6;
    dt.day = 24;
    dt.year = 1940;

    // Display the structure.
    std::cout << dt.month << '/' << dt.day << '/' << dt.year;

    return 0;
}
```

Initializing a Structure

Rather than assign values to each member of a structure variable, as Listing 5-12 does, the program can initialize the variable when it is defined. Listing 5-13 shows how to initialize a structure variable.

Name: **pr05013.cpp**
Location: Quincy99\Programs**Chap05**

Listing 5-13: **Initializing a structure variable**

```
/////////////////////////////////////
// File Name: pr05013.cpp
/////////////////////////////////////
#include <iostream>

// Declare a structure
struct Date
{
    short int month, day, year;
};

/////////////////////////////////////
// The main() function.
/////////////////////////////////////
int main()
{
    // An initialized Date variable.
    Date dt = {11, 17, 1941};

    // Display the structure.
    std::cout << dt.month << '/' << dt.day << '/' << dt.year;

    return 0;
}
```

The brace-surrounded, comma-separated list of expressions is the structure's initialization list. Each expression initializes a member of the structure. The types of the expressions must be compatible with the types of the members. You may have fewer expressions than the number of structure members—but not more. If you have fewer expressions, the compiler inserts zero values into the data members that are not initialized by your initialization list. An uninitialized automatic structure variable, however, is not filled with zeros. You need at least one initializing expression to pad the rest of the structure with zeros.

Structures within Structures

A structure can have other structures as members. References to the members of the inner structure include the names of both structure variables, as shown in Listing 5-14.

On the CD-ROM

Name: **pr05014.cpp**
Location: Quincy99\Programs**Chap05**

Listing 5-14: **Structures within structures**

```cpp
////////////////////////////////////
// File Name: pr05014.cpp
////////////////////////////////////
#include <iostream>

// Date structure.
struct Date
{
    int month, day, year;
};

// Employee structure.
struct Employee
{
    int emplno;
    float salary;
    Date datehired;
};

////////////////////////////////////
// The main() function.
////////////////////////////////////
int main()
{
    // An initialized Employee structure.
    Employee joe = {123, 35500, {5, 17, 82}};
```

```
    // Display the Employee information.
    std::cout << "Empl #: " << joe.emplno << std::endl
              << "Salary: " << joe.salary << std::endl
              << "Date hired: "
              << joe.datehired.month << '/'
              << joe.datehired.day   << '/'
              << joe.datehired.year << std::endl;

    return 0;
}
```

Listing 5-14 declares two structures. The second one has an instance of the first one as a member. When the program initializes an instance of the outer structure, it includes initializers for the inner structure by enclosing them in their own pair of braces.

Referencing the members of the inner structure involves naming both structure variables, each one followed by the dot (.) operator and the member name as the rightmost identifier in the expression.

Passing and Returning Structures to and from Functions

A function can accept a structure as a parameter, and a function can return a structure. For large structures, programmers usually pass structure pointers or reference variables (explained later) and let the calling and called functions share copies of the structures. This practice is more efficient, because it reduces the overhead of copying large memory segments. It is also somewhat safer. Arguments are passed on the stack, which can become exhausted if a program passes many large objects, particularly to recursive functions.

Nonetheless, sometimes you need to pass a private copy of a structure. Perhaps the called function changes the data and the calling function needs to preserve the original values of the data. Other times, a function returns a structure. Perhaps that function creates the structure as an automatic variable. The automatic structure goes out of scope when the function returns, so the program needs a returned copy. Listing 5-15 illustrates functions that pass and return structures.

Name: **pr05015.cpp**
Location: Quincy99\Programs**Chap05**

Listing 5-15: **Passing and returning structures**

```cpp
/////////////////////////////////////
// File Name: pr05015.cpp
/////////////////////////////////////
#include <iostream>

// Declare the Date structure.
struct Date
{
    int month, day, year;
};

// Function prototypes.
Date GetToday(void);
void PrintDate(Date);

/////////////////////////////////////
// The main() function.
/////////////////////////////////////
int main()
{
    Date dt = GetToday();
    PrintDate(dt);

    return 0;
}

/////////////////////////////////////
// Function that returns a structure.
/////////////////////////////////////
Date GetToday(void)
{
    Date dt;
    std::cout << "Enter date (mm dd yy): ";
    std::cin >> dt.month >> dt.day >> dt.year;

    return dt;
}

/////////////////////////////////////
// Function that accepts a structure
// parameter.
/////////////////////////////////////
void PrintDate(Date dt)
{
    std::cout << dt.month << '/';
    std::cout << dt.day << '/' << dt.year;
}
```

The Union Data Type

A union looks just like a structure except that it has the union keyword instead of struct. The difference between unions and structures is that a structure defines an aggregate of adjacent data members, and a union defines a memory address shared by all of its data members. A union can contain only one value at a time, a value of the type of one of its members. All its members occupy the same memory location. The size of a union is the size of its widest member. Listing 5-16 illustrates the behavior of a union.

On the
CD-ROM

Name: **pr05016.cpp**
Location: Quincy99\Programs**Chap05**

Listing 5-16: **The union data type**

```
//////////////////////////////////////
// File Name: pr05016.cpp
//////////////////////////////////////
#include <iostream>

// Declare the Holder structure.
union Holder
{
    char holdchar;
    short int holdint;
    long int holdlong;
    float holdfloat;
};

// Function prototype.
void DisplayHolder(Holder, char*);

//////////////////////////////////////
// The main() function.
//////////////////////////////////////
int main()
{
    Holder hld;

    // Assign to first member.
    hld.holdchar = 'X';
    DisplayHolder(hld, "char");

    // Assign to second member.
    hld.holdint = 12345;
    DisplayHolder(hld, "int");
```

Continued

Listing 5-16 *(continued)*

```
        // Assign to third member.
        hld.holdlong = 7654321;
        DisplayHolder(hld, "long");

        // Assign to fourth member.
        hld.holdfloat = 1.23;
        DisplayHolder(hld, "float");

        return 0;
    }

    ////////////////////////////////////////
    // Display the current value of the
    // Holder union.
    ////////////////////////////////////////
    void DisplayHolder(Holder hld, char* tag)
    {
        std::cout << "---Initialized " << tag << " ---"
                << std::endl;
        std::cout << "holdchar  "  << hld.holdchar   << std::endl;
        std::cout << "holdint   "  << hld.holdint    << std::endl;
        std::cout << "holdlong  "  << hld.holdlong   << std::endl;
        std::cout << "holdfloat "  << hld.holdfloat  << std::endl;
    }
```

Running Listing 5-16 demonstrates that changing one of a union's members changes the other members, too. When you assign a value to a particular member, the values of the other members only have coincidental meaning, because you overlay them with whatever bit configuration represents the assigned member's assigned value. You can observe this behavior by reading the output from the DisplayHolder() function after each assignment, or by using Quincy's Watch window to watch each of the members.

Initializing a Union

You can initialize only the first of a union's variables. Braces enclose the initializer, and there is only one data value, whose type must be compatible with the first member in the union, as shown here:

```
// Initialize a union variable.
Holder hld = {'X'};
```

If the first member of a union is a structure, the initialization may include the several expressions that initialize the structure. Listing 5-17 demonstrates this usage.

Name: **pr05017.cpp**
Location: Quincy99\Programs**Chap05**

Listing 5-17: **Initializing a struct-containing union**

```cpp
/////////////////////////////////////
// File Name: pr05017.cpp
/////////////////////////////////////
#include <iostream>

// Declare the Date structure.
struct Date
{
    int mo, da, yr;
};

// Declare the Holder union.
union Holder
{
    Date hdt;
    int hint;
};

/////////////////////////////////////
// The main() function.
/////////////////////////////////////
int main()
{
    Holder hld = {{6, 24, 1940}};

    std::cout << hld.hdt.mo << '/'
              << hld.hdt.da << '/'
              << hld.hdt.yr;

    return 0;
}
```

Anonymous Unions

A C++ program can declare unnamed unions. You might use this feature to save space or to intentionally redefine a variable. Listing 5-18 illustrates the use of the anonymous union.

Name: **pr05018.cpp**
Location: Quincy99\Programs**Chap05**

Listing 5-18: **Anonymous unions**

```cpp
/////////////////////////////////////
// File Name: pr05018.cpp
/////////////////////////////////////
#include <iostream>

/////////////////////////////////////
// The main() function.
/////////////////////////////////////
int main()
{
    union
    {
        int quantity_todate;
        int quantity_balance;
    };

    std::cout << "Enter quantity to date: ";
    std::cin >> quantity_todate;

    std::cout << "Enter quantity sold: ";
    int quantity_sold;
    std::cin >> quantity_sold;

    quantity_todate -= quantity_sold;
    std::cout << "Quantity balance = "
                << quantity_balance;

    return 0;
}
```

The program in Listing 5-18 allows the two variables quantity_todate and quantity_balance to share the same space. After quantity_sold is subtracted from quantity_todate, quantity_balance contains the result shown by the program's output:

```
Enter quantity to date: 100
Enter quantity sold: 75
Quantity balance = 25
```

This feature eliminates many union-name prefixes in places where the only purpose for the union name is to support the union. You must declare a global anonymous union as static.

The enum Constant

You can define an enumerated constant by writing an enum declaration, which defines an enumerated constant data type. An enumerated constant consists of a group of related identifiers, each with an integer value. For example:

```
enum Colors {Red, Green, Blue};
enum Bool {False, True};
```

In these enumerated constants, the first identifier in the brace-surrounded lists is equated with the numerical value zero, the second with 1, and so on. The names must be distinct, and they must not be keywords or any other identifiers in the current scope.

You can specify an initializer value for a particular enum identifier within the declaration. Values that follow immediately are incremented starting from that point. For example:

```
enum WeekDay {Sun = 1, Mon, Tue, Wed, Thu, Fri, Sat};
```

In this example, Sun equals 1, Mon is 2, and so on. You can declare variables of the enumerated type and use enumerated values wherever you use integers. You also can specify an enumerated type in a function's parameter list or anywhere else that you use an integer constant.

Listing 5-19 illustrates the use of an enumeration in a switch statement. C programmers must observe that the declaration of the col variable need not include the enum keyword. In C++, each enum type is a distinct new data type for the scope in which it is declared.

Name: **pr05019.cpp**
Location: Quincy99\Programs**Chap05**

Listing 5-19: **The enum data type**

```
/////////////////////////////////////
// File Name: pr05019.cpp
/////////////////////////////////////
#include <iostream>

// Define the enumeration.
enum Colors {red = 1, green, blue};

/////////////////////////////////////
// The main() function.
/////////////////////////////////////
```

Continued

Listing 5-19 *(continued)*

```cpp
int main()
{
    Colors col;

    std::cout << "1=Red, 2=Green, 3=Blue. Select: ";
    int cl;
    std::cin >> cl;
    col = (Colors) cl;

    switch (col)
    {
        case red:
            std::cout << "Red";
            break;
        case green:
            std::cout << "Green";
            break;
        case blue:
            std::cout << "Blue";
            break;
        default:
            std::cout << "??";
            break;
    }

    return 0;
}
```

Arrays

All of C++'s data types can be represented in arrays of one or more dimensions. The dimensions of an array are specified in its definition. An array consists of adjacent instances of variables of the same data type. The variables in an array are called its *elements*. You access the elements of an array by providing integer expression subscripts.

Declaring Arrays

You declare an array by adding its dimension or dimensions in bracketed expressions after its name. This lesson involves arrays having one dimension. Here is an example of an array of integers:

```cpp
int Offsets[10];
```

This code defines 10 integer elements in an array named Offsets. The integers are adjacent in memory. The size of an array is the size of one of its elements multiplied by the number of elements in the array. The dimension expression within the brackets may have operators, but it must evaluate to a constant expression. The dimension is relative to 1.

Accessing Arrays with Subscripts

To access an element in an array, the program uses the array's identifier followed by a subscript expression in brackets:

```
Offsets[3] = 123;
```

The subscript expression is any expression that evaluates to an integer value. It does not have to be a constant expression unless the reference to the element is in a context that requires a constant expression. Subscripts are relative to zero, so the preceding example assigns 123 to the fourth element of the Offsets array of integers.

Initializing Arrays

You initialize an array by following its definition with a brace-enclosed initialization list. There may be as many initializers as there are elements in the array, as shown here:

```
// A 5-element array.
int Zones[5] = {43, 77, 22, 35, 89};
```

If you code more initializers than there are elements in the dimension, a compile error occurs. If you code fewer, the remaining elements are initialized with zero values.

By using an empty dimension expression, you implicitly can specify the array's dimension from the number of initializers, as shown here:

```
// Five elements by default.
int Zones[] = {43, 77, 22, 35, 89};
```

Listing 5-20 illustrates a simple array.

Name: **pr05020.cpp**
Location: Quincy99\Programs**Chap05**

Listing 5-20: Array of integers

```
/////////////////////////////////////
// File Name: pr05020.cpp
/////////////////////////////////////
#include <iostream>

/////////////////////////////////////
// The main() function.
/////////////////////////////////////
int main()
{
    int Values[] = {1,2,3,5,8,13,21};

    for (int i = 0; i < 7; i++)
        std::cout << Values[i] << std::endl;

    return 0;
}
```

The program in Listing 5-20 declares an array of seven integers. Then, it accesses the array by using a for loop that iterates a subscript integer from 0 through 6. Figure 5-1 shows the Values array in memory with a subscripted expression that points to the fifth element.

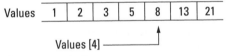

Figure 5-1: An integer array

Arrays of Structures

You can build an array of structures and reference the members of each of the array's structure elements by using subscripts. Initialization of the structure uses inner brace-enclosed structure initializers within the brace-enclosed array initializer. Listing 5-21 demonstrates an array of structures.

Name: **pr05021.cpp**
Location: Quincy99\Programs**Chap05**

Listing 5-21: **Array of structures**

```cpp
/////////////////////////////////////
// File Name: pr05021.cpp
/////////////////////////////////////
#include <iostream>

// Employee record.
struct Employee
{
    int emplno;
    float wage;
};

// Array of Employee records.
Employee emps[] =
{
    { 1, 10.17 },  // #1 initialized.
    { 2, 15.50 },  // #2 initialized.
    { 3, 13.00 }   // #3 initialized.
};

/////////////////////////////////////
// The main() function.
/////////////////////////////////////
int main()
{
    int i;

    for (i = 0; i < 3; i++)
        std::cout << emps[i].emplno << ' '
                  << emps[i].wage << std::endl;

    return 0;
}
```

The Employee structure has two members. The emps array has three elements. The array initializer contains three inner initializers for the three structure elements in the array. The program iterates through the array with a for loop. Finally, the std::cout call dereferences the structure members with a bracketed subscript expression after the array identifier and before the structure member dot (.) operator.

Multidimensional Arrays

Sometimes an array must have more than one dimension. For example, a grid of numbers reflecting a quarter's monthly revenues by cost center can be implemented as an array with two dimensions. You define a two-dimensional array by adding a second bracketed dimension expression to the definition, as shown here:

```
float Revenues[3][8];  // 3 months, 8 cost centers
```

This array is, in effect, three adjacent integer arrays with eight elements each. It is organized in memory that way. The leftmost dimension's elements are adjacent. The first eight elements are followed by the second eight elements, which are followed by the third eight elements. Listing 5-22 uses the preceding array to demonstrate how multidimensional arrays work.

On the CD-ROM

Name: **pr05022.cpp**
Location: Quincy99\Programs**Chap05**

Listing 5-22: **Two-dimensional array**

```cpp
/////////////////////////////////////
// File Name: pr05022.cpp
/////////////////////////////////////
#include <iostream>

// A two-dimensional array.
float Revenues[3][8] =
{
    {45.33, 55.55, 78.00, 37.26, 98.35, 23.55, 45.65, 22.00},
    {35.43, 45.45, 79.00, 30.26, 47.55, 34.65, 52.79, 32.50},
    {55.37, 75.05, 68.10, 31.27, 62.36, 53.56, 43.68, 24.06}
};

/////////////////////////////////////
// The main() function.
/////////////////////////////////////
int main()
{
    for (int mon = 0; mon < 3; mon++)
    {
        std::cout << mon+1 << ':';
        for (int cc = 0; cc < 8; cc++)
            std::cout << ' ' << Revenues[mon][cc];
        std::cout << std::endl;
    }

    return 0;
}
```

Figure 5-2 shows how the two-dimensional array is organized in memory and how a subscripted reference accesses one of the array's elements.

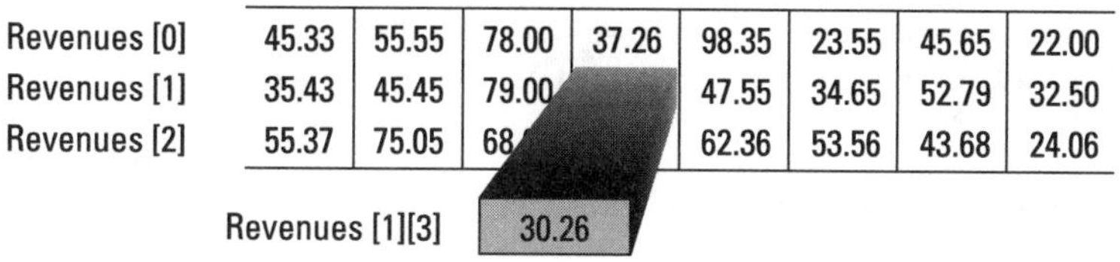

Figure 5-2: Two-dimensional array

If any of the inner initializer lists have fewer initializers than there are elements in their corresponding arrays, the remaining elements are initialized to zero.

You can eliminate all but the outermost pair of braces in an array initialization as long as you provide enough intializers for all the elements in the inner arrays. The array in Listing 5-22 can be initialized like this:

```
float Revenues[3][8] =
{
    45.33, 55.55, 78.00, 37.26, 98.35, 23.55, 45.65, 22.00,
    35.43, 45.45, 79.00, 30.26, 47.55, 34.65, 52.79, 32.50,
    55.37, 75.05, 68.10, 31.27, 62.36, 53.56, 43.68, 24.06
};
```

Arrays can have two, three, or more dimensions. Standard C++ imposes no limit on the number of dimensions an array can have, although working with a many-dimensioned array can be confusing.

Character Arrays: A Special Case

Character arrays get special treatment in C++. The C++ language has no intrinsic string data type like those of BASIC and other languages, although there is a standard string class that you learn about in Chapters 18 and 19. Instead, C++ supports arrays of char variables in special ways. You have seen what appear to be string data types in the string constants in the exercises in Chapter 2. These string constants actually are null-terminated arrays of characters. Consider the string constant in this example:

```
cout << "Hello";
```

The compiler builds an internal, unnamed character array. If you could see its declaration, the array would look like this:

```
char [] = {'H', 'e', 'l', 'l', 'o', '\0'};
```

The compiler passes the address of the internal array to the `cout` object, which can recognize a pointer to type `char`. (Pointers and addresses are discussed in detail in the next chapter.) No identifier is assigned to string literals, so the internal representation shown earlier has none. You cannot declare a `char` array that way yourself; only the compiler can do that. Observe the array's last character constant. It is initialized with the value zero. This is the standard null terminator for a C++ string constant.

You can initialize a character array with a string constant. Listing 5-23 shows how this works.

On the CD-ROM

Name: **pr05023.cpp**
Location: Quincy99\Programs**Chap05**

Listing 5-23: **Initializing a character array**

```
/////////////////////////////////////
// File Name: pr05023.cpp
/////////////////////////////////////
#include <iostream>

/////////////////////////////////////
// The main() function.
/////////////////////////////////////
int main()
{
    char str[] = "Hello, Dolly";

    int i = 0;
    while (str[i] != '\0')
        std::cout << str[i++];

    return 0;
}
```

Summary

With the listings and lessons in this chapter, you learn about the scope of identifiers, storage classes, type qualifiers, structures, unions, enumerated data types, and arrays. In the following chapter, you expand your knowledge of C++ data storage by studying addresses, pointers, and other related subjects.

✦   ✦   ✦

Pointers, Addresses, and Reference Variables

O ne of the most important topics in C and C++ programming is pointers. Pointers are the source of much confusion, as well as the cause of many programming errors. In the following section, you learn the similarities between pointers and addresses. You also learn to use pointers in your programs.

Pointers and Addresses

Pointers are variables that contain the addresses of other variables and functions. A C++ program can declare a pointer to any data type, including structures and unions. A program can use the address of any variable in an expression, except variables declared with the `register` storage class. A program can assign the address of a variable to a pointer variable. Furthermore, the program can pass the address of a variable as an argument to a function that has a pointer for a parameter. A program can use the address of a function in an assignment or in an initializer, or as a function argument. Additionally, a program can call a function through a pointer that has the function's address.

Pointers are an important part of the C++ language. All arguments are passed to functions by value; this means that a copy of the argument is written into the called function's parameter variable. Programs may not, however, pass arrays by value. Pointers simulate passing by reference in that you can pass the address of an array, structure, or intrinsic data type to be copied into the function's pointer variable parameter. The function's reference to the caller's data is the address of the data in the pointer.

Pointers, addresses, and the notational relationship between pointers and arrays are the source of much confusion for new C and C++ programmers. As a learning aid, take the following code examples, hang them on the wall over your computer, and leave them there until pointers and addresses become second nature:

```
int i, j;  // int variables
int* ip;   // pointer to int variable
ip = &i;   // assign address of int variable to pointer to int
j = *ip;   // retrieve value that int pointer points to
int** ipp; // pointer to int pointer
ipp = &ip  // assign address of pointer
j = **ipp; // retrieve int through pointer to int pointer
```

Pointers to Intrinsic Types

You declare a pointer by specifying the type of data to which the pointer points, one or more asterisks, and the name of the pointer itself. The ip pointer variable definition in the preceding samples is an example.

C programmers typically declare pointers by putting the asterisk immediately to the left of the identifier:

```
int *ip;   // pointer to int variable
```

C++ programmers often prefer to use an idiom in which the asterisk is adjacent to the type:

```
int* ip;   // pointer to int variable
```

Either way works. The following ways also work, because the white space is optional:

```
int*ip;    // pointer to int variable
int * ip;  // pointer to int variable
```

Remember that pointers are variables themselves. They usually are of uniform size regardless of what they point to, and you can coerce any value into one of them and dereference that value as if it were the address of a variable of the pointer's type. You must go out of your way, however, to get the C++ compiler to let you put into a pointer the address of data of a different type.

When you compile programs for computers that have segmented memory architecture, pointers to functions and pointers to data can have different sizes in programs compiled with different data and code memory models.

Listing 6-1 demonstrates pointers to some of C++'s intrinsic types.

On the CD-ROM

Name: **pr06001.cpp**
Location: Quincy99\Programs**Chap06**

Listing 6-1: **Pointers to intrinsic types**

```
/////////////////////////////////////
// File Name: pr06001.cpp
/////////////////////////////////////
#include <iostream>

/////////////////////////////////////
// The main() function.
/////////////////////////////////////
int main()
{
    // Intrinsic type variables.
    char  c = 'A';
    int   i = 123;
    long  l = 54321;
    float f = 3.45;

    // Pointers.
    char*  cp;     // to char
    int*   ip;     // to int
    long*  lp;     // to long
    float* fp;     // to float

    // Assign variable addresses to pointers.
    cp = &c;
    ip = &i;
    lp = &l;
    fp = &f;

    // Reference the variables through the pointers.
    std::cout <<  *cp << std::endl;
    std::cout <<  *ip << std::endl;
    std::cout <<  *lp << std::endl;
    std::cout <<  *fp << std::endl;

    return 0;
}
```

Recall that the address of operator (&) returns the address of the identifier that follows. Assigning the address of a variable to a pointer points that pointer to the variable. Referencing the pointer with the * pointer operator notation dereferences the pointer by returning the value of the variable to which the pointer points.

Pointer Arithmetic

Pointers are integer-like variables. They contain numeric values that happen to be memory addresses. You can add integer values to, as well as subtract them from, a pointer. The difference between a pointer and a normal integer is that pointer arithmetic adds and subtracts the size of the type to which the pointer points. If you add 1 to or subtract 1 from a pointer, you really add or subtract the size of data to which the pointer points. You can add integer values to, or subtract them from, pointers. The expression returns the new address. You can subtract pointers of the same type from one another. This subtraction returns an integer that represents the number of types between the two addresses. Those are the only arithmetic operations you can perform on pointers. Listing 6-2 is a simple example of pointer arithmetic.

Name: **pr06002.cpp**
Location: Quincy99\Programs**Chap06**

Listing 6-2: **Pointer arithmetic with the increment operator**

```
/////////////////////////////////////
// File Name: pr06002.cpp
/////////////////////////////////////
#include <iostream>

// Integer array.
int CountDown[] = {10,9,8,7,6,5,4,3,2,1,0};

/////////////////////////////////////
// The main() function.
/////////////////////////////////////
int main()
{
    // Initialize a pointer to the first array element.
    int* cdp = &CountDown[0];

    do
    {
        // Display the array element.
        std::cout << *cdp << std::endl;
```

```
        // Increment the pointer.
        cdp++;
    }
    while (*cdp);

    std::cout << "blast-off";

    return 0;
}
```

The assignment in Listing 6-2 assigns the address of the first element of the array to the cdp pointer. The next section explains a more convenient notation for taking the address of an array.

The statement that increments cdp does not add the integer value 1 to the address in the pointer. Because the pointer is declared with the int type, the increment adds the size of integer variables — which in the Quincy implementation of C++ is 4. For example, you can change the array and the pointer to a different integer type with a different size and the program still works the same.

You can save some code in Listing 6-2 by coding the do loop this way:

```
do
    std::cout << *cdp++ << std::endl;
while (*cdp);
```

The ++ auto-increment operator has a lower precedence than the * pointer operator, so the expression just shown retrieves what cdp points to and then increments cdp. To increment the pointer before you retrieve what it points to, code the statement this way:

```
std::cout << *++cdp;
```

Sometimes you may want to increment what the pointer points to rather than the pointer. For a postfix increment, you code the expression like this:

```
(*cdp)++
```

The parentheses override the default precedence and apply the increment operator to the variable to which the pointer points. The following notation applies the prefix increment operator to that:

```
++*cdp;
```

Parentheses are not needed in this case, because the increment operator applies to the `lvalue` that follows it, which is the variable to which the pointer points.

The preceding rules apply equally to the auto-decrement operator.

You can use expressions to add values to, and subtract values from, pointers. Once again, the notation must take into consideration the precedence of the pointer operator and the arithmetic operators. Here are examples using a pointer to type `int`:

```
int ia[] = { 97, 32, 128 };
int i;
int* ip = &ia[0];

i = *ip+1;          // ip -> 97, returns 98
i = *(ip+1);        // ip -> 97, returns 32
```

The first assignment to `i` gets the integer variable to which `ip` points, which is 97, and adds 1 to its value, returning 98.

The second assignment to `i` gets the integer variable one past where the pointer points. The variable in that position has the value 32, which the expression returns.

Observe that neither expression changes the values that are stored in the pointer or in the array. The expressions compute values and use those values to form the assignments. The difference between this kind of pointer notation and using auto-increment or auto-decrement operators is that the latter two actually change the value of the pointer or the value to which it points. Which notation you use depends on what the program is supposed to do. Listing 6-3 uses a variable to iterate through an array with a pointer.

On the CD-ROM

Name: **pr06003.cpp**
Location: Quincy99\Programs**Chap06**

Listing 6-3: **Pointer arithmetic with expressions**

```
////////////////////////////////////////
// File Name: pr06003.cpp
////////////////////////////////////////
#include <iostream>

// A floating-point array.
float dues[] =
{
    30.00,          // paid quarterly
    55.00,          // paid semiannually
```

```
    100.00          // paid annually
};

//////////////////////////////////////
// File Name: pr06003.cpp
//////////////////////////////////////
int main()
{
    float* dp = &dues[0];

    for (int i = 0; i < 3; i++)
        std::cout << *(dp+i) << std::endl;

    return 0;
}
```

Pointers and Arrays

Pointers and arrays have a special and often confusing relationship. The confusion begins when you learn that there are two ways to get the address of an array or one of its elements. The listings until now have used the address-of operator (&) and have taken the address of the first element in the array. An alternative notation uses just the name of the array. Using the name of an array in an expression is the same as taking the address of the array's first element. The following example compares the notation in Listing 6-3 with the alternative:

```
float* dp = &dues[0]; // Address of 1st element.
float* dp1 = dues;    // Address of array (same address).
```

Let's carry that notation further. If you use array address notation with the addition operator and an integer expression, it is the same as taking the address of the array's element subscripted by the expression. For example:

```
float* dp1 = &dues[2]; // Address of 3rd element.
float* dp2 = dues+2;   // Also address of 3rd element.
```

If the array has multiple dimensions, the same addressing notational conventions apply when you do not include subscripts for all the dimensions. Listing 6-4 is an example.

Name: **pr06004.cpp**
Location: Quincy99\Programs**Chap06**

Listing 6-4: **Array address notation**

```
/////////////////////////////////////
// File Name: pr06004.cpp
/////////////////////////////////////
#include <iostream>

// A two-dimensional integer array.
int calendar[5][7] =
{
    {  1, 2, 3, 4, 5, 6, 7 },
    {  8, 9,10,11,12,13,14 },
    { 15,16,17,18,19,20,21 },
    { 22,23,24,25,26,27,28 },
    { 29,30,31 }
};

/////////////////////////////////////
// The main() function.
/////////////////////////////////////
int main()
{
    int* cp1 = &calendar[3][2]; // Address of 4th week,3rd day.
    int* cp2 = calendar[3]+2;   //    "    "   "    "    "   "
    int* cp3 = calendar[0];     // Address of array.
    int* cp4 = calendar[2];     // address of 3rd week,1st day.

    std::cout << *cp1 << ' '
              << *cp2 << ' '
              << *cp3 << ' '
              << *cp4;

    return 0;
}
```

To add to the confusion, you can dereference what a pointer points to by using array subscript notation. The following usages of a pointer are equivalent:

```
int* ip;        // A pointer (with address of array assumed).
x = *(ip+3);    // Access 4th element of the array.
x = ip[3];      // Access 4th element with subscript notation.
```

As the example shows, even though ip is a pointer, you can use it with array element notation when it points to an array.

And, as if that isn't enough, you can access an element of an array by using pointer notation, as shown here:

```
int ia[10];    // An array.
x = ia[3];     // Access 4th element of the array.
x = *(ia+3);   // Access 4th element with pointer notation.
```

No wonder arrays and pointers confuse new C and C++ programmers. You can reduce the level of confusion by sticking with a few basic usage conventions until you are comfortable with the interchangeable nature of pointers and arrays. Listing 6-5 shows what you can do with pointers and arrays.

On the
CD-ROM

Name: **pr06005.cpp**
Location: Quincy99\Programs**Chap06**

Listing 6-5: **Pointers and arrays**

```
/////////////////////////////////////
// File Name: pr06005.cpp
/////////////////////////////////////
#include <iostream>

// A character array.
char msg[] = "Now is the time\n";

/////////////////////////////////////
// The main() function.
/////////////////////////////////////
int main()
{
    char* cp;    // A pointer to char.
    int i;       // An integer subscript

    // Pointer access, pointer notation.
    for (cp = msg; *cp; cp++)
        std::cout << *cp;

    // Subscript access, subscript notation.
    for (i = 0; msg[i]; i++)
        std::cout << msg[i];

    // Pointer access, subscript notation.
    for (cp = msg; cp[0]; cp++)
        std::cout << cp[0];

    // Subscript access, pointer notation.
    for (i = 0; *(msg+i); i++)
```

Continued

Listing 6-5 *(continued)*

```
        std::cout << *(msg+i);

    // Pointer and subscript access, pointer notation.
    for (i = 0, cp = msg; *(cp+i); i++)
        std::cout << *(cp+i);

    // Pointer and subscript access, subscript notation.
    for (i = 0, cp = msg; cp[i]; i++)
        std::cout << cp[i];

    return 0;
}
```

Listing 6-5 demonstrates six ways that you can use combinations of pointers, subscripts, and notations to achieve the same result. All six loops display the same message on the console.

Another variation on this theme occurs when you change the array itself to a pointer to an array. Change the msg declaration in Listing 6-5 to a character pointer like this:

```
char* msg = "Now is the time\n";
```

The program produces the same output that it does when msg is an array. As you can see, the notational conventions for pointers and arrays are virtually interchangeable, which introduces more confusion. Until you are used to it, you are never sure what you are looking at when you see an expression that uses pointer or subscript notation (for both). At first, it's best to use subscript notation with subscripts and pointer notation with pointers. The first two for loops in Listing 6-5 reflect this convention.

The character pointer assignment just shown demonstrates that you can initialize a character pointer with a string constant. Recall that a string constant is a character array that the compiler builds internally; when you reference it, you are referencing its internal address. Therefore, assigning a string constant to a character pointer is really assigning the constant's address to the pointer.

Detractors of the C and C++ languages consider these pointer and array constructs to be convoluted. Its proponents — usually experienced C/C++ programmers — consider these constructs among the strengths of C and C++.

Pointers to Structures

Pointers to structures work in the same way as other pointers. A structure pointer points to an instance of its structure type. Incrementing and decrementing the pointer changes its address in multiples of the structure's size, which, you recall, is the sum of the sizes of the structure's members. You access members in the structure through pointers by using the member pointer (->) operator. Listing 6-6 uses a structure pointer to iterate through an array of structures.

Name: **pr06006.cpp**
Location: Quincy99\Programs**Chap06**

Listing 6-6: **Pointers to structures**

```cpp
/////////////////////////////////////////
// File Name: pr06006.cpp
/////////////////////////////////////////
#include <iostream>

// Employee record.
struct Employee
{
    int emplno;
    float wage;
};

// Array of Employee records.
Employee emps[] =
{
    { 1, 10.17 },   // #1 initialized
    { 2, 15.50 },   // #2 initialized
    { 3, 13.00 },   // #3 initialized
    {-1, 0     }    // Terminal element
};

/////////////////////////////////////////
// The main() function.
/////////////////////////////////////////
int main()
{
    // Initialize a pointer with the address of
    // the employee-records array.
    Employee* ep = emps;

    // Display the employee records.
    while (ep->emplno != -1)
    {
        std::cout << ep->emplno << ' '
                  << ep->wage << std::endl;
        ep++;
    }

    return 0;
}
```

Observe the two references to the structure members in the `cout` calls. Instead of the dot (.) structure member operator, they use the member pointer (->) operator. These operators differentiate direct member access to a named structure (.) from indirect member access made through a pointer to a structure (->).

I added the -1 terminal element to the array so that the `while` loop could determine when the `ep` pointer points to the end of the array.

Pointers as Function Arguments

When a function's prototype declares a pointer parameter, callers to the function are expected to pass an argument that is either a pointer variable or an address. There are two notational conventions for declaring a pointer parameter:

```
void ErrorMessage(char* msg);
void ErrorMessage(char msg[]);
```

The two prototypes are the same. Recall that you cannot pass an array as a function argument. The first notation implies that the parameter is a pointer to a character. The second notation implies that the parameter is a pointer to a character array. There is no difference except for the notation. They both work the same way.

If you declare a pointer parameter with array notation and a dimension, the compiler ignores the dimension. The following prototype is the same as the two preceding ones:

```
void ErrorMessage(char msg[25]);
```

All three prototypes tell the compiler that the parameter is a character pointer. Which form you use is up to you. Many programmers use the first usage, because it says exactly what the parameter is: a pointer to a character.

What you pass as an argument can be either a pointer variable or the address of a variable of the pointer's type. Listing 6-7 demonstrates calls to such functions.

Name: **pr06007.cpp**
Location: Quincy99\Programs**Chap06**

Listing 6-7: **Pointer arguments**

```
/////////////////////////////////////
// File Name: pr06007.cpp
/////////////////////////////////////
#include <iostream>

/////////////////////////////////////
```

```
    // Display the error message.
    ///////////////////////////////////////
    inline void ErrorMessage(char* msg)
    {
        std::cout << "\aError: " << msg << std::endl;
    }

    ///////////////////////////////////////
    // The main() function.
    ///////////////////////////////////////
    int main()
    {
        // A character array.
        char* ep = "Invalid Input";

        // Pass a pointer to the array.
        ErrorMessage(ep);

        // Another character array.
        char msg[] = "Disk Failure";

        // Pass an array address.
        ErrorMessage(msg);

        // Pass a constant address.
        ErrorMessage("Timeout");

        return 0;
    }
```

Pointer arguments to multiple-dimension arrays must specify the outer dimensions if the function is going to be iterating through the array. The declaration tells the compiler the width of the outer arrays. Listing 6-8 illustrates this usage.

Name: **pr06008.cpp**
Location: Quincy99\Programs**Chap06**

Listing 6-8: **Pointer arguments to multiple-dimension arrays**

```
///////////////////////////////////////
// File Name: pr06008.cpp
///////////////////////////////////////
#include <iostream>
#include <iomanip>

// Function prototype.
```

Continued

Listing 6-8 *(continued)*

```cpp
void DisplayCalendar(int cal[][7]);

////////////////////////////////////////
// The main() function.
////////////////////////////////////////
int main()
{
    static int calendar[5][7] =
    {
        {  1, 2, 3, 4, 5, 6, 7 },
        {  8, 9,10,11,12,13,14 },
        { 15,16,17,18,19,20,21 },
        { 22,23,24,25,26,27,28 },
        { 29,30,31 }
    };

    DisplayCalendar(calendar);

    return 0;
}

////////////////////////////////////////
// The cal argument here points to the
// first element of an array of seven-
// element arrays.
////////////////////////////////////////
void DisplayCalendar(int cal[][7])
{
    std::cout << "Sun Mon Tue Wed Thu Fri Sat" << std::endl;

    for (int week = 0; week < 5; week++)
    {
        for (int day = 0; day < 7; day++)
        {
            int date = cal[week][day];
            if (date)
                std::cout << std::setw(3) << date << ' ';
        }

        std::cout << std::endl;
    }
}
```

Curiously, if you declare the DisplayCalendar function as follows, the results are the same:

```cpp
void DisplayCalendar(int* cal[7]) // Pointer to 7-element array
```

Chapter 2 explains that a program can modify how the `std::cout` object displays objects by sending `std::dec`, `std::hex`, and `std::oct` manipulators to the stream. Listing 6-8 includes a header file named `<iomanip>`. This file contains the declarations for other stream manipulators. The listing uses one of them, the `std::setw` manipulator, to manage the format of the screen display. The `std::setw` manipulator includes an argument that specifies the minimum display width in character positions of the next object in the stream. By using `std::setw`, the program ensures that all the calendar's date displays line up properly:

```
Sun Mon Tue Wed Thu Fri Sat
  1   2   3   4   5   6   7
  8   9  10  11  12  13  14
 15  16  17  18  19  20  21
 22  23  24  25  26  27  28
 29  30  31
```

Returning Addresses from Functions

When a function is declared to return a pointer, it actually returns an address that the calling function can use in an expression for which a pointer or address is called. Listing 6-9 is an example of a function that returns an address.

Name: **pr06009.cpp**
Location: Quincy99\Programs**Chap06**

Listing 6-9: **Returning an address**

```cpp
/////////////////////////////////////
// File Name: pr06009.cpp
/////////////////////////////////////
#include <iostream>

// Function prototype.
int* GetDate(int wk, int dy);

/////////////////////////////////////
// The main() function.
/////////////////////////////////////
int main()
{
    int wk, dy;

    do
    {
        std::cout << "Enter week (1-5) day (1-7) ";
        std::cin >> wk >> dy;
```

Continued

Listing 6-9 *(continued)*

```
        }
        while (wk < 1 || wk > 6 || dy < 1 || dy > 7);

        std::cout << *GetDate(wk, dy);

        return 0;
}

/////////////////////////////////////
// Get an address for the appropriate
// date array element.
/////////////////////////////////////
int* GetDate(int wk, int dy)
{
        static int calendar[5][7] =
        {
            {  1, 2, 3, 4, 5, 6, 7 },
            {  8, 9,10,11,12,13,14 },
            { 15,16,17,18,19,20,21 },
            { 22,23,24,25,26,27,28 },
            { 29,30,31,-1 }
        };

        // Return the address of the date.
        return &calendar[wk-1][dy-1];
}
```

Observe that the second `std::cout` call in the `main()` function calls `GetDate()` with a pointer (`*`) operator. This notation dereferences the address that the function returns and passes to `cout` the integer to which the returned value points. You also can assign the return value to a pointer variable and then use it to iterate through the array. Listing 6-10 illustrates that usage.

On the CD-ROM

Name: **pr06010.cpp**
Location: Quincy99\Programs**Chap06**

Listing 6-10: Iterating with a returned pointer

```
/////////////////////////////////////
// File Name: pr06010.cpp
/////////////////////////////////////
#include <iostream>
```

```cpp
// Function prototype.
int* GetDate(int wk, int dy);

//////////////////////////////////////////
// The main() function.
//////////////////////////////////////////
int main()
{
    int wk, dy;

    do
    {
        std::cout << "Enter week (1-5) day (1-7) ";
        std::cin >> wk >> dy;
    }
    while (wk < 1 || wk > 6 || dy < 1 || dy > 7);

    int* date = GetDate(wk, dy);
    while (*date != -1)
        std::cout << *date++ << ' ';

    return 0;
}

//////////////////////////////////////////
// Get an address for the appropriate
// date array element.
//////////////////////////////////////////
int* GetDate(int wk, int dy)
{
    static int calendar[5][7] =
    {
        {  1, 2, 3, 4, 5, 6, 7 },
        {  8, 9,10,11,12,13,14 },
        { 15,16,17,18,19,20,21 },
        { 22,23,24,25,26,27,28 },
        { 29,30,31,-1 }
    };

    // Return the address of the date.
    return &calendar[wk-1][dy-1];
}
```

Listing 6-10 contains a bug. If you enter a week and day that subscripts past the -1 terminal element in the array, the loop displays whatever it finds at the effective address until it coincidentally finds the value 31. You would have to interrupt the running of the program to terminate the loop before that happens. Try to determine a way to prevent the program from going into such a loop.

Pointers to Functions

A pointer to a function contains the address of a function; you can call the function through the pointer. You declare a function pointer using this format:

```
int (*fptr)();
```

The pointer's name is `fptr`. This particular pointer points to functions that return `int` and that accept no arguments. The pointer declaration must match those of the functions to which it points.

The parentheses around the pointer name and its pointer operator (*) override the default operator precedence. Without them, the pointer definition looks like a prototype of a function that returns a pointer to `int`.

To assign the address of a function to a function pointer, use one of these two formats:

```
fptr = &TheFunction;
fptr = TheFunction;
```

The & address-of operator is not required, because a function's identifier alone signifies its address rather than a call to the function, which would include an argument list in parentheses.

You call a function through its pointer using one of these formats:

```
x = (*fptr)();
x = fptr();
```

The second notation looks just like any other function call. Some programmers prefer to use the first notation, because it documents the fact that the function call is through a pointer rather than to a function of that name. Listing 6-11 demonstrates how a function pointer works.

On the CD-ROM

Name: **pr06011.cpp**
Location: Quincy99\Programs**Chap06**

Listing 6-11: **Function pointers**

```
/////////////////////////////////////
// File Name: pr06011.cpp
/////////////////////////////////////
#include <iostream>

// Function prototypes.
```

```
void FileFunc(), EditFunc();

/////////////////////////////////////////
// The main() function.
/////////////////////////////////////////
main()
{
    // Declare a pointer to a function.
    void (*funcp)();

    // Put an address in the pointer, and
    // call the function through the pointer.
    funcp = FileFunc;
    (*funcp)();

    // Put another address in the pointer, and
    // call the function through the pointer.
    funcp = EditFunc;
    (*funcp)();

    return 0;
}

void FileFunc()
{
    std::cout << "File Function" << std::endl;
}

void EditFunc()
{
    std::cout << "Edit Function" << std::endl;
}
```

Listing 6-11 demonstrates that a function pointer can have different function addresses at different times.

By using arrays of function pointers, you can build finite state machines in which the behavior of the program depends on the value of a state variable that determines which function executes next. One example of a finite state machine is a table-driven menu manager. Listing 6-12 shows how you might write such a program. The four prototyped menu selection functions display messages just like the ones in Listing 6-11. A production program has custom menu structures and functions to do the work of the menu selections.

Name: **pr06012.cpp**
Location: Quincy99\Programs**Chap06**

Listing 6-12: **A menu manager**

```cpp
/////////////////////////////////////
// File Name: pr06012.cpp
/////////////////////////////////////
#include <iostream>

// A menu structure.
struct Menu
{
    char* name;
    void (*fn)();
};

// Menu selection function prototypes.
void FileFunc();
void EditFunc();
void ViewFunc();
void ExitFunc();

// The menu.
Menu menu[] = {
    { "File", FileFunc },
    { "Edit", EditFunc },
    { "View", ViewFunc },
    { "Exit", ExitFunc }
};

/////////////////////////////////////
// The main() function.
/////////////////////////////////////
main()
{
    unsigned sel = 0;

    while (sel != 4)
    {
        // Display menu choices.
        for (int i = 0; i < 4; i++)
            std::cout << i+1 << ": " << menu[i].name
                      << std::endl;
        std::cout << "Select: ";

        // Get the menu selection from the user.
        std::cin >> sel;

        // Call the requested function through
        // a function pointer.
        if (sel < 5)
            (*menu[sel-1].fn)();
    }
}
```

```
void FileFunc()
{
    std::cout << "File Function" << std::endl;
}

void EditFunc()
{
    std::cout << "Edit Function" << std::endl;
}

void ViewFunc()
{
    std::cout << "View Function" << std::endl;
}

void ExitFunc()
{
    std::cout << "Exit Function" << std::endl;
}
```

Pointers to Pointers

Pointers to pointers can be tricky. You declare them with two asterisks like this:

```
char** cpp; // A pointer to a char pointer.
```

It follows that three asterisks are used to declare a pointer to a pointer to a pointer, and four asterisks to declare a pointer to a pointer to a pointer to a pointer, and so on. You can deal with that level of complexity after you familiarize yourself with the simplest case. This book addresses pointers to pointers and goes no deeper than that.

You initialize a pointer to a pointer using the address of a pointer:

```
char c = 'A';           // A char variable.
char* cp = &c;          // A pointer to a char variable.
char** cpp = &cp;       // A pointer to a pointer.
```

You can use a pointer to a pointer to access either the pointer that it points to or the data item to which the pointed-to pointer points. Read that last sentence carefully. Here are examples using the pointers I just defined:

```
char* cp1 = *cpp; // Retrieve the pointer pointed to.
char c1 = **cpp;  // Retrieve the char pointed to indirectly.
```

You may wonder how to use such constructs. You can use pointers to pointers to allow a called function to modify a local pointer and to manage arrays of pointers. The latter usage is addressed in the next discussion. Listing 6-13 demonstrates the former.

On the CD-ROM

Name: **pr06013.cpp**
Location: Quincy99\Programs**Chap06**

Listing 6-13: **Pointers to pointers**

```cpp
/////////////////////////////////////
// File Name: pr06013.cpp
/////////////////////////////////////
#include <iostream>

// Function prototype.
void FindCredit(float** fpp);

/////////////////////////////////////
// The main() function.
/////////////////////////////////////
int main()
{
    float vals[] =
        {34.23, 67.33, 46.44, -99.22, 85.56, 0};
    float* fp = vals;
    FindCredit(&fp);
    std::cout << *fp;

    return 0;
}

/////////////////////////////////////
// Find the negative value in the array.
/////////////////////////////////////
void FindCredit(float** fpp)
{
    while (**fpp != 0)
        if (**fpp < 0)
            break;
        else
            (*fpp)++;
}
```

Listing 6-13 initializes the fp pointer with the address of an array and passes the address of the pointer to the FindCredit() function, which expects a pointer to a pointer as an argument to its only parameter. FindCredit() dereferences the array values indirectly with the **fpp expression. To iterate through the array in search of a negative value, FindCredit() increments the caller's pointer to the array rather than its own local pointer to the caller's pointer. The (*fpp)++ statement says to increment what the pointer parameter points to, which in this case is a pointer in the caller's scope. The parentheses are necessary because the * operator takes precedence over the ++ operator. Without the parentheses, the ++ operator increments the pointer rather than what it points to, which, in this case, is also a pointer. When FindCredit() returns, the fp pointer in main() (the caller) points to the negative value in the table.

Pointers to Arrays of Pointers

Another use of pointers to pointers is to manage arrays of pointers. Some programmers prefer to use arrays of pointers rather than multidimensional arrays. One common use is to point to a table of strings, as shown in Listing 6-14.

On the CD-ROM

Name: **pr06014.cpp**
Location: Quincy99\Programs**Chap06**

Listing 6-14: **Pointers to arrays of pointers**

```cpp
/////////////////////////////////////
// File Name: pr06014.cpp
/////////////////////////////////////
#include <iostream>

// An array of char pointers initialized with names.
char* Names[] =
{
    "Bill",
    "Sam",
    "Jim",
    "Paul",
    "Charles",
    "Donald",
    0               // Null pointer to terminate array.
};

/////////////////////////////////////
// The main() function.
/////////////////////////////////////
int main()
{
    // A pointer to a pointer.
    char** nm = Names;

    // Display the names.
    while (*nm != 0)
        std::cout << *nm++ << std::endl;

    return 0;
}
```

Listing 6-14 initializes the `nm` pointer to the address of the `Names` array, which is an array of character pointers. Each `std::cout` call passes the character pointer that the `nm` pointer points to and then increments the pointer to the next element (pointer) in the array. Observe that the syntax for doing that is `*nm++`, which retrieves what the pointer points to and then increments the pointer itself.

Examine the zero initializer assigned to the last element of the array and tested for in the `while` loop. A zero value pointer frequently is used as a terminal symbol in arrays of pointers. Programmers call a pointer with a zero value a *null pointer*. By using a null pointer this way, you can add elements to, and remove elements from, the array without having to change the code that searches the array. The code adjusts to the new array because it iterates through the array until it finds the null pointer.

Pointers to const Variables

When you declare a pointer that points to a `const` variable, you are saying that the program cannot modify the variable through the pointer. The declaration looks like this:

```
const char* str;
```

Any reference to the character data that `str` points to must be read-only. This usage has a number of implications. First, you may not assign the address of a `const` variable to a pointer unless the pointer is declared as just shown. Furthermore, you may not pass the address of a `const` variable as an argument to a function in which the matching parameter is declared to be a pointer to a non-`const` variable. The following code illustrates this usage:

```
const char s1[] = "abcde";   // Const variable, cannot change.
char* cp1 = s1;              // Error, pointer is not to const.
const char* cp2 = s1;       // Ok, pointer is to const.
void foo(char* ps);
void bar(const char* ps);
foo(s1);                     // Error, parameter is not const.
bar(s1);                     // Ok, parameter is const.
```

Typical uses of a pointer to `const` are to qualify a function parameter so that the compiler prevents the function from trying to change the caller's copy of the variable and to allow callers to pass addresses of `const` variables. Listing 6-15 implements the Standard C `std::strcpy()` function to demonstrate how this works.

Name: **pr06015.cpp**
Location: Quincy99\Programs**Chap06**

Listing 6-15: **const pointer arguments**

```cpp
///////////////////////////////////////
// File Name: pr06015.cpp
///////////////////////////////////////
#include <iostream>
#include <cstring>

///////////////////////////////////////
// The strcpy() implementation with
// a const parameter.
///////////////////////////////////////
char* strcpy(char* s1, const char* s2)
{
    char* s = s1;
    while ((*s1++ = *s2++) != '\0')
        ;

    return s;
}

///////////////////////////////////////
// The main() function.
///////////////////////////////////////
int main()
{
    char rcv[25];
    const char snd[] = "Hello, Dolly";

    strcpy(rcv, snd);
    std::cout << rcv;

    return 0;
}
```

The call to `strcpy()` works because the first parameter is non-const, the second parameter is const, and the arguments match. The function modifies what the first argument points to by reading the second argument. The function can work still if both arguments are non-const, but it is a compile-time error to pass a const argument for the first parameter. The non-const property of the parameter indicates that the function can modify what the pointer points to, so the compiler does not permit it to point to a const variable.

As a rule, declare pointer function parameters as pointing to const when the function needs read-only access to the argument. This arrangement permits you to call the function by passing the address of const variables.

Listing 6-15 defines the Standard C `strcpy()` function, which is declared in <cstring>. Usually, you don't redefine a standard function unless you want to change its definition. That is legitimate C++ usage, as Listing 6-15 demonstrates, but it is generally not a good idea to rewrite standard library functions. Listing 6-15 uses the function to illustrate a valid usage for argument pointers to `const` variables. In this case, I kept the function out of the `std::namespace` to emphasize that you seldom need to modify the behavior of standard library functions.

const Pointer Variables

You can define pointers that cannot change or reinvent themselves after they have been initialized. This practice allows you to build a small amount of safety into your code. If a pointer should never be used to iterate—in other words, if it should always retain its original value—declare it as `const` in this way:

```
char* const ptr = buf;
```

This declaration builds a `char` pointer that is itself `const`. You also can have a `const` pointer as a function parameter. The function cannot modify the pointer itself. These measures enable the compiler to catch your errors. Listing 6-16 demonstrates `const` pointers.

On the
CD-ROM

Name: **pr06016.cpp**
Location: Quincy99\Programs**Chap06**

Listing 6-16: **const pointers**

```
/////////////////////////////////////
// File Name: pr06016.cpp
/////////////////////////////////////
#include <iostream>
#include <cctype>

// Function prototype.
void ShowAllUppers(char* const str);

/////////////////////////////////////
// The main() function.
/////////////////////////////////////
int main()
{
    char hb[] = "happy birthday";
    ShowAllUppers(hb);

    return 0;
```

```
    }

    ////////////////////////////////////////
    // Convert a string to all uppercase
    // and display the result.
    ////////////////////////////////////////
    void ShowAllUppers(char* const str)
    {
        int i = 0;
        while (*(str+i))
        {
            *(str+i) = std::toupper(*(str+i));
            i++;
        }
        std::cout << str;
    }
```

Listing 6-16 calls a function that converts a string constant to uppercase and then displays the result. It uses the Standard C `std::toupper()` function, which is declared in the <cctype> header file.

The function argument is a `const` pointer, which means that the function cannot change the value of the pointer. The reason, in this contrived example, is that the function needs the pointer's original value for the `std::cout` call after the conversion is done. The program works the same way if you remove the `std::const` qualification from the argument's declaration. If, however, you later modified the function to change the pointer, the compiler would not catch the error, and the `std::cout` call would use the wrong value.

You declare a pointer that itself is `const` and that points to a `const` variable using this format:

```
    const char* const ptr = buf;
```

void Pointers

A `void` pointer can point to any kind of variable. It is declared like this:

```
    void* vptr;
```

You can assign any address to a `void` pointer. You cannot use a `void` pointer to dereference a variable unless you provide a cast, as described in a later section. You cannot perform pointer arithmetic on a `void` pointer without a cast. You use `void` pointers as parameters to functions that can operate on any kind of memory. You return `void` pointers from functions to assign to any of several different kinds of pointers. Typical examples are the Standard C memory allocation functions declared in <cstdlib>. Listing 6-17 shows how the void pointer mechanism works using the malloc() and free() memory allocation functions.

On the
CD-ROM

Name: **pr06017.cpp**
Location: Quincy99\Programs**Chap06**

Listing 6-17: **The void pointer**

```cpp
/////////////////////////////////////
// File Name: pr06017.cpp
/////////////////////////////////////
#include <iostream>
#include <cstdlib>

// Employee record structure.
struct Employee
{
    short int emplno;
    char* name;
    float salary;
};

// Function prototypes.
void ShowEmployee(const Employee* emp);

/////////////////////////////////////
// The main() function.
/////////////////////////////////////
int main()
{
    Employee* emp;

    // Allocate memory for an employee record.
    // The function malloc() returns a void pointer,
    // but the program casts the pointer to Employee*.
    emp = (Employee*) std::malloc(sizeof(Employee));

    // If the allocation was successful...
    if (emp != 0)
    {
        // Build an Employee record.
        emp->emplno = 123;
        emp->name = "Jones";
        emp->salary = 37500;

        // Show the record.
        ShowEmployee(emp);
```

```
            // Free the memory allocated to the record.
            std::free(emp);
    }

    return 0;
}

///////////////////////////////////////////
// Display an Employee record.
///////////////////////////////////////////
void ShowEmployee(const Employee* emp)
{
    std::cout << "Empl#:  " << emp->emplno << std::endl;
    std::cout << "Name:   " << emp->name   << std::endl;
    std::cout << "Salary: " << emp->salary << std::endl;
}
```

Listing 6-17 calls `std::malloc()` to allocate a block of memory big enough to hold an instance of an `Employee` structure. That call returns the address of a user-defined structure from a general-purpose memory allocation function. The function itself returns a `void` pointer, which is assigned to a pointer to the structure type. The function is declared to return a `void` pointer because you use the same memory allocation library functions to allocate memory for all types. C++ does not allow implicit conversion from a `void` pointer to another pointer type (although C does). Therefore, the (`Employee*`) expression, which is a typecast, casts the return value to the desired pointer type—in this case, a pointer to an `Employee` structure.

A *typecast* tells the compiler to ignore what it knows about the type and assume instead what the cast specifies. I discuss C-style casting in more detail later in this chapter and C++ casting in Chapter 27.

The program assigns some values to the structure members and calls a function to display the employee data. Then it calls the Standard C `std::free()` function to release the allocated memory. The `std::free()` function expects a `void` pointer to identify the memory to be freed. C++ allows a pointer of any type to be converted automatically to a `void` pointer, so the program may use the `emp` pointer without a typecast. The `std::free()` function declares a `void` pointer because it frees memory that was allocated for all types.

C++ provides an improved typecasting mechanism as discussed in Chapter 27.

Although Listing 6-17's purpose is to explain `void` pointers, it also introduces dynamic memory allocation—one of the cornerstones of C and C++ programming. Programs allocate dynamic memory from a memory pool called the heap, which I discuss in a later section of this chapter called "Program Memory Architecture."

The sizeof Operator

Listing 6-17 teaches another lesson. The program allocates 12 bytes of memory for the Employee structure by using the sizeof operator. This number works out to be 12 with Quincy, because short integers are two bytes long, pointers are four bytes, and a float is four. Instead of using the sizeof expression, the program can use the constant 12. However, there are three problems associated with this approach.

First, you must count the bytes in a structure to know its size, so you could make a mistake. The std::malloc() function doesn't care; it allocates whatever you ask. The assignment accepts whatever address std::malloc() returns and assumes that there are enough bytes there to hold the structure.

The second problem arises when you change the size of the structure later during the program's development. Using an explicit constant size for the structure, you need to find such references and change them.

The last problem is one of portability. The program works only when the sizes of the intrinsic data types add up to 12. If you compile the program with a different compiler or a different memory model or on a different computer, the sizes probably would be different, and the value 12 would be incorrect. The sizeof operator avoids all three of these problems.

The sizeof operator returns the size in characters of a variable or a type. The variable or type can be an array, structure, pointer, or one of the intrinsic types. When the operand is a type, such as the one in Listing 6-17, it must be surrounded by parentheses. When the operand is a variable identifier, the parentheses are optional. Here are examples:

```
// Some things to get the size of.
int w;
int* x;
int y[5];
struct z { int a,b,c; };
struct z zs;
struct z* zp;

// Some sizeof expressions.
sizeof w;           // The size of an int.
sizeof(int);        // The size of an int.
sizeof x;           // The size of a pointer.
sizeof &w;          // The size of an address constant.
sizeof *x;          // The size of an int.
sizeof y;           // The size of the array.
sizeof(struct z);   // The size of the structure.
sizeof zs;          // The size of the structure.
sizeof zp;          // The size of a pointer.
```

Programs use `sizeof` as a portable way to express structure sizes and the sizes of input/output buffers.

You also can use `sizeof` to dynamically compute the number of elements in an array. Refer to the menu manager in Listing 6-12. It uses three constants that you must modify when you add or delete selections in the menu. One constant identifies the last selection, which is always the Exit command. The next iterates through the menu. The third constant ensures that the user enters a valid menu selection. All three constants reflect the number of structure elements in the menu-defining array. By using `sizeof` to dynamically compute the number of elements, the program can adjust to changes automatically that you make to the menus. Listing 6-18 shows how this works.

On the CD-ROM

Name: **pr06018.cpp**
Location: Quincy99\Programs**Chap06**

Listing 6-18: **Using sizeof to compute array elements**

```cpp
/////////////////////////////////////////
// File Name: pr06018.cpp
/////////////////////////////////////////

const int Selections = sizeof menu / sizeof(Menu);

main()
{
    unsigned i, sel = 0;

    while (sel != Selections)
    {
        for (i = 0; i < Selections; i++)
            std::cout << i+1 << ": " << menu[i].name
                      << std::endl;

        std::cout << "Select: ";
        std::cin >> sel;
        if (sel < Selections+1)
            (*menu[sel-1].fn)();
    }
}
```

(The code in Listing 6-18 shows only the changed parts of Listing 6-12.) Listing 6-18 defines a `const int` variable with an initialized value computed by dividing the size of the menu array by the size of one element, the `Menu` type, in the array. The listing uses a variable, Selections, instead of the constant expressions in Listing 6-12. If you change the program later by adding or removing menu items, or if you add members to the structure, the program adjusts to the new size and you do not need to modify the menu management code.

C-Style Typecasts

Sometimes you need to coerce the compiler into thinking that a variable or constant is a different type from the one that you declared it to be or, as in the case of an expression, a different type from the one implied by its context. For that, you use a traditional typecast, which has this format:

```
int* iptr = (int*) &table;
```

The (int*) prefix to the expression is a traditional C-style *typecast*, also called a cast. The cast tells the compiler to convert the value of the expression to the type in the cast. Some casts are not permitted. You cannot cast a structure of one type to something else. You can cast any numerical type to any other numerical type and any pointer to any other pointer. You also can cast numerical values to pointers and vice versa, although such practices generally are considered unsafe and unnecessary.

Casts can be used to suppress compiler warnings. Some compilers warn you when an implicit type conversion can result in the loss of information. For example:

```
long el = 123;
short i = (int) el;   // Compiler warning without the cast.
```

Many compilers alert you that the assignment of a long to a short can lose data. There are times when you know better, as in the example. The value 123 is well within the range of a short integer. Other times you don't care, such as when you need the integral part of a real number:

```
float rn = 34.56;
int i = (int) rn;    // i = 34
```

These are the best uses of the cast: to suppress compiler warnings about things that you do intentionally. Using the cast to override the compiler's type-checking facilities is a bad practice.

Casts usually are deprecated by the knowledgeable; but there are times when they are unavoidable, such as the cast from a void pointer to a specific pointer type when you call malloc(). Chapter 27 discusses the improved C++ typecasting mechanism.

typedef

The C++ typedef storage class specifier does not specify a storage class really.
Instead, typedef is grouped with the static, extern, register, and auto storage
classes, because all five appear syntactically in the same place in a declaration and
because they are mutually exclusive. Therefore, typedef is called a storage class
specifier. However, typedef has a much different role: It enables you to assign your
own names to types. These names are aliases of existing types. Listing 6-19 is an
example of typedef.

On the CD-ROM

Name: **pr06019.cpp**
Location: Quincy99\Programs**Chap06**

Listing 6-19: **The typedef storage class**

```cpp
/////////////////////////////////////////
// File Name: pr06019.cpp
/////////////////////////////////////////
#include <iostream>

// Create an alias for the int data type.
typedef int RcdCounter;

/////////////////////////////////////////
// The main() function.
/////////////////////////////////////////
int main()
{
    RcdCounter rc = 123;
    std::cout << rc << " records";

    return 0;
}
```

Listing 6-19 uses typedef to declare an integer type for a record counter. If you
decide later in the program's development that a record counter needs to be a
different integral type — long, perhaps, or unsigned — you can change the
typedef declaration, and the program adjusts all uses of the data type. Here
are some of the ways that you can change the typedef in Listing 6-19:

```cpp
typedef long RcdCounter;
typedef unsigned RcdCounter;
typedef unsigned char RcdCounter;
```

The `typedef` storage class works with pointers and structures, too. Here is an example:

```
typedef struct window
{
    char *title;
    int x,y;
    int ht, wd;
} * WINDOW;
```

You can declare pointers to the window structure with the `WINDOW` identifier. Perhaps the structure and `typedef` declarations are in a header file, and the code that supports windows is in a library. Programmers don't need to know that `WINDOW` is a pointer or to what that pointer points. The identifier might be a handle used to communicate between the applications program and the screen manager library software, as in this example:

```
#include "windows.h"

void foo()
{
    WINDOW wnd = CreateWindow("hi", 3, 5, 10, 60);
    DisplayWindow(wnd);
    // etc...
}
```

The underlying structure of screen windows in this example is unimportant to the programmer who uses the `WINDOW` handle. This practice, called information hiding, is a basic concept in structured programming.

Command-Line Arguments: argc and argv

As you know, every C++ program has a `main()` function. The `main()` function features two parameters that you have not seen yet, because none of the programs have defined those parameters. In fact, `main()` is the only function that can get by without defining its parameters. The two parameters are an `int` and a pointer to an array of `char` pointers. The `int` parameter contains the number of command-line arguments that the user types on the command line to run the program. The `char*[]` argument points to an array of character pointers, which themselves point to the command-line arguments. Although you may name these two parameters anything you like, the convention is to name them `argc` and `argv` and to declare them in the `main()` function header:

```
int main(int argc, char* argv[])
{
    // ...
}
```

The `argc` parameter has a count of at least 1, and has a higher count if the user types arguments on the command line. There is always at least one `char` pointer in the array pointed to by `argv`, and it, `argv[0]`, usually points to the name of the program's executable file. Some implementations include the path from where the program is run. Most MS-DOS implementations work that way.

Quincy is a Windows 98-hosted integrated development environment that acts as a front end to the GNU compiler and that provides integrated program editing, compiling, and debugging. Although you can run Quincy from the command line, you don't run your C++ programs from the command line. Instead, you run them from within Quincy's integrated development environment. Quincy emulates command-line entries, however, and some of the listings take advantage of this emulation. Before proceeding, you should refer to Appendix A and refresh your knowledge of how to set command-line arguments in Quincy's operating environment. Listing 6-20 shows how a program uses command-line arguments.

On the CD-ROM

Name: **pr06020.cpp**
Location: Quincy99\Programs**Chap06**

Listing 6-20: **Command-line arguments**

```cpp
/////////////////////////////////////////
// File Name: pr06020.cpp
/////////////////////////////////////////
#include <iostream>

/////////////////////////////////////////
// The main() function.
/////////////////////////////////////////
int main(int argc, char* argv[])
{
    std::cout << "This program is " << argv[0] << std::endl;
    for (int arg = 1; arg < argc; arg++)
        std::cout << "Argument " << arg << ": "
                  << argv[arg] << std::endl;

    return 0;
}
```

Program Memory Architecture

Programs load into, and execute from, the computer's core or semiconductor memory. This concept, the stored program, is the basis for all contemporary digital computers. The program's machine-language instructions and its data are stored in the same logical memory space. Moreover, the program is organized into four logical segments: executable code, statically allocated data, dynamically allocated data (the heap), and the stack.

- ✦ *Executable code* and *statically allocated data* are stored in fixed memory locations.
- ✦ Program-requested, dynamically allocated memory is drawn from a memory pool called *the heap*.
- ✦ Local data objects, function arguments, and the linkage from a calling function to a called function are maintained in a memory pool called *the stack*.

Depending on the operating platform and the compiler, the heap and stack can be operating system resources that are shared by all concurrently running programs, or they can be local resources owned exclusively by the programs that use them.

The Heap

A C++ program allocates and deallocates dynamic blocks of memory from a global store of memory sometimes called the *free store*, or more commonly called the *heap*.

In Listing 6-17, you can see how a program uses the Standard C `std::malloc()` and `std::free()` functions to allocate and deallocate memory on the heap. However, as a C++ programmer, you can forget about `std::malloc()` and `std::free()`. C++ provides the `new` and `delete` operators for memory allocation.

new and delete Operators

The `new` operator, when used with the name of a pointer to a data type, structure, or array, allocates memory for the item and assigns the address of that memory to the pointer.

The `delete` operator returns to the heap the memory specified by the operand, which must be the address of previously allocated memory.

Listing 6-21 demonstrates the `new` and `delete` operators.

On the
CD-ROM

Name: **pr06021.cpp**
Location: Quincy99\Programs**Chap06**

Listing 6-21: **The new and delete operators**

```cpp
/////////////////////////////////////////
// File Name: pr06021.cpp
/////////////////////////////////////////
#include <iostream>

// Declare a date structure.
struct Date
{
    int month;
    int day;
    int year;
};

/////////////////////////////////////////
// The main() function.
/////////////////////////////////////////
int main()
{
    // Allocate memory for a data structure.
    Date* birthday = new Date;

    // Assign values to the structure members.
    birthday->month = 6;
    birthday->day = 24;
    birthday->year = 1940;

    // Display the date structure.
    std::cout << "I was born on "
              << birthday->month << '/'
              << birthday->day   << '/'
              << birthday->year;

    // Return the allocated memory to the heap.
    delete birthday;

    return 0;
}
```

The Date structure in this listing defines a date. The program uses the new operator to allocate memory for an instance of the structure. Then, the program initializes the new Date object with date values. After displaying the contents of the object, the program disposes of it by using the delete operator.

Allocating a Fixed-Dimension Array

The advantages of `new` and `delete` over the Standard C functions `std::malloc()` and `std::free()` are not obvious in Listing 6-21. The two approaches appear to be roughly the same. However, in addition to providing a more readable syntax for memory allocation, `new` and `delete` have other advantages (some of which become evident when you learn about classes and their constructor and destructor functions in Chapter 12).

Listing 6-22 shows how to use `new` and `delete` to acquire and dispose of memory for an array.

On the CD-ROM

Name: **pr06022.cpp**
Location: Quincy99\Programs**Chap06**

Listing 6-22: **Using the new and delete operators with an array**

```
/////////////////////////////////////
// File Name: pr06022.cpp
/////////////////////////////////////
#include <iostream>

/////////////////////////////////////
// The main() function.
/////////////////////////////////////
int main()
{
    // Get memory for an array of integers.
    int* birthday = new int[3];

    // Assign values to the array elements.
    birthday[0] = 6;
    birthday[1] = 24;
    birthday[2] = 1940;

    // Display the values in the array.
    std::cout << "I was born on "
              << birthday[0] << '/'
              << birthday[1] << '/'
              << birthday[2];

    // Return the allocated memory to the heap.
    delete [] birthday;

    return 0;
}
```

Observe that a pair of brackets follows the `delete` operator in Listing 6-22. This notation tells the compiler that the memory being deleted is an array. In this example, the notation probably has no effect — of course this depends on the compiler. By convention, programmers use the notation for all deletions of dynamically allocated arrays. The notation has consequences when the array contains objects of user-defined class types. You learn about these class types in Chapter 11.

Allocating Dynamic Arrays

Listing 6-22 shows how the `new` operator accepts a data type with an array dimension. The dimension in the listing is a constant 3, representing the number of integers in the date. However, you can supply a variable dimension; the `new` operator allocates the correct amount of memory. Listing 6-23 shows the use of a variably dimensioned array as allocated by the `new` operator.

Name: **pr06023.cpp**
Location: Quincy99\Programs**Chap06**

Listing 6-23: **The new operator and dynamic arrays**

```cpp
////////////////////////////////////////
// File Name: pr06023.cpp
////////////////////////////////////////
#include <iostream>
#include <cstdlib>

////////////////////////////////////////
// The main() function.
////////////////////////////////////////
int main()
{
    // Get the array size from the user.
    std::cout << "Enter the array size: ";
    int size;
    std::cin >> size;

    // Allocate memory for the array.
    int* array = new int[size];

    // Load the array with random numbers.
    for (int i = 0; i < size; i++)
        array[i] = std::rand();

    // Display the array contents.
    for (int i = 0; i < size; i++)
        std::cout << '\n' << array[i];
```

Continued

Listing 6-23 *(continued)*

```
// Return the allocated memory to the heap.
delete [] array;

return 0;
}
```

After running this program, you first type in the size for the array. The new operator uses the value you enter to establish the size of the memory buffer to be allocated. The program multiplies the size value by the size of the array type, which is int in this example. The program builds the array by using the new operator, fills it with random numbers, displays each of the elements in the array, and deletes the array by using the delete operator.

When the Heap is Exhausted

So far, the example programs have not considered the question of what to do if the heap is out of memory when you use the new operator. Instead, they assume that the heap is never exhausted. Clearly, this is not a realistic approach. The Standard C std::malloc() function returns a null pointer under that condition, and C programs that call std::malloc() usually test for the null return value and handle the problem. The C++ new operator, on the other hand, throws a runtime exception if you request memory that the system cannot supply. Chapter 10 deals with C++ exception handling.

The Stack

Programs do not allocate memory explicitly on the stack as they do on the heap. The system allocates memory automatically when the program calls functions and declares local variables.

A *stack* is a pushdown, pop-up data structure. The runtime system pushes objects on the stack one at a time, after which the stack pointer moves down one entry. When the system pops an object from the stack, the most recently pushed object — the one just above the current stack pointer — is popped, and the stack pointer moves up one entry. When the pointer is at the top, the stack is empty. When the pointer is one past the bottommost entry, the stack is full.

Programmers often use stack data structures to solve programming problems that are best addressed with pushdown, pop-up logic. The program's stack that I discuss here exists in every program. It is maintained not by the part of the program that you write, but rather by the runtime system. The runtime system maintenance actually is code that the compiler generates in the program. You do not see this code in your program, but it is there and you should understand what it does. This behavior and the pushdown, pop-up nature of a stack are what distinguish the stack from the heap.

Here is how the program stack works. When one function (the caller) calls another function (the callee), the runtime system (the system) pushes all the caller's arguments and the caller's return address onto the stack. The stack pointer moves down as many places as necessary to accommodate these pushes. The last object pushed is the caller's return address.

When the callee starts executing, the system pushes the callee's automatic variables on the stack, moving the stack pointer down enough entries to make room for all the automatic variables that the callee declares.

The callee addresses its parameters on the stack as automatic variables created when the caller pushes its arguments. The callee addresses its own automatic variables on the stack, too. The stack pointer is, however, below all these local variables because of the pushes, but the callee uses negative and positive offsets from the stack pointer's original value when the callee started executing.

When the callee is ready to return, the system pops the callee's automatic variables from the stack. The stack pointer now points to where it pointed when the callee first started. When the callee returns, the system pops the return address from the stack, and the caller resumes executing just past the call to the callee.

When the caller resumes executing, the system pops the caller's arguments from the stack, and the stack pointer now is positioned where it was before the caller called the callee.

Recursion

Let's review what Chapter 3 says about recursion: Any C++ function can call itself, either directly or by a lower function that executes as the result of a call made by the recursive function. I delay the detailed discussion of recursion until you learn what this chapter teaches about pointers, arrays, and the stack. Recursion is relevant in this chapter because of the way recursion works in the C++ language.

Recursion works because every function execution gets private copies of its parameters and local variables on the stack, and because those copies are distinct from the copies owned by other executions of the same function.

This mechanism, which is the foundation of subroutine architecture in most contemporary programming languages, is what enables recursion. Suppose a caller function calls a callee function. Suppose then that the callee turns around and calls the caller. That call is a recursive execution of the caller, because it happens before the current execution of the caller has completed. It works, however, because the then-caller, now-callee function starts with a separate set of parameter arguments and automatic variables in a lower position on the stack. Its original parameters and variables are not disturbed during this recursive execution. The program executes what is called a *recursive descent* through its functions.

The programmer's responsibility is to ensure that a function to be used recursively does not change the values of static or global variables in ways that inappropriately could alter some other invocation of itself higher in the recursive descent through the program's functions. The programmer's responsibility also is to ensure that some condition enables a recursive descent to stop descending and find its way back to the top.

A Simple Recursive Example

Listing 6-24 is a simple program that uses a recursive function. The contrived problem that the program solves is this: There is a list of names in a specific order. You want the names displayed in the reverse order in which they are listed.

On the
CD-ROM

Name: **pr06024.cpp**
Location: Quincy99\Programs**Chap06**

Listing 6-24: Recursion

```
/////////////////////////////////////
// File Name: pr06024.cpp
/////////////////////////////////////
#include <iostream>

// Create an array of pointers to names.
char* Names[] =
{
    "Bill",
    "Sam",
    "Jim",
    "Paul",
    "Charles",
    "Donald",
    0            // null pointer to terminate array.
};

/////////////////////////////////////
// A recursive function.
/////////////////////////////////////
void DisplayNames(char** nm)
{
    if (*nm != 0)
    {
        DisplayNames(nm + 1); // Recursive call
```

```
        std::cout << *nm << std::endl;
    }
}

/////////////////////////////////////////
// The main() function.
/////////////////////////////////////////
int main()
{
    DisplayNames(Names);

    return 0;
}
```

The `main()` function in Listing 6-24 calls the program's `DisplayNames()` function, passing the address of the first element of the array of pointers to name strings, which is terminated with a null pointer. The `DisplayNames()` function examines its parameter to see whether it points to a null pointer. If it does not, `DisplayNames()` calls itself and passes the address of the next element in the array. Those calls continue until `DisplayNames()` finds that its parameter points to the null terminator pointer, whereupon the function returns.

Here's where it gets tricky. The first time the function returns, it returns to itself in its next-to-the-last execution, which has an argument that points to the last non-null pointer in the array. The function displays that name and returns to — guess where — the invocation of the function that points to the name immediately preceding the one that the function just displayed. And so on, until the function returns to the iteration of itself that points to the first element in the array. It displays that name and returns to the `main()` function. Notice that the function does no real work until it's on its way back up from the recursive descent.

A Recursive Calculator

Recursion is used in sorting and parsing algorithms. As a programmer, you use recursive-descent algorithms every time you compile source code. You don't write those algorithms, of course; the programmer who wrote the compiler wrote the algorithms. The algorithms parse the source code for correct syntax and to evaluate expressions. Perhaps you have wondered how that works.

Listing 6-25 is a calculator program that evaluates numeric expressions similar to, but simpler than, those that you code with the C++ language. The small calculator implements only addition, subtraction, multiplication, division, and parentheses in an expression. You type the expression into the program with no white space. The program evaluates the expression and displays either the result or an error message, if you type an invalid expression.

On the
CD-ROM

Name: **pr06025.cpp**
Location: Quincy99\Programs**Chap06**

Listing 6-25: **A recursive calculator**

```
////////////////////////////////////
// File Name: pr06025.cpp
////////////////////////////////////
#include <iostream>
#include <cstdlib>
#include <cctype>

// Function prototypes.
int addsubt();
int multdiv();
int number();
void error();

// Global expression buffer.
static char expr[81];
static int pos;

////////////////////////////////////
// The main() function.
////////////////////////////////////
int main()
{
    int ans;

    do
    {
        // Initialize the string subscript.
        pos = 0;

        // Read an expression.
        std::cout << "Enter expression (0 to quit):"
                << std::endl;
        std::cin >> expr;

        // Evaluate the expression.
        ans = addsubt();
        if (expr[pos] != '\0')
            error();
        if (ans != 0)
            std::cout << ans << std::endl;
    }
    while (ans != 0);
```

```cpp
    return 0;
}

//////////////////////////////////////
// Top of recursive descent: add/subtract.
//////////////////////////////////////
int addsubt()
{
    int rtn = multdiv();
    while (expr[pos] == '+' || expr[pos] == '-')
    {
        int op = expr[pos++];
        int opr2 = multdiv();
        if (op == '+')
            rtn += opr2;
        else
            rtn -= opr2;
    }

    return rtn;
}

//////////////////////////////////////
// Highest precedence: multiply/divide.
//////////////////////////////////////
int multdiv()
{
    int rtn = number();
    while (expr[pos] == '*' || expr[pos] == '/')
    {
        int op = expr[pos++];
        int opr2 = number();

        if (op == '*')
            rtn *= opr2;
        else
            rtn /= opr2;
    }

    return rtn;
}
//////////////////////////////////////
// Extract a number.
//////////////////////////////////////
int number()
{
    int rtn;
    if (expr[pos] == '(')
```

Continued

Listing 6-25 *(continued)*

```
    {
        // Parenthetical expression.
        pos++;
        rtn = addsubt();           // Back to top.
        if (expr[pos++] != ')') // Must have ')'
            error();

        return rtn;
    }

    // Extract the number.
    if (!isdigit(expr[pos]))
        error();
    rtn = atoi(expr+pos);
    while (isdigit(expr[pos]))
        pos++;

    return rtn;
}

/////////////////////////////////////////
// Syntax error.
/////////////////////////////////////////
void error()
{
    std::cout << '\r';
    while (pos--)        // Position error pointer.
        std::cout << ' ';
    std::cout << "^ syntax error" << std::endl << '\a';

    exit(-1);
}
```

The program in Listing 6-25 scans the expression by subscripting through an array of characters that it reads with the standard std::cin object. When you type the expression, the program sets the pos subscript to zero and calls the addsubt() function. Addition and subtraction have the same precedence and, in this calculator, the lowest precedence. First, the addsubt() function calls the multdiv() function. Multiplication and division have the same precedence and the highest precedence of the operators.

Before doing anything else, the multdiv() function calls the number() function to extract the first operand from the expression. That function checks first for a left parenthesis. If the function doesn't find one, a number must be next. The program uses the Standard C std::atoi() function, which converts a string of ASCII digits into an integer. The std::atoi() function is declared in the <cstdlib> header file.

The number() function returns the integer to the multdiv() function. But first the function uses the Standard C isdigit() function, declared in the <cctype> header file, to bypass the digits in the number so that the scan proceeds with the next element in the expression.

If the number function finds a left parenthesis instead of a number, precedence is overridden, and the function calls addsubt() to evaluate the parenthetical expression. This is where recursion comes in. The addsubt() function executes number() indirectly, and yet the number() function itself calls the addsubt() function.

The recursive call to addsubt() can initiate other recursive sequences depending on what is in the expression. Eventually they all return to number(), which returns the value that addsubt() returns.

The multdiv() function stores the result from the number() function. Then, it looks for the multiplication and division operators. As long as it finds one, it calls the number() function to get the second operand and computes its result by multiplying or dividing the two values returned by number(). When it sees no more multiplication or division operators, the multdiv() function returns its computed value. The addsubt() function processes the values returned by multdiv() in a similar way, but with the addition and subtraction operators.

When the first execution of addsubt() returns to the main() function, the expression evaluation is complete, and the value that it returns is the result of the evaluation.

The program continues to run, getting new expressions from the user until one of them evaluates to zero, telling the program to terminate.

If the evaluation scan finds an error, the program calls the error() function, which displays an error message and terminates the program. It can't simply return, because the error might have occurred at any depth in the recursive descent. A return causes the expression evaluation to continue from an illogical data position.

One way to deal with such errors so that the program keeps running and gets another expression is to set a global error flag and have each function simply return if the flag is set. Eventually, the program gets back to the top of the algorithm. However, there are better ways to handle errors. You learn about them in Chapter 7 when you read about the Standard C setjmp() and std::longjmp() functions (setjmp, a macro, is not in the std:: namespace) and in Chapter 10 when you read about C++ exception handling.

Observe that the expr character array and the pos subscript variable are declared outside any function. This positioning makes the variables accessible to all the functions in the program. Because of their static storage class, they are in file scope. You learned about storage classes and the scope of variables in Chapter 5.

The calculator program has a small bug. The `expr` array is only 81 characters long, and the program uses `cin` to read the string. If you type an expression more than 80 characters, the input stream overruns the buffer, and the program behaves unpredictably. Also, because we use `cin`'s >> operator, you cannot type any white space into the expression.

Reference Variables

A *reference variable* is an alias, or synonym, for another variable. It often is used for passing parameters and returning values by reference rather than by value. Like pointers, the reference enables you to pass and return large data structures without the overhead of copying them.

If you are a C programmer, you probably found pointers most troubling when you first learned C. You're not alone. Even veteran C programmers get bogged down trying to comprehend some of the complex operations allowed by C pointers, pointers to pointers, pointers to arrays, arrays of pointers, and so on. The C++ reference variable can give you the same kind of trouble until you understand it. Its syntax and usage, however, prevent many of the pointer pitfalls that trap C programmers.

References are much like pointers. As you will see later, anything you can do with a reference you can do with a pointer, but references offer certain advantages. For example, the reference lets you refer to a referenced object as if the reference were a real object, eliminating the pointer dereferencing (*) operator for simple objects and the pointer-to-member operator for members of referenced structures. A reference also can simplify notation when you dereference complex objects that are found inside arrays, structures, arrays of structures, arrays inside structures, structures inside structures, and so on.

Following is a list of attributes shared by references and pointers:

✦ You can pass and return references and pointers to and from functions.

✦ A call to a function that returns a reference or an address (a pointer) can appear on either side of an assignment.

Following is a list of attributes in which references are unlike pointers:

✦ A reference is a logical alias for an actual variable.

✦ You must initialize a reference to refer to a real object when it is declared.

✦ You may not change the value of a reference after it is initialized.

✦ There is no such thing as a null reference.

The Reference Is an Alias

A C++ reference is an alias for another variable. When you declare a reference variable, you give it a value that you cannot change for the life of the reference. The & operator identifies a reference variable, as in the following example:

```
int actualint;
int& otherint = actualint;
```

These statements declare an integer, named actualint, that has another name, otherint. Now all references to either name have the same effect. Listing 6-26 demonstrates a simple reference variable.

Name: **pr06026.cpp**
Location: Quincy99\Programs**Chap06**

Listing 6-26: **Reference variable**

```cpp
/////////////////////////////////////
// File Name: pr06026.cpp
/////////////////////////////////////
#include <iostream>

/////////////////////////////////////
// The main() function.
/////////////////////////////////////
int main()
{
    int actualint = 123;
    int& otherint = actualint;

    std::cout << actualint << std::endl;
    std::cout << otherint  << std::endl;

    otherint++;
    std::cout << actualint << std::endl;
    std::cout << otherint  << std::endl;

    actualint++;
    std::cout << actualint << std::endl;
    std::cout << otherint  << std::endl;

    return 0;
}
```

Listing 6-26 shows that all operations on the reference variable otherint act upon the actual variable actualint. The listing demonstrates that whatever you do to otherint, you do to actualint, and vice versa.

A reference is neither a copy of, nor a pointer to, the data object to which it refers. Instead, it behaves like another name that the compiler recognizes for the object to which it refers. The reference variable is not, however, implemented like a #define macro. Its internal implementation is more like that of a pointer but with restrictions, mainly involving initialization and modification of the reference variable. But in the programmer's view, the reference variable is more like an alias than a pointer.

Listing 6-27 demonstrates the alias metaphor by displaying the values returned when you compare the address of an actual variable to the address of a reference to that variable.

On the
CD-ROM

Name: **pr06027.cpp**
Location: Quincy99\Programs**Chap06**

Listing 6-27: **Addresses of references**

```
/////////////////////////////////////
// File Name: pr06027.cpp
/////////////////////////////////////
#include <iostream>

/////////////////////////////////////
// The main() function.
/////////////////////////////////////
int main()
{
    int actualint = 123;
    int& otherint = actualint;
    std::cout << &actualint << ' ' << &otherint;

    return 0;
}
```

Listing 6-27 displays something similar to the following message.

```
0x64fdac 0x64fdac
```

The format and values of these addresses depend on where your runtime system locates the variables and on the format of the hexadecimal address in your compiler. The point here is not what the two addresses are, but rather that they are the same.

Initializing a Reference

Unlike a pointer, a reference cannot be manipulated. It is, as you know, an alias for something else — something real. It follows that you must initialize a reference (explicitly give the reference something to refer to) when you declare it unless one of the following statements is true:

✦ The reference variable is declared with `extern`, in which case it is initialized elsewhere.

✦ The reference variable is a member of a class, in which case the class's constructor function initializes the reference (refer to Chapter 12).

✦ The reference variable is a parameter in a function declaration, in which case the reference parameter variable is initialized by the caller's argument when the function is called.

As you work through the examples in this and later chapters, observe all uses of references to see that each one matches one of these criteria.

References to Reduce Complex Notation

You can use a reference to reduce the complex notation that some expressions use to dereference members of structures and elements of arrays. This idiom is useful when there are many such expressions after locating a particular element. Listing 6-28 demonstrates this principle.

Name: **pr06028.cpp**
Location: Quincy99\Programs**Chap06**

Listing 6-28: **References to reduce complex notation**

```
/////////////////////////////////////
// File Name: pr06028.cpp
/////////////////////////////////////
#include <iostream>

// A Date structure.
struct Date
{
    int month, day, year;
};

// An Employee structure.
struct Employee
{
    int empno;
```

Continued

Listing 6-28 *(continued)*

```
        char name[35];
        Date dates[3]; // hired, last review, terminated.
        float salary;
};

Employee staff[] =
{
        { 1, "Bill", {{12,1,88},{2,24,92},{5,5,95}}, 35000 },
        { 1, "Paul", {{10,3,87},{5,17,94},{3,7,96}}, 25000 },
        { 1, "Jim",  {{ 9,5,80},{9,11,96},{0,0, 0}}, 42000 },
        { 0 }
};

///////////////////////////////////////////////
// The main() function.
///////////////////////////////////////////////
int main()
{
        Employee* pEmpl = staff;
        while (pEmpl->empno != 0)
        {
                for (int i = 0; i < 3; i++)
                {
                        Date& rd = pEmpl->dates[i];
                        std::cout << rd.month << '/'
                                  << rd.day   << '/'
                                  << rd.year  << " ";
                }
                std::cout << std::endl;
                pEmpl++;
        }

        return 0;
}
```

Listing 6-28 contains an array of employee records. Each record is an element in the array and consists of an object of a structure. This structure includes as one of its members an array of date structures, presumably to record an employee's date of hire, date of last review, and termination date. This example, although seemingly complex on the surface, is much less so than many typical data structures that C++ programmers deal with routinely.

The program assigns the address of the Employee array to a pointer and iterates through the array by incrementing the pointer until it points to the terminal entry. For each element in the array, the program iterates through the array of dates to display them on the console. By now, the members of the Date structure are pointed to by a pointer and subscripted by a subscript value. To simplify the dereferencing notation of these `Date` structure members, the program declares a reference to a `Date` object and initializes the reference to refer to the object to which it currently refers. Then the program displays the `Date` object's members by dereferencing the reference's members to send to the `std::cout` object.

Without the reference variable, the program has to use the following notation to address the members of the `Date` structure:

```
std::cout << staff[i].dates[1].month << '/'
          << staff[i].dates[1].day   << '/'
          << staff[i].dates[1].year  << std::endl;
```

References as Function Parameters

References often are used as function parameters. There is little need to build a reference that exists only in the scope of the variable to which the reference refers. You might as well use the original name of the variable. Listings 6-26 and 6-27 use references in that way, but the purpose of those examples is to demonstrate the behavior of references and not necessarily to show the best way to use them. Following are some advantages of using references as function parameters rather than using copies of the caller's arguments:

✦ References eliminate the overhead associated with passing large data structures as parameters and with returning large data structures from functions.

✦ References eliminate the pointer de-referencing notation used in functions to which you pass references as arguments.

Listing 6-29 demonstrates these advantages.

Name: **pr06029.cpp**
Location: Quincy99\Programs**Chap06**

Listing 6-29: **References as function parameters**

```
/////////////////////////////////////
// File Name: pr06029.cpp
/////////////////////////////////////
#include <iostream>

// A big structure.
struct bigone
{
    int serno;
    char text[1000];
};
```

Continued

Listing 6-29 *(continued)*

```cpp
// Two function prototypes with a structure parameter.
void slowfunc(bigone p1);    // Call by value.
void fastfunc(bigone& p1);   // Call by reference.

/////////////////////////////////////////
// The main() function.
/////////////////////////////////////////
int main()
{
    static bigone bo = {123, "This is a BIG structure"};

    // This call will take a while.
    slowfunc(bo);

    // This call will be faster than the previous one.
    fastfunc(bo);

    return 0;
}

/////////////////////////////////////////
// A call-by-value function.
/////////////////////////////////////////
void slowfunc(bigone p1)
{
    std::cout << p1.serno << std::endl;
    std::cout << p1.text << std::endl;
}

/////////////////////////////////////////
// A call by reference function.
/////////////////////////////////////////
void fastfunc(bigone& p1)
{
    std::cout << p1.serno << std::endl;
    std::cout << p1.text << std::endl;
}
```

Observe that the calls to both functions in Listing 6-29 specify the name of the structure object. Observe also that both functions refer to the structure members by using the structure member dot (.) operator.

Unfortunately, nothing in the listing jumps out at you to demonstrate the advantage of using a reference parameter. The only apparent difference is the use of the reference (&) operator in the function's prototype and parameter declaration. But the differences are real, and you can see them if you use Quincy to step through the program. It takes a measurably longer time to call `slowfunc()` than it does to call `fastfunc()`. This difference is due to the overhead added by Quincy's debugger as it watches for the call statement to proceed, combined with the code that the compiler generates to copy the large structure. The difference is not as dramatic without the debugger overhead, but it is there.

This example implies another performance consequence. Remember the discussions about the stack and recursion earlier in this chapter? If a program recursively calls a function such as the `slowfunc()` function, the stack pointer goes deeper and deeper with each recursive call. If the recursive descent goes deep enough, the program stack becomes exhausted, and the program probably crashes. This problem alone justifies the use of references as function parameters.

Call by Reference

When one function passes a reference as an argument to another function, the called function works on the caller's copy of the parameter and not on a local copy (as it does when you pass the variable itself). This behavior is known as *call by reference*. Passing the parameter's value to a private copy in the called function is known as *call by value*. Listing 6-30 demonstrates call by reference.

Name: **pr06030.cpp**
Location: Quincy99\Programs**Chap06**

Listing 6-30: **Call by reference**

```
/////////////////////////////////////
// File Name: pr06030.cpp
/////////////////////////////////////
#include <iostream>

// Date structure.
struct Date
{
    int month, day, year;
};

// Function prototypes.
void display(const Date&, const char*);
void swapper(Date&, Date&);

/////////////////////////////////////
// The main() function.
/////////////////////////////////////
int main()
{
```

Continued

Listing 6-30 *(continued)*

```
        // define two dates.
        static Date now  = {2,23,90};
        static Date then = {9,10,60};

        // Display the dates.
        display(now, "Now:  ");
        display(then, "Then: ");

        // Swap the dates and redisplay them.
        swapper(now, then);
        display(now, "Now:  ");
        display(then, "Then: ");

        return 0;
}

/////////////////////////////////////////
// Swap the caller's dates.
/////////////////////////////////////////
void swapper(Date& dt1, Date& dt2)
{
    Date save;
    save = dt1;
    dt1 = dt2;
    dt2 = save;
}

/////////////////////////////////////////
// Display a Date object.
/////////////////////////////////////////
void display(const Date& dt, const char* ttl)
{
    std::cout << ttl;
    std::cout << dt.month << '/'
              << dt.day   << '/'
              << dt.year  << std::endl;
}
```

In Listing 6-30, the first two dates are initialized with different values as local variables in the main() function. The swapper() function swaps those two dates. The function accepts two Date references and swaps them by using simple assignment statements. Because the parameters are references, the swapping occurs to the main() function's copy of the structures.

const Reference Parameters

The swapper function in Listing 6-30 is permitted to modify the caller's variables, because the parameters are references to those variables. But suppose that you want to prevent a function from being able to modify its caller's referenced variables. For example, the display function in Listing 6-30 accepts two referenced arguments but does not modify them. By declaring those arguments as const, the program ensures the caller that the called function views but does not disturb the values in the referenced arguments.

Returning a Reference

You have seen how you can pass a reference to a function as a parameter. You also can return a reference from a function. When a function returns a reference, the function call can exist in any context in which a reference can exist, including on the receiving side of an assignment. Listing 6-31 demonstrates this principle.

Name: **pr06031.cpp**
Location: Quincy99\Programs**Chap06**

Listing 6-31: **Returning references**

```
/////////////////////////////////////
// File Name: pr06031.cpp
/////////////////////////////////////
#include <iostream>

// A date structure.
struct Date
{
    int month, day, year;
};

// An array of dates.
Date birthdays[] =
{
    {12, 17, 37},
    {10, 31, 38},
    { 6, 24, 40},

    {11, 23, 42},
    { 8,  5, 44},
};

/////////////////////////////////////
```

Continued

Listing 6-31 *(continued)*

```cpp
// A function to retrieve a date.
//////////////////////////////////////
const Date& getdate(int n)
{
    return birthdays[n-1];
}

//////////////////////////////////////
// The main() function.
//////////////////////////////////////
int main()
{
    int dt = 99;
    while (dt != 0)
    {
        std::cout << std::endl
                  << "Enter date # (1-5, 0 to quit): ";
        std::cin >> dt;

        if (dt > 0 && dt < 6)
        {
            const Date& bd = getdate(dt);
            std::cout << bd.month << '/'
                      << bd.day   << '/'
                      << bd.year  << std::endl;
        }
    }

    return 0;
}
```

Listing 6-31 displays a different date depending on your response to the prompt, which must be 1-5, or 0 to quit displaying. Observe that the program declares a Date reference named bd and initializes the reference with the reference returned by the getdate() function.

const Return References

Observe that Listing 6-31 declares the getdate() function as returning a const reference. This usage prevents the caller from using the returned reference to modify the callee's returned variable. The bd reference, therefore, also must be const. If you remove the const qualifier from the bd declaration, some compilers (Quincy's GNU compiler, for example) issue a warning message. Others issue an error message and refuse to compile the program.

Returning a Reference to an Automatic Variable

You must not return a reference to an automatic variable. The code in the following example is incorrect:

```
Date& getdate(void)
{
    Date dt = {6, 24, 40};
    return dt;   // Bad -- reference to auto variable.
}
```

The problem is that the dt variable goes out of scope when the function returns. Therefore, you are returning a reference to a variable that no longer exists, and the calling program is referring to a Date object that does not exist. Many C++ compilers (Quincy's GNU compiler, for example) issue a warning when they see code that returns references to automatic variables. If you ignore the warning, you get unpredictable results. Sometimes the program appears to work, because the stack location where the automatic variable existed is intact when the reference is used. A program that appears to work in some cases can fail in others because of device or multitasking interrupts that use the stack.

Pointers vs. References

When should you use a pointer and when should you use a reference? Following are some guidelines.

If the referenced variable may not exist, use a pointer. You can use a null address in a pointer parameter to indicate that the variable does not exist. There is no such thing as a null reference. If the variable must exist, use a reference.

If the program must iterate through an array of referenced objects, consider using a pointer. Pointer arithmetic is often more efficient than using subscript notation on a reference. The program needs to dereference two variables for the latter, the reference and the subscript, but only one, the pointer, for the former.

Anything you can do with a reference, you can do with a pointer. The reference variable is an improvement over the pointer in one respect. You cannot modify the reference variable or derive a new object address by applying pointer arithmetic, which eliminates much of the trouble that C programmers get into with pointers. Assuming that a reference is initialized properly to refer to an object of the referenced type, you cannot coerce the reference to refer elsewhere, perhaps where it should not refer. There are no guarantees, of course. Nothing in the language or in any C++ compiler prevents you from using this idiom or an equally troublesome variation:

```
Object* pObject = 0;          // null pointer
// ... later
Object& rObject = *pObject;   // refers to invalid object
```

Also, if the reference refers to an array, you unintentionally can use an invalid subscript and exceed the bounds of the array just as you can with the actual array.

The only other advantage of the reference over the pointer is that the program can avoid using pointer dereferencing notation to refer to the referenced object. This advantage is one of perception and preference. Not all programmers agree on this issue.

Summary

With the listings and lessons in this chapter, you learn about pointers, addresses, the `sizeof` operator, casts, `typedef`s, command-line arguments, the heap, the stack, recursion, and reference variables.

✦   ✦   ✦

Library Functions

Standard C includes a full library of portable, general-purpose functions. Inasmuch as Standard C is included in Standard C++, the complete Standard C library is a part of Standard C++. You use a few of the Standard C functions in various listings of earlier chapters. However, this book does not attempt to teach the complete Standard C library. Instead, I discuss selected library functions that are the most useful to C++ programmers and that best teach the language and its software development environment. Some Standard C functions support features that Standard C++ supports in improved ways. Others are not supported by Standard C++ except through its inclusion of the Standard C library.

This chapter is organized alphabetically by the header files where library functions are declared. To use a function from the standard library, you must include its header file in your program ahead of any references to the function. Some of the standard header files define global values, macros, functions, and data structures that support the library and your use of it. (A macro looks like a function; in some cases, a macro assigns an identifier to a value. You learn how to build your own macros by using the #define preprocessor directive discussed in Chapter 8.)

This chapter describes many of the functions and macros without including detailed examples. You already have used some of the functions, and many of them are similar enough that you need nothing more than a description. However, where examples provide better explanations, this chapter includes listings. You learn about the functions in the following header files:

+ <cassert>
+ <cctype>
+ <cerrno>
+ <cmath>

✦ <csetjmp>

✦ <cstdarg>

✦ <cstdio>

✦ <cstdlib>

✦ <cstring>

✦ <ctime>

The C++ Standard specifies that when you include these headers, all external identifiers that the headers declare and that are not macros shall be in the std namespace; you must qualify all references to those identifiers accordingly. (Chapter 26 discusses namespaces in detail.) If you include the traditional Standard C headers (<assert.h>, <ctype.h>, and so on), the identifiers shall be in both the std and the global namespaces and no qualification is required.

Use of the Standard C headers (<name.h>) instead of the Standard C++ headers (<cname>) is deprecated by the C++ standard when used in C++ programs, which means that the old headers are supported in the current version of the standard but may be eliminated in future versions. Although at least one major compiler vendor has resisted placing the C names in the std namespace and continues to release library versions that defy the rule about namespaces, this book assumes that you use a conforming compiler and library. If you don't, change the code in the example programs to include C headers instead of C++ headers before you compile the programs.

<cassert>

The <cassert> header is used for debugging. It defines the assert macro, which enables you to add debugging code to your programs.

When you write programs, you often come across data objects or conditions that the program expects to be in a certain state. For example, a function might assume that a passed parameter is a valid, non-null pointer. To ensure that the program is in the required state, you could add a lot of extra code that checks data objects or conditions for the expected state. However, you don't want to have all that extra code in the final, shipped program. After all, once the program is written and tested, the status checks are no longer necessary.

By using the assert macro, you can have your validation code during testing and remove it for the production program without much fuss. The assert macro asserts that a condition is true. If it is not, the macro displays the condition, indicates where in the program the test failed, and aborts the program. The macro effectively is disabled when you compile with the NDEBUG macro.

When the program is completely checked out and none of the assertions fail, you disable the assert macro by defining the NDEBUG macro and doing a final compile. The NDEBUG macro changes all assert macro calls to null expressions. Listing 7-1 demonstrates the use of the assert macro.

Name: **pr07001.cpp**
Location: Quincy99\Programs**Chap07**

Listing 7-1: **The assert macro**

```
/////////////////////////////////////
// File Name: pr07001.cpp
/////////////////////////////////////

#include <iostream>
#include <cassert>

// Function prototype.
void DisplayMsg(char* msg);

/////////////////////////////////////
// The main() function.
/////////////////////////////////////

int main()
{
    char* cp = 0;
    DisplayMsg(cp);

    return 0;
}

/////////////////////////////////////
// Display a message.
/////////////////////////////////////

void DisplayMsg(char *msg)
{
    assert(msg != 0);
    std::cout << msg;
}
```

Listing 7-1 contains a bug, which the `assert` macro catches. The `main()` function calls the `DisplayMsg()` function with a null (zero-value) pointer argument. When you run this program, the `assert` macro displays the following message and aborts the program:

```
Assertion failed: msg != 0, file pr07001.cpp, line 29
```

The message tells you that the `assert` call on line 29 of the translation unit pr07001.cpp failed. It even displays the false condition that caused the abort.

When you use the `assert` macro, you assert that a condition must be true. It is a good practice to use assert in places where your program makes assumptions about values and other conditions.

You can correct the program by passing a valid pointer to `DisplayMsg()`. Then, you can insert this line ahead of the code that includes <cassert>:

```
#define NDEBUG
```

It is better to use this technique than to take out all the `assert` calls. Leave them in. They are there to help you debug the program when you make modifications to it later.

<cctype>

The functions in <cctype> convert `char` variables and test them for defined ranges. For example, you use the `std::toupper()` function, which converts characters to uppercase, in Chapter 6. Note that some C++ implementations implement the <cctype> functions as macros. Table 7-1 summarizes the <cctype> functions.

Do not use expressions that could have side effects when you call macros in <cctype>. Depending on how the macro is implemented, the side effects can produce incorrect results. This statement, for example, has potential side effects:

```
a = std::toupper(c++);
```

A *side effect* is an action that changes the value of a variable in an argument or an argument that uses a function call in its expression. The auto-increment operator changes the variable argument. The expansion of the macro may cause the argument expression to be evaluated more than once. Then the variable would be incremented more than once, which is a hidden side effect of the macro. You learn about macro side effects in Chapter 8.

Table 7-1 <cctype> Functions and Macros	
Function/Macro	**Returns**
`int isdigit(int c);`	true if c is a digit (0-9)
`int isupper(int c);`	true if c is an uppercase letter (A-Z)
`int islower(int c);`	true if c is a lowercase letter (a-z)
`int isalpha(int c);`	true if c is an alphabetic character (A-Z, a-z)
`int isalnum(int c);`	true if `isalpha(c)` or `isdigit(c)` is true
`int isprint(int c);`	true if c is a displayable ASCII character
`int isspace(int c);`	true if c is a white space character
`int toupper(int c);`	the uppercase equivalent of c
`int tolower(int c);`	the lowercase equivalent of c

<cerrno>

The <cerrno> header defines a global modifiable variable named `errno` and global symbols named `EDOM` and `ERANGE`. The `errno` variable is implemented with a macro and, consequently, is not in the `std::` namespace.

Some library functions set `errno` to indicate that an error occurred in a function call. The ANSI C Standard defines only the two error values `EDOM` (which means that an error occurred in an argument to a math function) and `ERANGE` (which means that a floating-point number is too big).

The value of `errno` is zero when the program starts. If a library function sets it to some value, it retains that value until something changes it. Therefore, if you use `errno` after a function call, set it to zero before the function call. Listing 7-2 demonstrates the use of `errno`.

Name: **pr07002.cpp**
Location: Quincy99\Programs**Chap07**

Listing 7-2: Using errno

```cpp
/////////////////////////////////////
// File Name: pr07002.cpp
/////////////////////////////////////
#include <iostream>
#include <cmath>
#include <cerrno>

/////////////////////////////////////
// The main() function.
/////////////////////////////////////

int main()
{
    double f;

    do
    {
        errno = 0;
        std::cout << "Enter positive float (0 to quit) ";
        std::cin >> f;
        if (f != 0)
        {
            double sq = std::sqrt(f);
            if (errno == 0)
                std::cout << "Square root of " << f
                        << " is " << sq << std::endl;
            else
                std::cout << "Invalid entry" << std::endl;
        }
    }
    while (f != 0);

    return 0;
}
```

Listing 7-2 uses the sqrt() function from <cmath>, discussed next, to compute the square root of a number entered by the user. If, for example, you enter a negative number or a number that's too big to be held in a double, the function sets errno to a nonzero value. The program displays the square root only if there is no error indicated by errno.

<cmath>

The <cmath> header declares the standard math functions. You just used one of them, sqrt(), in Listing 7-2. Table 7-2 summarizes the math functions.

Table 7-2
<cmath> Functions

Function	Returns
`double acos(double x);`	Arc cosine of x
`double asin(double x);`	Arc sine of x
`double atan(double x);`	Arc tangent of x
`double atan2(double y,double x);`	Arc tangent of y/x
`double ceil(double x);`	Smallest integer not < x
`double cos(double x);`	Cosine of x
`double cosh(double x);`	Hyperbolic cosine of x
`double exp(double x);`	Exponential value of x
`double fabs(double x);`	Absolute value of x
`double floor(double x);`	Largest integer not > x
`double log(double x);`	Natural logarithm of x
`double log10(double x);`	Base-10 logarithm of x
`double pow(double x,double y);`	x raised to the power of y
`double sin(double x);`	Sin of x
`double sinh(double x);`	Hyberbolic sine of x
`double sqrt(double x);`	Square root of x
`double tan(double x);`	Tangent of x
`double tanh(double x);`	Hyperbolic tangent of x

<csetjmp>

The <csetjmp> header defines a macro, `setjmp()`, a function, `std::longjmp()`, and a data type, the `std::jmp_buf` structure. You use the functions in <csetjmp> to jump from somewhere in the depths of the called functions to a defined place higher in the program. Why would you want to do that? One example is a program that validates records in an input stream. The program might detect an error in a function that is deep inside the function-calling stack. This is particularly true if the program uses recursive-descent parsing logic. The program needs to reject the data in question and return to the top of the program to read the next record.

One approach is to set an error variable and return. Every function tests the error variable upon return from every lower function call and returns to its caller rather than proceeding with the current input record. This approach is error-prone and uses additional code to manage and test the error variable.

Standard C provides setjmp() and std::longjmp() to serve this purpose. The setjmp() macro records the program's operating state in a std::jmp_buf structure. A std::longjmp() call from a lower function can reference the std::jmp_buf structure and cause an immediate jump to the place where the matching setjmp() occurs.

Remember the calculator program in Chapter 6? When it found an input error, it aborted the program. Listing 7-3 modifies that program to use setjmp() and std::longjmp() to keep the program running after an error is found. The listings shown here include the modified main() and error() functions, the #include <csetjmp> statement, and the definition of the std::jmp_buf variable. The rest of the program is the same as Listing 6-25.

On the
CD-ROM

Name: **pr07003.cpp**
Location: Quincy99\Programs**Chap07**

Listing 7-3: **Using setjmp() and longjmp()**

```
/////////////////////////////////////
// File Name: pr07003.cpp
/////////////////////////////////////
#include <csetjmp>

// Error jmp_buf buffer
static std::jmp_buf errjb;

/////////////////////////////////////
// The main() function.
/////////////////////////////////////
int main()
{
    int ans;
    do
    {
        // Mark the top of the parsing descent.

        if (setjmp(errjb) == 0)
        {
            // Initialize string subscript.
            pos = 0;

            // Read an expression.
            std::cout << "Enter expression (0 to quit):"
                    << std::endl;
            std::cin > expr;

            // Evaluate the expression.
            ans = addsubt();
            if (expr[pos] != '\0')
                error();
```

```
            if (ans != 0)
                std::cout << ans << std::endl;
        }
        else
        {
            // An error occurred.
            std::cout << "Try again" << std::endl;
            ans = 1;
        }
    }
    while (ans != 0);

    return 0;
}

/////////////////////////////////////////
// Syntax error.
/////////////////////////////////////////
void error()
{
    std::cout << '\r';

    // Position the error indicator.
    while (pos--)
        std::cout << ' ';
    std::cout << "^ syntax error" << std::endl << '\a';

    // Return to the top of the program.
    std::longjmp(errjb, 1);
}
```

The setjmp() macro marks the program's position and context and stores that information in its std::jmp_buf argument. Then, setjmp() returns zero. The std::longjmp() function restores the program's context from its std::jmp_buf argument and jumps to the associated setjmp() expression, causing the setjmp() call to return the value of the std::longjmp() call's second argument. If the program finds an error in the user's expression entry, it jumps to the main() function at the point of the setjmp() call, returning the value 1. The error() function invocation that reports the error could be several levels down in the recursive-descent parsing algorithm, but the std::longjmp() call restores the program's function depth context to the top of the program.

The setjmp() macro and std::longjmp() function are C idioms. They work well in the calculator program because the program declares no C++ class objects that require destruction between the top of the program and the detection of any error. Standard C++ offers a much-improved mechanism, C++ exception handling, which you learn about in Chapter 17.

<cstdarg>

Recall from Chapter 3 that functions with variable parameter lists are declared with ellipses such as this:

```
void DoList(int, ...);
```

Several of the functions declared in <cstdio>, discussed next, use ellipses. It is the mechanism by which calls to the Standard C std::printf() function, for example, can pass any kind and number of arguments after a formatting string. The ellipses tell the compiler not to check parameter types in calls to the function. In this example, the compiler ensures that the first argument is an integer; it ignores the rest of the arguments.

You write a function with a variable argument list by including <cstdarg> and using a typedef as well as the three macros defined there. The typedef defines the std::va_list type. The macros are va_start, va_arg and va_end. Listing 7-4 shows how to use these macros.

On the CD-ROM

Name: **pr07004.cpp**
Location: Quincy99\Programs**Chap07**

Listing 7-4: **Variable argument lists**

```cpp
/////////////////////////////////////
// File Name: pr07004.cpp
/////////////////////////////////////
#include <iostream>
#include <cstdarg>

/////////////////////////////////////
// A function with a variable argument
// list.
/////////////////////////////////////

void Presidents(int n, ...)
{
    std::va_list ap;
    va_start(ap, n);

    while (n--)
    {
        char* nm = va_arg(ap, char*);    // char* argument.
        int year = va_arg(ap, int);      // int argument.
        std::cout << year << ' ' << nm << std::endl;
    }

    va_end(ap);
```

```
}

/////////////////////////////////////
// The main() function.
/////////////////////////////////////

int main()
{
    Presidents(5,  "Carter",  1976,  "Reagan",   1980,
                   "Bush",    1988,  "Clinton",  1992,
                   "??",      2000);
    return 0;
}
```

A function with a variable argument list usually needs at least one fixed argument that it can use to determine the number and types of the other arguments. Listing 7-4 takes an integer first argument as a count of the pairs of arguments that follow. Then, it assumes that the list has that many argument pairs of one character pointer and one integer.

The macros use the std::va_list variable as a point of reference. Scanning of the variable argument list starts with the va_start macro call, which takes the names of the std::va_list variable and of the function's fixed argument as macro arguments. The va_start macro establishes the starting point for the variable argument list scan and stores that information in the std::va_list variable. If the function has more than one fixed argument, the va_start macro uses the identifier of the last one immediately before the ellipsis.

The function uses the va_arg macro to extract arguments from the variable argument list. The va_arg macro's arguments are the va_list variable and the type of the next expected argument. Observe that the two va_arg macro calls have int and char* as their second argument. The function knows what types of arguments to expect. It also knows the number of arguments, thanks to the value stored in the first, fixed argument.

The va_end macro takes the std::va_list variable as an argument. In many C++ language implementations, this macro does nothing. You should always include it, though, so that your programs are portable to other compilers and other computers.

Because the compiler does no type checking of arguments represented by the ellipsis in function declarations, you can pass anything at all to a variable argument list function. Naturally, if you pass something other than what the function expects, you get unpredictable results.

<cstdio>

The <cstdio> header declares functions and global symbols that support standard input and output. C programs use standard devices for all input and output. Unless you redirect them, the standard input device is the keyboard, and the standard output device is the screen. There also are standard error and auxiliary devices. The functions in <cstdio> support C programming idioms for console and file input/output. I do not dwell on those functions here because C++ employs improved techniques implemented in the <iostream> class library, which Part III discusses.

<cstdio> declares several global symbols with `typedef` statements and `#define` (refer to Chapter 8) macros. Most of these symbols have to do with Standard C functions for working with disk files. Curiously, <cstdio> also defines `NULL`, a global symbol that represents a null pointer. `NULL` has nothing to do with standard input/output except that some of the functions return a null pointer. <cstdio> defines it by tradition. C++ programmers by tradition do not use the `NULL` global symbol, preferring to address zero pointer values with the constant integer value, 0.

<cstdlib>

<cstdlib> declares a number of standard library functions and macros in four categories: numerical functions, memory allocation functions, system functions, and random number generation.

Numerical Functions

Table 7-3 lists the <cstdlib> numerical functions and describes what each one returns.

Table 7-3 <cstdlib> Numerical Functions	
Function	**Returns**
`int abs(int i);`	The absolute value of i
`int atoi(const char *s);`	The integer value of the string
`long atol(const char *s);`	The long integer value of the string
`float atof(const char *s);`	The float value of the string

Memory Allocation Functions

C and C++ programs have a store of memory available for dynamic allocations. That store is called the heap. A program can allocate memory from the heap and return the memory to the heap when the program is finished using it. Dynamic memory allocation allows a program to use memory buffers only when they are needed. In that way, a program can operate in a system with an amount of available memory smaller than the program's total requirement. Table 7-4 lists the Standard C memory allocation functions.

Table 7-4 <cstdlib> Memory Allocation Functions	
Function	*Returns*
`void *calloc(int sz, int n);`	Address of buffer or 0
`void *malloc(int sz);`	Address of buffer or 0
`void free(void *buf);`	Nothing

You used `std::malloc()` and `std::free()` in Listing 6-17. The `std::calloc()` function is similar to `std::malloc()` with these exceptions: First, instead of specifying a character count for the memory allocation, you specify an item size and the number of items. Second, `std::calloc()` initializes the allocated memory to zeros, whereas `std::malloc()` does not.

If there is not enough memory available for either `std::malloc()` or `std::calloc()`, they return a zero-value null pointer. Programs should always check for a zero return and handle the error when that happens. Ignoring a zero return could crash the system when the program tries to assign values through a zero-value pointer.

C++ employs a much improved memory allocation mechanism implemented with the `new` and `delete` operators, which Chapter 6 explains.

System Functions

<cstdlib> declares the following functions related to the operation of the program:

```
void abort();
void exit(int n);
int system(const char *cmd);
```

The `std::abort()` and `std::exit()` functions terminate the program. You use the `std::abort()` function for an abnormal termination. Standard C does not define a value for `std::abort()` to return, except to specify that it returns an implementation-dependent, unsuccessful termination value. The `std::exit()` function is for normal termination. It closes all open stream files and returns to the operating system whatever value you pass as an argument.

The `std::system()` function calls the operating system to execute an operating system command. In MS-DOS, the commands executed are the same as commands you type on the DOS command line. The following code shows the `std::system()` function executing the DOS `dir` command to view a list of document files:

```cpp
#include <cstdlib>
int main()
{
    std::system("dir *.doc");
    return 0;
}
```

Random Number Generation Functions

Listings 4-8, 4-9, 4-11, and 4-12 use the `rand()` and `srand()` functions, whose prototypes are shown here:

```cpp
int rand();
void srand(unsigned int seed);
```

Recall that Listing 4-8 is a guessing game. The program computes a random number, and you guess what it is. The problem with that program is that the random number generator is predictable. It always starts with the same number and progresses through an identical sequence of numbers — a process that isn't random at all. Listing 7-5 adds one line of code to the program to make the first random number less predictable. The new line calls `std::srand()` to seed the generator with a value based on the current date and time. The `std::time()` function, described later in this chapter, returns an integer value based on the system clock. That value is the seed used by the program in Listing 7-5.

On the CD-ROM

Name: **pr07005.cpp**
Location: Quincy99\Programs**Chap07**

Listing 7-5: **Seeding the random number generator**

```cpp
/////////////////////////////////////
// File Name: pr07005.cpp
/////////////////////////////////////
#include <iostream>
#include <cstdlib>
#include <ctime>

/////////////////////////////////////
// The main() function.
/////////////////////////////////////
int main()
{
    std::srand(time(0));
    char ans;

    // Loop until the user is done.
    do
    {
        // Choose a secret number.
        int fav = std::rand() % 32;

        // Loop until the user guesses the secret number.
        int num;
        do
        {
            std::cout << "Guess my secret number (0 - 32) ";
            std::cin >> num;

            // Report the status of the guess.
            std::cout << (num < fav ? "Too low"  :

                    num > fav ? "Too high" :
                                "Right") << std::endl;
        }
        while (num != fav);

        std::cout << "Go again? (y/n) ";
        std::cin >> ans;
    }
    while (ans == 'y');

    return 0;
}
```

<cstring>

The <cstring> header declares functions that work with null-terminated character arrays. There are two comparison functions, two copy functions, two concatenation functions, one function to return the length of a string, and one function to fill an area of memory with a specified character value. Here are the function prototypes:

```
int strcmp(const char *s1, const char *s2);
int strncmp(const char *s1, const char *s2, int n);
char *strcpy(char *s1, const char *s2);
char *strncpy(char *s1, const char *s2, int n);
int strlen(const char *s);
char *strcat(char *s1, const char *s2);
char *strncat(char *s1, const char *s2, int n);
char *memset(void *s, int c, int n)
```

Listing 7-6 demonstrates the std::strcmp(), std::strcpy(), and std::strlen() functions.

On the CD-ROM

Name: **pr07006.cpp**
Location: Quincy99\Programs**Chap07**

Listing 7-6: **strcmp( ), strcpy( ), and strlen( )**

```
///////////////////////////////////////
// File Name: pr07006.cpp
///////////////////////////////////////
#include <iostream>
#include <cstring>

///////////////////////////////////////
// The main() function.
///////////////////////////////////////
int main()
{
    int len;
    char msg[] = "Wrong.";

    std::cout << "Password? ";
    char pwd[40];
    std::cin >> pwd;

    // Find the string length.
    len = std::strlen(pwd);

    // Compare the string with a string constant.
    if (std::strcmp(pwd, "boobah") == 0)
        // Copy constant to message.
        std::strcpy(msg, "OK.");
```

```
        std::cout << msg << " You typed " << len << " characters";

        return 0;
}
```

When you run the program in Listing 7-6, enter a password in response to the prompt. Do not enter more than 39 characters or you will overwrite the 40-character pwd array. The program passes the address of the password to std::strlen() to get the length of the input string, which counts all the characters except the null terminator. The std::strcmp() function compares two strings; it returns zero if the two strings are equal, less than zero if the first string is less than the second string, and greater than zero if the first string is greater than the second string. Comparisons proceed from the first character in both strings and iterate forward until null terminators are found or different character values are found in the strings. If one string is shorter than the other and if all the character values are equal up to the end of the shorter string, the longer string compares greater than the shorter one.

If the password you type is equal to the constant password, the program calls std::strcpy() to copy the string constant "OK." to the msg string. This operation overwrites the msg string's initialized value of "Wrong." The msg array has six elements based on the default dimension declared by its initializer. The std::strcpy() function copies only four characters: 'O', 'K', '.', and a null terminator. The resulting msg array looks like this in memory:

```
'O', 'K', '.', '\0', 'g', '.', '\0'
```

If the second string argument to std::strcpy() is longer than five characters plus a null terminator, the results are unpredictable. Usually, the program fails immediately — or soon afterward — because it overwrites whatever coincidentally follows the receiving array in memory.

The std::strcat() function appends the string value of its second argument to the string in its first argument. There must be enough space past the significant characters (up to the null terminator) of the first argument for the second argument and its null terminator. For example:

```
char s[13] = "Hello";  // must be at least 13 chars
std::strcat(s, ", Dolly");  // s1 = "Hello, Dolly"
```

The std::strncmp(), std::strncpy(), and std::strncat() functions are similar to the preceding three functions except that each has a third integer parameter that specifies the maximum number of characters to compare, copy, or concatenate. If the second argument to std::strncpy() has fewer characters to copy than the integer argument specifies, the function pads the remaining characters in the first argument with zeros.

Finally, the `std::memset()` function is not just a string function. It fills a block of memory with a specified character. The function's first argument is a `void` pointer to the block of memory. By using a `void` pointer in its declaration, the function allows you to use it to initialize any buffer. The second argument specifies the fill character value. The third argument specifies the length of the memory area to be filled. The `std::memset()` function is used most often to zero-fill uninitialized memory for data aggregates such as structures and arrays.

<ctime>

<ctime> declares several functions, a structure, and a data type related to time and date. The structure is shown here:

```
struct tm
{
    int    tm_sec;     // seconds (0-61)
    int    tm_min;     // minutes (0-59)
    int    tm_hour;    // hours   (0-23)
    int    tm_mday;    // day of the month (1-31)
    int    tm_mon;     // months since January (0-11)
    int    tm_year;    // years since 1900
    int    tm_wday;    // days since Sunday (0-6)
    int    tm_yday;    // days since January 1 (0-365)
    int    tm_isdst;   // Daylight Saving Time flag
};
```

The data type is `typedef long time_t`, which is an integer value that represents the date and time (as the number of clock ticks) since a defined time in the past. Applications programs do not deal with the actual integral representation of the time. Instead, they accept and pass `std::time_t` values between functions declared in <ctime>. Here are the prototypes for the <ctime> functions:

```
char *asctime(const struct tm *tim);
char *ctime(const time_t *t);
double difftime(time_t t1, time_t t2);
struct tm *gmtime(const time_t *t);
struct tm *localtime(const time_t *t);
time_t mktime(struct tm *tim);
time_t time(time_t *t);
```

The `std::asctime()` function converts the `std::tm` structure pointed to by its argument into a null-terminated string suitable for displaying. The string appears in this format:

```
"Mon Apr 25 14:41:22 1994\n"
```

The `std::ctime()` function converts the `std::time_t` variable pointed to by its argument into a string in the same format as the string produced by `std::asctime()`.

The `std::difftime()` function returns a `double` value representing the difference in seconds between its two `std::time_t` arguments by subtracting the second argument from the first.

The `std::gmtime()` function converts the `std::time_t` variable pointed to by its argument into a `struct tm` variable representing Coordinated Universal Time, also called Greenwich mean time. The `std::gmtime()` function returns a pointer to the structure that it builds.

The `std::localtime()` function converts the `std::time_t` variable pointed to by its argument into a `std::tm` variable representing local time. It returns a pointer to the structure that it builds.

The `std::mktime()` function converts the `std::tm` variable pointed to by its argument into a `std::time_t` variable, which `std::mktime()` returns.

The `std::time()` function returns the current time as a `std::time_t` variable. If its argument is not `NULL`, the function also copies the `std::time_t` variable into the variable pointed to by the argument.

Listing 7-7 uses some of the functions described here to display the current Greenwich mean time.

On the CD-ROM

Name: **pr07007.cpp**
Location: Quincy99\Programs**Chap07**

Listing 7-7: **<ctime> functions**

```cpp
/////////////////////////////////////
// File Name: pr07007.cpp
/////////////////////////////////////
#include <iostream>
#include <ctime>

/////////////////////////////////////
// The main() function.
/////////////////////////////////////
int main()
{
    std::time_t now = std::time(0);
    std::cout << std::asctime(std::gmtime(&now));

    return 0;
}
```

Summary

This chapter discusses some of the Standard C library functions. When you begin using other compiler systems, you may find that they offer not only the Standard C library, but also many other compiler-dependent libraries. You also can use third-party libraries that support various functional applications and operating environments. There are libraries for graphics, user interfaces, database management, communications, mathematics, direct access to DOS functions, and many more.

✦   ✦   ✦

The Preprocessor

CHAPTER

8

✦ ✦ ✦ ✦

In This Chapter

Including source files in a translation unit

Defining and using macros

Using compile-time conditional directives

Discovering the #line and #pragma directives

✦ ✦ ✦ ✦

The term *preprocessor* designates a process that reads source code, performs some preliminary translation of that code, and writes new source code to be read by the compiler. The preprocessor processes source code before the compiler does.

The C and C++ languages have no built-in facilities for including other source files during the compile, for defining macros, or for compile-time directives that include some lines of code and exclude others based on conditions. The preprocessor provides those capabilities. Although it is integrated with most contemporary compilers, the preprocessor is regarded as a process independent of the compiler. The preprocessor reads source code, looks for preprocessing directive statements and macro invocations, and translates the source code accordingly. It also eliminates program comments and excess white space. This chapter describes how to use preprocessing directives in a program.

Preprocessing Directives

Preprocessing directives are lines of code that begin with a pound sign (#). The pound sign must be the first character on a line of code after any optional white space. The directive keyword follows, with optional white space between it and the pound sign. The entire line is devoted to the directive, which affects the translation of the source code to be passed to the compiler. Table 8-1 lists the preprocessing directives.

Preprocessing directives are effective beginning with their position in the translation unit and continuing until another directive changes their meaning.

	Table 8-1 Preprocessing Directives	
Directive	**Description**
#|	Null directive, no action
#include	Include a source code file at the directive's position
#define	Define a macro
#undef	Remove the definition of a macro
#if	Compile code if the given condition is true
#ifdef	Compile code if macro is defined
#ifndef	Compile code if macro is not defined
#elif	Compile code if previous #if... condition is not true and current condition is true
#endif	Terminate #if...#else conditional block
#error	Stop compiling and display an error message

Including Files

A *translation unit* is an independently compiled program module consisting of the C++ source-code file and any other source-code files that the program includes. By convention, C++ source-code files have a .cpp file name extension. They also include header source-code files, which — for standard libraries — have no file extension and which — for header files related to your program — have a file name extension of .h. All the function definitions are in the C source-code file. Header files contain declarations that are shared among translation units. Header files typically declare external variables, structure and union formats, macros, and function prototypes. Header files do not contain any function or variable definitions. In other words, header files, which can be included in multiple translation units that are linked into a single program, do not define anything that reserves memory.

#include

The #include preprocessing directive includes the named file in the translation unit, replacing the directive. You can have multiple levels of includes; an included file can include other files. Standard C++ requires that a conforming compiler support nesting of at least eight levels of included header files.

The preprocessor does not detect and suppress inclusion of a file that already is included in a translation unit. This arrangement allows compile-time conditionals to modify subsequent inclusions of header files:

```
#define MODHEADER
#include "table.c"
#undef MODHEADER
#include "table.c"
```

To avoid problems associated with multiple inclusions of a header file that should be included only once, you can use these compile-time conditional controls in a header file:

```
// --- myhdr.h
#ifndef MYHDR_H
#define MYHDR_H
// the header file information ...
#endif
```

There are two ways to include header files in a program:

```
#include <iostream>
#include "menus.h"
```

The first usage surrounds the file name with angle bracket symbols. This notation tells the preprocessor to search for the header file among the header files that came with the compiler or with an external library. The second usage surrounds the file name with double quotes. This notation tells the preprocessor to search for the header file among the source code of the application being compiled; if the preprocessor does not find the header file there, the preprocessor searches the compiler's header files.

The theory is that a compiler, which is installed in a public subdirectory, compiles applications that are installed in their own private subdirectories. An application includes the compiler's public header files and the application's own private header files. The two notations allow the compiler to discern the one common set of header files from the many other sets.

Macros

A *macro* defines a meaning for an identifier. The preprocessor replaces macro invocations in the source code with values derived from the macro definition. The most common usage for macros defines a global symbol that represents a value. A second usage defines macros with parameters that, when invoked, resemble function calls but generate inline substitution of the invoking statement's arguments with the macro definition's parameters.

#define

The #define preprocessing directive defines a macro. In its simplest format, the directive declares an identifier and adds code that replaces the identifier wherever it appears in subsequent source code. Such macros isolate global value definitions, assigning mnemonic identifiers, as this example illustrates:

```
#define MAXNBRS 10
int narray[MAXNBRS];
for (int i = 0; i < MAXNBRS; i++)
    // ...
```

In this example, the MAXNBRS symbol has meaning to the programmer who reads the code. It is a mnemonic value associated with the maximum number of entries in that particular array. You might use the value many places in your program. By convention, some programmers use all uppercase letters to identify these macros. It tells them that they are looking at a macro invocation rather than a variable identifier when they see the identifier used in code.

If you decide later that the array needs to be a different size, you can change the macro and recompile the program. If the macro is used in more than one translation unit, you code the macro into a header file and include the header in all the source-code files that use the macro. Then, to change the value, you change the macro in the header file, recompile all the translation units, and relink the executable program. The idea is to isolate potential global changes in one source-code location and assign meaningful mnemonic symbols to what might otherwise be meaningless numerical values.

The substituted value can be a constant expression and it can include identifiers that are declared in previous macros, as shown in this example:

```
#define SCREENHEIGHT 25
#define SCREENWIDTH 80
#define SCREENBUFFER (SCREENHEIGHT*SCREENWIDTH)
```

Observe the parentheses around the macro definition's expression. They are not necessary, but their use is prudent. Consider this example:

```
#define HEIGHT bottom-top+1
area=width*HEIGHT;
```

The preprocessor emits this code for the statement:

```
area=width*bottom-top+1;
```

Because of the rules of precedence, the result probably would be wrong. Here is how you should define the macro and how it expands:

```
#define HEIGHT (bottom-top+1)
area=width*HEIGHT;          // as coded
area=width*(bottom-top+1);  // as expanded
```

You can define a macro that expands to a string constant, as shown here:

```
#define VERSION "Version 4.1\nCopyright (c) 1994"
std::cout << VERSION;
```

#define with Arguments

Macros with parameters resemble functions that are expanded inline, but they do not work exactly like function calls. Consider this example:

```
#define Cube(x) ((x)*(x)*(x))
```

You can replace the x parameter with any numerical expression, including one with a function call. Observe again the parentheses. The complete expansion is enclosed in parentheses to preserve the integrity of its argument in the context of an enclosing expression. So are the macro parameters, for the same reason. Here is a typical, safe use of the Cube macro:

```
int height = 123;
int volume = Cube(height);
```

Here are some unsafe uses of Cube:

```
int volume = Cube(height++);
int randomvolume = Cube(std::rand());
```

If Cube were a function, these statements would be correct. However, because Cube is a macro, these usages have side effects. Their arguments are more than simple expressions; they do other things. The first usage auto-increments the argument and expands this way:

```
int volume = ((height++)*(height++)*(height++));
```

If height starts with a value of 123, the effective expression is this:

```
int volume = 123*124*125;
```

The second unsafe usage involves a function call. The preprocessor expands it to this code:

```
int randomvolume = ((std::rand())*(std::rand())*(std::rand()))
```

At best, this code is less efficient than it needs to be because it calls the `std::rand()` function three times. This example is a worst case, however, because the code produces the wrong result. The `std::rand()` function returns a different value for each call, and the result is not the volume of anything meaningful.

How do you use the `Cube` macro safely to produce the correct results? You must remove the side effects by moving their actions outside the macro calls:

```
int volume = Cube(height);
height++;
int randomheight = std::rand();
int randomvolume = Cube(randomheight);
```

A macro's parameters can include expressions and references to previously defined macros, making for some exotic macro definitions. Consider Listing 8-1, which follows.

On the CD-ROM

Name: **pr08001.cpp**
Location: Quincy99\Programs**Chap08**

Listing 8-1: **#define macros**

```
//////////////////////////////////////
// File Name: pr08001.cpp
//////////////////////////////////////
#include <iostream>
#include <iomanip>

// Define a set of macros.
#define OVERTIME      1.5
#define TAXRATE       0.15
#define WKWEEK        40
#define REG(h)        ((h) < WKWEEK ? (h) : WKWEEK)
#define OTIME(h)      ((h) < WKWEEK ? 0 : h - WKWEEK)
#define OTIMEPAY(h,r) ((r) * OTIME(h) * OVERTIME)
#define REGPAY(h,r)   ((r) * REG(h))
#define GROSSPAY(h,r) (OTIMEPAY(h,r) + REGPAY(h,r))
#define WHOLDING(h,r) (GROSSPAY(h,r) * TAXRATE)
#define NETPAY(h,r)   (GROSSPAY(h,r) - WHOLDING(h,r))

// A function prototype.
void setformat();
```

```
/////////////////////////////////////
// The main() function.
/////////////////////////////////////
int main()
{
    std::cout << "Enter hours (xx) rate (x.xx): ";
    int hours;
    float rate;
    std::cin >> hours >> rate;

    std::cout << "Regular:    ";
    setformat();
    std::cout << REGPAY(hours, rate)   << std::endl;

    std::cout << "Overtime:   ";
    setformat();
    std::cout << OTIMEPAY(hours, rate) << std::endl;

    std::cout << "Gross:      ";
    setformat();
    std::cout << GROSSPAY(hours, rate) << std::endl;

    std::cout << "Witholding: ";
    setformat();
    std::cout << WHOLDING(hours, rate) << std::endl;

    std::cout << "Net Pay:    ";
    setformat();
    std::cout << NETPAY(hours, rate)   << std::endl;

    return 0;
}

/////////////////////////////////////
// Set the text output format.
/////////////////////////////////////
void setformat()
{
    std::cout << std::setw(10)
              << std::setiosflags(std::ios::fixed)
              << std::setiosflags(std::ios::right)
              << std::setprecision(2);
}
```

The macros in Listing 8-1 cooperate to compute values for a payroll. Read the macros carefully as you follow this explanation. The first three macros define constant global values, assigning identifiers to the values for the overtime rate (OVERTIME), **tax withholding rate** (TAXRATE), and the number of regular hours in a work week (WKWEEK).

The REG macro computes the number of regular (non-overtime) hours from the total number of hours worked that week. The expression returns the actual number of hours, if less than a workweek. Otherwise, it returns the number of hours in a workweek.

The OTIME macro computes the number of overtime hours from the total hours worked. If the number of hours worked is less than a workweek, the value returned is zero; otherwise, it is the difference between the number of hours worked and a workweek.

The OTIMEPAY macro computes the amount of overtime pay from the hours worked and the hourly wage. It multiplies the wage times the overtime hours times the overtime rate.

The REGPAY macro computes the amount of regular pay from the hours worked and the hourly wage. It multiplies the wage times the regular hours.

Observe that these macros call previously defined macros.

The GROSSPAY macro computes the sum of the overtime and regular pay from the hours worked and the hourly wage.

The WHOLDING macro computes the amount of taxes to withhold from the hours worked and the hourly wage. It multiplies the gross pay times the tax withholding rate.

The NETPAY macro computes the net pay from the hours worked and the hourly wage. It computes the difference between gross pay and withholding.

The program reads the number of hours worked and the hourly wage from standard input and displays the results on standard output. Following is a typical session:

```
Enter hours (xx) rate (x.xx): 45 18.50
Regular:        740.00
Overtime:       138.75
Gross:          878.75
Witholding:     131.81
Net Pay:        746.94
```

You can modify the algorithm by changing any of the first three constants and recompiling the program. In a real payroll program, tax rates are based on the employee's salary, number of dependents, and whatever tables the IRS has in effect for the current year.

All the macros with parameters can be functions. What is the advantage of using macros? First, a macro expands to inline code. No function call overhead is involved when you call a macro. Macros that are used often should not expand to a lot of code, because every call to them is an individual expansion.

You can code the macros without functions as `const` variables (refer to Chapter 5) with no loss of efficiency. C++'s `inline` function feature (Chapter 3) provides an improved facility for writing macros.

Functions declared inline are similar to #define macros with these exceptions: An inline function is subject to the same C++ type checking as normal functions; inline functions are not subject to macro side effects. For example, consider this macro:

```
#define min(a,b) (a < b ? a : b)
```

As I discuss earlier in this chapter, the `min` macro has potential side effects. Suppose you call it this way:

```
int c = min(a++,b++);
```

The macro expansion, shown next, invokes undesirable side effects in that the lesser of the a and b variables is incremented twice.

```
int c = a++ < b++ ? a++ : b++;
```

Inline function calls, which the compiler treats as normal function calls, do not have such side effects.

Listing 8-2 improves Listing 8-1 by using preferred C++ idioms and avoiding the use of preprocessing directive macros.

Name: **pr08002.cpp**
Location: Quincy99\Programs**Chap08**

Listing 8-2: **No macros**

```
/////////////////////////////////////////////
// File Name: pr08002.cpp
/////////////////////////////////////////////
#include <iostream>
#include <iomanip>

// Define constants.
const float overtime = 1.5;
const float taxrate = 0.15;
const int wkweek = 40;
```

Continued

Listing 8-2 *(continued)*

```cpp
// Define inline functions.
inline int reg(int h)
{
    return h < wkweek ? h : wkweek;
}

inline int otime(int h)
{
    return h < wkweek ? 0 : h - wkweek;
}

inline float otimepay(int h,float r)
{
    return r * otime(h) * overtime;
}

inline float regpay(int h,float r)
{
    return r * reg(h);
}

inline float grosspay(int h,float r)
{
    return otimepay(h,r) + regpay(h,r);
}

inline float wholding(int h,float r)
{
    return grosspay(h,r) * taxrate;
}

inline float netpay(int h,float r)
{
    return grosspay(h,r) - wholding(h,r);
}

// Function prototype.
void setformat();

////////////////////////////////////
// The main() function.
////////////////////////////////////
int main()
{
    std::cout << "Enter hours (xx) rate (x.xx): ";
    int hours;
    float rate;
    std::cin >> hours >> rate;
```

```
    std::cout << "Regular:    ";
    setformat();
    std::cout << regpay(hours, rate)   << std::endl;

    std::cout << "Overtime:   ";
    setformat();
    std::cout << otimepay(hours, rate) << std::endl;

    std::cout << "Gross:      ";
    setformat();
    std::cout << grosspay(hours, rate) << std::endl;

    std::cout << "Withholding: ";
    setformat();
    std::cout << wholding(hours, rate) << std::endl;

    std::cout << "Net Pay:    ";
    setformat();
    std::cout << netpay(hours, rate)   << std::endl;

    return 0;
}

void setformat()
{
    std::cout << std::setw(10)
              << std::setiosflags(std::ios::fixed)
              << std::setiosflags(std::ios::right)
              << std::setprecision(2);
}
```

Inline functions are not always as efficient as macros, because the compiled code includes the overhead of maintaining function parameters as variables on the stack.

Notation and Justification

Chapter 5 introduces the <iomanip> header file, which declares stream manipulators that you send to a stream to control how the stream displays objects. You learn that the setw manipulator's argument specifies the minimum display width in character positions of the next object in the stream. Listings 8-1 and 8-2 use two additional manipulators. Before each display of one of the float objects, the programs call their setformat() function. That function uses std::setw to set the width of the numerical display. The two uses of std::setiosflags tell the stream to display the float value in fixed rather than scientific notation and to display the value right-justified. Chapter 18 discusses manipulators in more detail.

The # "Stringizing" Operator

The # operator within a macro definition converts into a string the argument for the parameter that follows. Consider an `Error` macro that displays the error code on standard output. Without the # operator, you can write the macro as shown here:

```
#define Error(n) std::cout << "Error " << n
```

You can get the same effect by using the # operator, sometimes called the stringizing operator. Listing 8-3 demonstrates that usage.

On the CD-ROM

Name: **pr08003.cpp**
Location: Quincy99\Programs**Chap08**

Listing 8-3: **The # stringizing operator**

```cpp
/////////////////////////////////////
// File Name: pr08003.cpp
/////////////////////////////////////
#include <iostream>

// Define the macro.
#define Error(n) std::cout << "Error " #n

/////////////////////////////////////
// The main() function.
/////////////////////////////////////
int main()
{
    Error(53);

    return 0;
}
```

The #n sequence in the macro definition tells the preprocessor to convert into a string whatever is passed as an argument. The macro call has 53 as the argument, so the macro expands this way:

```
std::cout << "Error " "53";
```

The adjacent strings are concatenated (pasted together) according to the syntax for string constants, and the effective statement is this:

```
std::cout << "Error 53";
```

The ## Operator

The *##* operator concatenates arguments. The preprocessor takes the arguments that match the parameter references on either side of the *##* operator and turns them into a single token. Listing 8-4 is an example.

On the CD-ROM

Name: **pr08004.cpp**
Location: Quincy99\Programs**Chap08**

Listing 8-4: **The ## token pasting operator**

```
/////////////////////////////////////
// File Name: pr08004.cpp
/////////////////////////////////////
#include <iostream>

// Define the macro.
#define BookChapterVerse(b,c,v) b ## c ## v

/////////////////////////////////////
// The main() function.
/////////////////////////////////////
int main()
{
    unsigned bcv = BookChapterVerse(5,12,43);
    std::cout << bcv;

    return 0;
}
```

The program displays the value 51243, which is the constant long integer that results when you paste the three arguments 5, 12, and 43.

Understand that you don't get the same results by passing variables with those values to the macro. The macro is expanded by the preprocessor, which pastes the names of the variables rather than some future values that they might contain.

After the concatenation, the resulting value is scanned again by the preprocessor, so you can use the facility to build some complex, if not bizarre, macros. Listing 8-5 is a demonstration.

Name: **pr08005.cpp**
Location: Quincy99\Programs**Chap08**

Listing 8-5: More ## pasting

```
///////////////////////////////////
// File Name: pr08005.cpp
///////////////////////////////////
#include <iostream>

// Define macros.
#define AbleBaker "alpha bravo"
#define cat(a,b)    a ## b

///////////////////////////////////
// The main() function.
///////////////////////////////////
int main()
{
    std::cout << cat(Able, Baker);

    return 0;
}
```

The `AbleBaker` macro defines a string value. The `cat` macro is a general-purpose, two-argument concatenation macro. The `std::cout` call invokes the `cat` macro with the arguments Able and Baker. Those arguments concatenate to form the single identifier `AbleBaker`, which then expands into the string constant "alpha bravo" that gets passed to `std::cout`.

Note   Don't worry if all this confuses you. Few programmers understand ## until they need it or see it used meaningfully in a way that is relevant to a problem at hand. Most programmers never need it.

#undef

The #undef preprocessor directive removes the definition of a macro for the ensuing source-code lines in the translation unit. You use this directive when you want the meaning of the identifier to return to its default meaning or when you want to change the meaning. You cannot have multiple definitions of a macro in effect at the same time.

Compile-Time Conditional Directives

Compile-time conditional directives control which lines of code get compiled and which ones do not. You can control code compilation based on the value of an expression or on whether a particular macro is defined.

#if

The #if directive tests the constant expression that follows the directive keyword. If the expression evaluates to true, the ensuing source-code group — up to the next #else, #elif, or #endif — is passed to the compiler. Otherwise, it is not.

#endif

This directive is the terminator for all #if... preprocessing directives. Listing 8-6 demonstrates #if and #endif.

On the CD-ROM

Name: **pr08006.cpp**
Location: Quincy99\Programs**Chap08**

Listing 8-6: **The #if and #endif preprocessing directives**

```
/////////////////////////////////////
// File Name: pr08006.cpp
/////////////////////////////////////
#include <iostream>

// Define the DEBUG macro.
#define DEBUG 1

/////////////////////////////////////
// The main() function.
/////////////////////////////////////
int main()
{
#if DEBUG
    std::cout << "Debugging" << std::endl;
#endif
    std::cout << "Running" << std::endl;

    return 0;
}
```

The line of code between the #if and the #endif compiles only if the expression DEBUG evaluates to a true value. In this case it does, because DEBUG is defined as a global integer constant with a value of 1. Use the Quincy editor to change the definition to this:

```
#define DEBUG 0
```

Now when you compile and run the program, the line of code under the control of the #if, #endif pair does not compile. The same thing happens if you remove the #define statement.

#if Defined

You can test to see whether a macro is defined rather than test its value, as shown in Listing 8-7.

Name: **pr08007.cpp**
Location: Quincy99\Programs**Chap08**

Listing 8-7: **#if defined preprocessing directive**

```
/////////////////////////////////////
// File Name: pr08007.cpp
/////////////////////////////////////
#include <iostream>

// Define the DEBUG symbol.
#define DEBUG

/////////////////////////////////////
// The main() function.
/////////////////////////////////////
int main()
{
#if defined DEBUG
    std::cout << "Debugging" << std::endl;
#endif
    std::cout << "Running" << std::endl;

    return 0;
}
```

To test that a macro is not defined, use this notation:

```
#if !defined DEBUG
```

#ifdef and #ifndef

The #ifdef and #ifndef directives are variations on #if defined and #if !defined, respectively. They work the same way.

#else

You can code the #else directive after the statement group that is controlled by one of the #if... directives. The statement group that follows the #else compiles if the condition tested by the #if... is not true. One #endif directive terminates the two groups, as shown in Listing 8-8.

Name: **pr08008.cpp**
Location: Quincy99\Programs**Chap08**

Listing 8-8: **The #else preprocessing directive**

```cpp
/////////////////////////////////////
// File Name: pr08008.cpp
/////////////////////////////////////
#include <iostream>

// Define the DEBUG symbol.
#define DEBUG

/////////////////////////////////////
// The main() function.
/////////////////////////////////////
int main()
{
#if defined DEBUG
    std::cout << "Debugging" << std::endl;
#else
    std::cout << "Not debugging" << std::endl;
#endif
    std::cout << "Running" << std::endl;

    return 0;
}
```

#elif

The #elif preprocessing directive combines the effects of the #else and #if directives, as shown in Listing 8-9.

On the CD-ROM

Name: **pr08009.cpp**
Location: Quincy99\Programs**Chap08**

Listing 8-9: **The #elif preprocessing directive**

```cpp
/////////////////////////////////////
// File Name: pr08009.cpp
/////////////////////////////////////
#include <iostream>

// Define the DEBUG symbol.
#define DEBUG

/////////////////////////////////////
// The main() function.
/////////////////////////////////////
int main()
{
#if defined DEBUG
    std::cout << "Debugging" << std::endl;
#elif defined TESTING
    std::cout << "Testing" << std::endl;
#elif defined EXPERIMENTAL
    std::cout << "Experimental" << std::endl;
#else
    std::cout << "None of the above" << std::endl;
#endif
    std::cout << "Running" << std::endl;

    return 0;
}
```

#error

The #error directive causes the compiler to display an error message that includes whatever information you provide on the line to the right the directive keyword. It stops the compilation. It typically is used within the control of a compile-time conditional statement to alert the programmer that something is wrong in the way the compile is set up. You can construct complex compile-time conditions with nested and mutually exclusive tests. The #error directive enables you to assert a compile-time error if the conditions are not organized logically. Listing 8-10 is an example.

Name: **pr08010.cpp**
Location: Quincy99\Programs**Chap08**

Listing 8-10: **The #error preprocessing directive**

```cpp
/////////////////////////////////////
// File Name: pr08010.cpp
/////////////////////////////////////
#include <iostream>

// Define macros.
#define DEBUG   1
#define TESTING 1

// Test for an error condition.
#if DEBUG & TESTING
   #error DEBUG & TESTING both have values
#endif

/////////////////////////////////////
// The main() function.
/////////////////////////////////////
int main()
{
#if DEBUG
    std::cout << "Debugging" << std::endl;
#elif TESTING
    std::cout << "Testing" << std::endl;
#else
    std::cout << "Not debugging" << std::endl;
#endif
    std::cout << "Running" << std::endl;

    return 0;
}
```

You can use an alternative notation when you test for the definition of macros rather than their values, as shown here:

```cpp
#define DEBUG
#define TESTING
```

```
#ifdef DEBUG
#ifdef TESTING
#error DEBUG & TESTING both defined
#endif
#endif
```

Other Standard Directives

Standard C++ defines two other preprocessing directives.

#line

The #line directive lets you change the file name and line number that the compiler uses to report subsequent warning and error messages.

#pragma

The #pragma directive has no formal definition. Compilers may use it in ways that the compiler vendor sees fit. Typical uses are to suppress and enable certain annoying warning messages. You can use the compiler's custom #pragma to suppress the warning messages.

Summary

In this chapter, you learn how to include system and application header files, define macros, and use compile-time conditional directives.

✦   ✦   ✦

Structures and Classes

Before coming up with its present name, Dr. Stroustrup called C++ "C with classes." This version represented his first effort to extend the C language by using classes to implement an object-oriented programming model. Classes support data abstraction, wherein you extend the C++ language by designing user-defined data types. Classes also support the construction of full-blown, object-oriented class hierarchies. This chapter introduces classes and explains data abstraction.

The C++ Class

The class is the C++ mechanism by which a programmer expresses the design of custom data types. Classes are similar to the structure that you learn about in Chapter 5. In fact, they almost are identical. The structure Chapter 5 describes is really the structure that C++ inherited from the C language. C++ adds substantially to the C structure and gives it a second identity with another name-class.

In its implementation of classes and structures, C++ significantly extends the support found in C of both elements. In C++, the class differs from the structure in the defaults that each assumes with respect to access specifiers, which I explain later in this chapter. Everything you learn about structures in Chapter 5 applies to classes. Everything that you learn about classes in this chapter and subsequent chapters also applies to structures and adds to what you learn in Chapter 5.

Let's use structures until you learn about access specifiers, whereupon we revisit the subject of the class versus the structure. Chapter 12 shifts focus to the C++ class.

The Characteristics of Data Types

Before you can design your own custom data types, you must learn about data types in general. Consider the intrinsic numerical C++ data types in Chapter 2. Each intrinsic data type has a data representation and exhibits predictable behavior when addressed in certain ways by the program. Each intrinsic data type has its own *implementation* (how the compiler implements the behavior) and its own *interface* (how a program invokes the behavior of an object of the data type). I use a universally known and intrinsically understood data type, the signed integer, as an example.

Data Representation

A signed integer typically contains 32 bits, although that is not a standard. The GNU C++ compiler used by Quincy supports a 32-bit signed integer, so I use that example in this discussion. A 32-bit signed integer can contain values ranging from - 2,147,483,648 to 2,147,483,647. That format is the signed integer data type's data representation.

Implementation

The internal twos-complement arithmetic of the `int` data type is the signed integer's implementation. The C++ compiler provides that implementation, usually based on the underlying architecture of the target computer's arithmetic registers.

Behavior

When you apply the increment (++) operator (refer to Chapter 2) to an object of type `signed int`, the object increments its value by 1. That reaction is a part of the `signed int` data type's behavior. Other behaviors are defined for other operators.

Interface

The source code program's expression that applies the auto-increment operator to a `signed int` variable is part of the `signed int` data type's interface.

User-Defined Data Types

The intrinsic numerical types suffice for most of a program's numerical needs, but there are times when you need to extend the language (e.g., when your program requires user-defined data types, each with its own unique data representation, behavior, implementation, and interface).

Abstraction

In object-oriented programming, abstraction is the name given to the process by which you design a new data type that you and other programmers can view from a higher level of abstraction—concerning yourselves only with the interface and disregarding the details of the implementation.

A programmer must understand each data type's interface and behavior. Clearly, you need to know what happens when you add a constant value to an integer variable, for example. That understanding is the level of abstraction with which a programmer views an integer. You might understand (and often you must understand) the underlying data representation and implementation. However, the essence of object-oriented programming is that a programmer who uses objects of any data type views that type from a higher level of abstraction and pays little attention to the details of the data type's implementation.

What Are the Objects?

When do you need to use data abstraction in your design? How can you leverage what you already know about programming to help you understand this different view of a program, this so-called object-oriented view?

What kinds of data can't the compiler's intrinsic types represent? In procedural programming languages (e.g., C, Pascal, COBOL, FORTRAN, PL/1, BASIC), you commonly group data elements into record formats to gather related data items into a logical aggregate with which the program can work. An employee record in a personnel system is one example. The department record is another. These aggregates may include among their members other data items that are themselves aggregates of data types (for example, date hired).

No matter what language you programmed with before you came to C++, you used data aggregates of one form or another. As a general rule, whenever you would have built a C structure, a BASIC TYPE, or a COBOL record definition, you now will use data abstraction to build the same thing as a user-defined data type described by a class or structure in C++. Let's examine that process in more detail.

Data Abstraction and Procedural Programming

To design a new data type with traditional procedural programming, you organized the basic types into a logical structure and wrote functions to process that structure. The functions were reusable throughout the program for other objects of the same structure, because you passed to the functions a reference to the affected object. Listing 9-1 illustrates that principle.

On the CD-ROM

Name: **pr09001.cpp**
Location: Quincy99\Programs**Chap09**

Listing 9-1: Data abstraction and procedural programming

```
/////////////////////////////////////
// File Name: pr09001.cpp
/////////////////////////////////////
#include <iostream>

// Date structure.
struct Date
{
    int month, day, year;
};

/////////////////////////////////////
// Display a date in a standard format.
/////////////////////////////////////
void display(Date& dt)
{
    static char *mon[] =
    {
        "January","February","March","April","May","June",
        "July","August","September","October","November",
        "December"
    };

    std::cout << mon[dt.month-1] << ' '
            << dt.day << ", " << dt.year;
}

/////////////////////////////////////
// The main() function.
/////////////////////////////////////
int main()
{
    Date birthday = {4, 6, 1961};
    std::cout << "Alan's date of birth is ";
    display(birthday);

    return 0;
}
```

Listing 9-1 is a good example of procedural programming, and except for the use of the std::cout object and the reference parameter, it is what you expect to see in a C program that displays a date on the console. C is a procedural programming language.

The Date structure defines a data format. The format of the structure constitutes the data representation of the user-defined data type—in this case, a calendar date.

The display() function takes a reference to an object of the Date structure and displays the object's values on the console, constituting the behavior of the data type.

The Date data type's implementation of the display behavior sends to the std::cout object the three integers that represent the month, day, and year.

The type's interface is the display() function's identifier and parameter list.

Although Listing 9-1 demonstrates data abstraction with procedural programming, it is a better example of why data abstraction with object-oriented programming is a superior programming model. The display() function is bound loosely to the Date structure because the function refers to the structure's members, dereferencing them through the address passed by the caller as an argument to the dt parameter. The display() function, and all calls to the function, must be declared in the same scope as the Date structure.

However, the Date structure's design is not perfect. The implementation and data representation are an open architecture. A program can easily instantiate an invalid Date object by initializing it with values that are out of the prescribed range of a calendar date. The program also can instantiate an uninitialized Date object with random invalid values in its data members. The program similarly can modify any of the data members of an existing Date object with invalid values. The design offers no protection from careless programming. Furthermore, the design permits unrelated functions that implement Date's behavior to be scattered helter-skelter throughout the program.

The program distributes its dependency on the Date structure's implementation throughout all modules of the program's code that address Date objects. The details of the structure's data representation are public; the program depends on those details.

The Date structure and the display() function described earlier are bound loosely by the display function's use of a Date object reference. Anywhere the Date declaration is in scope, you can write such a function and alter the behavior of all Date objects for which the program calls that function. The Date data type's interface and behavior are distanced logically from its implementation and data representation.

The consequence of such a procedural design approach is that any modification to the Date structure's data representation levies a potential impact on widely distributed software modules, all of which are intimate with the details of the data type's implementation. This consequence is one of the principal reasons that complex procedural programs often are difficult to maintain.

Data Abstraction and Encapsulation

Although the Date structure and the display() function described earlier are bound loosely, they are not encapsulated. *Encapsulation* is an object-oriented design approach that closely binds the implementation of a class to its data representation, logically hides the details of the implementation from users of the data type, and provides a public interface to the data type's behavior.

Encapsulation is exactly what a compiler of any high-level programming language— object oriented or otherwise—does with intrinsic data types. An object-oriented programming language permits encapsulation of user-defined data types, too.

C++ uses features of the class mechanism to support encapsulation of user-defined data types. In the next section, we improve the procedural Date design by applying encapsulation. You can circumvent these improved design methods by using clever or careless C++ programming idioms, but C++'s support of encapsulation encourages you to write better programs.

Structures with Functions

A *structure* is an aggregate of data types forming a user-defined data type. The structure can contain characters, integers, enumerations, floats, doubles, arrays, pointers, typedefs, unions, and other structures. In other words, any valid data type can be a member of a structure. This convention is consistent with the traditional C definition of a structure. C++ adds another type of member to the structure. In C++, structures can include functions.

Take a moment to consider the implications of what you just read. By adding functions to structures, you add the ability for a structure to include algorithms that are bound to, and work with, the other structure members. You closely associate the algorithms with the data they process; this association is how C++ supports encapsulation.

Adding Functions to Structures

Listing 9-2 adds a function to the Date structure described earlier. The function's name is display(), and its purpose is to display the contents of an instance of the Date structure. This new function is a member of the structure and is called a *member function*. It eliminates the nonmember display function from the code fragment.

On the
CD-ROM

Name: **pr09002.cpp**
Location: Quincy99\Programs**Chap09**

Listing 9-2: **Structures with functions**

```cpp
/////////////////////////////////////
// File Name: pr09002.cpp
/////////////////////////////////////
#include <iostream>

// A structure with a member function.
struct Date
{
    int month, day, year;
    void display();  // A function to display the date.
};

/////////////////////////////////////
// Implementation of the Date
// structure's display() member
// function.
/////////////////////////////////////
void Date::display()
{
    static char *mon[] =
    {
        "January","February","March","April","May","June",
        "July","August","September","October","November",
        "December"
    };

    std::cout << mon[month-1] << ' ' << day << ", " << year;
}

/////////////////////////////////////
// The main() function.
/////////////////////////////////////
int main()
{
    Date birthday = {4, 6, 1961};
    std::cout << "Alan's date of birth is ";
    birthday.display();

    return 0;
}
```

Listing 9-2 codes the display() function's declaration outside the class declaration as Date::display. This notation tells the C++ compiler that the display member function exists to support instances of the Date structure. In fact, the only way to call this display function is as a member of a declared Date.

The `main()` function declares a `Date` named birthday and initializes it with a value. Then, the `main()` function calls the `Date::display()` function by identifying it as a member of the birthday structure with the following notation:

```
birthday.display();
```

The `Date::display()` function can reference members of the structure with which it is associated directly without naming an instance of the structure, because the function itself is a member of the structure.

Multiple Instances of the Same Structure

You can declare more than one instance of the same structure; the member function associates itself with the data in the particular structure object for which you call the function. Listing 9-3 adds two objects to the preceding listing to demonstrate this behavior.

On the CD-ROM

Name: **pr09003.cpp**
Location: Quincy99\Programs**Chap09**

Listing 9-3: **Multiple instances of a structure**

```cpp
/////////////////////////////////////
// File Name: pr09003.cpp
/////////////////////////////////////
#include <iostream>

// Structure with a function.
struct Date
{
    int month, day, year;
    void display();   // A function to display the date.
};

/////////////////////////////////////
// Implementation of the Date
// structure's display() member
// function.
/////////////////////////////////////
void Date::display()
{
    static char *mon[] =
    {
        "January","February","March","April","May","June",
        "July","August","September","October","November",
        "December"
    };
```

```
        std::cout << mon[month-1] << ' ' << day << ", " << year;
    }

    ////////////////////////////////////////
    // The main() function.
    ////////////////////////////////////////
    int main()
    {
        Date alans_birthday = {4, 6, 1961};
        std::cout << "Alan's date of birth is ";
        alans_birthday.display();
        std::cout << std::endl;

        Date sharons_birthday = {10, 12, 1962};
        std::cout << "Sharon's date of birth is ";
        sharons_birthday.display();
        std::cout << std::endl;

        Date wendys_birthday = {4, 28, 1965};
        std::cout << "Wendy's date of birth is ";
        wendys_birthday.display();
        std::cout << std::endl;

        return 0;
    }
```

The program in Listing 9-3 declares three Date structures and uses the display() function to display the dates for all three.

Different Structures, Same Function Names

You can have different structures that use the same function name. Listing 9-4 is an example of two different structures, each of which uses a function named display().

Name: **pr09004.cpp**
Location: Quincy99\Programs**Chap09**

Listing 9-4: **Two structures with the same function name**

```
////////////////////////////////////////
// File Name: pr09004.cpp
////////////////////////////////////////
#include <iostream>
#include <iomanip>
#include <ctime>
```

Continued

Listing 9-4: *(continued)*

```cpp
// Date structure with a function.
struct Date
{
    int month, day, year;
    void display();    // A function to display the date.
};

/////////////////////////////////////////
// Implementation of the Date
// structure's display() member
// function.
/////////////////////////////////////////
void Date::display()
{
    static char *mon[] =
    {
        "January","February","March","April","May","June",
        "July","August","September","October","November",
        "December"
    };

    std::cout << mon[month] << ' ' << day << ", " << year;
}

// Time structure with a function.
struct Time {
    int hour, minute, second;
    void display();    // A function to display the time.
};

/////////////////////////////////////////
// Implementation of the Time
// structure's display() member
// function.
/////////////////////////////////////////
void Time::display()
{
    std::cout.fill('0');
    std::cout << (hour>12?hour-12:(hour==0?12:hour)) << ':'
              << std::setw(2) << minute << ':'
              << std::setw(2) << second
              << (hour < 12 ? "am" : "pm");
}

/////////////////////////////////////////
// The main() function.
/////////////////////////////////////////
int main()
{
    // Get the current time from the OS.
    std::time_t curtime = time(0);
```

```
        std::tm tim = * std::localtime(&curtime);

        // Define Time and Date structures.
        Time now;
        Date today;

        // Initialize the structures.
        now.hour = tim.tm_hour;
        now.minute = tim.tm_min;
        now.second = tim.tm_sec;
        today.month = tim.tm_mon;
        today.day = tim.tm_mday;
        today.year = tim.tm_year+1900;

        // Display the current date and time.
        std::cout << "At the tone it will be ";
        now.display();
        std::cout << " on ";
        today.display();
        std::cout << '\a' << std::endl;

        return 0;
    }
```

The program in Listing 9-4 has a Date structure and a Time structure. Both structures have functions named display(). The display() function associated with the Date structure displays the date; the display() function associated with the Time structure displays the time.

Observe the use of the call to the fill() function for the cout object. The fill() function is a member function of the std::ostream class, of which std::cout is an object. The function tells std::cout to fill any displayed items that are shorter than the space allotted for them (by the std::setw manipulator) with the argument character (in this example, a zero).

Observe also that the Standard C std::localtime() function returns a year value in the std::tm.tm_year data member. When added to the integer constant 1900, this value produces the correct year, even during and after the year 2000. Be ever mindful of the dreaded Year 2K issue and follow the example set by this book: *Do not write programs that have bugs built into them.*

Access Specifiers

By default, the members of a structure are visible to all the functions within the scope of the structure object. This visibility permits a program to modify the values of data members directly. Such access promotes weak programming idioms wherein unrelated parts of a program come to depend on the details of a data type's implementation. An objective of data abstraction is to hide those details from the user of the class, providing instead a public interface that translates the implementation for the user of the class.

You can limit this free access to a data type's data members by placing access specifiers in the structure's definition. You can modify the Date structure in Listing 9-4 with the private and public access specifiers, as shown here:

```
struct Date
{
private:
    int month, day, year;
public:
    void display(void);
};
```

All members following the private access specifier are accessible only to the member functions within the structure definition. All members following the public access specifier are accessible to any function that is within the scope of the structure. If you omit the access specifiers, everything is public. You can use an access specifier more than once in the same structure definition.

A third access specifier, protected, is the same as the private access specifier unless the structure is a part of a class hierarchy—a subject that Chapter 15 addresses.

The preceding structure is unusable. Here's why. You cannot initialize an instance of that structure with a brace-separated list of integers, because the data members are private to the member functions and are not accessible to the rest of the program. The Date structure is useless, because it has no way for a program to put data values into the data members. You need to define and call a member function that initializes the data members before you use an object of this structure.

C++ structures and classes can have constructor and destructor member functions that are called automatically to handle initialization and destruction when objects of the classes enter and depart scope. You solve the problem of the unusable class in Chapter 11, which, among other things, explains constructors and destructors.

Should You Use Procedural Programming?

Nothing in C++ prevents you from using the procedural programming model of Listing 9-1. Encapsulation of the Date structure's data representation and behavior occurs when member functions are declared as part of the structure declaration.

You can add to Listings 9-2, 9-3, and 9-4 a procedural `display()` nonmember function similar to the one in Listing 9-1, and the program still works. However, by using access specifiers to make the data members private, you prevent functions that are not members of the structure from accessing the data members of an object of the structure. When you do that and when the class fully serves its purpose, data abstraction and encapsulation of that user-defined data type are complete.

The Class versus the Structure

C++ defines structures and classes almost identically. To declare a class, you use the `class` keyword in place of the `struct` keyword. The only other differences are related to the default access specifiers. The members of a structure have public access by default. The members of a class have private access by default. There are similar differences when you declare classes and structures in hierarchies using class inheritance, a subject of Chapter 15.

The `Date` structure shown earlier is exactly the same as the `Date` class shown here:

```
class Date
{
    int month, day, year;
public:
    void display(void);
};
```

So why have two different constructs when the differences are so small? The answer goes back to the early days of C++ when the class was evolving from the C structure. There is no technical reason that the C++ structure should include all the properties of the class. C++ cannot eliminate the structure altogether; it must, however, support the C structure to preserve compatibility between the languages, according to the original objectives of the C++ language. But without the explanation provided by Bjarne Stroustrup, the creator of C++, it is not clear why the structure needs member functions, access specifiers, and the ability to participate in class hierarchies. In *The Design and Evolution of C++* (Addison-Wesley, 1994) Dr. Stroustrup says:

> "My intent was to have a single concept: a single set of layout rules, a single set of lookup rules, a single set of resolution rules, etc.... Only a single concept would support my ideas of a smooth and gradual transition from "traditional C-style programming," through data abstraction, to object-oriented programming."

So the reason is cultural rather than technical. Dr. Stroustrup goes on to explain that keeping the class and structure the same forestalls an otherwise unavoidable tendency on the part of language standardizers and specifiers to overwhelm the class specification with excess features while leaving the structure to implement only those features that involve low overhead and simplicity.

Given all that, when should you use a structure instead of a class? Many programmers adopt this rule: When the data structure's implementation is the same as its interface, use a structure. Otherwise, use a class.

What are the implications of this rule? What does it mean when you say that the implementation is the interface? It means simply that you have a typical C structure with data members only (no member functions), all of which have public access so that the format of the data members is what the application program views.

Object-oriented purists contend that by following this rule, there is no valid application for the C++ structure. If you fall into that category, C++ supports your beliefs. Use classes exclusively. If you lean toward the pragmatic approach, C++ permits you to write code using either idiom. C++ has something for everyone.

Virtually none of the listings that follow in this book use structures. In Chapter 11, I shift focus to the C++ class, not because I am an object-oriented purist, but because you have now learned all you need to know about structures.

Unions

Unions share some of the structure attributes that you learn in this chapter. A union can have function members, but it cannot be a part of a class hierarchy. You learn about class hierarchies in Chapter 15. A union can have constructor and destructor functions (refer to Chapter 11), but it cannot have virtual functions (refer to Chapter 14). Unions can have private and public members. You learn more about the private and public access specifiers in Chapter 11.

Summary

This chapter teaches you about data abstraction and the C++ structure, its members, and its access specifiers. Chapter 11 is about the C++ class, a variation on the structure. Beginning with Chapter 11, this book uses the class mechanism exclusively for declaring user-defined data types and building object-oriented class hierarchies.

✦   ✦   ✦

Function Templates

This chapter is about C++ *templates*, a mechanism that supports a programming idiom called *parameterized data types*. The ANSI Standard C++ library (Part III of this book) depends heavily on templates, which enable classes and functions to define (at compile time (the types of data they manipulate and return. In this chapter, you read about function templates. In Chapter 15, you discover class templates.

Function Template Basics

A *function template* defines a parameterized nonmember function, which enables a program to call the same function with different types of arguments. The compiler determines which types are used and generates the appropriate code from the template. For example, the following lines define a function template:

```
template<class T>
T MyFunc(T num)
{
    return num*2;
}
```

This template defines a function named `MyFunc()`, with an unspecified data type as a return type and a parameter. Users of the template specify the data types the function uses.

The first part of a function template definition is the template *specifier:*

```
template<class T>
```

The T identifier represents the parameterized data type throughout the definition. The identifier can consist of any C++ data type, including intrinsic types and classes. The use of T for the primary template parameter is a convention. You can use any valid C++ identifier.

The next line in the function template definition specifies the function's prototype, using the parameterized data type to indicate the function's return type and parameters:

```
T MyFunc(T num)
```

Finally, you write the remainder of the function just as you do any other function. For example, Listing 10-1 defines and uses the template function.

On the
CD-ROM

Name: **pr10001.cpp**
Location: **Quincy99\Programs\Chap10**

Listing 10-1: **A simple function template**

```cpp
/////////////////////////////////////
// File Name: pr10001.cpp
/////////////////////////////////////
#include <iostream>

/////////////////////////////////////
// Template definition.
/////////////////////////////////////
template<class T>
T MyFunc(T num)
{
    return num*2;
}

/////////////////////////////////////
// The main() function.
/////////////////////////////////////
int main(int argc, char* argv[])
{
    int val1 = MyFunc(10);
    double val2 = MyFunc(25);
    std::cout << "val1 = " << val1 << std::endl;
    std::cout << "val2 = " << val2 << std::endl;

    return 0;
}
```

In `main()`, the program calls `MyFunc()` twice—once with an `int` argument and once with a `double` argument. The program's output looks like the following:

```
val1 = 20
val2 = 50
```

You can have as many parameters as you need, and you can name them whatever you like. However, you must begin each with the `class` keyword and you must separate them with commas, like this:

```
template<class T1, class T2, class T3>
```

To see how templates become functions, we can analyze a less contrived, working example, such as a `min3()` function that can accept any type of arguments and find the smallest. Listing 10-2 defines a `min3()` function template. The program displays the smallest of the three arguments sent to `min3()`. This works because the compiler takes the template and creates functions for each of the data types compared in the program.

On the CD-ROM

Name: **pr10002.cpp**
Location: **Quincy99\Programs\Chap10**

Listing 10-2: **The min3() function template**

```
/////////////////////////////////////
// File Name: pr10002.cpp
/////////////////////////////////////
#include <iostream.h>

/////////////////////////////////////
// Template definition.
/////////////////////////////////////
template<class T>
T min3(T arg1, T arg2, T arg3)
{
    T min;

    if ((arg1 < arg2) && (arg1 < arg3))
        min = arg1;
    else if ((arg2 < arg1) && (arg2 < arg3))
        min = arg2;
    else
        min = arg3;

    return min;
}
```

Continued

Listing 10-2 *(continued)*

```
/////////////////////////////////////
// The main() function.
/////////////////////////////////////
int main()
{
    std::cout << min3(10, 20, 30) << std::endl;
    std::cout << min3(100.60, 10.872, 5.897) << std::endl;
    std::cout << min3('C', 'A', 'Z') << std::endl;

    return 0;
}
```

The program's output looks like this:

```
10
5.897
A
```

Notice how the min3() template uses the data type T in three different places: its parameter list, its function argument list, and also in the body of the function. As you can see from this example, you use the parameter types just as you do any other type of data.

Function Specialization

Obviously, function templates are very powerful (so powerful, in fact, that you can get into hot water quickly. For example, when using the min3() function template, the data types given as parameters must be comparable. You cannot compare two classes, for example, unless the classes overload the < and > operators. If the compared classes fail to supply the correct operators, the program does not compile.

Another problem crops up when the template parameters perform comparisons differently than you may expect at first. For example, Listing 10-3 uses the min3() function template to compare two strings.

On the CD-ROM

Name: **pr10003.cpp**
Location: **Quincy99\Programs\Chap10**

**Listing 10-3: Comparing strings with the min3()
function template**

```cpp
///////////////////////////////////////
// File Name: pr10003.cpp
///////////////////////////////////////
#include <iostream.h>

///////////////////////////////////////
// Template definition.
///////////////////////////////////////
template<class T>
T min3(T arg1, T arg2, T arg3)
{
    T min;

    if ((arg1 < arg2) && (arg1 < arg3))
        min = arg1;
    else if ((arg2 < arg1) && (arg2 < arg3))
        min = arg2;
    else
        min = arg3;

    return min;
}

///////////////////////////////////////
// The main() function.
///////////////////////////////////////
int main()
{
    std::cout << min3("Anderson", "Smith", "White")
              << std::endl;

    return 0;
}
```

You may assume that, in this case, min3() returns the string "Anderson." That may or may not be the result because the "Anderson", "Smith", and "White" string constants result in pointers to char. The program compiles fine, with the compiler creating a version of min3() that compares char pointers. Comparing pointers, however, is not the same as comparing strings. If "Smith" is stored lower in memory than "Anderson", for example, the char pointer is less than the pointer to "Anderson." The call to min3() then results in "Smith".

To correct this problem, you can write a specific replacement function for min3() that defines how to compare string constants. The compiler then uses that specialized function instead of one created from the template. Listing 10-4 demonstrates function template specialization.

On the
CD-ROM

Name: **pr10004.cpp**
Location: **Quincy99\Programs\Chap10**

Listing 10-4: **Function template specialization**

```
/////////////////////////////////////
// File Name: pr10004.cpp
/////////////////////////////////////
#include <iostream.h>
#include <string.h>

/////////////////////////////////////
// Template definition.
/////////////////////////////////////
template<class T>
T min3(T arg1, T arg2, T arg3)
{
    T min;

    if ((arg1 < arg2) && (arg1 < arg3))
        min = arg1;
    else if ((arg2 < arg1) && (arg2 < arg3))
        min = arg2;
    else
        min = arg3;

    return min;
}

/////////////////////////////////////
// Specialized function.
/////////////////////////////////////
const char* min3(const char* arg1, const char* arg2, const
char* arg3)
{
    const char* min;

    int result1 = std::strcmp(arg1, arg2);
    int result2 = std::strcmp(arg1, arg3);
    int result3 = std::strcmp(arg2, arg1);
    int result4 = std::strcmp(arg2, arg3);
```

```cpp
    if ((result1 < 0) && (result2 < 0))
        min = arg1;
    else if ((result3 < 0) && (result4 < 0))
        min = arg2;
    else
        min = arg2;

    return min;
}

//////////////////////////////////////
// The main() function.
//////////////////////////////////////
int main()
{
    std::cout << min3(10, 20, 30) << std::endl;
    std::cout << min3(100.60, 10.872, 5.897) << std::endl;
    std::cout << min3('C', 'A', 'Z') << std::endl;
    std::cout << min3("Anderson", "Smith", "White")
                << std::endl;

    return 0;
}
```

The program's output looks like this:

```
10
5.897
A
Anderson
```

Sorting with a Template

The next example sorts arrays of parameterized types. The Standard C std::
qsort() function does this by having you provide a callback function that performs
the comparisons of array elements. Using a template, however, is easier as long as
the type supports comparisons by overloading relational operators. Listing 10-5,
named Quiksort.h, is the definition of the quicksort function template.

Name: **Quiksort.h**
Location: **Quincy99\Programs\Chap10**

Listing 10-5: **The quiksort.h function template header file**

```
///////////////////////////////////////
// File Name: Quiksort.h
///////////////////////////////////////
#ifndef QUIKSORT_H
#define QUIKSORT_H

template<class T>
inline void swap(T& t1, T& t2)
{
    T hold = t2;
    t2 = t1;
    t1 = hold;
}

template<class T>
void quicksort(T *array, int hi, int lo = 0)
{
    while (hi > lo)
    {
        int i = lo;
        int j = hi;

        // Sort everything higher than median above it
        // and everything lower below it.
        do
        {
            while (array[i] < array[lo] && i < j)
                i++;
            while (array[--j] > array[lo])
                ;
            if (i < j)
                swap(array[j], array[i]);
        }
        while (i < j);

        swap(array[lo], array[j]);

        // Sort the set with the fewer number of elements.
        if (j - lo > hi - (j+1))
        {
            // Sort the bottom set.
            quicksort(array, j-1, lo);
            lo = j+1;
        }
        else
        {
            // Sort the top set.
            quicksort(array, hi, j+1);
            hi = j-1;
```

```
        }
      }
  }

  #endif
```

The template implements the *quicksort algorithm*, which sorts an array of types. Its parameters include the address of the array and the number of elements in the array.

The quicksort algorithm divides the array into two parts. First, it arbitrarily selects an element to represent the median value. (This implementation of the algorithm uses the first element in the array for the median value. As a guess, this approach is no better or worse than selecting any other element in the array.) Then the algorithm places all elements greater than that value in the upper part and all the lower elements in the lower part. Next, it calls itself recursively, once for each of the two parts. When there is only one part left, the array is fully sorted. Listing 10-6 uses the quicksort() function template to sort integers.

Name: **pr10005.cpp**
Location: **Quincy99\Programs\Chap10**

Listing 10-6: **Using the quicksort function template**

```cpp
////////////////////////////////////////
// File Name: pr10005.cpp
////////////////////////////////////////
#include <iostream>
#include <iomanip>
#include <cstdlib>
#include "quiksort.h"

int main()
{
    int dim;

    // Get the number of integers to sort.
    std::cout << "How many integers?" << std::endl;
    std::cin >> dim;

    // Build an array of random integers.
    int* arrs = new int[dim+1];
    int i;
    for (i = 0; i < dim; i++)
        arrs[i] = std::rand();
```

Continued

Listing 10-6 *(continued)*

```
        // Display the random integers.
        std::cout << std::endl << "----- unsorted -----"
                  << std::endl;
        for (i = 0; i < dim; i++)
            std::cout << std::setw(8) << arrs[i];

        // Sort the array.
        quicksort(arrs, dim);

        // Display the sorted integers,
        std::cout << std::endl << "----- sorted -----"
                  << std::endl;
        for (i = 0; i < dim; i++)
            std::cout << std::setw(8) << arrs[i];
        delete arrs;

        return 0;
    }
```

The program in Listing 10-6 builds an array of integers, reading the dimension for the array from the keyboard. It uses the Standard C `std::rand()` function to fill the array with random numbers and displays the numbers in their random sequence. Then it calls the `quicksort()` function template to sort the array. Finally, the program displays the array in its new sequence. The program's output is as follows:

```
How many integers?
5

----- unsorted -----
    41   18467    6334   26500   19169
----- sorted -----
    41    6334   18467   19169   26500
```

Summary

Function templates enable the programmer to manipulate various types of data with a single function. In this chapter, you get some experience with function templates. For more information on templates, please refer to Chapter 15, which covers class templates. In the next chapter, you start to learn about C++ classes, which is one part of C++ that significantly differs from old-fashioned C.

✦   ✦   ✦

Working with Classes

C++ Classes

C++ classes support data abstraction and object-oriented programming, both of which involve the design and implementation of data types. When you begin programming with classes, you should use them to extend the C++ language by designing and implementing custom data types: small types that the language lacks but that a typical application might need, such as dates, times, and currency. This approach enables you to learn the syntax and behavior of the class mechanism without worrying about new and exotic programming paradigms. Rather than trying to learn a complex and highly abstract concept such as object-oriented programming, you learn about the language features that support it. Later, you can apply this newfound knowledge of C++ classes to learning about object-oriented programming.

Designing a Class

Consider again the intrinsic numerical data types that C++ supports. These integer and floating-point types suffice for most of a programmer's numerical needs, but there are times when you need to extend the language to support more complex data types. In C, you organize the intrinsic types into a structure and write functions to manipulate that structure. With C++, you do the same thing, but you bind the data representations and their algorithms into a new data type by defining a class. A C++ class becomes a data type that you, the programmer, define. It is C++'s data abstraction mechanism. The class consists of data members, member functions, and custom operators.

Class Declaration

Let's begin by considering a simple class design, looking at an example of a class that describes the geometrical box form.

Before proceeding, ask yourself why you might want to build a class that describes a box. Perhaps you are writing a program that deals with three-dimensional containers of some kind, and the box is a basic unit with which the program must deal. Any data entity that your program might process is a candidate to be a class in C++, which begins to answer the question, "What are objects?" This is the first question asked by most functionally oriented programmers when they first encounter object-oriented programming.

Listing 11-1 introduces classes by defining the Box class.

 Name: **pr11001.cpp**
Location: Quincy99/Programs/**Chap11**

Listing 11-1: **The Box class**

```cpp
/////////////////////////////////////
// File Name: pr11001.cpp
/////////////////////////////////////
#include <iostream>

/////////////////////////////////////
// Declaration of the Box class.
/////////////////////////////////////
class Box
{
private:
    int height, width, depth;    // private data members.

public:
    Box(int, int, int); // constructor function.
    ~Box();             // destructor function.
    int volume();       // member function (compute volume).
};

/////////////////////////////////////
// Definition of the Box class.
/////////////////////////////////////

// The constructor function.
Box::Box(int ht, int wd, int dp)
{
    height = ht;
    width = wd;
    depth = dp;
}

// The destructor function.
Box::~Box()
{
```

```
        // does nothing
    }

    // Member function to compute the Box's volume.
    int Box::volume()
    {
        return height * width * depth;
    }

    ///////////////////////////////////////////
    // The main() function.
    ///////////////////////////////////////////
    int main()
    {
        // Construct a Box object.
        Box thisbox(7, 8, 9);

        // Compute and display the object's volume.
        int volume = thisbox.volume();
        std::cout << volume;

        return 0;
    }
```

Many new C++ features are packed into Listing 11-1. The program begins by declaring the Box class. The class has three private data members — the integers height, width, and depth — and three public functions: a constructor named Box(), a destructor named ~Box(), and a member function named volume(). You learn about each of these types of functions as the chapter progresses.

Class Members

A class, as you learn in Chapter 9, is a souped-up C structure. As such, a class has members, just as a structure does. A class's declaration declares the class's members, which consist of data members, the constructor and destructor functions, overloaded operator functions, and other member functions.

Class Member Visibility

The private and public access specifiers specify the visibility of the members that follow the access specifiers. The access mode set by an access specifier continues until another access specifier occurs or the class declaration ends. Private members can be accessed only by member functions of the same class. Public members can be accessed by member functions and by other functions that declare an instance of the class. There are exceptions to these general rules. I address some of those exceptions later in the chapter in the discussion of friend classes and functions.

The Box class, therefore, specifies that its three integer data members are visible only to the constructor and destructor functions and to the volume() member function, all three of which are visible to outside functions. You can use the private and public access specifiers as often as you want in a class declaration, but many programmers group private and public members separately.

All class declarations begin with private as the default access mode, so you can omit it in Listing 11-1. The listing includes the private access mode for readability as well as to demonstrate its purpose. Chapter 9 discusses C++ structures briefly, deferring the complicated aspects to this chapter. There are only a few small differences between the structure and the class. First, the structure begins with public access as the default, and the class begins with private access as the default. Second, if the structure is derived from a base class, the base class is public by default. If the class is derived from a base class, the base class is private by default. You already have learned about access specifiers. Chapter 14 discusses public and private base classes and class derivation (inheritance) in detail. Many programmers adopt a style in which they define a structure when its form complies with the C definition of a structure. Otherwise, they define a class.

A third access specifier, the protected keyword, works the same as the private keyword except when you use class inheritance. For now, you do not use the protected access specifier.

Data Members

Data members of the class are instances of data types. A data member can be of any valid C++ data type, including an instance of another class or a pointer or reference. The Box class contains three data members: the integers height, width, and depth.

Initialization

The declaration of a class object can contain a list of initializers in parentheses. The declaration of thisbox in Listing 11-1 contains three integer values. These values are passed as arguments to the class's constructor function, which I describe later in this chapter. However, if the class has no private or protected members, has no virtual functions (discussed in Chapter 14), and is not derived from another class (also discussed in Chapter 14), you can initialize an object of the class with a brace-delimited, comma-separated list of initializers, just as you initialize a C structure:

```
class Date
{
public:
    int mo, da, yr;
};
```

```
main()
{
    Date dt = {1,29,92};
    // ...
}
```

The same restrictions apply to structures, by the way. You cannot use a brace-delimited initializer list if a structure has any of the attributes just mentioned.

Member Functions

Member functions are the functions that you declare within the class definition. You must provide the code for these functions just as you do for the functions in structures in Chapter 9.

There are several categories of member functions. The constructor and destructor, discussed later in this chapter, are two of them. The others are regular member functions, overloaded operator functions, friend functions, and virtual functions. You learn about overloaded operator functions in Chapter 12. You learn about friend functions later in this chapter and virtual functions in Chapter 14. For now, observe that the Box class defines one regular member function, named volume(), which is neither a friend function nor a virtual function.

Member functions, when defined outside the class declaration, are referenced with the class name followed by the :: operator followed by the function name. The name of the Box class's volume() member function is, therefore, Box::volume().

The Box::volume() function returns the product of the Box object's three dimensions. The program in Listing 11-1 calls the volume() function by using the same convention for calling a structure's function. Use structure member notation with the period operator, as illustrated in the following example:

```
int vol = thisbox.volume();
```

You can call the volume() member function anywhere an object (or pointer or reference to an object) of type Box is in scope. Member functions of a class can call one another by using the function name without the object-name prefix. The compiler assumes that the call is being made for the same object for which the calling member function was called.

When a member function is private, only other member functions within the same class can call it.

Object-Oriented Class Design

Listing 11-1 follows a convention that many C++ programmers consider to be sound C++ object-oriented design: When you design a class, make all the data members private. Make public only those member functions necessary to implement the public interface of the class.

Let's review part of Chapter 9: A class design encapsulates the data members and algorithms into a user-defined abstract data type. The class hides the details of the type's implementation within the class's private members. The class's public interface, which is provided by public member functions, defines the user's perception of the type. A class's hidden implementation can use private member functions, too, but these functions are not included in the public interface.

If you need to allow the class user to view or modify a private data value, do it with a public member function. This convention is not a hard and fast rule, and there will be times when you find it necessary to do otherwise; but if you use the convention as a guideline, your programs will be more object-oriented and, consequently, of stronger design.

Is Box, in Listing, 11-1 an object? No, Box is a type. The class declaration merely defines the class's format. It does not set aside any memory to hold an instance of the class. No instance of the class exists until a program declares one within the scope of the class declaration. A declared instance of a data type is an object. A class is a user-defined data type. Therefore, an instance of a class is an object. The thisbox variable in Listing 11-1 is an object of type Box. These distinctions are important in object-oriented programming.

The Scope of a Class Object

A class object is like any other instantiated data type with respect to scope. An automatic object comes into scope when the program defines it and goes out of scope when the program exits the block in which the class object is defined.

An extern class object comes into scope when the program begins running and goes out of scope when the program exits to the operating system.

The scope of a static local class object appears to be the same as that of an automatic object, but its actual existence is the same as that of an extern object. Understanding this behavior is important, because classes include special functions called constructor and destructor functions.

Inline Functions

A class can have inline member functions. You learned about regular inline functions in Chapter 3. The compiler compiles an inline copy of the function every time the program calls the function. The same guidelines apply when you decide whether a class member function should be inline. As a general rule, inline functions should be small. There are two notations for defining inline functions for a class. In the first one, you code the body of the function directly into the class declaration rather than coding a prototype. Both the Box constructor function and the Box volume() member function are small enough to be inline functions. Coding them as inline and removing the unnecessary destructor function significantly reduces the size of the program's source code.

Listing 11-2 illustrates inline class member functions.

Name: **pr11002.cpp**
Location: Quincy99/Programs/**Chap11**

Listing 11-2: **The Box class with inline functions**

```
/////////////////////////////////////
// File Name: pr11002.cpp
/////////////////////////////////////
#include <iostream>

/////////////////////////////////////
// The Box class declaration and
// definition.
/////////////////////////////////////
class Box
{
    int height, width, depth;      // private data members

public:
    // Inline constructor function.
    Box(int ht, int wd, int dp)
        { height = ht; width = wd; depth = dp; }

    // Inline member function.
    int volume()
        { return height * width * depth; }
};

/////////////////////////////////////
// The main() function.
/////////////////////////////////////
```

Continued

Listing 11-2 *(continued)*

```cpp
int main()
{
    // Construct a Box object.
    Box thisbox(7, 8, 9);

    // Compute and display the object's volume.
    int volume = thisbox.volume();
    std::cout << volume;

    return 0;
}
```

You often see inline class functions coded on a single line, a convention that reinforces the idea that inline functions should be small. If you cannot get the function's body on a single line, perhaps the function should not be inline.

The second notation for inline member functions uses the `inline` keyword in the function's definition outside the class. You can define the `volume()` function, for example, as shown in the following class declaration and definition:

```cpp
class Box
{
    int height, width, depth;     // private data members
public:
    // Inline constructor function.
    Box(int ht, int wd, int dp)
        { height = ht; width = wd; depth = dp; }

    // Member function.
    int volume();
};

inline int Box::volume()
{
    return height * width * depth;
}
```

When you code an inline member function this way, put it in the same source code file with the class declaration—usually a header file—so that the function is visible to all source-code modules that use the class.

Bear in mind that inline functions, which are coded as part of the class declaration, typically are in the class header file in their entirety. This means that if you change one of the inline functions, all the source-code files that include the header must be recompiled to reflect the changes. Functions that are likely candidates for change in a large project should probably not be inline so that you recompile only the source-code files that define the functions. This measure can save considerable build-time during the development of a large project.

Constructors

When an instance of a class comes into scope, a special function called the *constructor* executes. You can declare one or more constructor functions when you declare the class. If you do not declare at least one constructor function, the compiler provides a hidden default constructor function for the class, which may or may not do anything. See the section on default constructors later in this chapter.

The Box class has a constructor function named Box. Constructor functions always have the same name as the class, and they specify no return value, not even void.

The runtime system allocates enough memory to contain the data members of a class when an object of the class comes into scope. The system does not necessarily initialize the data members. Like objects of intrinsic data types, the data members of external objects are initialized to all zeros. The runtime system does not initialize local objects. Their data members may be assumed to contain garbage values. The class's constructor function must do any initialization that the class requires. The data memory returns to the system when the automatic class object goes out of scope. Dynamically allocated class objects work the same way except that you must use the new and delete operators to allocate and free the memory for the object. This subject is addressed in more detail later in this chapter.

The constructor function initializes the class object. The Box() constructor function in Listing 11-2 accepts three integer parameters and uses them to assign to the data members the values that describe the Box object.

Observe the declaration of thisbox in Listing 11-2. It follows the C syntax for declaring a variable. First comes the data type, in this case it is Box, and then the name of the object, thisbox. That's the same way you declare, for example, an integer. The declaration of a class object can contain an argument list in parentheses. This list represents class object initializers and contains the arguments that are passed to the constructor function. The class declaration must contain a constructor function with a parameter list of data types that match those of the argument list in the class object declaration.

If the constructor function has an empty parameter list, the declaration of the object does not require the parentheses. A constructor function returns nothing. You do not declare it as void, but it is void by default. You may define multiple, overloaded constructor functions for a class. Each of them must have a distinct parameter list. More discussion of this feature follows later in the chapter.

Constructors with Default Arguments

You may want to initialize a Box object with dimensions — as you did in Listing 11-1 — but at other times you may want a Box object with default dimensions.

Listing 11-3 demonstrates a Box class that defaults to specified dimensions if you do not supply initializers.

On the CD-ROM

Name: **pr11003.cpp**
Location: Quincy99/Programs/**Chap11**

> Listing 11-3: **Constructor with default parameters**

```cpp
///////////////////////////////////////
// File Name: pr11003.cpp
///////////////////////////////////////
#include <iostream>

///////////////////////////////////////
// Declare and define the Box class.
///////////////////////////////////////
class Box
{
    // Private data members.
    int height, width, depth;

public:
    // Constructor with default initializers.
    Box(int ht = 1, int wd = 2, int dp = 3)
        { height = ht; width = wd; depth = dp; }

    // Member function.
    int volume() { return height * width * depth; }
};

///////////////////////////////////////
// The main() function.
///////////////////////////////////////
int main()
{
    // Construct two Box objects, one with
    // initializers and one without.
    Box thisbox(7, 8, 9);
    Box defaultbox;

    // Get and display the objects' volumes.
    int volume = thisbox.volume();
```

```
        std::cout << volume << std::endl;
        volume = defaultbox.volume();
        std::cout << volume;

        return 0;
    }
```

Default Constructors

A constructor with no parameters or a constructor with default arguments for all its parameters is called a *default constructor*. If you do not provide any constructors, the compiler provides a public default constructor, which usually does nothing. If you provide at least one constructor of any kind, the compiler does not provide a default constructor. Default constructors are important, as you will learn later. You cannot, for example, instantiate arrays of objects of a class that has no default constructor.

Overloaded Constructors

A class can have more than one constructor function. Such constructor functions for a class, however, must have different parameter lists with respect to the number and types of parameters so that the compiler can tell the constructors apart. You code multiple constructors in cases in which the declarations of a class can occur with different initialization parameters. You may want to initialize a Box object with dimensions, as in Listing 11-1, but at other times you simply may want an empty Box object with no initial dimensions — for example, to be on the receiving end of an assignment.

Listing 11-4 shows the Box class with two constructor functions.

Name: **pr11004.cpp**
Location: Quincy99/Programs/**Chap11**

Listing 11-4: **A class with two constructors**

```
/////////////////////////////////////
// File Name: pr11004.cpp
/////////////////////////////////////
#include <iostream>
```

Continued

Listing 11-4 *(continued)*

```
/////////////////////////////////////
// Declare and define the Box class.
/////////////////////////////////////
class Box
{
    // Private data members.
    int height, width, depth;

public:
    // Overloaded constructors.
    Box() { /* does nothing */ }
    Box(int ht, int wd, int dp)
        { height = ht; width = wd; depth = dp; }

    // Member function.
    int volume() { return height * width * depth; }
};

/////////////////////////////////////
// The main() function.
/////////////////////////////////////
int main()
{
    // Define two Box objects.
    Box thisbox(7, 8, 9);
    Box otherbox;

    // Assign to otherbox the value of thisbox.
    otherbox = thisbox;

    // Get and display the volume.
    int volume = otherbox.volume();
    std::cout << volume;

    return 0;
}
```

This listing uses the simplest of differences between constructors: One constructor has initializers and the other does not. The differences between constructors can be much greater, depending on the types of the class's data members and the algorithms that associate with the constructor function. You will see more complex constructor functions in later chapters.

Listing 11-4 is an example of a weak class design. It permits you to instantiate and then use an uninitialized Box object. There is no way to determine in advance what the volume() member function returns if the program fails to assign the thisbox object to the `otherbox` object before calling `volume()`. In a better design, the constructor with the empty parameter list assigns default values to the object:

```
class Box
{
    int height, width, depth;

public:
    Box()
        { height = 0; width = 0; depth = 0; }
    Box(int ht, int wd, int dp)
        { height = ht; width = wd; depth = dp; }
    int volume() { return height * width * depth; }
};
```

An even better design uses default arguments to eliminate altogether the constructor with the empty parameter list:

```
class Box
{
    int height, width, depth;

public:
    Box(int ht = 0, int wd = 0, int dp = 0)
        { height = ht; width = wd; depth = dp; }
    int volume() { return height * width * depth; }
};
```

Destructors

When a class object goes out of scope, a special function called the *destructor* is called. You define the destructor when you define the class. The destructor function name is always that of the class with a tilde character (~) as a prefix. Listing 11-1 demonstrates the syntax of the `Box` class's destructor function.

There is only one destructor function for a class. A destructor function takes no parameters and returns nothing. The destructor's purpose is to undo whatever the class object has done that needs to be undone, such as releasing allocated dynamic heap memory.

The destructor function for the `Box` class in Listing 11-1 does nothing. The listing includes the destructor to show its format. You can omit it and still get the same result. However, on other occasions, destructors are necessary. For example, some classes allocate memory from the heap in their constructor functions or elsewhere during the life of the class object and return the memory to the heap in the destructor function. Later listings in this chapter demonstrate this programming technique.

Class Conversions

C++ intrinsic data types obey implicit type conversion rules. Suppose, for example, that an expression uses a `short int` variable in a context in which the compiler expects to see a `long int` variable. The compiler automatically invokes a type conversion rule to convert the short integer value to the long integer format. The compiler knows such implicit conversions for all pairs of data types that are compatible with respect to conversions. These implicit conversions occur in assignments, function arguments, return values, initializers, and expressions. You can provide equivalent conversion rules for your classes.

Conversion Functions

You build an implicit conversion rule into a class by building a *conversion function*, a member function that converts between objects of any data type and objects of the class. The conversion function's declaration tells the compiler to call the conversion function when the syntax of a statement implies that the conversion should take effect — that is, when the compiler expects an object of one type, but instead sees an object of the other data type.

There are two ways to write conversion functions. The first is to write a conversion constructor function; the second is to write a member conversion function. Which type of conversion function you write depends on whether you are converting to or from an object of the class.

Conversion Constructors

A constructor function with only one entry in its parameter list is a *conversion constructor* if the parameter is a different type than the class of the constructor. A conversion constructor converts from an object of the type of the constructor's argument to an object of the class. The conversion constructor works like any other constructor when you declare an object of the class type with a matching initializer argument. It is an implicit conversion constructor when you use the argument type in a context in which the class type is expected.

Listing 11-5 demonstrates a conversion constructor function that converts the `time_t` value returned by the Standard C `std::time()` function to an object of the `Date` class.

Name: **pr11005.cpp**
Location: Quincy99/Programs/**Chap11**

Listing 11-5: **Conversion constructor function**

```
/////////////////////////////////////
// File Name: pr11005.cpp
/////////////////////////////////////
#include <iostream>
#include <ctime>
#include <stdio.h>

/////////////////////////////////////
// The Date class declaration.
/////////////////////////////////////
class Date
{
    int mo, da, yr;

public:
    Date(time_t);     // conversion constructor function
    void display();
};

/////////////////////////////////////
// The Date class definition.
/////////////////////////////////////

// Member function to display the date.
void Date::display()
{
    char year[5];
    if (yr < 10)
        std::sprintf(year, "0%d", yr);
    else
        std::sprintf(year, "%d", yr);

    std::cout << mo << '/' << da << '/' << year;
}

// Constructor conversion function.
Date::Date(time_t now)
{
    std::tm* tim = std::localtime(&now);
    da = tim->tm_mday;
    mo = tim->tm_mon + 1;
    yr = tim->tm_year;
    if (yr >= 100)
        yr -= 100;
}
```

Continued

Listing 11-5 *(continued)*

```
////////////////////////////////////////
// The main() function.
////////////////////////////////////////
int main()
{
    // Get today's date and time.
    std::time_t now = std::time(0);

    // Construct a Date object by invoking
    // the conversion constructor.
    Date dt(now);

    // Display the date.
    dt.display();

    return 0;
}
```

Chapter 6 explains the <ctime> header file and the Standard C time functions and data structures. Listing 11-5 calls the `std::time()` function to retrieve the current time expressed as a `std::time_t` object. Then, the program constructs a `Date` object by invoking the `Date` class's conversion constructor function, which accepts a `std::time_t` object. In this listing, the conversion constructor is the class's only constructor. That constructor function passes the `std::time_t` object to the Standard C `std::localtime()` function, which returns a pointer to an object of type `struct std::tm` (declared in the Standard C <ctime> header file). The constructor then copies the structure members for day, month, and year to the `Date` object's data members, thus constructing a `Date` object from a `std::time_t` object.

Member Conversion Functions

A *member conversion function* converts an object of the class in which you define the function to an object of a different data type. A member conversion function uses the C++ `operator` keyword in its declaration. You declare a member conversion function in the class declaration:

```
operator long();
```

The `long` in this example is the type specifier of the converted data type. The type specifier can be any valid C++ type, including another class. You define the member conversion function with the following notation:

```
Classname::operator long()
```

The `Classname` identifier is the type specifier of the class in which the function is declared. The function converts objects of this class into, in this example, `long` objects. The function returns an object of the data type to which it is converting — in this case, a `long`.

The `Date` class that you have been using does not contain enough information to convert an object of that class back to the `std::time_t` variable, but you can convert one to, for example, a long integer containing the number of days since the beginning of the 20th century. Listing 11-6 shows how you use a member function to make such a conversion.

On the CD-ROM

Name: **pr11006.cpp**
Location: Quincy99/Programs/**Chap11**

Listing 11-6: **Member conversion function**

```cpp
/////////////////////////////////////
// File Name: pr11006.cpp
/////////////////////////////////////
#include <iostream>

/////////////////////////////////////
// Declare the Date class.
/////////////////////////////////////
class Date
{
    int mo, da, yr;

public:
    Date(int m, int d, int y) { mo = m; da = d; yr = y; }
    operator long();    // member conversion function.
};

/////////////////////////////////////
// Define the Date class.
/////////////////////////////////////

// The member conversion function.
Date::operator long()
{
    static int dys[]={31,28,31,30,31,30,31,31,30,31,30,31};
    long days = yr - 1900;
    days *= 365;
    days += yr / 4;
    for (int i = 0; i < mo-1; i++)
        days += dys[i];
    days += da;
```

Continued

Listing 11-6 *(continued)*

```
    return days;
}

///////////////////////////////////////
// The main() function.
///////////////////////////////////////
int main()
{
    Date xmas(12, 25, 1997);
    long since = xmas;
    std::cout << since << std::endl;

    return 0;
}
```

When the compiler sees the assignment of the xmas object to a long object, the compiler searches for valid ways to make that conversion. The compiler finds the Date::operator long() function, which satisfies its requirements for specification of a conversion rule. Then the compiler generates a call to that function, which assigns at runtime the return value from that function to the long integer object.

Converting Classes

The conversion examples so far have converted class objects to and from intrinsic C++ data type objects. You also can define conversion functions that convert from one class object to another. Listing 11-7 shows you how to convert class objects.

On the CD-ROM

Name: **pr11007.cpp**
Location: Quincy99/Programs/**Chap11**

Listing 11-7: Converting classes

```
///////////////////////////////////////
// File Name: pr11007.cpp
///////////////////////////////////////
#include <iostream>

///////////////////////////////////////
// CustomDate class declaration and
// definition.
///////////////////////////////////////
class CustomDate
{
public:
```

```cpp
    int da, yr;
    CustomDate(int d = 0, int y = 0) { da = d; yr = y;}
    void display(){ std::cout << std::endl
                             << yr << '-' << da; }
};

/////////////////////////////////////
// Date class declaration.
/////////////////////////////////////
// Date class.
class Date
{
    int mo, da, yr;

public:
    // Constructor.
    Date(int m = 0, int d = 0, int y = 0)
        { mo = m; da = d; yr = y; }

    // Constructor conversion function.
    Date(const CustomDate&);

    // Member conversion function.
    operator CustomDate();

    void display(){std::cout << std::endl
                            << mo << '/' << da
                            << '/' << yr;}
};

static int dys[] = {31,28,31,30,31,30,31,31,30,31,30,31};

/////////////////////////////////////
// Date class definition.
/////////////////////////////////////

// Constructor conversion function (Date <- CustomDate).
Date::Date(const CustomDate& jd)
{
    yr = jd.yr;
    da = jd.da;
    for (mo = 0; mo < 11; mo++)
        if (da > dys[mo])
            da -= dys[mo];
        else
            break;
    mo++;
}

// Member conversion function (CustomDate <- Date)
Date::operator CustomDate()
{
    CustomDate cd(0, yr);
```

Continued

Listing 11-7 *(continued)*

```
        for (int i = 0; i < mo-1; i++)
            cd.da += dys[i];
        cd.da += da;

        return cd;
    }

//////////////////////////////////////
// The main() function.
//////////////////////////////////////
int main()
{
    Date dt(11,17,97);
    CustomDate cd;

    // Convert Date to CustomDate.
    cd = dt;
    cd.display();

    // Convert CustomDate to Date
    dt = cd;
    dt.display();

    return 0;
}
```

This listing has two classes: CustomDate and Date. A CustomDate date contains the year and the day of the year expressed as an integer value from 1 to 365 (366 in leap years). The conversion functions in Listing 11-7 convert between the two date formats.

The date conversion algorithms in these listings do not consider things such as the millennium or leap years. These intentional omissions keep the listings simple. Always cover all such possibilities when you design a class, particularly one that others might use. After all, there is no way to tell how other programmers might use this class.

Both kinds of conversion functions are built into the Date class in Listing 11-7. This approach works because you convert from the Date type to the CustomDate type with the member conversion function, and from the CustomDate type to the Date type with the conversion constructor.

You cannot have both a Date-to-CustomDate member conversion function in the Date class and a Date-to-CustomDate conversion constructor function in the CustomDate class. The compiler cannot know which function to call to perform the conversion and, consequently, generates an error message.

The conversion constructor that constructs a Date object from a CustomDate object has as its parameter a const reference to a CustomDate object. This usage passes a reference rather than a copy to the constructor, a technique that eliminates argument-passing overhead for large objects. The parameter is const to specify that the constructor function does not modify any of the data members of the CustomDate object.

Do not be concerned about the public data members in the CustomDate class. We will deal with that issue in due time.

Invoking Conversion Functions

There are three C++ forms that invoke a conversion function. The first is implicit conversion. For example, when the compiler expects to see a Date object and the program supplies a CustomDate object, the compiler calls the appropriate conversion function. The other two forms involve explicit conversions that you write into the code. The C++ cast implies the first of these conversions. The second is an explicit call to the conversion constructor or member conversion function. Listing 11-8 illustrates the three class-conversion forms.

On the CD-ROM

Name: **pr11008.cpp**
Location: Quincy99/Programs/**Chap11**

Listing 11-8: **Invoking conversions**

```
/////////////////////////////////////
// File Name: pr11008.cpp
/////////////////////////////////////
#include <iostream>

/////////////////////////////////////
// CustomDate class definition.
/////////////////////////////////////
class CustomDate
{
public:
    int da, yr;
    CustomDate(int d = 0, int y = 0) { da = d; yr = y;}
    void display(){std::cout << std::endl << yr << '-' << da;}
};

/////////////////////////////////////
// Date class declaration.
/////////////////////////////////////
```

Continued

Listing 11-8 *(continued)*

```
class Date
{
    int mo, da, yr;

public:
    Date(int m, int d, int y) { mo = m; da = d; yr = y; }
    operator CustomDate(); // conversion function
};

/////////////////////////////////////////
// Date class definition.
/////////////////////////////////////////

// Member conversion function (CustomDate <- Date).
Date::operator CustomDate()
{
    static int dys[] = {31,28,31,30,31,30,31,31,30,31,30,31};
    CustomDate cd(0, yr);
    for (int i = 0; i < mo-1; i++)
        cd.da += dys[i];
    cd.da += da;

    return cd;
}

/////////////////////////////////////////
// The main() function.
/////////////////////////////////////////
int main()
{
    Date dt(11,17,89);
    CustomDate cd;

    // Convert Date to CustomDate via implicit conversion.
    cd = dt;
    cd.display();

    // Convert Date to CustomDate via cast.
    cd = (CustomDate) dt;
    cd.display();

    // Convert Date to CustomDate via constructor
    cd = CustomDate(dt);
    cd.display();

    return 0;
}
```

The cast in Listing 11-8 uses traditional C language casting notation, which works in C++. C++, however, includes improved notations for casting. Chapter 27 discusses these new casting conventions.

The Contexts in which Conversions Occur

So far, the example programs have invoked conversion functions through assignment. The assignment of one object to another object of a different type invokes the appropriate conversion function. The following list identifies other contexts that invoke conversion functions:

✦ Function arguments

✦ Initializers

✦ Return values

✦ Statement expressions

Listing 11-9 illustrates some of the ways you can cause a conversion function to be called.

On the
CD-ROM

Name: **pr11009.cpp**
Location: Quincy99/Programs/**Chap11**

Listing 11-9: **Contexts of conversions**

```
/////////////////////////////////////
// File Name: pr11009.cpp
/////////////////////////////////////
#include <iostream>

/////////////////////////////////////
// CustomDate class definition.
/////////////////////////////////////
class CustomDate
{
public:
    int da, yr;

    CustomDate() {}
    CustomDate(int d, int y) { da = d; yr = y;}
    void display() {std::cout << std::endl << yr << '-' << da;}
};
```

Continued

Listing 11-9 *(continued)*

```cpp
////////////////////////////////////////
// Date class declaration.
////////////////////////////////////////
class Date
{
    int mo, da, yr;

public:
    Date(int m, int d, int y) { mo = m; da = d; yr = y; }
    operator CustomDate(); // conversion function
};

////////////////////////////////////////
// Date class definition.
////////////////////////////////////////

// Member conversion function (CustomDate <- Date).
Date::operator CustomDate()
{
    static int dys[] = {31,28,31,30,31,30,31,31,30,31,30,31};
    CustomDate cd(0, yr);
    for (int i = 0; i < mo-1; i++)
        cd.da += dys[i];
    cd.da += da;

    return cd;
}

////////////////////////////////////////
// A class that expects a CustomDate
// date as an initializer.
////////////////////////////////////////
class Tester {
    CustomDate cd;

public:
    explicit Tester(CustomDate c) { cd = c; }
    void display() { cd.display(); }
};

////////////////////////////////////////
// A function that expects a CustomDate
// date.
////////////////////////////////////////
void dispdate(CustomDate cd)
{
    cd.display();
}
```

```
/////////////////////////////////////
// A function that returns a CustomDate
// date.
/////////////////////////////////////
CustomDate rtndate()
{
    Date dt(10,11,88);
    return dt;  // This will be converted to CustomDate.
}

/////////////////////////////////////
// The main() function.
/////////////////////////////////////
int main()
{
    Date dt(11,17,89);
    CustomDate cd;

    // Convert Date to CustomDate via assignment.
    cd = dt;
    cd.display();

    // Convert Date to CustomDate via function argument.
    dispdate(dt);

    // Convert Date to CustomDate via initializer.
    Tester ts(dt);
    ts.display();

    // Convert Date to CustomDate via return value.
    cd = rtndate();
    cd.display();

    return 0;
}
```

Explicit Constructors

Observe the explicit qualifier in the Tester class's constructor in Listing 11-9. Without that keyword, the compiler treats the constructor as a conversion constructor to be invoked whenever the program uses an object of type CustomDate and the compiler expects to see an object of type Tester. Recall that conversion constructors have only one parameter (or only one without default argument values declared) with a type that is other than the type of the constructor. There are times when you do not want a constructor with only one parameter to be used in conversions, and instead you want the constructor to be used only for explicit construction of instantiated objects. In these cases, use the `explicit` qualifier in the constructor's declaration. The following line of code, when placed after the declaration of the `Tester` object in Listing 11-9, produces a compiler error:

```
ts = jd; // error
```

This error tells you that even though the `Tester` class has a constructor that accepts a `Date` argument, the compiler does not treat it as a `Date`-to-`Tester` conversion constructor because the constructor is declared to be explicit.

Conversion within an Expression

Conversion within an expression occurs in expressions in which one type is expected and another type is found. This process is illustrated easily when the conversion is to a numeric type instead of to another class.

Listing 11-10 uses the conversion of a `Date` object to a long integer to illustrate how the integral representation of a class can, through conversion, contribute directly to an expression.

On the CD-ROM

Name: **pr11010.cpp**
Location: Quincy99/Programs/**Chap11**

Listing 11-10: **Conversion in an expression**

```
/////////////////////////////////////
// File Name: pr11010.cpp
/////////////////////////////////////
#include <iostream>

/////////////////////////////////////
// The Date class declaration.
/////////////////////////////////////
class Date
{
    int mo, da, yr;

public:
    Date(int m, int d, int y) { mo = m; da = d; yr = y; }
    operator long();    // member conversion function
};

/////////////////////////////////////
// The Date class definition.
/////////////////////////////////////
```

```
// The member conversion function.
Date::operator long()
{
    static int dys[]={31,28,31,30,31,30,31,31,30,31,30,31};
    long days = yr;
    days *= 365;
    days += yr / 4;
    for (int i = 0; i < mo-1; i++)
        days += dys[i];
    days += da;

    return days;
}

//////////////////////////////////////
// The main() function.
//////////////////////////////////////
int main()
{
    Date today(2, 12, 90);
    const long ott = 123;
    long sum = ott + today;   // today is converted to long.
    std::cout << ott << " + " << (long) today << " = " << sum;

    return 0;
}
```

The implicit conversion from within an expression occurs if the converted object can be converted to a numerical type or if the expression invokes an overloaded operator that works with the class. Chapter 12 discusses overloading operators.

Manipulating Private Data Members

All the data members in the CustomDate class in Listings 11-7, 11-8, and 11-9 are public. This approach allows the conversion functions in the Date class to read and write the data members of the CustomDate object. Making the members public is one way to permit this access, but, when you do, you also make the members public to all other functions. You might not want to do that. Remember our object-oriented convention for keeping data members private and interface member functions public. To get their point across, these listings violated that convention. Now, you should consider alternative ways to get the same results without violating convention.

Getter and Setter Member Functions

To repeat our object-oriented convention: As a general rule, make all data members private. How, then, does a user of the class access an object's data values? The class design includes a public interface that contains public member functions to read and write data values. Some programmers call these functions *getter* and *setter* *functions*.

The values returned from getter functions and passed to setter functions are not necessarily one-for-one matches to the types of all the data members. Instead, you should provide getter and setter functions that represent the public interface, permitting the class user to extract data values from the class object and provide data values that modify the content and behavior of the class object.

Usually, you will not have a getter and setter function for every data member. Moreover, if the public interface consists only of getter and setter functions for every data member, you might just as well use a C structure instead of a class.

Listing 11-11 shows how the Date class can have member functions that provide controlled access to the data members.

On the CD-ROM

Name: **pr11011.cpp**
Location: Quincy99/Programs/**Chap11**

Listing 11-11: Manipulating data members through member functions

```
/////////////////////////////////////
// File Name: pr11011.cpp
/////////////////////////////////////
#include <iostream>

/////////////////////////////////////
// The Date class definition.
/////////////////////////////////////
class Date
{
    int mo, da, yr;

public:
    Date(int m, int d, int y) { mo = m; da = d; yr = y; }

    // A member function to return the year.
    int getyear() const { return yr; }
```

```
        // A member function to set the year.
        void setyear(int y) { yr = y; }
};

//////////////////////////////////////////
// The main() function.
//////////////////////////////////////////
int main()
{
    // Set up a Date.
    Date dt(4, 1, 89);

    // Use a member function to read the year value.
    std::cout << "The year is: " << dt.getyear() << std::endl;

    // Use a member function to change the year.
    dt.setyear(97);
    std::cout << "The new year is: " << dt.getyear();

    return 0;
}
```

By consistently using this approach, you ensure that member functions that are bound to the class manage accesses and changes to the data of a class. This binding strengthens a software design and makes it easier to maintain. Suppose, for example, that you change the internal data representation of the Date class. You also then modify the getyear() and setyear() functions to deal with that other data representation. However, users of the class do not have to change their code. They can recompile their programs, and, if both you and they do everything right, their programs continue to work the same way they did before you modified the class.

const Member Functions

Observe that the getyear() function in Listing 11-11 is declared as const. You can guarantee that a member function never modifies the object for which it is called by declaring it with the const qualifier. No change to the Date::getyear() function is permitted that modifies the data members in the object. This approach ensures that the member function accesses data values from the object, only to retrieve the data for the user, display the data, or perform some other nonmutating operation.

Furthermore, if the program declares a Date object as const, the program cannot call any non-const member functions for the object whether or not those functions actually change the object's data values. By declaring all functions that do not change values as const, you permit users of const objects to call those functions.

An Improved Member Conversion Function

Listing 11-12 eliminates public data members and uses getter and setter member functions to improve the member conversion function that converts a Date object to a CustomDate object.

On the CD-ROM

Name: **pr11012.cpp**
Location: Quincy99/Programs/**Chap11**

Listing 11-12: **Conversions with proper data hiding**

```cpp
/////////////////////////////////////
// File Name: pr11012.cpp
/////////////////////////////////////
#include <iostream>

/////////////////////////////////////
// CustomDate date class.
/////////////////////////////////////
class CustomDate
{
    int da, yr;

public:
    CustomDate() {}
    CustomDate(int d, int y) { da = d; yr = y;}
    void display() const
        {std::cout << std::endl << yr << '-' << da;}

    // Member functions to read and write a day.
    int getday() const { return da; }
    void setday(int d) { da = d; }
};

/////////////////////////////////////
// Date date class.
/////////////////////////////////////
class Date
{
    int mo, da, yr;

public:
    Date(int m, int d, int y) { mo = m; da = d; yr = y; }
    operator CustomDate() const; // conversion function
};

// Member conversion function (CustomDate <- Date).
```

```
Date::operator CustomDate() const
{
    static int dys[] = {31,28,31,30,31,30,31,31,30,31,30,31};
    CustomDate cd(0, yr);
    int day = da;
    for (int i = 0; i < mo-1; i++)
        day += dys[i];
    cd.setday(day);

    return cd;
}

/////////////////////////////////////////
// The main() function.
/////////////////////////////////////////
int main()
{
    Date dt(11,17,89);
    CustomDate cd;

    // Convert Date to CustomDate via assignment.
    cd = dt;
    cd.display();

    return 0;
}
```

Observe that the program declares the `Date::operator CustomDate()` function in Listing 11-12 as `const`. This is valid usage, because the function does not modify the data values of the `Date` object for which it is running. Instead, it modifies the data values of the temporary `CustomDate` object that it constructs to return to its caller.

Friends

Having learned that hidden access to data members is best, you must now consider exceptions to that rule. There are times when a class declaration must allow specific outside functions to read and write the class's private data members directly.

The `friend` keyword in a class specifies that a particular function or all the member functions of another class can read and write the original class's private data members. This technique enables a class to maintain a private implementation while granting specific classes and functions controlled access to that implementation.

Friend Classes

The first kind of friend is the *class friend*. A class can specify that all the member functions of another class can read and write the first class's private data members by identifying the other class as a friend. Listing 11-13 illustrates the use of the friend class.

Name: **pr11013.cpp**
Location: Quincy99/Programs/**Chap11**

Listing 11-13: **Friend classes**

```cpp
/////////////////////////////////////
// File Name: pr11013.cpp
/////////////////////////////////////
#include <iostream>

// A forward reference to tell the compiler
// that the Date class is defined later.
class Date;

/////////////////////////////////////
// CustomDate date class.
/////////////////////////////////////
class CustomDate
{
    int da, yr;

public:
    CustomDate(int d = 0, int y = 0)
        { da = d; yr = y;}
    void display() const
        {std::cout << std::endl << yr << '-' << da;}

    // Allow Date member functions to
    // see CustomDate private members.
    friend Date;
};

/////////////////////////////////////
// Date date class.
/////////////////////////////////////
class Date
{
    int mo, da, yr;

public:
```

```
        Date(int m, int d, int y) { mo = m; da = d; yr = y; }
        operator CustomDate();
};

// Member conversion function (CustomDate <- Date).
Date::operator CustomDate()
{
    static int dys[] = {31,28,31,30,31,30,31,31,30,31,30,31};
    CustomDate cd(0, yr);
    for (int i = 0; i < mo-1; i++)
        cd.da += dys[i];
    cd.da += da;
    return cd;
}

/////////////////////////////////////////
// The main() function.
/////////////////////////////////////////
int main()
{
    Date dt(11,17,89);
    CustomDate cd(dt);
    cd.display();

    return 0;
}
```

Observe this new construct in the CustomDate class of Listing 11-13 in the following example:

```
    friend Date;
```

This statement tells the compiler that all member functions of the Date class have access to the private members of the CustomDate class. The conversion functions of the Date class need to see the individual data components of the CustomDate class, so the entire Date class is named as a friend of the CustomDate class.

Implied Construction

Observe the call to the CustomDate constructor in Listing 11-13. It seems that the CustomDate class would need a conversion constructor such as this one:

```
    CustomDate(Date& dt);
```

Yet, the only constructor is this one:

```
    CustomDate(int d = 0, int y = 0);
```

Here's what happens. The compiler sees a need to construct a CustomDate object from a Date object. There is no such conversion constructor defined for the CustomDate class. There is, however, a member conversion function defined for the Date class that converts Date objects to CustomDate objects. The compiler looks to see whether the CustomDate class includes a constructor that constructs a CustomDate object from an existing CustomDate object. I discuss such a constructor, called a copy constructor, later in this chapter. A copy constructor takes as its only argument an object of the same type. There is no CustomDate copy constructor, so the compiler provides a default one that simply copies each of the members from the existing CustomDate object to the new CustomDate object. Now, given that the compiler can convert a Date object to a CustomDate object and can construct a CustomDate object from a CustomDate object, the compiler compiles a call to the conversion function to construct a hidden, temporary, anonymous CustomDate object from the Date object. The compiler uses this temporary object as the argument to a call to its default copy constructor; thus, the new CustomDate object is constructed.

Forward References

Listing 11-13 contains another C++ construct that you haven't seen yet. The beginning of the program contains the following statement:

```
class Date;
```

This statement is a *forward reference*. It tells the compiler that a class named Date is defined later. The compiler needs to know that information because the CustomDate class refers to the Date class, and the Date class refers to the CustomDate class. You must declare one of them first, so the statement serves to resolve the forward reference to Date that occurs in the CustomDate class.

By using forward references, you can declare friends for, and pointers and references to, as yet undefined classes. You cannot include any statements that require the compiler to know the details of the definition of the forward-referenced class. For example, you cannot declare an instance of the class or refer to any members of the class.

Explicit Friend Forward Reference

You can eliminate the need for the forward reference by including the class keyword in the friend declaration. Listing 11-14 modifies the Listing 11-13 program by using the class keyword.

Name: **pr11014.cpp**
Location: Quincy99/Programs/**Chap11**

Listing 11-14: **Friend classes, forward reference**

```cpp
////////////////////////////////////////
// File Name: pr11014.cpp
////////////////////////////////////////
#include <iostream>

////////////////////////////////////////
// CustomDate date class.
////////////////////////////////////////
class CustomDate
{
    int da, yr;

public:
    CustomDate(int d = 0, int y = 0)
        { da = d; yr = y;}
    void display() const
        {std::cout << std::endl << yr << '-' << da;}

    // Allows Date member functions to
    // see CustomDate private members.
    friend class Date;
};

////////////////////////////////////////
// Date date class.
////////////////////////////////////////
class Date
{
    int mo, da, yr;

public:
    Date(int m, int d, int y) { mo = m; da = d; yr = y; }
    operator CustomDate() const;
};

// Member conversion function (CustomDate <- Date).
Date::operator CustomDate() const
{
    static int dys[] = {31,28,31,30,31,30,31,31,30,31,30,31};
    CustomDate cd(0, yr);
    for (int i = 0; i < mo-1; i++)
        cd.da += dys[i];
    cd.da += da;

    return cd;
}
```

Continued

Listing 11-14 (continued)

```
/////////////////////////////////////
// The main() function.
/////////////////////////////////////
int main()
{
    Date dt(11,17,89);
    CustomDate cd(dt);
    cd.display();

    return 0;
}
```

Friend Functions

Sometimes, you do not want an entire class to be a friend of another class. Unless it is necessary to access data in such a broad way, you should not do so. What you need is a way to specify that only selected member functions of another class may read and write the data members of the current class. In these cases, you may specify that a particular function, rather than an entire class, is a friend of a class. This type of function is called a *friend function*.

Listing 11-15 restricts the access to the data members of the CustomDate class only to the member function of the Date class that needs it.

On the CD-ROM

Name: **pr11015.cpp**
Location: Quincy99/Programs/**Chap11**

Listing 11-15: **Friend functions in a class**

```
/////////////////////////////////////
// File Name: pr11015.cpp
/////////////////////////////////////
#include <iostream>

// Forward reference.
class CustomDate;

/////////////////////////////////////
// Date date class.
/////////////////////////////////////
class Date
{
```

```
        int mo, da, yr;

public:
    Date(const CustomDate&);  // conversion constructor.
    void display() const
        {std::cout << std::endl << mo
                    << '/' << da << '/' << yr;}
};

/////////////////////////////////////
// CustomDate date class.
/////////////////////////////////////
class CustomDate
{
    int da, yr;

public:
    CustomDate(int d = 0, int y = 0)
        { da = d; yr = y; }

    // Friend conversion function.
    friend Date::Date(const CustomDate&);
};

// Conversion constructor (Date <- CustomDate).
Date::Date(const CustomDate& cd)
{
    static int dys[] = {31,28,31,30,31,30,31,31,30,31,30,31};
    yr = cd.yr;
    da = cd.da;
    for (mo = 0; mo < 11; mo++)
        if (da > dys[mo])
            da -= dys[mo];
        else
            break;
    mo++;
}

/////////////////////////////////////
// The main() function.
/////////////////////////////////////
int main()
{
    Date dt(CustomDate(123, 89));
    dt.display();

    return 0;
}
```

Anonymous Objects

Observe the instantiation of the Date object in the main() function of Listing 11-15. It uses notation that calls the CustomDate constructor to construct an anonymous (unnamed) CustomDate object to be used to construct the instantiated Date object. This is a common C++ idiom. The CustomDate object is not needed, except as an initializer to construct the Date object. Therefore, the program does not need to instantiate a named object of type Date.

Nonmember Friend Functions

Sometimes the function that is to be a friend is not a member of another class at all. Such a function has the special privilege of reading and writing a class object's private data members, yet the function is not a member of any class. This feature is particularly useful when you're overloading operators (the subject of Chapter 12).

A common use of nonmember friend functions is to bridge classes. A function that is a friend to two classes can have access to the private members of both classes. Suppose you have a Time class and a Date class and you want a function that displays both. Listing 11-16 shows how a friend function that has access to the private data members of both classes can bridge the two.

Name: **pr11016.cpp**
Location: Quincy99/Programs/**Chap11**

> ### Listing 11-16: **Bridging classes with a friend function**

```
/////////////////////////////////////
// File Name: pr11016.cpp
/////////////////////////////////////
#include <iostream>

// Forward reference.
class Time;

/////////////////////////////////////
// Date class.
/////////////////////////////////////
class Date
{
    int mo, da, yr;

public:
    Date(int m, int d, int y) { mo = m; da = d; yr = y;}
```

```
        // Bridge function.
        friend void display(const Date&, const Time&);
};

//////////////////////////////////////
// Time class.
//////////////////////////////////////
class Time
{
    int hr, min, sec;

public:
    Time(int h, int m, int s) { hr = h; min = m; sec = s;}

    // Bridge function.
    friend void display(const Date&, const Time&);
};

//////////////////////////////////////
// A bridge friend function.
//////////////////////////////////////
void display(const Date& dt, const Time& tm)
{
    std::cout << dt.mo << '/' << dt.da << '/' << dt.yr;
    std::cout << ' ';
    std::cout << tm.hr << ':' << tm.min << ':' << tm.sec;
}

//////////////////////////////////////
// The main() function.
//////////////////////////////////////
int main()
{
    Date dt(2,16,97);
    Time tm(10,55,0);
    display(dt, tm);

    return 0;
}
```

Using Destructors

Until now, the listings in this chapter have not included destructor functions, because the classes in them have not required anything in the way of custom destruction. To illustrate how destructors work, a new Date class includes a pointer to a string that contains the month spelled out. Listing 11-17 shows the destructor function for the new Date class.

On the
CD-ROM

Name: **pr11017.cpp**
Location: Quincy99/Programs/**Chap11**

Listing 11-17: **Destructors**

```
///////////////////////////////////
// File Name: pr11017.cpp
///////////////////////////////////
#include <iostream>
#include <cstring>

///////////////////////////////////
// Date class.
///////////////////////////////////
class Date
{
    int mo, da, yr;
    char *month;

public:
    Date(int m = 0, int d = 0, int y = 0);
    ~Date();
    void display() const;
};

// The constructor definition.
Date::Date(int m, int d, int y)
{
    static char *mos[] =
    {
        "January", "February", "March", "April", "May",
        "June", "July", "August", "September", "October",
        "November", "December"
    };

    mo = m; da = d; yr = y;
    if (m != 0)
    {
        month = new char[std::strlen(mos[m-1])+1];
        std::strcpy(month, mos[m-1]);
    }
    else
        month = 0;
}

// The destructor definition.
Date::~Date()
{
```

```
        delete [] month;
    }

    // Display member function.
    void Date::display() const
    {
        if (month != 0)
            std::cout << month << ' ' << da << ", " << yr;
    }

    ////////////////////////////////////
    // The main() function.
    ////////////////////////////////////
    int main()
    {
        Date birthday(6,24,1940);
        birthday.display();

        return 0;
    }
```

The constructor function for the Date object uses the new operator to allocate dynamic memory for the string name of the month. Then, the constructor copies the name from its internal array into the Date object's month character pointer.

The constructor simply could have copied the pointer from the constructor's array into the class, but the point of the listing is to discuss destructors. If we copied the pointer, the object would have had nothing that needed destroying.

The destructor function deletes the month pointer, and this is where you can get into trouble. As programmed, the program has no problems; but as designed, the Date class can cause trouble when used in an assignment. Suppose you add the following code to the main() function in Listing 11-17:

```
Date newday;
newday = birthday;
```

You construct an empty Date variable named newday and then assign the contents of birthday to it. That looks reasonable, but when you consider what the destructor function does, you can see the problem.

If you do not tell the compiler otherwise, it assumes that class assignment is implemented as a member-by-member copy. In this example, the birthday variable has month, a character pointer initialized by the constructor's use of the new operator. The destructor uses the delete operator to release the memory when birthday goes out of scope. But when that happens, newday goes out of scope, too, and the destructor also executes for it. The month pointer in newday is a copy of the month pointer in birthday. The constructor deletes the same pointer twice, giving unpredictable results — a problem that you must deal with in class design.

Furthermore, suppose that newday is an external object and birthday is automatic. When birthday goes out of scope, it deletes the month pointer in the newday object.

Now, suppose that you have two initialized Date variables, and you assign one to the other, as in the following example:

```
Date birthday(6,24,40);
Date newday(7,29,41);
newday = birthday;
```

The problem compounds itself. When the two variables go out of scope, the month value originally assigned in birthday is in newday as a result of the assignment. The month value that the constructor's new operation puts into newday is overwritten by the assignment. Not only does the month value in birthday get deleted twice, but also the one that originally was in newday never gets deleted.

Overloaded Assignment Operators

The solution to the preceding problems lies in recognizing when they occur and writing a special assignment operator function to deal with them. You can overload the assignment operator for assigning an object of a class to another object of the same class. It is with this technique that you can solve the problem of assignment and destruction of free-store pointers in a class. (Chapter 12 discusses overloaded operators in further detail.)

In the technique you are about to learn, your class assignment function uses the new operator to get a different pointer from the heap. Then it takes the value pointed to in the assigning object and copies it into the area pointed to in the assigned object.

You declare an overloaded assignment function by using the following notation within the class definition:

```
void operator=(const Date&);
```

Later, we'll modify this usage to permit compound assignments. For now, the overloaded assignment function returns void. The overloaded assignment operator function is a member function of the class — in this case, the Date class. The function's name is always operator= , and its parameter is always a reference to an object of the same class. The parameter represents the source object, the one from which values are assigned. The overloaded operator function runs as a member function of the destination object — the one that is assigned values from the source object.

Listing 11-18 is an example of how the overloaded assignment operator works.

Name: **pr11018.cpp**
Location: Quincy99/Programs/**Chap11**

Listing 11-18: **Class assignment**

```cpp
/////////////////////////////////////
// File Name: pr11018.cpp
/////////////////////////////////////
#include <iostream>
#include <cstring>

/////////////////////////////////////
// Date class.
/////////////////////////////////////
class Date
{
    int mo, da, yr;
    char *month;

public:
    Date(int m = 0, int d = 0, int y = 0);
    ~Date();

    // Overloaded assignment operator.
    void operator=(const Date&);

    void display() const;
};

// The constructor definition.
Date::Date(int m, int d, int y)
{
    static char *mos[] =
    {
        "January", "February", "March", "April", "May",
        "June", "July", "August", "September", "October",
        "November", "December"
    };

    mo = m; da = d; yr = y;
    if (m != 0)
    {
```

Continued

Listing 11-18 *(continued)*

```cpp
            month = new char[std::strlen(mos[m-1])+1];
            std::strcpy(month, mos[m-1]);
        }
        else
            month = 0;
}

// The destructor definition.
Date::~Date()
{
    delete [] month;
}

// Display member function.
void Date::display() const
{
    if (month != 0)
        std::cout << month << ' ' << da
                  << ", " << yr << std::endl;
}

// Overloaded Date assignment.
void Date::operator=(const Date& dt)
{
    if (this != &dt)
    {
        mo = dt.mo;
        da = dt.da;
        yr = dt.yr;
        delete [] month;
        if (dt.month != 0)
        {
            month = new char [std::strlen(dt.month)+1];
            std::strcpy(month, dt.month);
        }
        else
            month = 0;
    }
}

////////////////////////////////////////
// The main() function.
////////////////////////////////////////
int main()
{
    // First date.
    Date birthday(6,24,1940);
    birthday.display();
```

```
        // Second date.
        Date newday(7,29,1941);
        newday.display();

        // Assign the first date to the second.
        newday = birthday;
        newday.display();

        return 0;
    }
```

This listing is just like Listing 11-17 except that the overloaded assignment operator function is added to the Date class definition. The assignment function makes all necessary data member assignments and then uses the delete operator to return to the heap the string memory pointed to by the month pointer of the receiver. Then, if the sending object's month pointer is initialized, the function uses new to allocate memory for the receiving object and copies the sending object's month string to the receiver. (If the sending object's month pointer is not initialized, it means that the sender was never initialized.)

The first statement in the overloaded Date assignment operator compares the address of the sending object to the this pointer (discussed next). This operation protects against the occasion when a program assigns an object to itself.

The this Pointer

The this pointer is a special pointer that exists for a class while a nonstatic member function is executing. The this pointer is a pointer to an object of the type of the class, and it points to the object for which the member function currently is executing.

The this pointer always is named this and is a hidden argument passed to every member function as if the member functions were declared, as shown in this example:

```
    void Date::myFunction(Date* this);
```

The function declaration really does not contain the parameter when you write the code. I show it here to help you understand the underlying mechanism that supports the this pointer.

When your program calls a member function for an object, the compiler inserts the address of the object into the argument list for the function as if the function were declared as just shown and as if the function call looked like this example:

```
dt.myFunction(&dt);
```

Once again, you do not include the object's address as an argument when you write code that calls a member function. This example shows what the compiler generates as the hidden argument for the member function's hidden this pointer parameter.

The this pointer does not exist in static member functions. (See the discussion on static members later in this chapter.)

When you call a member function for an object, the compiler assigns the address of the object to the this pointer and then calls the function. Therefore, every reference to any member from within a member function implicitly uses the this pointer. Both output statements in the following example are the same.

The second statement explicitly uses the pointer notation that the first statement uses implicitly:

```
void Date::month_display()
{
    // These two statements do the same thing.
    std::cout << mo;
    std::cout << this->mo;
}
```

You can include the this pointer, as the second statement does in the preceding function. To do so, however, is redundant, because the compiler provides the this pointer reference by default.

Returning *this

One use of the this pointer allows member functions to return the invoking object (or its address or a reference to it) to the caller. The overloaded assignment operator function in Listing 11-18 returns nothing. With that function, you cannot string assignments together in the C++ format as follows:

```
a = b = c;
```

Let's review some of what you learned in Chapter 2, in particular the discussion associated with Listing 2-11. A compound assignment expression such as the one just shown works in C++ because every expression returns something—unless, of course, the expression is a call to a function returning `void`. You can express the assignment in the following way:

```
b = c;
a = b;
```

Because the first statement is an expression that returns the value assigned, you can combine the two expressions as follows:

```
a = (b = c);
```

Because the rightmost assignment operator has higher precedence than the leftmost one, the parentheses are not required, and the preceding example is expressed in the following way:

```
a = b = c;
```

To make your overloaded class assignments work in the same way that conventional, nonoverloaded assignments do, you must make the assignment function return the result of the assignment, which happens to be the destination object. This also happens to be what the `this` pointer points to while the overloaded assignment function is executing.

Listing 11-19 modifies Listing 11-18 by having the overloaded assignment function return a reference to a `Date` object. The value returned is the object pointed to by the `this` pointer.

On the CD-ROM

Name: **pr11019.cpp**
Location: Quincy99/Programs/**Chap11**

Listing 11-19: **The this pointer**

```
/////////////////////////////////////
// File Name: pr11019.cpp
/////////////////////////////////////
#include <iostream>
#include <cstring>

/////////////////////////////////////
// Date class.
/////////////////////////////////////
class Date
{
    int mo, da, yr;
    char *month;
```

Continued

Listing 11-19 *(continued)*

```cpp
public:
    Date(int m = 0, int d = 0, int y = 0);
    ~Date();

    // Overloaded assignment operator.
    Date& operator=(const Date&);

    void display() const;
};

// The constructor definition.
Date::Date(int m, int d, int y)
{
    static char *mos[] =
    {
        "January", "February", "March", "April", "May",
        "June", "July", "August", "September", "October",
        "November", "December"
    };

    mo = m; da = d; yr = y;
    if (m != 0)
    {
        month = new char[std::strlen(mos[m-1])+1];
        std::strcpy(month, mos[m-1]);
    }
    else
        month = 0;
}

// The destructor definition.
Date::~Date()
{
    delete [] month;
}

// Display member function.
void Date::display() const
{
    if (month != 0)
        std::cout << month << ' ' << da
                  << ", " << yr << std::endl;
}

// Overloaded Date assignment.
Date& Date::operator=(const Date& dt)
{
    if (this != &dt)
```

```
        {
            mo = dt.mo;
            da = dt.da;
            yr = dt.yr;
            delete [] month;
            if (dt.month != 0)
            {
                month = new char [std::strlen(dt.month)+1];
                std::strcpy(month, dt.month);
            }
            else
                month = 0;
        }

        return *this;
    }

    ///////////////////////////////////////
    // The main() function.
    ///////////////////////////////////////
    int main()
    {
        // Original date.
        Date birthday(6,24,40);

        Date oldday, newday;

        // Assign first to second to third.
        oldday = newday = birthday;

        birthday.display();
        oldday.display();
        newday.display();

        return 0;
    }
```

This use of the this pointer is difficult to grasp sometimes because it applies several C++ constructs that are unfamiliar to programmers of other languages, including C. Picture what is happening when you make the following assignment:

```
    newday = birthday;
```

The assignment executes the overloaded assignment operator function for the Date class. That function has two parameters. The first parameter is implied. It is the address of the object for which the function is being called. In this case, the function is being called for the object on the left side of the assignment: the newday object. The second parameter is supplied as an argument and is the object on the right side of the assignment - in this case, the `birthday` object. In the function, the `birthday` argument becomes the `dt` parameter. The first assignment statement in the function is as follows:

```
mo = dt.mo;
```

The preceding statement also can be read the following way:

```
this->mo = dt.mo;
```

The statement assigns the value in the `mo` data member of the `birthday` object to the `mo` data member of the `newday` object. The other assignments work the same way. When the function is finished, it returns a reference to what `this` points to: the `newday` object. Consequently, the overloaded assignment operator function, in addition to performing the assignment, returns a reference to the object that receives the assignment, making possible the following statement:

```
oldday = newday = birthday;
```

By understanding this mechanism and the subject of operator overloading (as discussed in Chapter 12), you can see how the chained `std::cout` statements used in previous listings work. In many of the listings, you use statements similar to the following example:

```
cout << a << b << c;
```

Using this to Link Lists

The `this` pointer is convenient in applications in which a data structure uses self-referential members. An example is the simple linked list. Listing 11-20 builds a linked list from a class named `ListEntry`. The class supports a list entry that contains a name string.

On the CD-ROM

Name: **pr11020.cpp**
Location: Quincy99/Programs/**Chap11**

Listing 11-20: **The this pointer and the linked list**

```
/////////////////////////////////////
// File Name: pr11020.cpp
/////////////////////////////////////
#include <iostream>
#include <cstring>
```

```cpp
/////////////////////////////////////
// The ListEntry class.
/////////////////////////////////////
class ListEntry
{
    char* listvalue;
    ListEntry* preventry;

public:
    ListEntry(char*);
    ~ListEntry()
        { delete [] listvalue; }
    ListEntry* PrevEntry() const
        { return preventry; };
    void display() const
        { std::cout << std::endl << listvalue; }

    // Use the 'this' pointer to chain the list.
    void AddEntry(ListEntry& le)
        { le.preventry = this; }
};

// The constructor definition.
ListEntry::ListEntry(char* s)
{
    listvalue = new char[std::strlen(s)+1];
    std::strcpy(listvalue, s);
    preventry = 0;
}

/////////////////////////////////////
// The main() function.
/////////////////////////////////////
int main()
{
    ListEntry* prev = 0;

    // Read in some names.
    while (1)
    {
        std::cout << std::endl
                  << "Enter a name ('end' when done): ";
        char name[25];
        std::cin >> name;

        if (std::strncmp(name, "end", 3) == 0)
            break;

        // Make a list entry of the name.
        ListEntry* list = new ListEntry(name);
```

Continued

Listing 11-20 *(continued)*

```
        // Add the entry to the linked list.
        if (prev != 0)
            prev->AddEntry(*list);
        prev = list;
    }

    // Display the names in reverse order.
    while (prev != 0)
    {
        prev->display();
        ListEntry* hold = prev;
        prev = prev->PrevEntry();

        // Delete the ListEntry object.
        delete hold;
    }

    return 0;
}
```

Listing 11-20 prompts you to enter a series of names. When you're finished, you enter the word "end." The program then displays the names in the reverse order in which you entered them.

The class in Listing 11-20 contains a string value and a pointer to the previous entry in the list. The constructor function gets memory for the string from the heap, copies the string value to the memory, and sets the preventry pointer to null. The destructor deletes the string memory.

If you want to use this class in a broader scope to include assignments of objects of the class to one another, you need to build an overloaded assignment operator like the one in Listing 11-18.

A member function named PrevEntry() returns the pointer to the previous entry in the list. Another member function displays the current entry.

The member function of concern here is AddEntry(), which builds the list by putting the address of the current entry into the pointer of the next entry. It does this by copying the this pointer into the preventry pointer of the argument entry.

The AddEntry() function makes no changes to the ListEntry object for which it is running; instead, it assigns the object's address to the preventry pointer of the ListEntry object referenced by the function's parameter. Furthermore, even though the function does not modify its own object, the function is not `const`. This is because it copies its object's address — the contents of the `this` pointer — to a non-`const` object. The compiler assumes that the non-`const` object subsequently may be permitted to modify the current object through the copied address. Consequently, the `AddEntry()` function should not be declared as `const`.

The `main()` function of the program prompts you to enter names at the console. After the last name, you enter the word "end." Then, the function navigates the list and displays the entries. Because the list pointers point from the current to the previous entry, the names display in the opposite order in which you enter them.

Observe the use of the `new` operator to allocate memory for the `ListEntry` object to which the list pointer points. Chapter 5 addressed `new` and `delete` but did not discuss those operators with respect to classes, because you had not learned about classes at that point. A later section in this chapter discusses the heap as it pertains to objects of classes.

Arrays of Class Objects

Class objects are just like any other C++ data type in that you can declare pointers to them as well as create arrays of them. The array notation is the same as that of an array of structures. Listing 11-21 demonstrates an array of `Date` structures.

On the CD-ROM

Name: **pr11021.cpp**
Location: Quincy99/Programs/**Chap11**

Listing 11-21: **Arrays of classes**

```
/////////////////////////////////////
// File Name: pr11021.cpp
/////////////////////////////////////
#include <iostream>

/////////////////////////////////////
// The Date class.
/////////////////////////////////////
class Date
{
    int mo, da, yr;

public:
    Date(int m = 0, int d = 0, int y = 0)
        { mo = m; da = d; yr = y;}
```

Continued

Listing 11-21 *(continued)*

```
    void display() const
        { std::cout << mo << '/' << da
                    << '/' <<yr << std::endl; }
};

/////////////////////////////////////////
// The main() function.
/////////////////////////////////////////
int main()
{
    Date dates[2];
    Date temp(6,24,40);
    dates[0] = temp;
    dates[0].display();
    dates[1].display();

    return 0;
}
```

The constructor function in Listing 11-21 uses default arguments to initialize the three data members to zero. This constructor serves as a default constructor, as well as one that constructs a Date object from three integer arguments (or two, or one, depending on how many arguments you provide).

Class Object Arrays and the Default Constructor

Recall from earlier in this chapter that a constructor with no parameters or a constructor with default arguments for all its parameters is a default constructor. If you provide no constructors for a class, the compiler provides one public default constructor that does nothing. If you provide at least one constructor of any kind, the compiler provides no default constructor.

You cannot instantiate an array of objects of a class that has no default constructor. The notation for instantiating an array of class objects does not permit an initializer list that conforms to the format of constructor function arguments.

The main() function in Listing 11-21 declares an array of two Date objects and a single date with initialized values. It assigns the initialized Date object to the first of the two Date objects in the array and then displays both dates. The first date in the array has a valid date value; the second has all zeros.

When you declare an array of objects of a class, the compiler calls the default constructor function once for each element in the array. It is important that you understand this relationship when you design constructor functions.

Listing 11-22 repeats Listing 11-21, but it removes the default argument values and adds a default constructor with a display message to demonstrate that the default constructor gets called twice - once for each element in the array.

Name: **pr11022.cpp**
Location: Quincy99/Programs/**Chap11**

Listing 11-22: **Constructors for arrays of classes**

```
/////////////////////////////////////
// File Name: pr11022.cpp
/////////////////////////////////////
#include <iostream>

/////////////////////////////////////
// The Date class.
/////////////////////////////////////
class Date
{
    int mo, da, yr;

public:
    Date();
    Date(int m, int d, int y)
        { mo = m; da = d; yr = y;}
    void display() const
        { std::cout << mo << '/' << da
                    << '/' << yr << std::endl; }
};

// Constructor that is called for each
// element in a Date array.
Date::Date()
{
    std::cout << "Date constructor running" << std::endl;
    mo = 0; da = 0; yr = 0;
}

/////////////////////////////////////
// The main() function.
/////////////////////////////////////
int main()
{
```

Continued

Listing 11-22 *(continued)*

```
    Date dates[2];
    Date temp(6,24,40);
    dates[0] = temp;
    dates[0].display();
    dates[1].display();

    return 0;
}
```

Listing 11-22 displays the following messages:

```
Date constructor running
Date constructor running
6/24/40
0/0/0
```

As you can see, the default constructor function executes twice: once for each element in the array. The program displays no message for the constructor of the `temp` object, because that object calls the constructor function that accepts initializers, and that function has no message.

Class Object Arrays and Destructors

When an array of objects of a class goes out of scope, the compiler calls the destructor function once for each element of the array. Listing 11-23 illustrates how to call destructors for class array elements.

Name: **pr11023.cpp**
Location: Quincy99/Programs/**Chap11**

Listing 11-23: Destructors for arrays of classes

```
////////////////////////////////////
// File Name: pr11023.cpp
////////////////////////////////////
#include <iostream>

////////////////////////////////////
// The Date class.
////////////////////////////////////
class Date
{
```

```
        int mo, da, yr;

    public:
        Date(int m = 0, int d = 0, int y = 0)
            { mo = m; da = d; yr = y;}
        ~Date()
            {std::cout << "Date destructor running" << std::endl;}
        void display() const
            {std::cout << mo << '/' << da
                       << '/' << yr << std::endl; }
    };

    ///////////////////////////////////////
    // The main() function.
    ///////////////////////////////////////
    int main()
    {
        Date dates[2];
        Date temp(6,24,40);
        dates[0] = temp;
        dates[0].display();
        dates[1].display();

        return 0;
    }
```

Listing 11-23 has a Date destructor function that does nothing except display a message on the console to prove that it runs more than once for an array of objects. The following display shows that the destructor runs three times — twice for the two elements in the dates array and once for the temp object:

```
6/24/40
0/0/0
Date destructor running
Date destructor running
Date destructor running
```

Static Members

You can declare a member of a class as static, in which case only one instance of the member exists. The member is accessible to all the member functions. No instance of the class needs to be declared for the static members to exist, although the rest of the program cannot access a static member that is not public. However, the declaration of a static member in a class does not define the variable automatically. You must define it outside the class definition for it to exist.

Static Data Members

You use a static data member to maintain a global value that applies to all instances of the class. Member functions can access and modify this value. If the static member is public, all code in the scope of the class declaration—inside and outside of the class—can access the member. As an example, consider the simple linked list used in Listing 11-20. The class merely defines the list entries. It is up to the using program to keep track of the end of the list. Listing 11-24 improves the linked-list example in Listing 11-20 with static data members that hold the address of the list's first and last entries.

On the CD-ROM

Name: **pr11024.cpp**
Location: Quincy99/Programs/**Chap11**

Listing 11-24: **Static members and the linked list**

```cpp
//////////////////////////////////////
// File Name: pr11024.cpp
//////////////////////////////////////
#include <iostream>
#include <cstring>

//////////////////////////////////////
// The ListEntry class.
//////////////////////////////////////
class ListEntry
{
public:
    // Static list head pointer.
    static ListEntry* firstentry;

private:
    // Static list tail pointer.
    static ListEntry* lastentry;

    char* listvalue;
    ListEntry* nextentry;

public:
    ListEntry(char*);
    ~ListEntry()
        { delete [] listvalue;}
    ListEntry* NextEntry() const
        { return nextentry; };
    void display() const
        { std::cout << listvalue << std::endl; }
};
```

```cpp
// Define the static pointers.
ListEntry* ListEntry::firstentry; // static list head pointer.
ListEntry* ListEntry::lastentry;  // static list tail pointer.

// The constructor.
ListEntry::ListEntry(char* s)
{
    if (firstentry == 0)
        firstentry = this;
    if (lastentry != 0)
        lastentry->nextentry = this;
    lastentry = this;
    listvalue = new char[std::strlen(s)+1];
    std::strcpy(listvalue, s);
    nextentry = 0;
}

////////////////////////////////////////
// The main() function.
////////////////////////////////////////
int main()
{
    // Read in some names.
    while (1)
    {
        std::cout << "\nEnter a name ('end' when done): ";
        char name[25];
        std::cin >> name;

        if (std::strncmp(name, "end", 3) == 0)
            break;

        // Make a list entry of the name.
        new ListEntry(name);
    }

    // Get a pointer to the first list entry.
    ListEntry* next = ListEntry::firstentry;

    // Display the names.
    while (next != 0)
    {
        next->display();
        ListEntry* hold = next;
        next = next->NextEntry();
        delete hold;
    }

    return 0;
}
```

Listing 11-24 displays prompting messages. You enter names until you are finished and then enter "end." The program displays the names in the order in which you entered them.

This example represents an improved linked-list class. By using static data members to keep a record of the beginning and end of the list, the class assumes all the responsibility for list integrity.

The constructor function for a list entry adds the entry to the list, so there is no need for the AddEntry() function of Listing 11-20. Listing 11-24 uses the new operator to declare a new entry, but it does not assign to a pointer the address returned by the new operator. The constructor function records the address of the entry in the nextentry pointer of the previous entry, and the program does not need to remember the address otherwise.

Finally, the linked-list class defined in Listing 11-24 allows the program to retrieve the entries in the same order in which they are added. After you enter all of the names and type "end," the program displays those names in their original order rather than in reverse order as did earlier versions of this program.

Listings 11-20 and 11-24 do not represent the best way to implement a linked-list data structure in C++. For one thing, the ListEntry class supports only character strings. If you want a linked list of integers, for example, you have to implement a separate class. Chapter 16 discusses the C++ class template, which provides a more generic mechanism for creating container classes. Part IV discusses the Standard Template Library, which provides several generic container classes — including a linked list — ready for you to use.

For the main() function in Listing 11-24 to retrieve the ListEntry::firstentry value to begin iterating the list, you have to make ListEntry::firstentry a public data member, a practice that violates our object-oriented guidelines for keeping data members private. Let's deal with that situation next.

Static Member Functions

Member functions can be static. You can use static member functions to perform tasks in the name of the class or an object when the function does not need access to the members of any particular instance of the class. Usually, you use a static member function when you need to access only the static data members of a class.

Static member functions have no this pointer. Inasmuch as they have no access to the nonstatic members, they cannot use the this pointer to point to anything.

Listing 11-25 adds a FirstEntry() static member function to the ListEntry class to retrieve the address of the first entry added to the list from the lastentry data member, which now is declared as private, as it should be.

Name: **pr11025.cpp**
Location: Quincy99/Programs/**Chap11**

Listing 11-25: **Static member functions**

```cpp
/////////////////////////////////////
// File Name: pr11025.cpp
/////////////////////////////////////
#include <iostream>
#include <cstring>

/////////////////////////////////////
// The ListEntry class.
/////////////////////////////////////
class ListEntry
{
    // Static list head and tail pointers.
    static ListEntry* firstentry;
    static ListEntry* lastentry;

    char* listvalue;
    ListEntry* nextentry;

public:
    ListEntry(char*);
    ~ListEntry()
        { delete [] listvalue;}

    // Static member function.
    static ListEntry* FirstEntry()
        { return firstentry; }

    ListEntry* NextEntry() const
        { return nextentry; };
    void display() const
        { std::cout << listvalue << std::endl; }
};

// Define the static pointers.
ListEntry* ListEntry::firstentry;
ListEntry* ListEntry::lastentry;

// The class constructor.
ListEntry::ListEntry(char* s)
{
    if (firstentry == 0)
        firstentry = this;
    if (lastentry != 0)
```

Continued

Listing 11-25 *(continued)*

```
            lastentry->nextentry = this;
        lastentry = this;
        listvalue = new char[std::strlen(s)+1];
        std::strcpy(listvalue, s);
        nextentry = 0;
    }

    ///////////////////////////////////////
    // The main() function.
    ///////////////////////////////////////
    int main()
    {
        // Read in some names.
        while (1)
        {
            std::cout << "\nEnter a name ('end' when done): ";
            char name[25];
            std::cin >> name;

            if (std::strncmp(name, "end", 3) == 0)
                break;

            // Make a list entry of the name.
            new ListEntry(name);
        }

        // Get a pointer to the first list entry.
        ListEntry* next = ListEntry::FirstEntry();

        // Display the names.
        while (next != 0)
        {
            next->display();
            ListEntry* hold = next;
            next = next->NextEntry();
            delete hold;
        }

        return 0;
    }
```

Listing 11-25 displays prompting messages. You enter names until you are finished and then enter "end." The program displays the names in the order in which you entered them.

The `ListEntry::FirstEntry()` function is static and returns the value stored in the static `firstentry` data member.

Public Static Members

If a static member is public, like the one in Listing 11-25, it is accessible to the entire program. You can call a public static member function from anywhere without associating it with a particular instance of the class. A public static member function is not quite global. It exists only within the scope of the class in which it is defined. However, you can call it from anywhere within that scope by prefixing it with the class name and using the : : scope resolution operator.

Classes and the Heap

In Chapter 5, you learned about the C++ heap, as well as the new and delete memory management operators. This section discusses those operators and their special relationship to classes.

Constructors and new; Destructors and delete

You used new and delete in earlier listings to get and release memory for class objects. When you use new to get memory for a class object, the compiler executes the new operator function first to allocate the memory and then calls the class's constructor function. When you use delete to return the memory, the compiler calls the class's destructor function and then calls the delete operator function. Usually, the compiler provides the new and delete operator functions. They are the same functions that allocate and return memory for intrinsic type objects.

Listing 11-26 demonstrates the relationships involving new and the constructor functions and delete and the destructor function.

Name: **pr11026.cpp**
Location: Quincy99/Programs/**Chap11**

> Listing 11-26: **The new and delete operators with constructors and destructors**

```
/////////////////////////////////////
// File Name: pr11026.cpp
/////////////////////////////////////
#include <iostream>

/////////////////////////////////////
// The Date class.
/////////////////////////////////////
```

Continued

Listing 11-26 *(continued)*

```
class Date
{
    int mo, da, yr;
public:
    Date()
        { std::cout << "Date constructor" << std::endl; }
    ~Date()
        { std::cout << "Date destructor" << std::endl; }
};

/////////////////////////////////////
// The main() function.
/////////////////////////////////////
int main()
{
    Date* dt = new Date;
    std::cout << "Process the date" << std::endl;
    delete dt;

    return 0;
}
```

The listing defines a Date class with a constructor and a destructor. These functions display messages when they run. When the new operator initializes the dt pointer, the constructor function executes. When the delete operator deletes the memory pointed to by the pointer, the operation calls the destructor function.

Listing 11-26 displays messages to demonstrate the order in which the constructor and destructor functions are executed. The output looks like this:

```
Date constructor
Process the date
Date destructor
```

The Heap and Class Arrays

You learned earlier that constructor and destructor functions are called once for every element in an array of class objects. Listing 11-27 illustrates an incorrect way to delete arrays of new classes.

On the
CD-ROM

Name: **pr11027.cpp**
Location: Quincy99/Programs/**Chap11**

Listing 11-27: **Deleting arrays of new classes incorrectly**

```cpp
/////////////////////////////////////
// File Name: pr11027.cpp
/////////////////////////////////////
#include <iostream>

/////////////////////////////////////
// The Date class.
/////////////////////////////////////
class Date
{
    int mo, da, yr;

public:
    Date()
        { std::cout << "Date constructor" << std::endl; }
    ~Date()
        { std::cout << "Date destructor" << std::endl; }
};

/////////////////////////////////////
// The main() function.
/////////////////////////////////////
int main()
{
    Date* dt = new Date[5];
    std::cout << "Process the dates" << std::endl;

    // Doesn't delete all objects in the array!
    delete dt;

    return 0;
}
```

The dt pointer points to an array of five dates. The Date constructor function executes five times from the new operator, because that is what the array notation tells the compiler to do. But the compiler has no indication from the call to delete that the pointer points to more than one Date object, so it builds only one call to the destructor function. Listing 11-27 displays the following messages to demonstrate that the destructor executes only once:

```
Date constructor
Date constructor
Date constructor
Date constructor
Date constructor
Process the dates
Date destructor
```

To solve this problem, C++ enables you to tell the delete operator that the pointer being deleted points to an array. You do so by adding the [] subscript operator to the delete operator like this:

```
delete [] pointername;
```

Listing 11-28 illustrates the correct use of the delete operator where an array is involved.

On the CD-ROM

Name: **pr11028.cpp**
Location: Quincy99/Programs/**Chap11**

Listing 11-28: **Correctly deleting arrays of new classes**

```cpp
/////////////////////////////////////
// File Name: pr11028.cpp
/////////////////////////////////////
#include <iostream>

/////////////////////////////////////
// The Date class.
/////////////////////////////////////
class Date
{
    int mo, da, yr;

public:
    Date()
        { std::cout << "Date constructor" << std::endl; }
    ~Date()
        { std::cout << "Date destructor" << std::endl; }
};

/////////////////////////////////////
// The main() function.
/////////////////////////////////////
int main()
{
    Date* dt = new Date[5];
    std::cout << "Process the dates" << std::endl;
```

```
    // Deletes all five array elements.
    delete [] dt;

    return 0;
}
```

Listing 11-28 displays the following messages to demonstrate that the destructor is called once for each element in the array:

```
Date constructor
Date constructor
Date constructor
Date constructor
Date constructor
Process the dates
Date destructor
Date destructor
Date destructor
Date destructor
Date destructor
```

If you use the [ ] notation when deleting an object that has no destructors, the compiler ignores the notation. However, by convention you should include the [ ] notation whenever you delete memory that was allocated for an array — even when the objects being deleted are not class objects or do not have destructors. The programs in this chapter do just that.

Overloaded Class new and delete Operators

Chapter 5 taught you how to manage dynamic memory by using the new and delete operator functions. Those examples used the global new and delete operators. You can overload global new and delete; but unless you are involved in low-level systems or embedded programming, it usually is not a good idea. As always, there are exceptions to any guideline. This book neither teaches nor encourages overloading global new and delete.

However, quite justifiably, you can overload the new and delete operators from within the scope of a class declaration. This feature allows a class to have its own custom new and delete operators. You typically use this feature to gain a performance benefit from class-specific knowledge about the memory requirements of a class that can avoid the general-purpose overhead of the global new and delete operators. Global heap operations often rely on operating system functions to allocate and free memory. These operations can be inefficient, particularly in a program that frequently allocates and frees many small blocks of memory in tight iterations.

Suppose you know that there are never more than a certain small number of instances of a class at any one time. You can allocate the necessary memory for all instances of that class and use class-specific new and delete operators to manage the memory. Listing 11-29 illustrates a class with overloaded new and delete operators that are specific to the class.

On the
CD-ROM

Name: **pr11029.cpp**
Location: Quincy99/Programs/**Chap11**

Listing 11-29: **Class-specific new and delete operators**

```cpp
/////////////////////////////////////
// File Name: pr11029.cpp
/////////////////////////////////////
#include <iostream>
#include <cstring>
#include <cstddef>
#include <new>

const int maxnames = 5;

/////////////////////////////////////
// The Names class.
/////////////////////////////////////
class Names
{
    char name[25];
    static char Names::pool[];
    static bool Names::inuse[maxnames];

public:
    Names(char* s)
        { std::strncpy(name, s, sizeof(name)); }
    void* operator new(size_t) throw(bad_alloc);
    void operator delete(void*) throw();
    void display() const
        { std::cout << name << std::endl; }
};

// Simple memory pool to handle fixed number of Names.
char Names::pool[maxnames * sizeof(Names)];
bool Names::inuse[maxnames];

// Overloaded new operator for the Names class.
void* Names::operator new(size_t) throw(bad_alloc)
{
    for (int p = 0; p < maxnames; p++)
```

```
    {
        if (!inuse[p])
        {
            inuse[p] = true;
            return pool+p*sizeof(Names);
        }
    }
    throw bad_alloc();
}

// Overloaded delete operator for the Names class.
void Names::operator delete(void* p) throw()
{
    if (p != 0)
        inuse[((char*)p - pool) / sizeof(Names)] = false;
}

/////////////////////////////////////////
// The main() function.
/////////////////////////////////////////
int main()
{
    Names* nm[maxnames];
    int i;

    for (i = 0; i < maxnames; i++)
    {
        std::cout << std::endl << "Enter name # "
                << i+1 << ": ";
        char name[25];
        std::cin >> name;
        nm[i] = new Names(name);
    }

    for (i = 0; i < maxnames; i++)
    {
        nm[i]->display();
        delete nm[i];
    }

    return 0;
}
```

Listing 11-29 prompts you for five names and then displays them. The program defines a class named Names, for which the constructor initializes the name value of an object of the class. This class defines its own new and delete operators. Because the program is guaranteed never to exceed maxnames names at one time, the programmer decides to improve execution speed by overriding the default new and delete operators.

The simple memory pool that supports Names is a pool character array with enough space to hold all the concurrent names the program expects. The associated inuse bool array contains a true/false value for each name to indicate whether an entry in the pool is in use.

The overloaded new operator finds an unused entry in the pool and returns its address. The overloaded delete operator marks the specified entry as unused.

Overloaded new and delete functions within a class definition always are static and have no this pointer associated with the object being created or deleted. This is because the compiler calls the new function before it calls the class's constructor function, and it calls the delete function after it calls the destructor.

The new function executes before the class's constructor function. The new function cannot access any of the class's members, because no memory exists for them until new allocates it and because the constructor function has not performed any other class-specific initializations yet. The delete operator executes after the destructor function. Consequently, the delete operator cannot have access to the class members.

Testing for Exceptions

The design in Listing 11-29 lacks the bulletproofing that you want to include in a real program. For example, the overloaded delete operator function does not test its parameter argument to ensure that it falls within the boundaries of the memory pool. If you are absolutely positive that your program never passes a bad pointer value to the delete operator, you can omit such validations in the interest of efficiency, particularly when efficiency is the motive for overloading the operators in the first place. You should consider, however, installing such tests for a debug version of your software, using the preprocessor's compile-time conditional statements (described in Chapter 8) to remove the tests from the production version of the program.

Overloaded new and delete Exceptions

Both overloaded operator functions in Listing 11-29 use exception handling, a C++ feature that you have not learned yet. The throw expressions in the function declarations and headers and the throw statement at the bottom of the overloaded new operator function implement the standard exception-handling mechanism for memory allocation. Do not worry about how it works just now. You will learn about exception handling in Chapter 25. For now, accept the fact that these operations are required. If you change Listing 11-29 so that the program tries to allocate more

Names buffers than the memory pool contains, the overloaded new operator function throws the exception and the program terminates. Chapter 25 explains how you can catch and process such exceptions.

Overloaded Class new[] and delete[]

When a class design includes overloaded new and delete operators such as those in Listing 11-29, the overloaded operator functions are not called for allocations of arrays of objects of the class. Suppose that the program in Listing 11-29 included these statements:

```
Names *nms = new Names[10];
// ...
delete [] nms;
```

These statements would call the global new and delete operators rather than the overloaded ones. To overload the new and delete operators for array allocations, you must overload the new[] and delete[] operator functions, as Listing 11-30 demonstrates.

On the CD-ROM

Name: **pr11030.cpp**
Location: Quincy99/Programs/**Chap11**

Listing 11-30: **Class-specific new[] and delete[] operators**

```
///////////////////////////////////////
// File Name: pr11030.cpp
///////////////////////////////////////
#include <iostream>
#include <cstring>
#include <cstddef>
#include <new>

const int maxnames = 5;

///////////////////////////////////////
// The Names class.
///////////////////////////////////////
class Names
{
    char name[25];
    static char Names::pool[];
    static short int Names::inuse[maxnames];
```

Continued

Listing 11-30 *(continued)*

```cpp
public:
    Names(char* s = 0)
        { if (s) std::strncpy(name, s, sizeof(name)); }
    void* operator new[](size_t) throw(std::bad_alloc);
    void operator delete[](void*) throw();
    void display() const
        { std::cout << name << std::endl; }
};

// Simple memory pool to handle fixed number of Names.
char Names::pool[maxnames * sizeof(Names)];
short int Names::inuse[maxnames];

// Overloaded new[] operator for the Names class.
void* Names::operator new[](size_t size) throw(std::bad_alloc)
{
    int elements = size / sizeof(Names);
    for (int p = 0; p < maxnames; p++)
    {
        if (!inuse[p])
        {
            int i;
            for (i = 0; i < elements && p+i < maxnames; i++)
                if (inuse[p+i])
                    break;

            if (i == elements && p+i < maxnames)
            {
                for (i = 0; i < elements; i++)
                    inuse[p+i] = elements;
                return pool+p*sizeof(Names);
            }
        }
    }
    throw std::bad_alloc();
}

// Overloaded delete[] operator for the Names class.
void Names::operator delete[](void* b) throw()
{
    if (b != 0)
    {
        int p = ((char*)b - pool) / sizeof(Names);
        int elements = inuse[p];
        for (int i = 0; i < elements; i++)
            inuse[p + i] = 0;
    }
}
```

```
////////////////////////////////////////////
// The main() function.
////////////////////////////////////////////
int main()
{
    Names* np = new Names[maxnames+1];

    int i;
    for (i = 0; i < maxnames; i++)
    {
        std::cout << std::endl << "Enter name # "
                  << i+1 << ": ";
        char name[25];
        std::cin >> name;
        *(np + i) = name;
    }

    for (i = 0; i < maxnames; i++)
        (np + i)->display();
    delete [] np;

    return 0;
}
```

When you overload new[] and delete[], you have more things to worry about
than you do for overloaded new and delete. Inasmuch as the new[] operator is
allocating memory for an array, it needs a way to remember the size of the array so
that the overloaded delete[] operator can return the proper number of buffers to
the pool. In this simple example, we replace the bool array that flagged buffers in
use, substituting an array of integers. Into each element of the array, the new[]
operator puts the number of buffers allocated instead of a simple true value. Then,
when the delete[] operator function returns buffers to the pool, the function uses
the value in the array to determine how many buffers to return. This technique is
extremely simple and serves to support the small example program in Listing 11-30.
A more complex buffer requirement might demand a more complex solution.

Copy Constructors

A *copy constructor* is a constructor that executes in these cases: when you initialize
a new object of the class with an existing object of the same class, when you pass
a copy of an object of the class by value as an argument to a function, and when
you return an object of the class by value. The copy constructor is similar to the
conversion constructor function that you learned about earlier in this chapter.
Conversion constructors convert the values in one class object to the format of

an object of a different class. Copy constructors initialize the values from an existing object of a class to a new, instantiated object of that same class.

Earlier in this chapter, you learned how to overload the assignment operator (=) to manage the assignment of an object of a class to another object of the same class when the default assignment provided by the compiler causes problems. Similar problems occur when you initialize an object with the contents of another object, so you must have copy constructor functions.

How does initialization of an object with another object differ from assignment of one object to another? Assignment assigns the value of an existing object to another existing object; initialization creates a new object and initializes it with the contents of the existing object. The compiler can distinguish between the two by using your overloaded assignment operator for assignments and your copy constructor for initializations.

Initializing an object with the contents of another object of the same class requires the use of a copy constructor function, which is a constructor that can be called with a single argument of an object of the same class as the object being constructed. A copy constructor always is declared as taking a reference to the object from which it is copied. By convention, that parameter is const.

If you do not provide a copy constructor, the compiler always provides one by default. The default copy constructor performs a simple member-by-member copy of the class's data members. Listing 11-31 demonstrates the copy constructor.

Name: **pr11031.cpp**
Location: Quincy99/Programs/**Chap11**

Listing 11-31: **Copy constructor**

```
/////////////////////////////////////
// File Name: pr11031.cpp
/////////////////////////////////////
#include <iostream>
#include <cstring>

/////////////////////////////////////
// The Date class.
/////////////////////////////////////
class Date
{
    int mo, da, yr;
    char* month;
```

```cpp
public:
    Date(int m = 0, int d = 0, int y = 0);

    // Copy constructor.
    Date(const Date&);

    ~Date();
    void display() const;
};

// The constructor definition.
Date::Date(int m, int d, int y)
{
    static char* mos[] =
    {
        "January", "February", "March", "April", "May",
        "June", "July", "August", "September", "October",
        "November", "December"
    };

    mo = m; da = d; yr = y;
    if (m != 0)
    {
        month = new char[std::strlen(mos[m-1])+1];
        std::strcpy(month, mos[m-1]);
    }
    else
        month = 0;
}

// The copy constructor definition.
Date::Date(const Date& dt)
{
    mo = dt.mo;
    da = dt.da;
    yr = dt.yr;
    if (dt.month != 0)
    {
        month = new char [std::strlen(dt.month)+1];
        std::strcpy(month, dt.month);
    }
    else
        month = 0;
}

// The destructor definition.
Date::~Date()
{
    delete [] month;
}
```

Continued

Listing 11-30 *(continued)*

```cpp
// The display member function.
void Date::display() const
{
    if (month != 0)
        std::cout << month << ' ' << da << ", "
                  << yr << std::endl;
}

/////////////////////////////////////////
// The main() function.
/////////////////////////////////////////
int main()
{
    // First date.
    Date birthday(6,24,1940);
    birthday.display();

    // Second date.
    Date newday = birthday;
    newday.display();

    // Third date.
    Date lastday(birthday);
    lastday.display();

    return 0;
}
```

The copy constructor in this listing resembles the overloaded assignment operator in Listing 11-18. The difference is that the copy constructor function executes when you declare a new Date object to be initialized with the contents of an existing Date object. The listing shows that there are two ways to do this. One way uses the usual C++ variable initializer syntax:

```cpp
Date newday = birthday;
```

The second way uses the constructor calling convention, in which the initializing object is an argument to the function's parameter:

```cpp
Date lastday(birthday);
```

References in Classes

In Chapter 5, you learned about references. Everything you know about using references with the Standard C++ data types and structures applies equally to objects of classes. Using references to class objects as function parameters and return values adds a measure of efficiency that would not exist if you had to pass every object by value.

You also can declare references as class data members, but there are a few things to consider. First, remember that a reference must be initialized. You usually do not initialize a class object with a brace-surrounded initialization list as you do with a structure; instead, you initialize it with a constructor. Therefore, the class constructor must initialize class member references. Remember, too, that references are aliases. References in classes behave just as if they were data members of the class with the same notational syntax, but operations on member references actually operate on the objects that are used to initialize them. Listing 11-32 shows the use of a class that has reference data members.

On the CD-ROM

Name: **pr11032.cpp**
Location: Quincy99/Programs/**Chap11**

Listing 11-32: **A class with a reference**

```
/////////////////////////////////////
// File Name: pr11032.cpp
/////////////////////////////////////
#include <iostream>

/////////////////////////////////////
// The Date class.
/////////////////////////////////////
class Date
{
    int da, mo, yr;

public:
    Date(int d,int m,int y)
        { da = d; mo = m; yr = y; }
    void Display() const
        { std::cout << da << '/' << mo << '/' << yr; }
};

/////////////////////////////////////
// The Time class.
/////////////////////////////////////
```

Continued

Listing 11-32 *(continued)*

```
class Time
{
    int hr, min, sec;

public:
    Time(int h, int m, int s)
        { hr = h; min = m; sec = s; }
    void Display() const
        { std::cout << hr << ':' << min << ':' << sec; }
};

/////////////////////////////////////////
// The DateTime class.
/////////////////////////////////////////
class DateTime
{
    // References to Date and Time.
    const Date& dt;
    const Time& tm;

public:
    // Constructor with reference initializers.
    DateTime(const Date& d, const Time& t) : dt(d), tm(t)
        { /* empty */ }

    void Display() const
        { dt.Display(); std::cout << ' '; tm.Display(); }
};

/////////////////////////////////////////
// The main() function.
/////////////////////////////////////////
int main()
{
    Date today(25,3,93);
    Time now(4,15,0);
    DateTime dtm(today, now);
    dtm.Display();

    return 0;
}
```

Observe the DateTime constructor specification. The colon operator specifies that a list of initializers — the parameter initialization list — follows. You must initialize reference data members in this manner. You cannot wait and do it in the body of the constructor. If the constructor is not inline, as this one is, you put the colon and initializer list in the constructor's definition rather than in its prototype in the class declaration like this:

```
class DateTime
{
    // References to Date and Time.
    const Date& dt;
    const Time& tm;

public:
    DateTime(const Date& d, const Time& t);
};

DateTime::DateTime(const Date& d, const Time& t) : dt(d), tm(t)
{
    // ... empty
}
```

You can use the constructor's parameter initialization list to initialize any data member. You should use it to initialize any const data members; as with references, you cannot assign values to const data members from within the constructor's statement body.

You cannot write a complete overloaded assignment operator function for a class that has reference data members because you cannot modify the value of a reference once it is instantiated and initialized.

Constructor Parameter Initialization Lists

You must use the constructor's parameter initialization list to initialize any class object data member that does not have a default constructor. Otherwise, the compiler cannot know how to initialize the empty object awaiting assignment from within the constructor. Some programmers use the parameter initialization list to initialize all class object data members. Consider this code:

```
class Date
{
    int mo, da, yr;

public:
    Date(int m = 0, int d = 0, int y = 0);
};

class Employee
{
```

```
        int empno;
        Date datehired;

    public:
        Employee(int en, Date& dh);
    };
```

You can code the `Employee` constructor either of the following ways:

```
    // Employee constructor, version 1.
    Employee ::Employee(int en, Date& dh)
    {
        empno = en;
        datehired = dh;
    }

    // Employee constructor, version 2.
    Employee ::Employee(int en, Date& dh) : empno(en),datehired(dh)
    {
    }
```

The first version of the `Employee` constructor uses two logical steps to construct and initialize the `datehired` data member. The second version uses only a construction step specified in the member initialization list. Depending on the complexity of the `Date` object's default constructor, the difference between the two versions can be significant.

A Brief Essay on const

If you declare an object as `const`, you cannot call any of the class's member functions (except the constructor and destructor, which are called implicitly by the compiler) that are not `const` also. Consider this code fragment:

```
    class Date
    {
        int month, day, year;

    public:
        Date(int m, d, y) : month(m), day(d), year(y)
            { }
        void display()
            { std::cout << month << '/' << day << '/' << year; }
    };

    int main()
    {
        const Date dt(6, 24, 1940);
        dt.display();        // --- error!
    }
```

The call to the display member function generates a compiler error message because you are calling a non-const function for a const object. Even though the function does not change the data members of the object, the compiler has no way of knowing that, and it generates the error.

Why, you might ask, does the compiler not look at the code in the body of the display function and figure out for itself that the function makes no changes? The answer is that the compiler is looking only at the function's declaration and not at its implementation. The implementation, in fact, can be elsewhere in the program — in another source-code file perhaps — and out of view of the compiler. The following example shows three separate source-code files:

```cpp
///////////////////////////////////////
// date.h
///////////////////////////////////////
class Date
{
    int month, day, year;

public:
    Date(int m, d, y);
    void display();
};

///////////////////////////////////////
// date.cpp
///////////////////////////////////////
#include <iostream>
#include "date.h"

Date::Date(int m, d, y) : month(m), day(d), year(y)
{
}

void Date::display()
{
    std::cout << month << '/' << day << '/' << year;
}

///////////////////////////////////////
// program.cpp
///////////////////////////////////////
#include <iostream>
#include "date.h"

int main()
{
    const Date dt(6, 24, 1940);
    dt.display();        // --- error!
}
```

The solution, as you learned earlier, is to make the display() function const:

```
// In date.h
    void display() const;

// In date.cpp
void Date::display() const
{
    std::cout << month << '/' << day << '/' << year;
}
```

Another solution is to omit the const qualifier from the declaration of the Date object:

```
Date dt(6, 24, 1940);
```

This solution, however, has a cost. There are times when you want to declare a const object to ensure that your program does not change its value after it is constructed and initialized. Sure, you can promise yourself that you never intentionally will mess with the object, but these features are built into the C++ language to provide a measure of protection against mistakes. You might as well take advantage of them.

Here's another scenario:

```
void foobar(const Date& dt)
{
    // ...
    dt.display(); // Error if Date::display is not const
}
```

The foobar() function declares a const reference to a Date object, meaning that the function has no intentions of ever modifying the caller's copy of the argument. If the Date::display() function is not const, the foobar() function cannot call it because the compiler senses the potential for Date::display() to modify an object that foobar() promises not to modify.

Some compilers issue warning messages in these cases and compile the program nonetheless. Others issue error messages and refuse to compile the program until you correct the error.

Now, let's consider the situation in which a class object must modify a data member in all cases, whether or not the objects are const. The ANSI committee considered this situation and invented the mutable keyword.

Mutable Data Members

Suppose that you want to keep a count of every time an object is reported, irrespective of its "constness". The class includes an integer data member to record that count. A `const` member function may modify a data member only if the data member is declared with the `mutable` qualifier. Listing 11-33 is an example of that idiom.

On the CD-ROM

Name: **pr11033.cpp**
Location: Quincy99/Programs/**Chap11**

Listing 11-33: **Using mutable data members**

```cpp
/////////////////////////////////////
// File Name: pr11033.cpp
/////////////////////////////////////
#include <iostream>

/////////////////////////////////////
// The AValue class.
/////////////////////////////////////
class AValue
{
    int val;

    // Number of times the object is reported.
    mutable int rptct;

public:
    AValue(int v) : val(v), rptct(0) { }
    ~AValue()
        { std::cout << "Avalue: " << val << " was reported "
                    << rptct << " times."; }
    void report() const;
};

void AValue::report() const
{
    // Modify data member even though const.
    rptct++;

    std::cout << val << std::endl;
}

/////////////////////////////////////
// The main() function.
/////////////////////////////////////
```

Continued

Listing 11-33 *(continued)*

```
int main()
{
    const AValue aval(123);
    aval.report();
    aval.report();
    aval.report();

    return 0;
}
```

Management of Class Source and Object Files

In most of the listings to this point, each program has been a single, standalone source-code module. The entire program was contained in one source-code file that represented the listing. In practice, you usually do not organize a C++ source program that way. You use the traditional C convention of having common definitions in header files, common executable code in separately compiled object libraries, and separately compiled source-code files for the code that supports your application.

Class Declarations in a Header

The convention for C++ header files resembles that of C. Put things in header files that do not reserve memory but that declare structures, classes, and externally declared items to the source modules that include header files. When a class uses the declarations of other classes, its include file includes those of the other classes. This arrangement opens the possibility for multiple or circular inclusions. You should use a code convention that prevents potential errors that can occur if a source file is included twice or if source file A includes source file B, which includes source file C, which includes source file A.

If you have a class named Date, for example, you might put its definition in a header file named date.h. If you use the #ifndef preprocessor directive shown in the following listing, you can prevent those cases in which a header file might be included more than once or in which the header file inclusion wraps around:

```
#ifndef DATE_H
#define DATE_H
// --- the contents of date.h
#endif
```

Class Member Functions in a Library

As a rule, you should compile the member functions of your classes separately and maintain them as separate object files, perhaps in object library files. The source files for the member functions include the header files that declare the classes to which the functions belong, as well as those for any classes that they may use and that might not be included from within the class header.

Summary

This chapter teaches you how to write and use C++ classes. In this chapter, you learn how to overload the `new` and `delete` operators within a class definition. You also learn how to overload the assignment operator to build conversion functions and to manage class copying when member-by-member copy does not work.

The potential for overloaded operators extends beyond the uses you've learned so far. With them, you can perform arithmetic, comparisons, and many other operations on your classes as if they were standard C++ data types. Chapter 12 describes these features.

✦　　✦　　✦

Overloaded Operators

This chapter covers extending the C++ language by adding operators to user-defined data types — classes. You learned in Chapters 9 and 11 how to add dates and other such types by binding data structures and functions. Now you will add to those classes the behavior of C++ operators.

C++ enables you to build operators that implement unary and binary operations on objects of classes. This feature is called *operator overloading*, and with it you can add member functions to the class to implement the overloaded operators.

To Overload or Not to Overload

A wise man named P.J. Plauger once observed that C++ programmers first learn to overload operators and then they learn not to overload them. I reinterpret that wisdom and tell you that after you learn how to overload operators, you then must learn when to do it and how to do it appropriately.

Here are some guidelines to follow:

- ◆ Overload the assignment operator to assign objects of your types to one another.

- ◆ Overload the arithmetic operators for numerical types to give them arithmetic properties.

- ◆ Overload relational operators when objects of your class can be compared logically.

- ◆ When you overload arithmetic operators, bear in mind the commutative properties of arithmetic and logical operations. If, in your operator overloading scheme, A + B = C, then include overloaded operators so that B + A = C, C - B = A, and so on. Likewise, if B < A, then A > B, A != B, and so on. You learn more about this as we continue in this chapter.

✦ Overload the subscript bracket operators [ ] to retrieve elements from container classes.

✦ Overload the << insertion and >> extraction operators to enable you to read and write objects of your class from and to I/O streams (the subject of Chapter 19).

✦ Overload the pointer-to-member -> operator to implement so-called *smart pointers.*

✦ On rare occasions, overload the new and delete operators, as discussed in Chapter 11.

✦ Don't overload any other operators.

Any operator overloading outside these guidelines might seem natural and intuitive to you when you devise it. But it probably will seem abstruse to others when they first see it and likely will seem alien and, perhaps, contrived to you when you take another look at it later. I strongly counsel you to view operator overloading with much skepticism and distrust. Anything that you can do with an overloaded operator, you can do just as well with a member function. C++ is an extensible language, but don't extend it beyond recognition.

You implement overloaded operators by writing special functions that the compiler calls when it sees matching operators associated with objects of types for which the operators are overloaded. You learn about these functions in this chapter. But be warned. Nothing says that an overloaded binary addition operator function, for example, must perform addition. In one notable exception, the Standard C++ string class (refer to Chapter 18) overloads the addition (+) operator to concatenate strings the way that BASIC does, and that has nothing to do with addition. Everyone accepts that usage, because tradition has accustomed us to the idiom. But an overloaded operator function, being nothing more than a function, does whatever you code it to do. The compiler generates a call to the overloaded operator function when the program applies the operator in a context that fits the function's parameter types. You may have guessed by now that you can overload the addition operator to perform subtraction. Yes, you can, but it is not a wise thing to do.

A Case for Overloaded Operators

Consider a class that implements a numerical type. Let's articulate some requirements for the class:

✦ The program computes the sum of a column of objects of the type.

✦ The program increments, decrements, adds, and subtracts other numerical types to and from objects of the class.

✦ The program compares two of the objects to see whether they are equal or one is greater.

You can build class member functions to perform these operations and call them the way you call, for example, the Standard C function `std::strcmp()`. Or you can overload the arithmetic and relational operators to achieve the same effect.

In Chapter 11, you overloaded the `new` and `delete` operators to build custom memory management; you also overloaded the assignment operator for your classes. You already have used overloaded operators extensively in most of the example programs. Every time you display a value on the `std::cout` object you use the `<<` bitwise shift left operator, which is overloaded by the `ostream` class.

Overloading an operator means that you write a function to execute when your program uses the operator in prescribed ways with an object of your class. For example, you can perform these operations with a `Date` class:

```
Date dt1(1,2,83);
Date dt2(2,4,93);
dt1 += 100;                     // add 100 days
int dif = dt2-dt1;              // compute the delta
if (dt2 < dt1)                  // compare two dates
    dt1 = dt2;                  // assign dates
std::cout << dt1 << ' ' << dt2; // display the dates
```

Look at the last of the examples just shown. Chapters 14 and 19 show you how to overload the `<<` and `>>` operators.

The Rules of Operator Overloading

Overloaded operators must obey some rules, which are listed below:

1. The overloaded operator must comply with the syntax of the language. For example, as you cannot do the following in C++:

   ```
   int a;
   / a;    // error: / is not a unary operator
   ```

   You, therefore, cannot overload the / operator to do the following:

   ```
   Date dt(1,2,83);
   / dt;    // error: / is not a unary operator
   ```

2. If you can put an operator between two identifiers, you can overload it for custom use with your classes even if the operator would not be acceptable to the compiler otherwise. Consider the following statement:

   ```
   cout << "Hello";
   ```

Without an overloaded << operator, that expression seems to shift std::cout a number of bits equal to the value of the pointer to the string, none of which would have passed the compiler's syntax check. But the statement is correct grammar — it is legitimate in some cases to have two identifiers separated by the << operator — so you can write an overloaded operator function that executes when this construct appears. The compiler sees the overloaded operator in the context of the two data types and associates the statement with the overloaded operator function.

3. You cannot overload the way an operator works with the intrinsic C++ data types. For example, you cannot overload the binary integer addition operator.

4. You cannot invent new operators that do not exist in the C++ language. For example, the dollar sign ($) is not a C++ operator, so you cannot use it as an overloaded operator.

5. You cannot overload these operators:

   .   Class member operator

   .*   Pointer-to-member operator

   ::   Scope resolution operator

   ?:   Conditional expression operator

6. You cannot change the precedence of operator evaluation.

Binary Arithmetic Operators

Consider a Date class such as the ones we used in Chapter 11. Suppose that you want to compute a new Date object by adding an integer number of days to an existing Date object. You can write a member function and call it, as shown here:

```
newdate.AddToDate(100);
```

Rather than call a function to make the addition, you might prefer to use this more intuitive syntax:

```
newdate = newdate + 100;
```

Let's assume that newdate is an object of type Date with a valid data value already assigned to it, and assume that you have overloaded the binary addition operator (+) in this context correctly. The result would be the newdate object of type Date with the effective month, day, and year incremented by 100 days.

Class Member Operator Functions

To perform addition on objects of a class, write a class member function that overloads the binary addition (+) operator when it appears between a Date object and an integer. Here is how that function is declared in the class definition:

```
Date operator+(int) const;    // Overloaded + operator
```

The function declaration says that the function returns an object of type `Date`, that the function's name is `operator+`, that it has one parameter of type `int`, and that the function is `const`. Whenever the compiler sees a function named `operator` suffixed by a real operator, the compiler treats that function as an overloaded operator function to be called when — in the case of binary operators such as the + operator — an expression has an object of the class type on the left side of the operator and an object of the parameter on the right. Consequently, the function just declared would be called in the following case:

```
Date dt(2,3,99);    // Declare a date object
dt = dt + 100;      // Invoke the overloaded operator
```

Incidentally, rather than have the compiler infer the overloaded operator function call from the context of an expression, you can call the overloaded operator function explicitly:

```
dt.operator+(100);
```

Listing 12-1 overloads the binary addition operator to compute the sum of an integer and an object of the `Date` class, returning an object of the `Date` class.

On the CD-ROM

Name: **pr12001.cpp**
Location: Quincy99/Programs/**Chap12**

Listing 12-1: **Overloading the + operator**

```
///////////////////////////////////////
// File Name: pr12001.cpp
///////////////////////////////////////
#include <iostream>

///////////////////////////////////////
// The Date class.
///////////////////////////////////////
class Date
{
    int mo, da, yr;
    static int dys[];

public:
    Date(int m=0, int d=0, int y=0)
        { mo = m; da = d; yr = y; }
    void display() const
        { std::cout << mo << '/' << da << '/' << yr; }

    // Overloaded + operator.
    Date operator+(int) const;
```

Continued

Listing 12-1 *(continued)*

```cpp
};

int Date::dys[]={31,28,31,30,31,30,31,31,30,31,30,31};

// Overloaded + operator definition.
Date Date::operator+(int n) const
{
    Date dt = *this;
    n += dt.da;
    while (n > dys[dt.mo-1])
    {
        n -= dys[dt.mo-1];
        if (++dt.mo == 13)
        {
            dt.mo = 1;
            dt.yr++;
        }
    }
    dt.da = n;

    return dt;
}

/////////////////////////////////////////
// The main() function.
/////////////////////////////////////////
int main()
{
    Date olddate(2,20,1997);
    Date newdate;
    newdate = olddate + 21;    // three weeks hence
    newdate.display();

    return 0;
}
```

Here is how the overloaded operator function works. When the compiler sees the expression `olddate + 21`, it recognizes that `olddate` is an object of type `Date` and that the `Date` class includes an overloaded binary addition operator function. The compiler substitutes a call to the overloaded operator function with the integer value as the argument. You can code the substituted call yourself this way:

```cpp
newdate = olddate.operator+(21);
```

The `operator+` part of the statement is the name of the member function. The 21 is the integer argument. Although you can call an overloaded operator function this way, these functions are meant for use in the context of an expression that uses the operator, as in this statement:

```
newdate = olddate + 21;
```

Remember the discussion on the overloaded assignment operator in Chapter 11? If the `Date` class had an overloaded assignment operator function, the statement just shown would call it after calling the overloaded binary addition operator function to assign the result to `newdate`. Listing 12-1 has no overloaded assignment operator, so the compiler creates a default one to make a copy of the original.

Observe that the overloaded binary addition operator function in Listing 12-1 does not modify the `Date` object in the expression; therefore, the function can be declared `const`. The `olddate` object declared in the `main()` function retains its value. This behavior mimics that of similar expressions with intrinsic numerical types. This is a valuable lesson. Strive to overload operators in intuitive ways.

Nonmember Operator Functions

Recall the guideline to overload operators to preserve the commutative properties of arithmetic operations. Listing 12-1 provides for an expression permitting a `Date` object on the left side of the operator and an integer on the right. But suppose you also wanted to support the following expression:

```
Date newdate = 100 + olddate;
```

There is no way to design a class member overloaded operator function to support such an expression. Class member overloaded operator functions for binary operators always assume that the object for which the function is executing is on the left of the operator. However, you can write a nonmember function to overload the operator with a different type on the left and a `Date` object on the right. Here is how you declare such a function outside any class definition:

```
Date operator+(int n, Date& dt)
```

This declaration tells the compiler to call this function when it sees an expression involving an integer object to the left of the + operator and a `Date` object to the right. Listing 12-2 adds such a nonmember function to the program in Listing 12-1 to overload the binary addition (+) operator.

Name: **pr12002.cpp**
Location: Quincy99/Programs/**Chap12**

Listing 12-2: **Overloading + with a nonmember function**

```cpp
/////////////////////////////////////
// File Name: pr12002.cpp
/////////////////////////////////////
#include <iostream>

/////////////////////////////////////
// The Date class.
/////////////////////////////////////
class Date
{
    int mo, da, yr;
    static int dys[];

public:
    Date(int m=0, int d=0, int y=0)
        { mo = m; da = d; yr = y; }
    void display() const
        { std::cout << mo << '/' << da << '/' << yr; }

    // Overloaded + operator.
    Date operator+(int) const;
};

int Date::dys[]={31,28,31,30,31,30,31,31,30,31,30,31};

// Overloaded + operator: Date + int.
Date Date::operator+(int n) const
{
    Date dt = *this;
    n += dt.da;
    while (n > dys[dt.mo-1])
    {
        n -= dys[dt.mo-1];
        if (++dt.mo == 13)
        {
            dt.mo = 1;
            dt.yr++;
        }
    }
    dt.da = n;

    return dt;
}

/////////////////////////////////////
// Overloaded operator: int + Date.
/////////////////////////////////////
Date operator+(int n, Date& dt)
{
```

```
        return dt + n;
}

/////////////////////////////////////////
// The main() function.
/////////////////////////////////////////
int main()
{
    Date olddate(2,20,1997);
    Date newdate;
    newdate = 11 + olddate + 10;   // three weeks hence
    newdate.display();

    return 0;
}
```

The overloaded nonmember function in Listing 12-2 uses the class's overloaded `operator+` function to perform the addition. If a given class does not have such a function, the overloaded nonmember operator function needs to access the class's private data members to compute the addition. The class needs to declare the overloaded nonmember `operator+` function to be a friend, as shown here:

```
class Date
{
    friend Date operator+(int n, Date& );
    // ...
};
```

Overloaded operator functions, such as the one in Listing 12-2, have both parameters declared. The function is not a member of a class. Because it does not execute as a class member function, there is no implied object.

You also can write the first overloaded binary addition function as a friend function. Some programmers overload all their class operators as friend functions by convention.

Observe that the expression in the program now uses two integer constants to compute the result. The effective expression is (11+olddate)+10. The first part uses the overloaded nonmember function, and the second part uses the overloaded member function. Using these two overloaded functions, you can write an expression that consists of a `Date` object and any number of integer expressions to compute the effective new `Date` object. You cannot add two dates, because there is no overloaded operator function that permits that usage. The result would not be meaningful anyway. However, you can use overloaded subtraction to compute the number of days between two dates, remembering the commutative properties of addition and subtraction.

The examples just given deal with addition. You can use the same approaches to develop overloaded subtraction, multiplication, division, relational, modulus, Boolean, and shifting operator functions. Once again, nothing requires you to make those functions perform intuitively, and many C++ programs have wildly overloaded operators that only their creators can understand. If you must overload arithmetic and relational operators, always try to overload them so that they perform operations that resemble their use with intrinsic data types in the C++ language.

Relational Operators

Suppose you want to compare dates. Perhaps you need to use an expression such as the following:

```
if (newdate < olddate)
// ....
```

You can overload relational operators in the same way that you overload the addition operator. Listing 12-3 shows the Date class with overloaded operators that compare dates.

On the CD-ROM

Name: **pr12003.cpp**
Location: Quincy99/Programs/**Chap12**

Listing 12-3: **Overloading relational operators**

```cpp
/////////////////////////////////////
// File Name: pr12003.cpp
/////////////////////////////////////
#include <iostream>

/////////////////////////////////////
// The Date class.
/////////////////////////////////////
class Date
{
    int mo, da, yr;

public:
    Date(int m=0, int d=0, int y=0)
        { mo = m; da = d; yr = y; }
    void display() const
        { std::cout << mo << '/' << da << '/' << yr; }

    // Overloaded operators.
```

```cpp
    int operator==(Date& dt) const;
    int operator<(Date&) const;
};

// Overloaded equality operator definition.
int Date::operator==(Date& dt) const
{
    return (this->mo == dt.mo &&
            this->da == dt.da &&
            this->yr == dt.yr);
}

// Overloaded less-than operator definition.
int Date::operator<(Date& dt) const
{
    if (this->yr == dt.yr)     {
        if (this->mo == dt.mo)
            return this->da < dt.da;
        return this->mo < dt.mo;
    }
    return this->yr < dt.yr;
}

/////////////////////////////////////////
// The main() function.
/////////////////////////////////////////
int main()
{
    Date date1(12,7,1941),
         date2(2,22,1990),
         date3(12,7,1941);

    if (date1 < date2)
    {
        date1.display();
        std::cout << " is less than ";
        date2.display();
    }

    std::cout << '\n';

    if (date1 == date3)
    {
        date1.display();
        std::cout << " is equal to ";
        date3.display();
    }

    return 0;
}
```

The Date class in Listing 12-3 has two overloaded relational operators: the equal to (==) and the less than (<) operators. The main() function declares three dates, compares them, and displays the following messages:

```
12/7/41 is less than 2/22/90
12/7/41 is equal to 12/7/41
```

You easily can build the other relational operators as variations on the two in the listing. For example, you can code the != (not equal) operator in the following way:

```
int operator!=(Date& dt) { return !(*this == dt); }
```

More Assignment Operators

You learn how to overload the assignment operator (=) in the discussion on class assignment in Chapter 11. C++ has other assignment operators (+=, -=, <<=, >>=, |=, &=, ^=) in which the assignment includes an arithmetic, Boolean, or shift operation applied to the receiving field. You can overload these operators to work with your classes. Listing 12-4 adds the overloaded += operator to the Date class by using the overloaded + operator that the class already has.

On the
CD-ROM

Name: **pr12004.cpp**
Location: Quincy99/Programs/**Chap12**

Listing 12-4: **Overloading the += operator**

```cpp
/////////////////////////////////////////
// File Name: pr12004.cpp
/////////////////////////////////////////
#include <iostream>

/////////////////////////////////////////
// The Date class.
/////////////////////////////////////////
class Date
{
    int mo, da, yr;
    static int dys[];

public:
    Date(int m=0, int d=0, int y=0)
        { mo = m; da = d; yr = y; }
    void display() const
        { std::cout << mo << '/' << da << '/' << yr; }

    // Overloaded + operator.
    Date operator+(int) const;
```

```
            // Overloaded += operator.
            Date operator+=(int n)
                { *this = *this + n; return *this; }
};

int Date::dys[]={31,28,31,30,31,30,31,31,30,31,30,31};

// Overloaded + operator definition.
Date Date::operator+(int n) const
{
    Date dt = *this;
    n += dt.da;
    while (n > dys[dt.mo-1])
    {
        n -= dys[dt.mo-1];
        if (++dt.mo == 13)
        {
            dt.mo = 1;
            dt.yr++;
        }
    }
    dt.da = n;

    return dt;
}

//////////////////////////////////////
// The main() function.
//////////////////////////////////////
int main()
{
    Date olddate(2,20,1997);
    olddate += 21;              // three weeks hence
    olddate.display();

    return 0;
}
```

Observe that the overloaded `operator+=` function in Listing 12-4 is not `const`. It cannot be, because it modifies its own object.

Auto-Increment and Auto-Decrement

You can overload the auto-increment (++) and the auto-decrement (--) operators and specify whether these operators are prefix or postfix.

```
Date dt;
++dt;   // calls the overloaded prefix ++ operator
dt++;   // calls the overloaded postfix ++ operator
```

Listing 12-5 adds the overloaded auto-increment (++) prefix and postfix operators to the Date class by using the overloaded binary addition operator that the class already has.

On the
CD-ROM

Name: **pr12005.cpp**
Location: Quincy99/Programs/**Chap12**

Listing 12-5: **Overloading the ++ operator**

```cpp
/////////////////////////////////////
// File Name: pr12005.cpp
/////////////////////////////////////
#include <iostream>

/////////////////////////////////////
// The Date class.
/////////////////////////////////////
class Date
{
    int mo, da, yr;
    static int dys[];

public:
    Date(int m=0, int d=0, int y=0)
        { mo = m; da = d; yr = y; }
    void display() const
        { std::cout << '\n' << mo << '/' << da << '/' << yr;}

    // Overloaded + operator.
    Date operator+(int) const;

    // Overloaded prefix ++ operator.
    Date operator++()
        { *this = *this + 1; return *this; }

    // Overloaded postfix ++ operator.
    Date operator++(int)
        { Date dt=*this; *this=*this+1; return dt; }
};

int Date::dys[]={31,28,31,30,31,30,31,31,30,31,30,31};

// Overloaded + operator definition.
Date Date::operator+(int n) const
{
    Date dt = *this;
    n += dt.da;
    while (n > dys[dt.mo-1])
    {
        n -= dys[dt.mo-1];
```

```
            if (++dt.mo == 13)
            {
                dt.mo = 1;
                dt.yr++;
            }
        }
    dt.da = n;

    return dt;
}

/////////////////////////////////////////
// The main() function.
/////////////////////////////////////////
int main()
{
    Date olddate(2,20,1997);
    olddate++;
    olddate.display();
    ++olddate;
    olddate.display();

    return 0;
}
```

As the listing shows, you can specify that the auto-increment and auto-decrement operators are prefix or postfix, as shown here:

```
Date operator++();      // prefix ++ operator
Date operator++(int);   // postfix ++ operator
```

The compiler calls the overloaded prefix operator function when it sees the prefix notation. The unnamed `int` parameter in the overloaded postfix operator function declaration tells the compiler to call this function for the postfix operator. Note that the compiler makes no further distinction except to call the correct function. The code in the functions is responsible for supporting prefix or postfix operations. In Listing 12-5, the overloaded `operator++()` function increments the object and returns it. The overloaded `operator++(int)` function saves the value of the object before incrementing it and then returns the saved object.

Unary Plus and Minus Operators

You can overload the unary plus and minus operators to work with a class. You declare the overloaded function with no parameters, telling the compiler to use the function when the plus or minus operator is used as a unary operator. The function declaration looks like this:

```
int operator-() const;
```

Suppose you have a class that describes an inventory quantity and you need to express that quantity with the plus and minus unary operators. Listing 12-6 is an example of how overloading the unary minus operator might work.

On the
CD-ROM

Name: **pr12006.cpp**
Location: Quincy99/Programs/**Chap12**

Listing 12-6: Overloaded unary minus

```
////////////////////////////////////
// File Name: pr12006.cpp
////////////////////////////////////
#include <iostream>
#include <cstring>

////////////////////////////////////
// The ItemQty class.
////////////////////////////////////
class ItemQty
{
    int onhand;
    char desc[25];

public:
    ItemQty(int oh, char *d)
        { onhand = oh; std::strcpy(desc, d); }
    void display() const
        { std::cout << '\n' << desc << ": " << onhand; }

    // Overloaded unary - operator.
    int operator-() const
        { return -onhand; }
};

////////////////////////////////////
// The main() function.
////////////////////////////////////
int main()
{
    ItemQty item1(100, "crankshaft");
    ItemQty item2(-50, "driveshaft");

    item1.display();
    std::cout << '\n' << -item1;     // invoke the overloaded -

    item2.display();
    std::cout << '\n' << -item2;     // invoke the overloaded -

    return 0;
}
```

The listing declares two ItemQty objects: one with a positive onhand value and one with a negative. It calls the display() function to display the record contents and then uses the overloaded unary minus operator to display the quantity with the unary minus operator applied, as shown in the following display:

```
crankshaft: 100
-100
driveshaft: -50
50
```

Subscript Operator

Overloading the subscript ([ ]) operator is sometimes useful. You can use it to provide access to elements of list data structures. For example, a String class that stores a string value can overload the subscript operator to provide subscripted access to the character positions of the string value. Listing 12-7 overloads the [ ] operator in a small string class.

On the CD-ROM

Name: **pr12007.cpp**
Location: Quincy99/Programs/**Chap12**

Listing 12-7: **Overloaded [ ] subscript operator**

```cpp
/////////////////////////////////////
// File Name: pr12007.cpp
/////////////////////////////////////
#include <iostream>
#include <cstring>

/////////////////////////////////////
// The String class.
/////////////////////////////////////
class String
{
    char* sptr;

public:
    String(char* s = 0);
    ~String() { delete sptr; }
    void display()
        { std::cout << sptr << std::endl; }

    // Overloaded [] operator.
    char& operator[](int n)
        { return *(sptr + n); }
    const char& operator[](int n) const
```

Continued

Listing 12-7 *(continued)*

```cpp
            { return *(sptr + n); }
};

// The String class constructor.
String::String(char* s)
{
    if (s)
    {
        sptr = new char[std::strlen(s)+1];
        std::strcpy(sptr, s);
    }
    else
        sptr = 0;
}

/////////////////////////////////////////
// The main() function.
/////////////////////////////////////////
int main()
{
    String string1("The Ides of March");
    string1.display();

    // Change some string characters.
    string1[4] = 'I';
    string1[5] = '5';
    string1[6] = 't';
    string1[7] = 'h';
    string1.display();

    // Change a substring.
    strncpy(&string1[4], "21st", 4);
    string1.display();

    // const string, cannot be modified.
    const String string2("Et tu, Brute?");
    for (int i = 0; i < 13; i++)
        std::cout << string2[i];

    return 0;
}
```

The listing declares and displays a String object with a value. Then, the program uses the String class's first overloaded [ ] operator function to change individual character values in the String object. Because the [ ] operator function returns a non-const reference to the character being subscripted, the program can use the expression on the left side of an assignment. With that notation, the program inserts the string value "15th" one character at a time into the string. Then, by using the address of the returned character reference, the program uses std::strncpy() to insert the string value "21st" into the string.

You can use the same overloaded [ ] operator function to retrieve characters only if all String objects are not const. To support const String objects, the class adds a second overloaded [ ] operator function. The function returns a const reference to the subscripted character, and the function itself is declared const, so the program can use that function to retrieve characters from a const String object.

Overloaded [ ] subscript operator functions must be nonstatic member functions. Furthermore, you cannot implement them as friend functions as you can with other operators.

Pointer-to-Member Operator

The -> operator, when overloaded, is always a postfix unary operator with the class object (or reference to same) on its left. The overloaded operator function returns the address of an object of some class.

Although the overloaded -> operator is postfix unary, its use requires the name of a class member on the right side of the expression. That member must be a member of the class for which the overloaded operator returns an address.

You can overload the -> operator to ensure that a pointer to a class object always has a value — in other words, to create a smart pointer to an object. The pointer always guarantees that it points to something meaningful, and you avoid problems associated with dereferencing null and garbage pointers.

To illustrate the need for a smart pointer, consider the following program, which assumes the existence of the Date class from earlier listings and, at the beginning of the program, a pointer to an object of the Date class.

```
main()
{
    Date *dp;            // date pointer with garbage in it
    Date dt(3,17,90);    // Date
    dp = &dt;            // put address of date in pointer
    dp->display();       // display date through the pointer
}
```

The program declares a Date object, puts its address in the pointer, and calls the display member function through the pointer. Nothing is wrong with that. However, if the programmer neglects to assign a valid address of a Date object to the pointer, the program crashes because the pointer points nowhere meaningful. Whatever gets executed by that function call is not likely to be a valid function. Listing 12-8 overloads the -> operator to add a so-called smart pointer to the program.

On the
CD-ROM

Name: **pr12008.cpp**
Location: Quincy99/Programs/**Chap12**

Listing 12-8: **Overloaded -> operator**

```
/////////////////////////////////////
// File Name: pr12008.cpp
/////////////////////////////////////
#include <iostream>

/////////////////////////////////////
// The Date class.
/////////////////////////////////////
class Date
{
    int mo, da, yr;

public:
    Date(int m=0, int d=0, int y=0)
        { mo = m; da = d; yr = y; }
    void display()
        { std::cout << '\n' << mo << '/' << da << '/' << yr; }
};

/////////////////////////////////////
// "Smart" Date pointer.
/////////////////////////////////////
class DatePtr
{
    Date* dp;

public:
    DatePtr(Date* d = 0) { dp = d; }
    Date* operator->()
    {
        static Date nulldate(0,0,0);
        if (dp == 0)                // if the pointer is null
            return &nulldate;   // return the dummy address
```

```
            return dp;                  // otherwise return the pointer
        }
};

/////////////////////////////////////////
// The main() function.
/////////////////////////////////////////
int main()
{
    // Date pointer with nothing in it.
    DatePtr dp;

    // Use it to call display function.
    dp->display();

    Date dt(3,17,90);

    // Put address of date in pointer.
    dp = &dt;

    // Display date through the pointer.
    dp->display();

    return 0;
}
```

An object of the DatePtr class is a pointer that knows whether a value has been assigned to it. If the program tries to use the pointer without first assigning the address of a Date object to it, the pointer contains the address of a null Date instead of garbage. The DatePtr object always returns the address of a Date object or the address of the null Date, because the DatePtr conversion constructor function accepts no value that is not the address of a Date and substitutes zero if a DatePtr is constructed without a parameter. When the overloaded -> operator function sees that the dp pointer is 0, it returns the address of the null Date object rather than the value in the pointer.

Note that the overloaded -> pointer operator must be a nonstatic member function. You cannot implement it as a friend function in the manner of other operators.

The smart pointer in Listing 12-8 is by no means complete. It should include overloaded +, -, ++, --, +=, and -= operators so that objects of the class can react to addition and subtraction just as real pointers do. It should include overloaded relational operators, too.

Summary

This chapter shows you how to overload C++ operators to work with your classes. You can overload other operators that this chapter does not address. The function call ( ) operator and the address-of & operator are two examples. The notation for overloading these operators is the same as for others. I do not include examples of them for two reasons. First, I do not think it is a good idea to overload these operators except in the most extreme circumstances. Second, I cannot contrive believable examples of circumstances under which a programmer would want to overload these operators. There is one notable exception: The Standard Template Library (Part IV) overloads the function call operator to implement container callback function objects called predicates.

✦   ✦   ✦

Class Inheritance

Class inheritance is a programming technique you use to construct specialized classes from existing ones and to design and implement object-oriented class hierarchies. This chapter describes these processes by using classes and class hierarchies to demonstrate how inheritance works and how to use it.

Many introductory C++ books explain C++'s behavior with respect to inheritance by using small problems and classes that few programmers are likely ever to see. This chapter leads you through the complex subject of inheritance by building classes that use inheritance to form specialized data abstractions. Then, we use those classes in an object-oriented class hierarchy. Finally, we use inheritance to build an application within an application framework class library.

Inheritance

Inheritance is one of the four identifying characteristics of an object-oriented design. The other three are abstraction, encapsulation, and polymorphism. Chapter 16 provides an overview of object-oriented design and programming. You learn about abstraction in Chapter 9. This chapter focuses on how the C++ language supports inheritance and polymorphism.

With *inheritance*, you derive a new class from an existing class. The class from which you derive is called the *base class*, and the class that you derive is called the *derived class*. The act of designing a derived class sometimes is called subclassing. Figure 13-1 shows the relationship between a base class and a derived class.

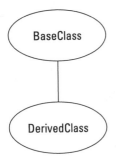

Figure 13-1: Base and derived classes

Figure 13-1 shows the architecture of a simple, two-class design. In more complex designs, a base class has multiple derived classes, each of which itself can be the base of other derived classes, all of which forms a class hierarchy. With multiple inheritance, discussed in Chapter 14, a derived class can have more than one base class, each of which can have one or more base classes of its own. For now let's keep it simple.

Following is the C++ syntax for coding base and derived classes:

```
// The base class.
class Base
{
    // ...
};

// The derived class.
class Derived : public Base
{
    // ...
};
```

As you can see, a derived class names its base class in the class declaration header. The colon tells the compiler that a base class specification is next. The `public` keyword specifies which of the base class's members the derived class may access. More about that later.

A derived class inherits the characteristics of its base class, which accounts for the term inheritance. The derived class automatically acquires the data members and member functions of the base class. This means that a program can instantiate an object of the derived class and access the public members of the base class. The derived class can add its own data members and member functions, as well as override the member functions of the base. By adding and overriding members, you specialize the behavior of a base class to form a derived class. Figure 13-2 illustrates this concept.

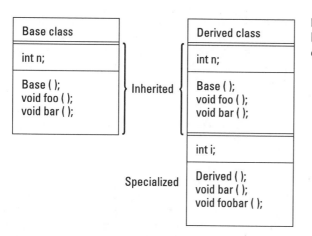

Figure 13-2: Inheritance between base and derived classes

The base class in Figure 13-2, which is named Base for this discussion, has one data member and three member functions. Those are the characteristics of the class, and a program can instantiate an object of type Base and call the foo() and bar() member functions. The derived class in Figure 13-2 is named Derived. It inherits all the members of the Base class, adds its own data member, adds a member function named foobar(), and provides a specialization of the base class's bar() function. As you soon learn, both bar() functions are available to the program that uses this class. Following is an example of how you might declare these two classes:

```
// The base class.
class Base
{
    int n:

public:
    Base();
    void foo();
    void bar();
};

// The derived class.
class Derived : public Base
{
    int i:

public:
    Derived();
    void bar();
    void foobar();
};
```

You have been dealing with potential base classes since Chapter 9. Any C++ structure or class that has public (or protected) constructors and destructors can have derived classes. The base class does not define its participation in an inheritance; the derived class does. The base class has nothing in it that tells it which classes, if any, inherit from it.

Do not be confused by the use of the names `Derived` and `Base` in these examples. They are not keywords or anything else tied to the C++ language. They merely are identifiers arbitrarily chosen as the names of the two classes for the examples.

A derived class specifies the base class from which it inherits data members and behavior. The `public Base` notation following the semicolon in the `Derived` class declaration specifies that `Derived` is deriving itself from `Base`. (This association somewhat violates the inheritance metaphor. Outside object-oriented programming, heirs usually do not associate themselves with the estates of their benefactors.) But even though the derived class has the responsibility of declaring derivation, a class can include constructs that make it work better as a base class. Furthermore, some classes are designed to serve as base classes only.

Why Inheritance?

Why use inheritance to create a custom class based on an existing class? Why not just change the existing class, making it do what you want it to do? There are several reasons.

First, the base class might be used by other parts of your program and by other programs, and you want its original behavior to remain intact for those objects that already use it. By deriving a class from the base, you define a new data type that inherits all the characteristics of the base class without changing the base class's operation in the rest of the program and in other programs.

Second, the source code for the base class might not be available to you. To use a class, all you need are its class declaration in a header file and the object code for its member functions in a relocatable object file. If you use class libraries from other sources, you might not have the source code for the member functions, and thus cannot change it.

Third — and this is the most common reason — the base class might define a component in a class library that supports a wide community of users. Consequently, you must not modify the base class even if you can. One prominent example is the application framework class library, which this chapter addresses.

Fourth, the base class might be an abstract base class, which is a class designed to be a base class only. A class hierarchy can contain general-purpose classes that do nothing on their own. Their purpose is to define the behavior of a generic data structure to which derived classes add implementation details.

Fifth, you might be building a class hierarchy to derive the benefits of the object-oriented approach. One of these benefits is the availability of general-purpose class methods that modify their own behavior based on the characteristics of the subclasses that use them. The class hierarchy approach supports this ability through the virtual function mechanism. You learn about this technique later in the chapter.

There are two reasons to derive a class. One reason is that you want to specialize the behavior of an existing class. *Specialization* is the act of creating a new data type by leveraging the effort that went into the development of an earlier data type.

The other reason for derivation is that you are building a well-organized, object-oriented class hierarchy in which custom data types that model the application's problem domain descend from a common base class. These two reasons are design approaches; but the class inheritance behavior of C++ that supports them is the same, with the same rules and boundaries. In this chapter, we look at both reasons to use inheritance.

Specialized Data Abstraction Class Design

Let's consider a realistic example of class specialization. Suppose your project uses a Date class similar to the ones that we used in the exercises of Chapters 11 and 12. This Date class has it all: the ability to display itself, a copy constructor, and overloaded operators to support assignment, arithmetic, and comparisons. But suppose that you need a Date class that displays itself in a different way. The boring old Date class that everyone else on the project uses displays itself in the boring old mm/dd/yyyy format. You want a date class that has all the features of the project's Date class but that displays itself in the snazzy "Month dd, yyyy" format. You also want to be able to determine whether a date object has a null value as opposed to a valid date value — a feature that the current Date class does not support.

You can design a completely new class to support your new requirements, or you can use inheritance to take advantage of the fact that the existing Date class already does much of what you need. You can design a derived class that inherits the characteristics of the Date class and adds some specialized behavior of its own. Figure 13-3 illustrates the relationships between the Date base class and the SpecialDate specialized derived class.

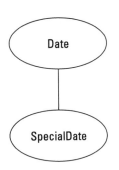

Figure 13-3: The Date base and the derived SpecialDate class

We use the vertical proximity of the two balloon symbols to represent the base and derived classes. The higher symbol is the base class. You cannot always do this in a complex class hierarchy design, particularly when you need to depict other relationships between classes that do not involve inheritance. Class designers often use arrowhead notations to show the direction of inheritance and use other symbols to represent other relationships.

The Base Class

Let's start by defining the Date class that, in our make-believe scenario, the entire programming staff uses. This design combines many of the components of the Date classes used in previous exercises.

Listing 13-1 is the source-code header file, Date.h, which declares the Date class:

Name: **Date.h**
Location: **Quincy99\Programs\Chap13**

Listing 13-1: **Date.h**

```
/////////////////////////////////////
// File Name: Date.h
/////////////////////////////////////
#ifndef DATE_H
#define DATE_H

class Date
{
protected:
    static const int dys[];
    long int ndays; // days inclusive since Jan 1,1 (1/1/1==1)
```

```
public:
    // Default and initializing constructor.
    Date(int mo = 0, int da = 0, int yr = 0)
        { SetDate(mo, da, yr); }

    // Copy constructor.
    Date(const Date& dt)
        { *this = dt; }

    // Destructor.
    virtual ~Date() {}

    // Overloaded assignment operator.
    Date& operator=(const Date& dt)
        { ndays = dt.ndays; return *this; }

    // Overloaded arithmetic operators.
    Date  operator+(int n) const
        { Date dt(*this); dt += n; return dt; }
    Date  operator-(int n) const
        { Date dt(*this); dt -= n; return dt; }
    Date& operator+=(int n)
        { ndays += n; return *this; }
    Date& operator-=(int n)
        { ndays -= n; return *this; }
    Date& operator++()          // prefix
        { ++ndays; return *this; }
    Date  operator++(int)  // postfix
        { Date dt(*this); dt.ndays++; return dt; }
    Date& operator--()          // prefix
        { --ndays; return *this; }
    Date  operator--(int)  // postfix
        { Date dt(*this); dt.ndays--; return dt; }
    long int operator-(const Date& dt) const
        { return ndays-dt.ndays; }
    // --- overloaded relational operators
    bool operator==(const Date& dt) const
        { return ndays == dt.ndays; }
    bool operator!=(const Date& dt) const
        { return ndays != dt.ndays; }
    bool operator< (const Date& dt) const
        { return ndays <  dt.ndays; }
    bool operator> (const Date& dt) const
        { return ndays >  dt.ndays; }
    bool operator<=(const Date& dt) const
        { return ndays <= dt.ndays; }
    bool operator>=(const Date& dt) const
        { return ndays >= dt.ndays; }
```

Continued

Listing 13-1 *(continued)*

```
    // Getter and setter functions.
    void SetDate(int mo, int da, int yr);
    void SetMonth(int mo)
        { *this = Date(mo, GetDay(), GetYear()); }
    void SetDay(int da)
        { *this = Date(GetMonth(), da, GetYear()); }
    void SetYear(int yr)
        { *this = Date(GetMonth(), GetDay(), yr); }
    void GetDate(int& mo, int& da, int& yr) const;
    int  GetMonth() const;
    int  GetDay()   const;
    int  GetYear() const;

    // Display method.
    virtual void Display() const;

    // Test for leap year.
    bool IsLeapYear(int yr) const
        { return ((yr % 4)==0 && (yr % 1000)!=0); }
    bool IsLeapYear() const
        { return IsLeapYear(GetYear()); }
};

// Overloaded (int + Date)
inline Date operator+(int n, const Date& dt)
{
    return dt + n;
}

#endif
```

The declaration of the Date class defined in Date.h includes constructs that
support using the class as a base. The protected access specifier for both data
members and the virtual qualifier on the destructor and Display() member
functions are all measures that class designers use to support subsequent
derivation from a class. The designer of the Date class was not compelled to
include these things merely to make Date objects work. The designer, instead, was
looking ahead to the possibility that this class could someday become a base class.
You learn about protected members and virtual functions later in this chapter.

Observe the two IsLeapYear() member functions in Listing 13-1. One is a member
function that determines whether the date object falls within a leap year. The other
IsLeapYear() function takes an integer year argument. There are occasions when

member functions of the class (and, later, of derived classes) need to test to see whether a year's value is a leap year before the Date object is fully formed, such as during construction of the object.

Designing for Efficiency

The Date class's data representation uses a long integer value to store the number of days inclusive since January 1, AD 1, for the Date object. This implementation is designed for efficiency in a system in which programs perform a lot of date arithmetic and comparison. Observe that the overloaded operator functions are all inline and that they are relatively small. It is a trivial matter to add and subtract dates and integers when the date representation is itself a single integer datum.

This approach represents a conscious design decision. If you were to use the Date class instead in an application that mostly initialized and displayed the month, day, and year data values, you probably would design the class with separate integer data members for the three date components. That Date class would look more like those we used in earlier chapters.

The potential of this decision teaches an important lesson. If you decide to use the earlier Date class data representation — even if you decide to change it after many programs use the current design — the public interface to the class is the same. The calling conventions for such a Date class's member functions are no different from those of Listing 13-1, Date.h. The differences, of course, are seen in private and protected data members and in member function code — the so-called hidden details of implementation.

Incidentally, the overloaded assignment operator function and the copy constructor function are unnecessary in the class as it is currently designed. The compiler-supplied default functions do exactly the same thing. They are included here to remind you that such functions might be necessary if someday you modify the data representation to include pointers to allocated memory resources. Inasmuch as they are implemented as inline functions, there is no performance penalty if you define them yourself.

Listing 13-2 is Date.cpp, the source-code file that implements the Date class's member functions that are not inline.

Name: **Date.cpp**
Location: **Quincy99\Programs\Chap13**

Listing 13-2: Date.cpp

```cpp
/////////////////////////////////////
// File Name: Date.cpp
/////////////////////////////////////
#include <iostream>
#include "Date.h"

const int Date::dys[]={31,28,31,30,31,30,31,31,30,31,30,31};

/////////////////////////////////////
// The SetDate() function implementation.
/////////////////////////////////////
void Date::SetDate(int mo, int da, int yr)
{
    if (mo < 1 || mo > 12 || yr < 1)
    {
        ndays = 0;  // invalid month or year or null date
        return;
    }

    // Compute days thru last year.
    ndays = (yr-1) * 365 + (yr-1) / 4 - (yr-1) / 1000;
    for (int i = 0; i < mo; i++)
    {
        int dy = dys[i];
        if (i == 1 && IsLeapYear(yr))
            dy++;               // make Feb's days 29 if leap year
        if (i < mo-1)           // add in all but this month's days
            ndays += dy;
        else if (da > dy)
        {
            ndays = 0;          // invalid day
            return;
        }
    }
    ndays += da;  // add in this month's days
}

/////////////////////////////////////
// The GetDate() function implementation.
/////////////////////////////////////
void Date::GetDate(int& mo, int& da, int& yr) const
{
    da = ndays;
    if (ndays == 0)
    {
        yr = mo = 0;
        return;
    }
```

```
    for (yr = 1;; yr++)
    {
        int daysthisyear = IsLeapYear(yr) ? 366 : 365;
        if (da <= daysthisyear)
            break;
        da -= daysthisyear;
    }

    for (mo = 1; mo < 13; mo++)
    {
        int dy = dys[mo-1];
        if (mo == 2 && IsLeapYear(yr))
            dy++;    // make Feb's days 29 if leap year
        if (da <= dy)
            break;
        da -= dy;
    }
}

/////////////////////////////////////////
// The GetMonth() function implementation.
/////////////////////////////////////////
int Date::GetMonth() const
{
    int mo, da, yr;
    GetDate(mo, da, yr);

    return mo;
}

/////////////////////////////////////////
// The GetDay() function implementation.
/////////////////////////////////////////
int Date::GetDay()   const
{
    int mo, da, yr;
    GetDate(mo, da, yr);

    return da;
}

/////////////////////////////////////////
// The GetYear() function implementation.
/////////////////////////////////////////
int Date::GetYear()   const
{
    int mo, da, yr;
    GetDate(mo, da, yr);

    return yr;
}
```

Continued

Listing 13-2 *(continued)*

```
/////////////////////////////////////
// The Display() function implementation.
/////////////////////////////////////
void Date::Display() const
{
    int mo, da, yr;
    GetDate(mo, da, yr);
    std::cout << mo << '/' << da << '/' << yr;
}
```

As you can see from Listing 13-2, the majority of the class's processing occurs when you construct a Date object from month, day, and year integers and when you extract those data values from the integer data representation of the Date class. Compare the details of the constructor and Display() member functions to those of the Date classes in Chapters 11 and 12. This comparison reinforces the concept that you must consider all alternatives to class design by paying close attention to the requirements of the programs that use objects of the class.

Single Inheritance

The class hierarchy that we use in this discussion represents a design that employs *single inheritance*, which means that all derived classes have no more than one base class. I address multiple inheritance in Chapter 14. For now, let's consider our derived class, the one that specializes the behavior of the base Date class.

The Derived Class

Listing 13-3 is SpecialDate.h, the header source-code file that declares the specialized SpecialDate class, which is derived from the Date class. There are several lessons you can learn from this derivation.

On the CD-ROM

Name: **SpecialDate.h**
Location: **Quincy99\Programs\Chap13**

Listing 13-3: **SpecialDate.h**

```
/////////////////////////////////////
// File Name: SpecialDate.h
/////////////////////////////////////
```

```
#ifndef SPECIALDATE_H
#define SPECIALDATE_H

#include "Date.h"

class SpecialDate : public Date
{
    static char* mos[];

public:
    SpecialDate(int da, int mo, int yr) : Date(mo, da, yr)
        { }
    virtual void Display() const;
    bool IsNullDate() const
        { return ndays == 0; }
};

#endif
```

Protected Members

Observe the `protected` access specifier that appears ahead of the `ndays` data member in Date.h, Listing 13-1. You learn about public and private members in Chapter 11. Protected members are private to users of the class. If the program instantiates an object of type `Date`, the program cannot access the protected `ndays` data member. In this respect, protected members are the same as private members.

If a base class has private members, those members are not accessible to the derived class. Protected members, however, are public to derived classes — but as I just explained, private to the rest of the program. Use of the `protected` keyword is one acknowledgment by the `Date` class in Date.h that it might be used as a base class.

When you design a class, consider whether the class might someday be used as a base class — even if you have no such intentions at the start. Specify the `protected` keyword for members that could be accessible to derived classes.

Derived and Specialized Members

The `SpecialDate` class has one static data member of its own: the `mos` array of pointers. The class inherits two other data members from the `Date` class: the protected static `dys` array of integers and a long integer named `ndays`. If the `dys` array member were private to the `Date` class, the member functions of the `SpecialDate` class would not be able to read or write the array except through public member functions of the Date class. Inasmuch as no such accessing public member functions exist in this particular design, the dys array is a hidden detail of implementation of the Date class, hidden even from derived classes. The dys array is protected, however, so that later exercises in derivation can use it. It also is const so that you cannot change the values in the array after the array is initialized.

The Date class's ndays data member, on the other hand, is protected, so member functions of the derived SpecialDate class indeed can read and write that data member.

Public and Private Base Classes

The SpecialDate class declares that it is derived publicly from the Date class. A derived class can specify that a base class is public or private by using the public or private access specifier in the definition of the derived class:

```
class SpecialDate : public Date  { /* ... */ };
class OtherDate : private Date { /* ... */ };
```

The public access specifier in this context means that the protected members of the base class are protected members of the derived class and that the public members of the base class are public members of the derived class. The private access specifier in this context means that the protected and public members of the base class are private members of the derived class. This distinction is important if you ever extend the class hierarchy with classes derived from the current derived class.

If you do not provide an access specifier, the compiler assumes that the access is private unless the base class is a structure, in which case the compiler assumes that the access is public.

Constructors in the Base and Derived Classes

When you declare an object of a derived class, the compiler executes the constructor function of the base class followed by the constructor function of the derived class. The parameter list for the derived class's constructor function can differ from that of the base class's constructor function. Therefore, the constructor function for the derived class must tell the compiler which values to use as arguments to the constructor function for the base class.

The derived class's constructor function specifies the arguments to the base class's constructor function in SpecialDate.h by using a parameter initialization list for the base class:

```
SpecialDate(int da, int mo, int yr) : Date(mo, da, yr)
    { }
```

The colon (:) operator after the derived constructor's parameter list specifies that a parameter initialization list follows. You learn to use parameter initialization lists to initialize const and reference data members in Chapter 11. You use the same syntax to specify the arguments for a base class's constructor. The argument list is in parentheses and follows the name of the base class.

Unless the base class has a default constructor (one that expects no arguments), you must provide a base class parameter initialization list. It follows then that if the base class does not have a default constructor, the derived class must have a constructor if only to provide arguments for a base class constructor.

The arguments to the base class constructor function are expressions that may use constants, global variables, and the arguments from the parameter list of the derived class's constructor function. The base class arguments can be any valid C++ expressions that match the types of the base constructor's parameters. In the SpecialDate example, the constructor passes its own arguments to the Date constructor, changing their order according to the following requirements. The designer of the SpecialDate class decides that date class users prefer to express date values in the day, month, year order rather than the month, day, year order that the Date class mandates. Consequently, the SpecialDate constructor function declares those parameters in a different order from those of the Date class and reorders them in the parameter initialization list for the Date class constructor.

When a base class has more than one constructor function, the compiler decides which one to call based on the types of the arguments in the derived class constructor's parameter initialization list for the base constructor.

Specializing with New Member Functions

Class specialization through inheritance often includes the addition of member functions to the derived class that the base class does not have. The SpecialDate class in this example includes a member function named IsNullDate(). The Date class has no such member function. If you instantiate an object of type Date, you cannot call the IsNullDate() function for that object, because the class has no such member function. However, if you instantiate an object of type SpecialDate, you can call the IsNullDate() function for that object.

The IsNullDate() function takes advantage of the fact that the base Date class specifies the ndays data member as protected and tests that data member for a zero value. If the SpecialDate class could not access ndays, then the IsNullDate() function would have to call one of the Date class's member functions—GetDay(), GetMonth(), or GetYear()—and test the return value for zero. The overhead required to extract a date component from the long integer data representation makes it more efficient to use the actual long integer data value.

Specializing by Overriding Base Class Member Functions

When a base class and a derived class have member functions with the same name, parameter list types, and const specification, the function in the derived class overrides that in the base class when the function is called as a member of the derived class object. This technique allows the derived class to provide specialized behavior for a particular method.

Both the base Date class and the derived SpecialDate class in our example have functions named Display(). A program that declares an object of type Date can call the Display() function for that object, and the Date class's version of that member function executes. A program that declares an object of type SpecialDate can call the Display() function for that object, and the SpecialDate's version of that member function executes. You see an example of that behavior soon.

Listing 13-4 is SpecialDate.cpp, the source-code file that implements the static data member and non-inline member function of the SpecialDate class.

Name: **SpecialDate.cpp**
Location: **Quincy99\Programs\Chap13**

Listing 13-4: **SpecialDate.cpp**

```cpp
/////////////////////////////////////
// File Name: SpecialDate.cpp
/////////////////////////////////////
#include <iostream>
#include "SpecialDate.h"

char* SpecialDate::mos[] =
{
    "January", "February", "March", "April",
    "May", "June", "July", "August",
    "September", "October", "November", "December"
};

void SpecialDate::Display() const
{
    if (!IsNullDate())
        std::cout << mos[GetMonth()-1] << ' '
                  << GetDay() << ", " << GetYear();
}
```

Building the Program

Until now, the exercises in this book have been independent, standalone programs. That approach works well for simple example programs, but you seldom will find yourself working in such a small environment. To learn about inheritance, you declare classes in header files, put member functions in separate, class-specific source files, and link the object code compiled from those multiple source files to make running programs. In other words, you view these examples from an environment that is more like those in which you do real programming.

A program that uses the `SpecialDate` class must include the SpecialDate.h header file and link the program's compiled object file with the object files that the compiler generates when you compile Date.cpp and SpecialDate.cpp. You don't need to include Date.h, because SpecialDate.h does that for you.

Most C++ development systems permit you to compile and link with multiple object files. Most systems also support libraries of object files. You don't need to use libraries for these exercises (except, of course, the standard ones that come with the compiler). If you use Quincy to run the exercises, the tutorial includes special project files for the programs that are built from more than one object file.

Listing 13-5 instantiates an object of a derived class and uses that class' specialized behavior.

Name: **pr13001.cpp**
Location: **Quincy99\Programs\Chap13**

Listing 13-5: **Class specialization**

```
/////////////////////////////////////
// File Name: pr13001.cpp
/////////////////////////////////////
#include <iostream>
#include "SpecialDate.h"

/////////////////////////////////////
// The main() function.
/////////////////////////////////////
int main()
{
    for (;;)
    {
        std::cout << "Enter dd mm yyyy (0 0 0 to quit): ";
        int da, mo, yr;
        std::cin >> da >> mo >> yr;
```

Continued

Listing 13-5 *(continued)*

```
        if (da == 0)
            break;

        SpecialDate dt(da, mo, yr);

        if (dt.IsNullDate())
            std::cout << "Try again";
        else
            dt.Display();

        std::cout << std::endl;
    }

    return 0;
}
```

The real lesson of Listing 13-5 is found not in the application program but in the source-code files SpecialDate.h and SpecialDate.cpp, which demonstrate how an abstract data type can be specialized through inheritance.

Scope Resolution Operator with Base and Derived Classes

Often in a program, you want to call the base class's version of a function that has been overridden in a derived class. A program can use the scope resolution operator (::) to bypass the override of a base class member and call the base class's function instead. You express the call to the base class function by coding the base class name and the double colons ahead of the member name to bypass the overridden member:

```
SpecialDate dt(29, 6, 1990);
dt.Date::Display();
```

Listing 13-6 demonstrates this usage with the Date class's Display() function.

On the
CD-ROM

Name: **pr13002.cpp**
Location: **Quincy99\Programs\Chap13**

Listing 13-6: Class scope resolution

```
/////////////////////////////////////
// File Name: pr13002.cpp
/////////////////////////////////////
```

```
#include <iostream>
#include "SpecialDate.h"

/////////////////////////////////////////
// The main() function.
/////////////////////////////////////////
int main()
{
    SpecialDate dt(29, 6, 1990);
    dt.Display();
    std::cout << std::endl;

    dt.Date::Display();
    std::cout << std::endl;

    return 0;
}
```

The program in Listing 13-6 instantiates an object of the derived type SpecialDate and uses the SpecialDate class's Display() member function to display the date. Then, the program uses the scope resolution operator to display the same date object by using the base Date class's Display() member function.

Using the scope resolution operator without specifying a type on its left from within a member function compiles a call to a global, nonmember function with the same name and parameter list.

More than One Derived Class

A program can derive more than one class from a single base class. Recall the CustomDate class from the programs in Chapter 11. A CustomDate date is one that is expressed as the year and a day value representing the 1-based number of days since January 1. Inasmuch as the Date class in this chapter records the date information in an integer data member, we can implement the CustomDate class by deriving from Date, forming a simple object-oriented class hierarchy. Figure 13-4 shows that relationship.

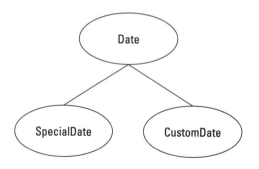

Figure 13-4: Multiple derived classes

A Second Derived Class

Listings 13-7 and 13-8 are CustomDate.h and CustomDate.cpp, which implement a second class derived from the base Date class.

Name: **CustomDate.h**
Location: **Quincy99\Programs\Chap13**

Listing 13-7: **CustomDate.h**

```
/////////////////////////////////////
// File Name: Customdate.h
/////////////////////////////////////
#ifndef CUSTOMDATE_H
#define CUSTOMDATE_H

#include "Date.h"

class CustomDate : public Date
{
public:
    CustomDate(int yr, int da);
    int GetDay() const;
    virtual void Display() const;
};

#endif
```

Name: **CustomDate.cpp**
Location: **Quincy99\Programs\Chap13**

Listing 13-8: **CustomDate.cpp**

```
/////////////////////////////////////
// File Name: Customdate.cpp
/////////////////////////////////////
#include <iostream>
#include "CustomDate.h"

/////////////////////////////////////
// Constructor implementation.
/////////////////////////////////////
```

```
CustomDate::CustomDate(int yr, int da)
{
    if (yr < 1 || da < 1 || da > (IsLeapYear(yr) ? 366 : 365))
        return;
    int mo;
    for (mo = 1; mo < 13; mo++)
    {
        int dy = dys[mo-1];
        if (mo == 2 && IsLeapYear(yr))
            dy++;
        if (da <= dy)
            break;
        da -= dy;
    }
    SetDate(mo, da, yr);
}

/////////////////////////////////////////
// GetDay() implementation.
/////////////////////////////////////////
int CustomDate::GetDay() const
{
    int mo, da, yr;
    GetDate(mo, da, yr);
    int day = 0;
    for (int m = 1; m < mo; m++)
    {
        day += dys[m-1];
        if (m == 2 && IsLeapYear(yr))
            day++;
    }

    return day + da;
}

/////////////////////////////////////////
// Display() implementation.
/////////////////////////////////////////
void CustomDate::Display() const
{
    std::cout << GetDay() << '-' << GetYear();
}
```

Observe that the CustomDate constructor in Listing 13-8 has no parameter
initialization list for the base Date class. It cannot provide all three arguments,
because it has no month argument and because its day argument is a different data
representation from the day argument of the Date constructor. You can omit a base
class parameter initialization list when the base class has a default constructor, one

that accepts no arguments. Look back at Date.h. The `Date` class constructor has default argument values for all its parameters. This means that the constructor function serves two purposes. It is an initializing constructor, and it is the default constructor. The `CustomDate` constructor builds the three date values that initialize a `Date` object and then calls the base `Date` class' `SetDate()` member function, passing those three date values as arguments.

The `CustomDate` class's `GetDay()` member function overrides the base `Date` class's `GetDay()` member function to compute and return the custom version of the day rather than the traditional day of the month value. The `Date` class's `GetYear()` member function works without being overridden, because you compute the year value the same way for both kinds of dates. A program also can call the `GetMonth()` member function for a `CustomDate()` object; the `Date` class's `GetMonth()` member function would execute and return the proper month. You can prevent this usage by overriding `GetMonth()` in the `CustomDate` class to return a zero.

Using the Base Class and Both Derived Classes

Listing 13-9 uses all three of the date variations to display several birth dates.

Name: **pr13003.cpp**
Location: **Quincy99\Programs\Chap13**

Listing 13-9: **Multiple derived classes**

```
/////////////////////////////////////
// File Name: pr13003.cpp
/////////////////////////////////////
#include <iostream>
#include "SpecialDate.h"
#include "CustomDate.h"

/////////////////////////////////////
// The main() function.
/////////////////////////////////////
int main()
{
    // Process a Date.
    Date dt(4,6,1961);
    std::cout << std::endl << "Alan:    ";
    dt.Display();

    // Process a CustomDate.
    CustomDate cdt(1962, 285);
    std::cout << std::endl << "Sharon: ";
```

```
    cdt.Display();
    std::cout << " (";
    cdt.Date::Display();
    std::cout << ')';

    // Process a SpecialDate.
    SpecialDate sdt(28, 4, 1965);
    std::cout << std::endl << "Wendy:   ";
    sdt.Display();

    return 0;
}
```

Listing 13-9 instantiates and displays three dates by using three date classes. Two of those classes are derived from the third.

The Lack of a Relationship between Derived Classes

The only thing in common between the SpecialDate and CustomDate classes is that they have the same base class. The two classes have no knowledge of, or relationship with, each other. You cannot call the specialized member functions of one class for an object of the other class. You cannot cast an object of one type to the other type. You cannot initialize or copy between objects of these two classes. You cannot do these things because the classes do not have the necessary conversion and copy constructor member functions. You must provide these functions explicitly, as you learn to do in Chapter 11. It is important to understand that no implied relationships exist between classes derived from a common base class.

Classes Derived from Derived Base Classes

You can derive a class from a base class that was derived itself from another base class. Suppose that the CustomDate class is not exactly what you want every time. Perhaps you need a specialized custom date class, called SpecialCustomDate, which displays its objects in the same way that the SpecialDate class does. Assuming that you do not want to modify an existing class for the reasons mentioned earlier in this chapter, you have these three design choices:

✦ Derive a class from SpecialDate and add the CustomDate construction behavior.

✦ Derive a class from CustomDate and add the SpecialDate display behavior.

✦ Use multiple inheritance and derive a class from both SpecialDate and CustomDate.

Figure 13-5 illustrates all three of these design choices.

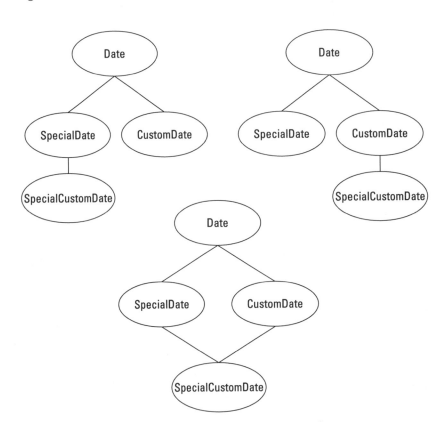

Figure 13-5: Design choices for the SpecialCustomDate class

The third choice (at the bottom of Figure 13-5), which uses multiple inheritance, is not a viable one at this time. First, it has some inherent design problems that typically are encountered with multiple inheritance. Also, you don't learn about multiple inheritance until you get to Chapter 14.

Either of the first two choices (at the top of Figure 13-5 from left to right) involves some amount of duplication. The second choice involves duplicating the array of pointers that the SpecialDate class uses for the names of the months. That class provides no apparent easy way for a nonderived class to get to that array. Remember that you cannot modify the SpecialDate class, so you cannot declare this new class to be a friend. A possible solution to that problem is to declare a class derived from SpecialDate with the sole purpose of returning a pointer to the static array. Let's explore that possibility. Consider this class:

```
class MonthArray : public SpecialDate
{
public:
    static const char* GetMonth() const
        { return mos; }    // Error. Why?
};
```

Remember that SpecialCustomDate, in this discussion, is derived from CustomDate. The SpecialCustomDate class's Display() function gets the address of SpecialDate's static array of month names this way:

```
const char* months = MonthArray::GetMonth();
```

Can you see why this does not work? The designer of the SpecialDate class did not have the foresight to make the static array a protected data member. Let's give the developer the benefit of the doubt and assume that he or she had good reason to completely hide that detail of the implementation. Whatever the reason, the MonthArray class cannot access that member and the compiler issues an error when the MonthArray::GetMonth() function is declared. That eliminates this solution from our consideration. If you still want to derive SpecialCustomDate from CustomDate, you must provide a second, identical array for the new class. There is something unappealing about solutions that duplicate design features and that duplicate what is stored in memory, so most programmers look for other ways. Fortunately, one is close at hand. The first choice in Figure 13-5 derives SpecialCustomDate from SpecialDate, and that solution works if you add some creative design components. Figure 13-6 shows the effective class hierarchy for the SpecialCustomDate class.

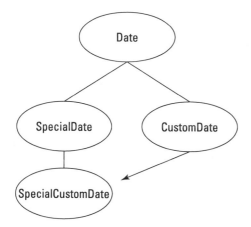

Figure 13-6: SpecialCustomDate class hierarchy

Figure 13-6 illustrates the relationship that now exists between the classes.
`SpecialCustomDate` is directly derived from `SpecialDate` and indirectly derived
from `Date` through `SpecialDate`'s derivation. `SpecialCustomDate`, therefore,
inherits the properties of both classes. `SpecialCustomDate` also uses the services
of `CustomDate`, as Figure 13-6 shows. Figure 13-6 uses a bold arrow symbol to
differentiate this interclass relationship from that of inheritance.

Even though `SpecialCustomDate` inherits from both classes, this relationship is not
what is called multiple inheritance. `SpecialCustomDate` is indirectly derived from
`Date` only because `SpecialCustomDate`'s direct base class, `SpecialDate`, itself is
derived directly from `Date`. You learn about multiple inheritance in Chapter 14.

Listing 13-10 is SpecialCustomDate.h, the header file that implements the
`SpecialCustomDate` class.

Name: **SpecialCustomDate.h**
Location: **Quincy99\Programs\Chap13**

Listing 13-10: **SpecialCustomDate.h**

```
/////////////////////////////////////
// File Name: SpecialCustomDate.h
/////////////////////////////////////
#ifndef SPECIALCUSTOMDATE_H
#define SPECIALCUSTOMDATE_H

#include "SpecialDate.h"
#include "CustomDate.h"

class SpecialCustomDate : public SpecialDate
{
public:
    SpecialCustomDate(int yr, int da) : SpecialDate(0,0,0)
    {
        CustomDate cd(yr, da);
        SetDate(cd.GetMonth(),cd.Date::GetDay(),cd.GetYear());
    }
};

#endif
```

The `SpecialCustomDate` class needs only a constructor. The constructor is
inline, so no .cpp file is needed. The `SpecialCustomDate` class derives from
`SpecialDate`, so the base class `SpecialDate::Display()` function serves to
display the date in the required format. The constructor must build the object from

the constructor arguments usually provided for a CustomDate object. You can copy the CustomDate class constructor code here, but there is a better way. The SpecialCustomDate constructor function instantiates a CustomDate object from the year and month constructor arguments. (This instantiation represents the relationship mentioned earlier wherein the SpecialCustomDate class uses the services of the CustomDate class.) Then the constructor calls the indirect base Date class' SetDate() function, passing the values returned from the CustomDate object's GetMonth(), GetDay(), and GetYear() functions, except that the call to the GetDay() function uses the scope resolution operator to call the Date class's GetDay() function rather than the CustomDate class's GetDay() function.

The SpecialCustomDate constructor must provide a parameter initialization list for the SpecialDate constructor — in this case, all zero arguments — because the designer of the SpecialDate class lacked the foresight to provide a default constructor. Someone should to talk to that designer.

Listing 13-11 instantiates an object of the SpecialCustomDate class.

On the CD-ROM

Name: **pr13004.cpp**
Location: **Quincy99\Programs\Chap13**

Listing 13-11: **A class derived from a derived class**

```cpp
/////////////////////////////////////
// File Name: pr13004.cpp
/////////////////////////////////////
#include <iostream>
#include "SpecialCustomDate.h"

/////////////////////////////////////
// The main() function.
/////////////////////////////////////
int main()
{
    // Process a SpecialCustomDate.
    SpecialCustomDate scdt(1941, 321);
    std::cout << std::endl << "Judy:    ";
    scdt.Display();
}
```

When the object in Listing 13-11 calls its Display() member function, the compiler generates a call to the Display() member function of the SpecialDate class because the SpecialCustomDate class does not have an overriding Display() member function. The object can call the Date::Display() member function, too, by using the Date class name and the scope resolution operator.

Problem Domain Class Hierarchy Design

Now you are ready for some object-oriented design. Any program supports what programmers call the *problem domain*. The idea is to model the data components of a problem domain in an object-oriented class hierarchy. Figure 13-7 is a small example of such a class hierarchy.

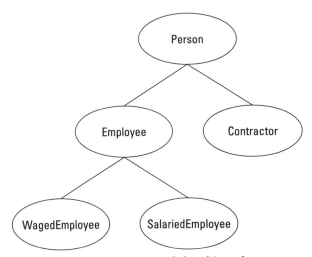

Figure 13-7: An object-oriented class hierarchy

Each balloon in Figure 13-7 represents a class. Derived classes are below their base classes on the chart and are connected to their base classes by a single line. These base and derived classes represent the major components of the problem domain — in this case, a personnel accounting system such as one you might see in payroll and labor distribution applications. We will build these classes in this chapter and use them as examples for learning the behavior of C++ and object-oriented class hierarchies.

The Person class is the root base class. Everything in this hierarchy is related to people, so the Person class encapsulates the data and behavior related to personnel accounting that all people have in common.

Two classes are derived from Person. The Employee class specializes the Person class with data and behavior specific to employees. The Contractor class does the same thing for workers that the organization hires on a temporary basis from temp agencies and job shops, as well as workers hired as private consultants. Employees are specialized further by the WagedEmployee and SalariedEmployee classes.

So far, we haven't considered what the common and specialized behaviors are or how they affect our application. For now, we are looking at the overall design.

The hierarchy in Figure 13-7—and any class hierarchy—is not the same as a hierarchical database. When you instantiate an object of type `Contractor`, for example, only one object exists, and it contains all the members of both classes. A database hierarchy, on the other hand, represents the relationships between different objects, such as department objects, project objects, and employee objects. The significant difference is that a `WagedEmployee` is an `Employee` (which is a `Person`), whereas a department contains employees who work on projects (which are in the province of departments).

C++ versus Pure Object-Oriented Design

Pure object-oriented design, a subject of much debate, employs one class hierarchy; everything descends from a common root class. The data types, the data structures, and even the program itself are all classes in the hierarchy, and they all descend from the common root. Figure 13-8 is an example of that concept.

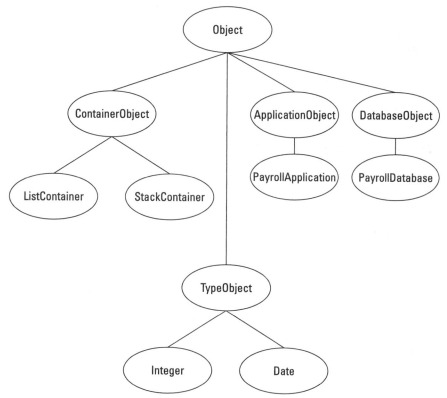

Figure 13-8: A pure object-oriented hierarchy

A pure object-oriented application begins running when its application object is created, usually as the result of the object's declaration somewhere in the program. This arrangement is analogous to the declaration of the single `main()` function somewhere in a C++ program. The pure object-oriented program's application object communicates with the other objects by instantiating them and sending them messages. This approach is analogous to a C++ program declaring class objects and calling the member functions of those classes through the objects.

C++ programs usually do not reflect pure object-oriented programming. Depending on the application's requirements, they typically have several unrelated class hierarchies: one or more for the problem domain, another for the application framework, perhaps a few data abstractions, and some data structure and container classes.

C++ programs tend to reflect a combination of object-oriented and functional (also called procedural) programming models. (Object-oriented purists might argue, then, that C++ programs are not object-oriented at all.) A C++ program launches from its `main()` function rather than from the instantiation of an application object. Some application framework class libraries start with an application object; but even when using such an application framework, a C++ program instantiates the application object in or below its `main()` function.

Do not worry, therefore, when you see C++ class hierarchies that do not descend from a common, all-encompassing root object. That multiple-hierarchy idiom is the norm rather than the exception in C++ programs.

More Data Abstractions

As you might expect, it takes more classes than Figure 13-8 shows to implement the personnel application. You do not depict every class in a design diagram. It is not necessary to show the relationship between problem domain classes and classes from the Standard C++ library. Other data abstraction classes may or may not be on the diagram. A personnel application certainly needs to represent dates for different reasons. We developed a `Date` class earlier in this chapter, and now we will modify it to make it more appropriate for general-purpose use. We will build two other data abstractions to encapsulate the data and behavior of money and Social Security numbers. Figure 13-9 expands the personnel application's problem domain class hierarchy to include three data abstraction classes.

Observe the bold lines that have small circles at the end. This notation represents a relationship in which the class at the circle end of the line has, as a data member, one or more instances of the class at the other end of the line.

As you can see, such a diagram can become complex. That is why you often stop diagramming at the level of detail that Figure 13-7 shows and allow the source code of your class hierarchy design to document relationships such as those added by Figure 13-9.

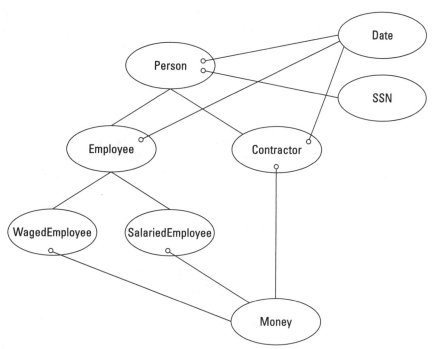

Figure 13-9: Class hierarchy with data abstraction classes

Overloading << and >>

For the exercises in the rest of this and subsequent chapters, let's do away with the functions named Display() that we used to display objects on the console. That mechanism is convenient for learning about member functions, but it has a problem: The display functions bind the classes to the std::cout object. What if you want to display the object on the std::cerr device? What if you want to print it? What if you want to record the object in a stream file (explained in Chapters 17 and 19)? The display functions do not do any of that. A more practical approach, and one that is commonly used, makes such display functions work with an object of type ostream, which is a Standard C++ library class declared when you include <iostream> in your program. The std::cout, std::cerr, and std::printer devices are objects of type ostream. You might modify the Date::Display() function to work like this:

```cpp
void Date::Display(ostream& os) const
{
    int mo, da, yr;
    GetDate(mo, da, yr);
    os << mo << '/' << da << '/' << yr;
}
```

The `Display()` function just shown accepts a reference to type `ostream` and sends its data members and slash separators to the object referred to by the function parameter's argument. You call the `Display()` function to display an object on the console like this:

```
Date dt(1/28/97);
dt.Display(std::cout);
```

Having learned all this, you won't be surprised to discover that the standard `ostream` class overloads the `<<` operator to send to its object whatever arguments the overloaded operator functions receive. The following code shows the overloaded `<<` operator functions as they are declared in the `ostream` class declaration:

```
ostream& operator<<(char c);
ostream& operator<<(unsigned char c);
ostream& operator<<(signed char c);
ostream& operator<<(const char *s);
ostream& operator<<(const unsigned char *s);
ostream& operator<<(const signed char *s);
ostream& operator<<(const void *p);
ostream& operator<<(int n);
ostream& operator<<(unsigned int n);
ostream& operator<<(long n);
ostream& operator<<(unsigned long n);
ostream& operator<<(short n);
ostream& operator<<(unsigned short n);
ostream& operator<<(bool b);
ostream& operator<<(double n);
ostream& operator<<(float n);
ostream& operator<<(long double n);
```

As you can see, the `ostream` class overloads the `<<` operator for all the intrinsic types. The corresponding `istream` class, of which `std::cin` is an object, similarly overloads the `>>` operator. These two sets of overloaded operators allow the input and output operations, such as the following, that many of our exercises have used:

```
int n;
std::cin >> n;     // read a value into n from the console
std::cout << n;    // display the value from n on the console
```

From this point on, we will overload `<<` and `>>` for any classes that need to display themselves. To begin, let's specialize the `Date` class to add this behavior. Listing 13-12 is PDate.h, which overloads `<<` and `>>` to work with objects of type `Date`.

On the CD-ROM

Name: **PDate.h**
Location: **Quincy99\Programs\Chap13**

Listing 13-12: **PDate.h**

```cpp
/////////////////////////////////////
// File Name: PDate.h
/////////////////////////////////////
#ifndef PDATE_H
#define PDATE_H

#include <iostream>
#include "Date.h"

inline ostream& operator<<(ostream& os, const Date& dt)
{
    os << dt.GetMonth() << '/'
       << dt.GetDay()   << '/'
       << dt.GetYear();
    return os;
}

inline istream& operator>>(istream& is, Date& dt)
{
    int mo, da, yr;
    is >> mo >> da >> yr;
    dt.SetDate(mo, da, yr);
    return is;
}

#endif
```

Do not use inheritance to overload the << and >> operators for the Date class. These overloaded operator functions must be nonmember functions because they are executed with objects of type ostream and istream on the left side of the expression. Therefore, they cannot be members of the Date class. The Date class conveniently provides member functions to get and set the day, month, and year values; so overloaded << and >> operator functions do not need access to the protected data members of the class for which they are working. Therefore, the overloaded operator functions do not need to be friends of the Date class. You specialize the Date class to overload << and >> simply by including the PDate.h header file.

At this point, I would visit the person in charge of the project-wide Date class and strongly suggest that he or she include the contents of PDate.h at the bottom of Date.h. That way, everyone can use the overloaded operators without being concerned about finding and using the specializing PDate.h header file.

Listing 13-13 shows the use of the overloaded << and >> operators with the Date class. The remaining classes and programs in this chapter use this technique.

Name: **pr13005.cpp**
Location: **Quincy99\Programs\Chap13**

Listing 13-13: **Using overloaded << and >> operators**

```
/////////////////////////////////////
// File Name: pr13005.cpp
/////////////////////////////////////
#include "PDate.h"

/////////////////////////////////////
// The main() function.
/////////////////////////////////////
int main()
{
    Date dt;
    std::cout << "Enter date: (mm dd yyyy) ";
    std::cin >> dt;
    std::cout << "The date is " << dt << std::endl;

    return 0;
}
```

SSN and Money: Two More Data Abstractions

To complete our preparations for the personnel class library, we will develop the SSN and Money classes to implement data abstractions of Social Security numbers and money. Listings 13-14 and 13-15 are Ssn.h and Ssn.cpp, the files that implement the SSN class.

Name: **Ssn.h**
Location: **Quincy99\Programs\Chap13**

Listing 13-14: **Ssn.h**

```
/////////////////////////////////////
// File Name: Ssn.h
/////////////////////////////////////
#ifndef SSN_H
#define SSN_H

#include <iostream>

class SSN
{
    long unsigned int ssn;

public:
    explicit SSN(long unsigned int sn = 0);
    friend std::ostream& operator<<(std::ostream& os,
        const SSN& ssn);
};

#endif
```

Name: **Ssn.cpp**
Location: **Quincy99\Programs\Chap13**

Listing 13-15: **Ssn.cpp**

```
/////////////////////////////////////
// File Name: Ssn.cpp
/////////////////////////////////////
#include <ssn.h>

SSN::SSN(long unsigned int sn) : ssn(sn)
{
    if (ssn > 999999999L)
        ssn = 0;
}

std::ostream& operator<<(std::ostream& os, const SSN& sn)
{
    int lssn = sn.ssn / 1000000L;
    int mssn = (sn.ssn - (lssn * 1000000L)) / 10000;
    int rssn = sn.ssn - (lssn * 1000000L) - (mssn * 10000);
    os << lssn << '-' << mssn << '-' << rssn;

    return os;
}
```

The SSN constructor ensures that no Social Security number has more than nine decimal digits. A more comprehensive class would use the Social Security Administration's rules for forming Social Security numbers to validate the constructor's argument properly.

The nonmember overloaded `operator<<` function is a friend of the SSN class so that it can read the long unsigned integer data member. The purpose of the function is to display the Social Security number in the familiar nnn-nn-nnnn format.

Listings 13-16 and 13-17 are Money.h and Money.cpp, the source-code files that implement the Money class.

Name: **Money.h**
Location: **Quincy99\Programs\Chap13**

Listing 13-16: **Money.h**

```
/////////////////////////////////////
// File Name: Money.h
/////////////////////////////////////
#ifndef MONEY_H
#define MONEY_H

#include <iostream>

class Money
{
    double value;

public:
    Money(double val = 0);
    operator double() const
        { return value; }
    friend std::ostream& operator<<(std::ostream&,
        const Money&);
};

#endif
```

Name: **Money.cpp**
Location: **Quincy99\Programs\Chap13**

Listing 13-17: **Money.cpp**

```cpp
////////////////////////////////////////
// File Name: Money.cpp
////////////////////////////////////////
#include <iomanip>
#include <Money.h>

Money::Money(double val)
{
    // Ensure that the value is only 2 decimal places
    // and rounded up to the nearest penny.
    long int nval = ((val + .005) * 100);
    float cents = nval % 100;
    cents /= 100;
    value = (nval / 100) + cents;
}

std::ostream& operator<<(std::ostream& os, const Money& curr)
{
    os << '$'
        << std::setw(10)
        << std::setprecision(2)
        << std::setiosflags(std::ios::fixed)
        << curr.value;
}
```

The Money class has enough intelligence built-in to ensure that its data representation is always two decimal places and that it displays itself properly. A more comprehensive money class would overload all the arithmetic and relational operators. To keep everything simple, neglect that part of the design for these exercises.

Including Headers

The Ssn.cpp and Money.cpp files include Ssn.h and Money.h, the headers that declare the data abstraction classes. Observe that the #include preprocessing directives use the angle bracket notation, whereas previous includes of header files associated with example programs used the double-quote character around the file name. The angle bracket notation means that the compiler should not look for the header file in the same subdirectory where it finds the .cpp file. You learn the implications of that usage later in this chapter.

The Standard C++ String Class

Ever since C++ became a public resource, programmers have used classes to add custom data types that are missing from the C language. Programmers who came to C from BASIC, for example, often complained that C has no string data type. When those programmers made the move to C++, the first thing that many of them did was to use the C++ class mechanism to build a string class. Many C++ books use string classes to demonstrate data abstraction and the principles of class design. The ANSI committee eventually defined a standard string class named, of course, string, with many of the best properties from all those prior designs. You can concatentate, compare, assign, display, and make substrings of C++ string objects. I discuss the standard string class in more detail in Chapters 17 and 18. Until then, use the string class to make the classes in this chapter easier to design and understand.

Person: The Base Class

The top of the class hierarchy in Figure 13-7 is the Person class, the class from which all the other classes in the hierarchy descend. The Person class encapsulates those data and behavioral traits that are common to all people and of interest to this problem domain. Listings 13-18 and 13-19 are Person.h and Person.cpp, the source-code files that implement the Person class.

On the
CD-ROM

Name: **Person.h**
Location: **Quincy99\Programs\Chap13**

Listing 13-18: **Person.h**

```
/////////////////////////////////////
// File Name: Person.h
/////////////////////////////////////
#ifndef PERSON_H
#define PERSON_H

#include <iostream>
#include <string>
#include <Date.h>
#include <Ssn.h>

class Person
{
public:
    enum Sex {unknown, male, female};
    enum MaritalStatus {single, married, divorced, widowed};

protected:
    string name;
```

```cpp
        string address;
        string phone;
        SSN ssn;
        Date dob;
        Sex sex;
        MaritalStatus mstatus;

    public:
        Person(const string& nm = "")
                : name(nm), sex(unknown), mstatus(single)
            { }
        virtual ~Person() { }

        // Setter functions.
        void SetName(const string& nm)
            { name = nm; }
        void SetAddress(const string& addr)
            { address = addr; }
        void SetPhone(const string& phon)
            { phone = phon; }
        void SetSSN(SSN sn)
            { ssn = sn; }
        void SetDob(const Date& dtb)
            { dob = dtb; }
        void SetSex(Sex sx)
            { sex = sx; }
        void SetMaritalStatus(MaritalStatus st)
            { mstatus = st; }

        // Getter functions.
        const string& GetName() const
            { return name; }
        const string& GetAddress() const
            { return address; }
        const string& GetPhone() const
            { return phone; }
        SSN GetSSN() const
            { return ssn; }
        const Date& GetDob() const
            { return dob; }
        Sex GetSex() const
            { return sex; }
        MaritalStatus GetMaritalStatus() const
            { return mstatus; }

        virtual void FormattedDisplay(std::ostream& os) = 0;
};

std::ostream& operator<<(std::ostream& os,
    const Person& person);

#endif
```

Name: **Person.cpp**
Location: **Quincy99\Programs\Chap13**

Listing 13-19: **Person.cpp**

```cpp
//////////////////////////////////////
// File Name: Person.cpp
//////////////////////////////////////
#include <Person.h>

void Person::FormattedDisplay(std::ostream& os)
{
    os << "Name:           " << name    << std::endl;
    os << "Address:        " << address << std::endl;
    os << "Phone:          " << phone   << std::endl;
    os << "SSN:            " << ssn      << std::endl;
    os << "Date of birth:  " << dob      << std::endl;
    os << "Sex:            ";

    switch (sex)
    {
        case Person::male:
            os << "male" << std::endl;
            break;
        case Person::female:
            os << "female" << std::endl;
            break;
        default:
            os << "unknown" << std::endl;
            break;
    }

    os << "Marital status: ";

    switch (GetMaritalStatus())
    {
        case Person::single:
            os << "single" << std::endl;
            break;
        case Person::married:
            os << "married" << std::endl;
            break;
        case Person::divorced:
            os << "divorced" << std::endl;
            break;
        case Person::widowed:
```

```
                  os << "widowed" << std::endl;
                  break;
              default:
                  os << "unknown" << std::endl;
                  break;
          }
      }

      std::stream& operator<<(std::ostream& os, const Person& person)
      {
          os << person.GetName() << std::endl
             << person.GetAddress() << std::endl
             << person.GetPhone() << std::endl
             << person.GetSSN() << std::endl
             << person.GetDob() << std::endl
             << person.GetSex() << std::endl
             << person.GetMaritalStatus() << std::endl;

          return os;
      }
```

Enumerations in a Class

The `Person` class declares two enumerated data types — `Sex` and `MaritalStatus` — as public. They are public so that programs that use the `Person` class can refer to the enumerated constant values. They are declared within the class declaration so that their identifiers are not in the global scope. This practice avoids any potential for name collisions with other parts of the program. Member functions of the class can refer to the enumerated values without qualification, but a program that uses them from outside the class must use the scope resolution operator to specify the values:

```
    empl.SetSex(Person::male);
```

Virtual Functions

Two of the functions in the `Person` class are declared with the `virtual` qualifier. A virtual function indicates that the class designer expects the function to be overridden in a derived class by a function with the same function name and parameter types. We will revisit this subject and examine the effects of virtual and nonvirtual function overrides when I discuss this class hierarchy's derived classes. The `Person` class's destructor function is one of the two virtual functions, a significant characteristic that you soon learn about.

Abstract Base Class: The Pure Virtual Function

The Person class's FormattedDisplay() member function declaration includes an equal sign followed by a zero (= 0). This notation specifies that the member function is a *pure virtual function*. This means that the base class is an *abstract base class*, and the class designer intends the class to be used only as a base class. The base class may or may not provide a function body for the pure virtual function. In either case, a program that uses this class may not declare any objects of an abstract base class directly. If the program declares an object of a class directly or indirectly derived from the abstract base class, then the pure virtual function must be overridden — either in the class of the object being declared or in a class above the object's class and below the abstract base class in the hierarchy.

Two Ways to Display

The Person class includes two display techniques. The FormattedDisplay() member function displays the Person data in a format conducive to query responses and report fields. I use it here to demonstrate the behavior of virtual functions. The overloaded << operator nonmember function displays raw data.

Derived Classes

The class hierarchy in Figure 13-7 includes several derived classes, which I discuss now.

The Employee Class

Listings 13-20 and 13-21 are Employee.h and Employee.cpp, the source-code files that implement the Employee class, which is derived directly from the Person class.

On the CD-ROM

Name: **Employee.h**
Location: **Quincy99\Programs\Chap13**

Listing 13-20: **Employee.h**

```
/////////////////////////////////////
// File Name: Employee.h
/////////////////////////////////////
#ifndef EMPLOYEE_H
#define EMPLOYEE_H
```

```
#include <person.h>

class Employee : public Person
{
protected:
    Date datehired;

public:
    Employee(const string& nm = "") : Person(nm)
        { }
    virtual ~Employee() { }
    Date GetDateHired() const
        { return datehired; }
    void SetDateHired(Date date)
        { datehired = date; }
    virtual void FormattedDisplay(ostream& os) = 0;
};

ostream& operator<<(ostream& os, Employee& empl);

#endif
```

Name: **Employee.cpp**
Location: **Quincy99\Programs\Chap13**

Listing 13-21: **Employee.cpp**

```
/////////////////////////////////////
// File Name: Employee.cpp
/////////////////////////////////////
#include <Employee.h>

void Employee::FormattedDisplay(std::ostream& os)
{
    Person::FormattedDisplay(os);
    os << "Date hired:     " << datehired << std::endl;
}

std::ostream& operator<<(std::ostream& os, Employee& empl)
{
    os << ((Person&)empl) << std::endl;
    os << empl.GetDateHired() << std::endl;

    return os;
}
```

The Employee class, like its base Person class, is an abstract base class through its pure virtual FormattedDisplay() member function; to use the Employee class, you must derive a class from it. The Employee class specializes the Person class by adding a datehired data member. All employees are hired, but not all persons are hired. Contrast this specialization with that of the Contractor class discussed later.

Overriding a Function Override

The Employee::FormattedDisplay() member function begins by calling the Person::FormattedDisplay() member function by using the Person class name and the scope resolution operator. This technique allows the derived class to use the base class's overridden behavior. Recall that the SpecialDate class (early in this chapter) totally overrode its base Date class's Display() function to provide custom specialization for the derived class. SpecialDate objects display differently from Date objects. The Employee class, on the other hand, needs only to add to the base class's behavior by displaying the specialized datehired data member.

The overloaded << operator function similarly calls the overloaded << function for the Person class by casting the Employee reference argument to a reference to type Person. In this case, you cannot use the scope resolution operator to call an overridden member function because the overloaded << operator functions are not members of any class. Instead, they are functions to be called when the compiler sees an std::ostream object on the left of the << operator and a Person or Employee object on the right. The cast coerces the compiler into treating the Employee reference as if it referred to its base Person class. The cast also calls the overloaded << operator function that deals with Person objects. That function works correctly because the Employee object, derived from the Person class, includes all the data members and member functions of the Person class.

The WagedEmployee Class

Listings 13-22 and 13-23 are WagedEmployee.h and WagedEmployee.cpp, the source-code files that implement the WagedEmployee class.

Name: **WagedEmployee.h**
Location: **Quincy99\Programs\Chap13**

Listing 13-22: **WagedEmployee.h**

```
/////////////////////////////////////
// File Name: WagedEmployee.h
/////////////////////////////////////
#ifndef WAGEDEMPLOYEE_H
#define WAGEDEMPLOYEE_H
```

```
#include <Employee.h>
#include <Money.h>

class WagedEmployee : public Employee
{
    Money hourlywage;

public:
    WagedEmployee(const string& nm = "") : Employee(nm)
        { }
    virtual ~WagedEmployee() { }
    Money GetHourlyWage() const
        { return hourlywage; }
    void SetHourlyWage(Money wage)
        { hourlywage = wage; }
    virtual void FormattedDisplay(std::ostream& os);
};

std::ostream& operator<<(std::ostream& os,
    WagedEmployee& cntr);

#endif
```

Name: **WagedEmployee.cpp**
Location: **Quincy99\Programs\Chap13**

Listing 13-23: **WagedEmployee.cpp**

```
/////////////////////////////////////
// File Name: WagedEmployee.cpp
/////////////////////////////////////
#include <WagedEmployee.h>

void WagedEmployee::FormattedDisplay(std::ostream& os)
{
    os << "----Waged Employee----" << std::endl;
    Employee::FormattedDisplay(os);
    os << "Hourly wage:    " << hourlywage << std::endl;
}

std::ostream& operator<<(std::ostream& os, WagedEmployee& cntr)
{
    os << ((Employee&)cntr) << std::endl
        << cntr.GetHourlyWage() << std::endl;

    return os;
}
```

The WagedEmployee class is the first of what is called a *concrete data type*, which is a data type defined by a class for which you can instantiate an object. The WagedEmployee class specializes the Employee class by adding the hourlywage data member. Not all employees work for an hourly wage, so you must represent this behavior with a specialized derived class. Contrast this behavior with that of the SalariedEmployee class, discussed in the next section.

By deriving from the Employee class, the WagedEmployee class directly inherits all the data and behavior of the Employee class and, because Employee is derived from Person, indirectly inherits all the data and behavior of the Person class. A WagedEmployee, therefore, is a specialized Employee that is a specialized Person.

The SalariedEmployee Class

Listings 13-24 and 13-25 are SalariedEmployee.h and SalariedEmployee.cpp, the source-code files that implement the SalariedEmployee class.

On the CD-ROM

Name: **SalariedEmployee.h**
Location: **Quincy99\Programs\Chap13**

Listing 13-24: **SalariedEmployee.h**

```cpp
/////////////////////////////////////
// File Name: SalariedEmployee.h
/////////////////////////////////////
#ifndef SALARIEDEMPLOYEE_H
#define SALARIEDEMPLOYEE_H

#include <Employee.h>
#include <Money.h>

class SalariedEmployee : public Employee
{
    Money salary;

public:
    SalariedEmployee(const string& nm = "") : Employee(nm)
        { }
    virtual ~SalariedEmployee() { }
    Money GetSalary() const
        { return salary; }
    void SetSalary(Money sal)
        { salary = sal; }
    virtual void FormattedDisplay(std::ostream& os);
};

std::ostream& operator<<(std::ostream& os,
```

```
                    SalariedEmployee& empl);

    #endif
```

Name: **SalariedEmployee.cpp**
Location: **Quincy99\Programs\Chap13**

Listing 13-25: **SalariedEmployee.cpp**

```cpp
/////////////////////////////////////
// File Name: SalariedEmployee.cpp
/////////////////////////////////////
#include <SalariedEmployee.h>

void SalariedEmployee::FormattedDisplay(std::ostream& os)
{
    os << "----Salaried Employee----" << std::endl;
    Employee::FormattedDisplay(os);
    os << "Salary:          " << salary << std::endl;
}

std::ostream& operator<<(std::ostream& os,
    SalariedEmployee& empl)
{
    os << ((Employee&)empl) << std::endl
        << empl.GetSalary() << std::endl;

    return os;
}
```

The SalariedEmployee class is also a concrete data type. It specializes the Employee class by adding the salary data member. Not all employees work for an annual salary, so you must represent this behavior with a specialized derived class. Contrast this behavior with that of the WagedEmployee class, discussed in the previous section.

By deriving from the Employee class, the SalariedEmployee class directly inherits all the data and behavior of the Employee class and, because Employee is derived from Person, indirectly inherits all the data and behavior of the Person class. A SalariedEmployee, therefore, is a specialized Employee that is a specialized Person.

We now have two specialized Employee derivations having individual behavior and behavior in common that they inherit from their common base class.

The Contractor Class

Listings 13-26 and 13-27 are Contractor.h and Contractor.cpp, the source-code files that implement the Contractor class.

On the CD-ROM

Name: **Contractor.h**
Location: **Quincy99\Programs\Chap13**

Listing 13-26: **Contractor.h**

```cpp
/////////////////////////////////////
// File Name: Contractor.h
/////////////////////////////////////
#ifndef CONTRACTOR_H
#define CONTRACTOR_H

#include <Person.h>
#include <Money.h>

class Contractor : public Person
{
    Date startdate;
    Date enddate;
    Money hourlyrate;

public:
    Contractor(const string& nm = "") : Person(nm)
        { }
    virtual ~Contractor() { }
    Date GetStartDate() const
        { return startdate; }
    Date GetEndDate() const
        { return enddate; }
    Money GetHourlyRate() const
        { return hourlyrate; }
    void SetStartDate(Date date)
        { startdate = date; }
    void SetEndDate(Date date)
        { enddate = date; }
    void SetHourlyRate(Money rate)
        { hourlyrate = rate; }
    virtual void FormattedDisplay(ostream& os);
};

std::ostream& operator<<(std::ostream& os, Contractor& cntr);

#endif
```

Name: **Contractor.cpp**
Location: **Quincy99\Programs\Chap13**

Listing 13-27: Contractor.cpp

```
//////////////////////////////////////
// File Name: Contractor.cpp
//////////////////////////////////////
#include <Contractor.h>

void Contractor::FormattedDisplay(std::ostream& os)
{
    os << "----Contractor----" << std::endl;
    Person::FormattedDisplay(os);
    os << "Start date:      " << startdate  << std::endl;
    os << "End date:        " << enddate    << std::endl;
    os << "Hourly rate:     " << hourlyrate << std::endl;
}

std::ostream& operator<<(std::ostream& os, Contractor& cntr)
{
    os << ((Person&)cntr) << std::endl
        << cntr.GetStartDate() << std::endl
        << cntr.GetEndDate() << std::endl
        << cntr.GetHourlyRate() << std::endl;

    return os;
}
```

The Contractor class is a concrete data type derived from the Person class. A contractor is not an employee and, therefore, does not have a date hired, an hourly wage, or a salary. A contractor has start and end dates for the contracted period and, in this example, an hourly rate. The difference between a contractor's hourly rate and a waged employee's hourly wage might seem inconsequential in this small example, but a more comprehensive personnel accounting system surely would include other differences that would distinguish the two classes more dramatically.

Building Object Libraries

A typical software development project compiles its problem domain classes separately and stores them in object libraries. An object library is a file that contains compiled object files that usually are related. A program can link with an object library. Then, the linker includes in the executable program only those object files from the library that define functions and variables to which the program refers.

Applications programs include the header files that declare the classes and that link with the compiled object libraries to use the non-inline member functions in the class declaration. This is the same way that you link programs to the Standard C++ library classes and functions. The difference is that your project-specific libraries and header files are maintained in private subdirectories rather than in the public ones that contain the Standard C++ files.

If you look at the subdirectory structure for the example programs, you see that it has several subdirectories. The Include subdirectory contains all the header files for the libraries, which are to be included in the applications programs in this and later chapters. The other subdirectories contain source code, object libraries, and Quincy 99 project files that you use to build the object libraries from the source code. The DataTypes subdirectory contains Date.cpp, Money.cpp, DataTypes.prj, and DataTypes.a. These files represent generic user-defined data types that any application might use. The Personnel subdirectory contains Personnel.prj, Personnel.a, and the .cpp files for the Person class and its derived classes.

The project files (.prj) in these subdirectories are configured to search the Include subdirectory for header files and to build their associated object libraries (.a).

The project files for the applications programs are configured to search the Include subdirectory for header files to include and to search the other subdirectories for object library files to link. They also are configured to link with the particular object file libraries that contain class methods for the classes that the programs use.

Using the Problem Domain Class Hierarchy

We now have a problem domain class hierarchy to support a personnel system. That hierarchy uses other general-purpose data abstraction classes, which we have built. Now we need an application to use the classes. Let's begin with a straightforward application program, as shown in Listing 13-28.

On the CD-ROM

Name: **pr13006.cpp**
Location: **Quincy99\Programs\Chap13**

Listing 13-28: **A personnel application program**

```
/////////////////////////////////////
// File Name: pr13006.cpp
/////////////////////////////////////
#include <WagedEmployee.h>
#include <SalariedEmployee.h>
#include <Contractor.h>
```

```cpp
/////////////////////////////////////
// The ReadString() function.
/////////////////////////////////////
std::string ReadString(const std::string& prompt)
{
    std::string str;
    std::cout << prompt << ": ";
    std::getline(std::cin, str);

    return str;
}

/////////////////////////////////////
// The ReadDate() function.
/////////////////////////////////////
Date ReadDate(const std::string& prompt)
{
    Date dt;
    std::cout << prompt << " (mm dd yyyy): ";
    std::cin >> dt;

    return dt;
}

/////////////////////////////////////
// The ReadMoney() function.
/////////////////////////////////////
Money ReadMoney(const std::string& prompt)
{
    double mn;
    std::cout << prompt << ": ";
    std::cin >> mn;

    return mn;
}

/////////////////////////////////////
// The PersonInput() function.
/////////////////////////////////////
void PersonInput(Person* pPerson)
{
    static std::string str;
    std::getline(std::cin, str); // flush the input buffer
    pPerson->SetName(ReadString("Name"));
    pPerson->SetAddress(ReadString("Address"));
    pPerson->SetPhone(ReadString("Phone"));
    pPerson->SetDob(ReadDate("Date of birth"));

    long int ssn;
    std::cout << "SSN: ";
    std::cin >> ssn;
    pPerson->SetSSN(SSN(ssn));
```

Continued

Listing 13-28 *(continued)*

```cpp
    char sx;
    do
    {
        std::cout << "Sex (m/f) ";
        std::cin >> sx;
    }
    while (sx != 'm' && sx != 'f');

    pPerson->SetSex(sx == 'm' ? Person::male : Person::female);
}

/////////////////////////////////////////
// The EmployeeInput() function.
/////////////////////////////////////////
void EmployeeInput(Employee* pEmployee)
{
    pEmployee->SetDateHired(ReadDate("Date hired"));
}

/////////////////////////////////////////
// The WagedEmployeeInput() function.
/////////////////////////////////////////
void WagedEmployeeInput(WagedEmployee* pWagedEmployee)
{
    pWagedEmployee->SetHourlyWage(ReadMoney("Hourly wage"));
}

/////////////////////////////////////////
// The SalariedEmployeeInput() function.
/////////////////////////////////////////
void SalariedEmployeeInput(SalariedEmployee* pSalariedEmployee)
{
    pSalariedEmployee->SetSalary(ReadMoney("Salary"));
}

/////////////////////////////////////////
// The ContractorInput() function.
/////////////////////////////////////////
void ContractorInput(Contractor* pContractor)
{
    pContractor->SetStartDate(ReadDate("Start date"));
    pContractor->SetEndDate(ReadDate("End date"));
    pContractor->SetHourlyRate(ReadMoney("Hourly rate"));
}

/////////////////////////////////////////
// The main() function.
/////////////////////////////////////////
```

```cpp
int main()
{
    Person* pPerson = 0;
    std::cout << "1 = Salaried employee" << std::endl
              << "2 = Waged employee"    << std::endl
              << "3 = Contractor"        << std::endl
              << "Enter selection: ";
    int sel;
    std::cin >> sel;

    switch (sel)
    {
        case 1:
            pPerson = new SalariedEmployee;
            PersonInput(pPerson);
            EmployeeInput((Employee*)pPerson);
            SalariedEmployeeInput((SalariedEmployee*)pPerson);
            break;

        case 2:
            pPerson = new WagedEmployee;
            PersonInput(pPerson);
            EmployeeInput((Employee*)pPerson);
            WagedEmployeeInput((WagedEmployee*)pPerson);
            break;

        case 3:
            pPerson = new Contractor;
            PersonInput(pPerson);
            ContractorInput((Contractor*)pPerson);
            break;

        default:
            std::cout << "\aIncorrect entry";
            break;
    }

    if (pPerson != 0)
    {
        pPerson->FormattedDisplay(std::cout);
        delete pPerson;
    }

    return 0;
}
```

The program in Listing 13-28 is a strong mix of object-oriented and functional programming. The object-oriented part uses the personnel system's class hierarchy to instantiate and display objects of type SalariedEmployee, WagedEmployee, and Contractor. The functional part uses nonmember functions for the user interface.

The first three functions in the program are generic user-input functions to prompt for, and read data values into, objects of the std::string, Date, and Money classes. The next five functions — which call the first three — prompt for, and read data values into, objects of the Person, Contractor, Employee, WagedEmployee, and SalariedEmployee classes. Because Person and Employee are abstract base classes, these functions are not called for objects of those classes, but instead are called for objects of classes derived from those abstract base classes.

The main() function displays a menu, reads the user input, and uses case statements to process the user's selection. Each case instantiates an object of the type selected by the user. The instantiation allocates memory from the heap by using the new operator and assigns that memory to a pointer of type Person, which is the root base class of the hierarchy. Then, each case calls a set of the class-input functions, passing the pointer. The function calls to those functions that expect pointers to type Contractor, Employee, and WagedEmployee use casts to cast the Person pointer to a pointer of the correct type. C++ does not convert a pointer to a base class into a pointer to one of its derived classes automatically, although the opposite conversion is acceptable. You could pass the address of an object of a derived class to a function that expects the address of an object of one of the class's base classes.

Calling Virtual Functions by Reference

When a pointer or reference to a base class refers to a derived class object, a call to a virtual function through the pointer or reference calls the function that is a member of the class of the object — if the object has overridden the virtual function. Listing 13-28 demonstrates this behavior, as highlighted in the following code fragment:

```
Person* pPerson = new SalariedEmployee;   // instantiate object
pPerson->FormattedDisplay(std::cout);     // call object's func
```

The call through the pPerson pointer — which is declared to be of type Person — to the FormattedDisplay member function calls the one associated with the class of the object itself rather than with the base class. When the program calls FormattedDisplay through pPerson, the function that is called depends on the type of the object to which that pPerson points. When the object is of type Contractor, the program calls Contractor::FormattedDisplay(). When the object is of type SalariedEmployee, the program calls SalariedEmployee::FormattedDisplay(). When the object is of type WagedEmployee, the program calls WagedEmployee::FormattedDisplay().

Calling Nonvirtual Functions by Reference

If `Person::FormattedDisplay()` were a nonvirtual member function, Listing 13-28 always would call the `FormattedDisplay()` member function in the `Person` class irrespective of the type of the object to which that pPerson pointed.

Overriding the Virtual Function Override

If you want a base class's virtual function to execute even when the calling object is of a derived class that has an overriding function, use the base class name and scope resolution operator to specify that the base class function is to execute:

```
pPerson->Person::FormattedDisplay(std::cout);
```

The overriding function call does not have to specify the topmost base class with the scope resolution operator; it can name any class up the hierarchy. If the named class does not override the virtual function, the compiler searches up the hierarchy until it finds a class that does; that is the function that is executed. If, for example, the `Employee` class does not have a `FormattedDisplay` member function (it does, but pretend for this discussion that it does not) the following code executes the `Person::FormattedDisplay()` function:

```
Person* pPerson = new WagedEmployee;
//...
pPerson->Employee::FormattedDisplay(std::cout);
```

Virtual Functions without Derived Overrides

If the derived class has no function to override the base class's virtual function, the base class's function executes regardless of the pointer or reference type.

Virtual Destructors

Usually, when an object of a derived class is destroyed, the destructor for the derived class executes and then the destructor for the base class executes. But suppose that an object is declared with the new operator and that the pointer type is that of a base class with a nonvirtual destructor. When the program destroys the object by using the delete operator with the pointer as an argument, the base destructor executes instead of the derived destructor. Listing 13-29, which departs from the personnel class hierarchy to make its point, demonstrates this behavior.

On the
CD-ROM

Name: **pr13007.cpp**
Location: **Quincy99\Programs\Chap13**

Listing 13-29: **Nonvirtual base class destructor**

```cpp
/////////////////////////////////////
// File Name: pr13007.cpp
/////////////////////////////////////
#include <iostream>

/////////////////////////////////////
// The Shape class.
/////////////////////////////////////
class Shape
{
public:
    Shape() {}
    ~Shape()
        { std::cout << "Executing Shape dtor" << std::endl; }
};

/////////////////////////////////////
// The Circle class.
/////////////////////////////////////
class Circle : public Shape
{
public:
    Circle() {}
    ~Circle()
        { std::cout << "Executing Circle dtor" << std::endl; }
};

/////////////////////////////////////
// The main() function.
/////////////////////////////////////
int main()
{
    Shape* pShape = new Circle;
    // ...
    delete pShape;

    return 0;
}
```

When you run Listing 13-29, observe that only the Shape destructor message displays on the console. Even though the object is a Circle, the delete operator does not know at runtime the type of the object pointed to by pShape. Usually, this is not what you want. You must assume that derived classes can require custom destruction and that their destructors must be called when their objects are destroyed.

When a base class destructor is virtual, the compiler calls the correct destructor function irrespective of the type of the pointer, as shown in Listing 13-30.

On the CD-ROM

Name: **pr13008.cpp**
Location: **Quincy99\Programs\Chap13**

Listing 13-30: **Virtual base class destructor**

```cpp
///////////////////////////////////////
// File Name: pr13008.cpp
///////////////////////////////////////
#include <iostream>

///////////////////////////////////////
// The Shape class.
///////////////////////////////////////
class Shape
{
public:
    Shape() {}
    virtual ~Shape()
        { std::cout << "Executing Shape dtor" << std::endl; }
};

///////////////////////////////////////
// The Circle class.
///////////////////////////////////////
class Circle : public Shape
{
public:
    Circle() {}
    ~Circle()
        { std::cout << "Executing Circle dtor" << std::endl; }
};

///////////////////////////////////////
// The main() function.
///////////////////////////////////////
int main()
{
    Shape* pShape = new Circle;
    // ...
    delete pShape;

    return 0;
}
```

Making the Shape destructor virtual solves the problem. The delete operator now knows to execute the Circle destructor. When you run the program, observe that it displays first the message from the Circle destructor and then the message from the Shape destructor. A derived class destructor calls its base class destructor after the derived class destructor does everything else.

If the base class needs no custom destruction, you still must provide a virtual destructor (with an empty statement block) to permit the proper destructor calls for dynamically allocated objects. All the classes in the personnel class hierarchy have virtual destructors.

Although destructor functions can be virtual, constructor functions cannot be virtual.

Which Member Functions Should Be Virtual?

Using virtual functions in your class design does not come without cost. When a class has at least one virtual function, the compiler builds a table of virtual function pointers for that class. This table, commonly called the vtbl, contains an entry for each virtual function in the class. Programmers usually do not have to worry about the vtbl except to know that its presence is a consequence of having virtual functions. Each object of the class in memory includes a variable called the vptr, which points to the class's common vtbl. Therefore, don't make every function in your class a virtual function just to cover the possibility that someone someday will derive another class from your class.

When you design a class hierarchy, consider each member function with respect to whether it should be virtual. Ask first whether the class is likely ever to be a base class. If it is, make sure that you provide a virtual destructor even if it does nothing. Then, ask whether any derived class might have overriding functions (the same name and parameter list as your potential base class's functions). Next, ask whether calls to those functions will be in the name of the actual object always or whether they might be through a pointer or reference to your base class. Answering all that, you can determine whether such calls need the services of the function that is a member of the base class or whether they need a virtual function that finds its way to the member function of the actual class of which the object is a type. These are the kinds of decisions that face the designer of an object-oriented class hierarchy.

Polymorphism

Polymorphism is the ability of different objects in a class hierarchy to exhibit unique behavior in response to the same message. It is the name given to the behavior of the FormattedDisplay() member functions in the personnel class library just discussed. Polymorphism is from the Greek poly, meaning "many," and morph, which means "shape." An object referred to from the perspective of its base class can assume one of many shapes depending on the nature of the base class's derived classes and depending on which of these classes from which the object is instantiated.

As you just learned, Employee and Contractor classes derived from the base Person class exhibit different behavior when a member function is called for one of their objects through a pointer or reference to the base Person class. It's one thing to understand the behavior of a polymorphic class. It's quite another matter to imagine a realistic scenario wherein the concept might apply. The Contractor class in our example class hierarchy assumes the existence of only one kind of contractor. In reality, a company can employ several kinds of contractor personnel: subcontractors, independent contractors, contractors from temporary agencies, contractors from job shops, and so on. The company's accounting requirements could vary for each of these kinds of contractors. You might need to derive more classes from the concrete Contractor class, as Figure 13-10 shows, to support these various requirements.

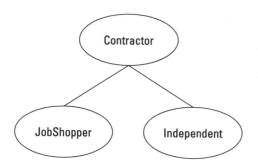

Figure 13-10: Deriving from a concrete data type class

You will not implement these classes in example programs. Instead, I discuss them briefly. Now it would be good experience for you to use what you have learned and try to implement one or more classes derived from Contractor. You might need to add virtual functions to the Contractor class. Consider this application function:

```
void ReportCompensationForAll(const Contractor *ctrs[])
{
    while (*ctrs)
        *(ctrs++)->ReportCompensation();
}
```

This function iterates through a list of Contractor objects and calls a function to report contractor compensation. This function does not exist in the Contractor class that we implemented earlier in this chapter. You would have to add the function and then provide overriding functions in your derived classes.

The `ReportCompensationForAll()` function assumes that all the pointers in the argument array point to `Contractor` objects; in fact, some of them might point to `Contractor` objects, others to `JobShopper` objects, and the rest to `Independent` objects. Depending on the type of the object, the effects of the member function call can vary. The object itself provides the polymorphic behavior through its overriding `ReportCompensation()` member function. The calling `ReportCompensationForAll()` function does not care about the details of the report, only that it gets done. In some cases, the effect could be that no action is taken. To override the behavior of a base class virtual function to do nothing at all, you can provide an overriding function with an empty statement list. For example, there might be no requirement to report compensation to a `JobShopper` object. Some other part of your accounting system — accounts payable, perhaps — receives an invoice and pays the bill to the job shop.

Summary

This chapter teaches you how to use inheritance for data abstraction, for designing an object-oriented class hierarchy, and for integrating your application into an application framework class library. Chapter 14 carries these concepts a step further by addressing multiple inheritance, a language feature that permits a class to be derived directly from more than one base class.

✦   ✦   ✦

Multiple Inheritance

This chapter discusses *multiple inheritance* (MI), an object-oriented design technique that's the subject of much debate and disagreement. Many object-oriented programmers believe that you should avoid using MI at all times because of inherent problems associated with the design model. This belief finds its way into new language design; Java, for example, does not support MI for class design. Other programmers view MI as a tool to be used when appropriate. C++ supports MI, so I explain it in this chapter. I leave it to you to choose which side of the debate you prefer to join.

Multiple Base Classes

In multiple inheritance, a derived class has more than one base class. This technique enables you to define a new class that inherits the characteristics of several unrelated base classes. Figure 14-1 illustrates this principle with a simple property accounting system.

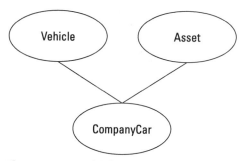

Figure 14-1: Multiple inheritance

Figure 14-1 illustrates the design model under which you apply MI. This example suggests a class design that supports an organization's vehicles and assets. The Vehicle class encapsulates the data and behavior that describe vehicles. Date acquired, useful life, and maintenance schedules might be included in the Vehicle class. Classes that support specific kinds of vehicles — trucks, airplanes, and cars — are derived from the Vehicle class. The Asset class encapsulates the data and behavior of the organization's assets, including date acquired and depreciation schedule data for accounting purposes. A class that derives from both base classes represents a company car — both a vehicle and an asset.

You might wonder why the design does not simply put the vehicle and asset data and behavior into the CompanyCar class. The reason is twofold. First, not all vehicles are assets. The company might use lease cars, for example, which are expensed rather than depreciated for tax purposes. Those vehicles are not assets in the accounting sense of the word. Second, not all assets are vehicles. The company has other depreciable assets — office furniture, copiers, computers, and so on.

For this discussion, assume that the Vehicle and Asset classes are defined as shown here:

```
class Vehicle
{
public:
    Vehicle(int vehno);
    // ...
};

class Asset
{
public:
    Asset(int assetno);
    // ...
};
```

You specify more than one base class when you define a derived class with multiple inheritance. The following code shows how you define the CompanyCar class given that the Vehicle and Asset class definitions are in scope:

```
class CompanyCar : public Vehicle, public Asset
{
    // ...
};
```

As with single inheritance, which I discussed in Chapter 13, the colon operator after the class identifier specifies that base class specifications follow. The comma operator separates the base classes.

The constructor function declaration in a class derived from multiple bases specifies the arguments for the constructors of all the base classes, as shown here:

```
CompanyCar::CompanyCar(int vehicleno, int assetno)
                : Vehicle(vehicleno), Asset(assetno)
{
    // ...
}
```

Constructor Execution with Multiple Inheritance

When the program declares an object of a class that is derived from multiple bases, the constructors for the base classes are called first. The order of execution is the order in which the base classes are declared as bases to the derived class. In the case of the CompanyCar class, the constructor for the Vehicle class executes first, followed by the constructor for the Asset class. The constructor for the CompanyCar class executes last.

If the class definition includes an object of another class as a data member, that class's constructor executes after the constructors for the base classes and before the constructor for the class being defined. Consider the following example:

```
class CompanyCar : public Vehicle, public Asset
{
    Date NextOilChange;
    // ...
};
```

The order of constructor execution is Vehicle, Asset, NextOilChange, and CompanyCar.

Destructor Execution with Multiple Inheritance

When an object of a class goes out of scope, the destructors execute in the reverse order of the constructors.

Refining the Property System Design

We won't implement these classes in an exercise until you understand more about the requirements from a practical point of view. The relationships I just discussed are an oversimplification of the real problem domain.

To follow these examples, it helps to know that an organization's physical property is divided into two categories for accounting purposes: depreciable assets and expensed items. To deduct from taxes the cost of a depreciable asset, which the organization owns, you distribute the asset's cost over several years. This distribution is called *depreciating the asset*. The number of years and the amount you write off each year are written into tax law and are a function of the kind of asset you depreciate. Computers, vehicles, and office buildings, for example, are depreciated according to distinct formulas. Expenses, on the other hand, are not depreciated; you write off the total cost of each expense in the year that you incur the expense. Expensed items include office supplies, leased items, and other tangible property that is not depreciated; these items are accounted for along with intangible expenses such as labor, professional fees, insurance, and rent. The IRS provides guidelines as to which kinds of property to expense and which kinds to depreciate. The accounting procedures for depreciable assets and expenses differ, so an automated accounting system must provide different behavior for objects of the two categories.

With that in mind, let's take a different view of the problem. Depreciable assets and expensed items, as property, have some things in common. Each category of property has a control number, name, date acquired, and cost. You can represent these shared attributes with a `Property` base class. Figure 14-2 shows these relationships in a single-inheritance class hierarchy.

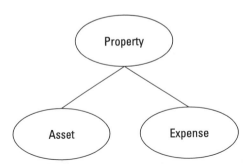

Figure 14-2: Asset and Expense derived from Property

Vehicles have common characteristics unrelated to whether they are assets or expenses, so the `Vehicle` class is not derived from anything; rather it serves as a base class for the various kinds of vehicle classes, which then must be further specialized according to their property category.

Given that we must account for vehicle and non-vehicle assets and expenses, the class hierarchy for our property system might look like Figure 14-3.

The design shown in Figure 14-3 uses MI in two places. The `CompanyCar` class derives from `Vehicle` and `Asset`, and the `LeaseCar` class derives from `Vehicle` and `Expense`. These models reflect the design objective that derived classes are specializations of their base classes.

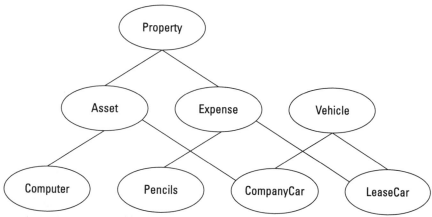

Figure 14-3: An MI class hierarchy

Overriding Members with Multiple Inheritance

Suppose that the Property, Vehicle, and LeaseCar classes all have functions with the same name and argument list and that some of the base classes have data members with the same name, as shown here:

```
class Property
{
public:
    int ctlno;
    virtual void Display();
    // ...
};

class Expense : public Property
{
    // ...
};

class Vehicle
{
public:
    int ctlno;
    virtual void Display();
    // ...
};

class LeaseCar : public Expense, public Vehicle
{
public:
    virtual void Display();
    // ...
};
```

The LeaseCar::Display() function overrides both base class Display() functions just as it does in a single-inheritance hierarchy. The LeaseCar::Display() function can call the two base class Display() functions by using the scope resolution operator, as shown here:

```
void LeaseCar::Display()
{
    Expense::Display();
    Vehicle::Display();
    // ...
}
```

Notice that the LeaseCar::Display() function calls Expense::Display() even though the Expense class has no Display() member function. The compiler searches up the hierarchy until it finds a matching member function. In this case, the compiler finds the Display() member function in the Property class.

Ambiguities with Multiple Inheritance

The class hierarchy that Figure 14-3 represents appears to be solid with no ambiguities. One potential data member ambiguity exists in the code, however, so we will contrive another ambiguity, a member function, to demonstrate how to deal with and resolve ambiguities. The problems represented by the ambiguous behavior I discuss next are among the reasons that many programmers disapprove of using MI in class design.

Ambiguous Member Functions

Suppose that the LeaseCar class had no Display() function to override the virtual Display() functions of the two base classes:

```
class LeaseCar : public Expense, public Vehicle
{
public:
    // ...
};
```

This omission introduces a potential ambiguity into the design: A call to LeaseCar::Display() does not work, because the compiler does not know which of the base class Display() functions to call. The ambiguity is not a problem if you do not attempt to call the Display() function directly through an object of type LeaseCar or a pointer or reference to one. But suppose that you want to call one of the Display() functions. You can resolve the ambiguity by using the scope resolution operator to specify which class's Display() function to call:

```
LeaseCar myChevy;
myChevy.Vehicle::Display();
myChevy.Expense::Display();
```

Ambiguous Data Members

The class design has another potential ambiguity not related to ambiguous member functions. Both base classes have a public integer data member named ctlno, and the derived class has no such data member. In this case, the member functions of the derived class must use the scope resolution operator to resolve which base class's data member to use:

```
void LeaseCar::Display()
{
    std::cout << Vehicle::ctlno;
    // ...
}
```

In this example, the ambiguous members are public. The program that instantiates an object of the class cannot access such an ambiguous member directly through the object. The program must use the scope resolution operator and the base class name:

```
LeaseCar myChevy;
myChevy.Vehicle::ctlno = 123;
myChevy.Vehicle::Display();
```

Resolving Ambiguities in the Design

Generally, you try to resolve ambiguities in the class design. In this case, you would put member functions into the LeaseCar class that provide the necessary access to the base classes. The first version of LeaseCar in this discussion does just that for the Display() member function. Because data members typically are private and are accessed through member functions, the class design probably would look like this:

```
class Property
{
protected:
    int ctlno;

public:
```

```
    virtual void Display();
    // ...
};

class Expense : public Property
{
    // ...
};

class Vehicle
{
protected:
    int ctlno;

public:
    virtual void Display();
    // ...
};

class LeaseCar : public Expense, public Vehicle
{
public:
    virtual void Display();
    void SetVehicleCtlNo(int cno)
        { Vehicle::ctlno = cno; }
    void SetExpenseCtlNo(int cno)
        { Expense::ctlno = cno; }
    int GetVehicleCtlno() const
        { return Vehicle::ctlno; }
    int GetExpenseCtlno() const
        { return Expense::ctlno; }
    // ...
};
```

The ambiguous ctlno data members are protected, and that means that only member functions of the classes can access them. The LeaseCar public interface includes getter and setter member functions that resolve the ambiguity by providing specific access to the base class data members.

Unavoidable Ambiguities

Would you intentionally introduce such ambiguities into a class design? Would you design Property and Vehicle classes with member names that collide? Probably not, but suppose that you derive the LeaseCar class from two existing classes that other programs and other applications use extensively. Maybe you extend the application's design to support leased cars because the organization recently decided to lease cars. Maybe the Vehicle class comes from a completely different application, such as a maintenance management system. All these factors can contribute to circumstances under which class designs involve ambiguities beyond your control. You must be prepared to understand and deal with them.

Virtual Base Classes

With multiple inheritance, the potential exists for a derived class to have too many instances of one of the bases. Suppose that the property system class hierarchy is designed in a pure object-oriented environment and all classes derive directly or indirectly from a common base class. For this example, let's use a class called DisplayObject. Its purpose—contrived for this example—is to store and report on demand the date and time the object was created, perhaps as a debugging aid. Figure 14-4 updates the class hierarchy diagram accordingly.

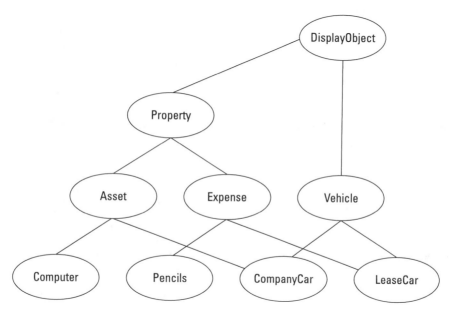

Figure 14-4: An object-oriented MI class hierarchy

The DisplayObject class is an abstract base class from which the Property and Vehicle classes derive. Because all the other classes in the hierarchy descend from one of these two, all the classes inherit the characteristics of the DisplayObject class.

This MI design has a built-in problem. LeaseCar and CompanyCar are derived multiply from classes that are derived themselves from DisplayObject. Consequently, LeaseCar and CompanyCar inherit DisplayObject's data members twice. You do not want that to happen. Objects of those derived classes do not need two copies of DisplayObject's data members. Furthermore, any attempt to address a DisplayObject data member for a LeaseCar or CompanyCar object results in a compile-time ambiguity that the program can resolve only by applying the scope resolution operator to associate the member with one of the intermediate base classes. The two copies of DisplayObject's data members, no doubt, represent compromised integrity of the design when they are modified and accessed from different places in the hierarchy.

The problem just revealed is another of the reasons that many programmers disapprove of using MI in a design. C++ addresses the problem with the virtual base class. C++ enables you to specify in the definition of a derived class that a base class is virtual. All virtual occurrences of the base class throughout the class hierarchy share one actual occurrence of it when an object of a derived class is instantiated. To specify a virtual base class in the derived class definition, use the following notation:

```
class Vehicle : public virtual DisplayObject
{
    // ...
};
```

There are rules, however, about how a virtual base class can be specified itself. A class whose constructor has parameters cannot be a virtual base class. If this restriction did not exist, the compiler would not know which constructor argument list from which derived class to use. Another restriction: A pointer to a virtual base class cannot be cast to a class that is derived from it either directly or further down the class hierarchy.

Implementing the Design

To demonstrate that all these theories work, let's implement and use the class hierarchy that we just designed. The classes are small, and I use header files and inline member functions to keep the example as simple as possible.

The DisplayObject Class

We begin with the class definition of the root base class, DisplayObject, shown in Listing 14-1 as the source-code file DisplayObject.h.

On the
CD-ROM

Name: **DisplayObject.h**
Location: **Quincy99\Programs\Chap14**

Listing 14-1: **DisplayObject.h**

```
//////////////////////////////////////
// File Name: DisplayObject.h
//////////////////////////////////////
```

```
#ifndef DISPLAYOBJECT_H
#define DISPLAYOBJECT_H
#include <iostream>
#include <ctime>

class DisplayObject
{
    std::time_t tm;

protected:
    DisplayObject()
        { tm = std::time(0); }

public:
    void ReportTime()
        { std::cout << "Obj constructed: "<< std::ctime(&tm);}
};
```

#endifThe DisplayObject class constructor uses the Standard C std::ctime()
function (refer to Chapter 7) to record in a std::time_t data member the time the
object was constructed. The constructor is protected, and that makes the class an
abstract base class.

The Vehicle Class

Listing 14-2, Vehicle.h, implements the Vehicle class.

Name: **Vehicle.h**
Location: **Quincy99\Programs\Chap14**

Listing 14-2: **Vehicle.h**

```
/////////////////////////////////////
// File Name: Vehicle.h
/////////////////////////////////////
#ifndef VEHICLE_H
#define VEHICLE_H

#include <string>
#include "DisplayObject.h"

class Vehicle : public virtual DisplayObject
```

Continued

Listing 14-2 *(continued)*

```
{
    int year;
    std::string model;
public:
    Vehicle(int yr, const std::string& md) :
        year(yr), model (md) { }
    virtual ~Vehicle() { }
    void MaintenanceSchedule()
    {
        std::cout << "Maintenance Schedule" << std::endl;
        std::cout << year << " " << model << std::endl;
    }
};

#endif
```

The Vehicle class derives from the virtual base DisplayObject class. Vehicle includes data members to store the vehicle model year and name. This class is typical of one that represents cars. In a real system, you probably would have a Vehicle base class with derived classes named Car, Truck, Forklift, Airplane, Tugboat, and so on.

The Property Class

Listing 14-3, Property.h, implements the Property class.

Name: **Property.h**
Location: **Quincy99\Programs\Chap14**

Listing 14-3: Property.h

```
/////////////////////////////////////
// File Name: Property.h
/////////////////////////////////////
#ifndef PROPERTY_H
#define PROPERTY_H

#include <string>
#include <Date.h>
#include <Money.h>
```

```
#include "DisplayObject.h"

class Property : public virtual DisplayObject
{
    int idnbr;          // id number
    std::string name;   // property name
    Date dateacquired;  // date acquired
    Money cost;         // cost

protected:
    Property(int id) : idnbr(id)
        { }
    virtual ~Property() { }
public:
    int GetNbr() const
        { return idnbr; }
    void SetName(const std::string& nm)
        { name = nm; }
    const std::string& GetName()
        { return name; }
    void SetDate(Date dt)
        { dateacquired = dt; }
    const Date& GetDate() const
        { return dateacquired; }
    void SetCost(Money cst)
        { cost = cst; }
    Money GetCost() const
        { return cost; }
};

#endif
```

The Property class derives from the virtual base DisplayObject class. It includes data members that store the property's identification number, the name of the property item, the date it was acquired, and its cost. Its public interface includes getter and setter functions that provide access to the data members. The constructor and destructor are protected, so Property is an abstract base class.

The Asset and Expense Classes

Listing 14-4, Asset.h, implements the Asset class, and Listing 14-5, Expense.h, implements the Expense class.

Name: **Asset.h**
Location: **Quincy99\Programs\Chap14**

Listing 14-4: Asset.h

```cpp
/////////////////////////////////////
// File Name: Asset.h
/////////////////////////////////////
#ifndef ASSET_H
#define ASSET_H

#include "Property.h"

class Asset : public Property
{
public:
    enum type { straight, sliding };

private:
    int type;

public:
    Asset(int id, int ty) : Property(id), type(ty)
        { }
    virtual ~Asset() { }
    virtual void Schedule()
        { std::cout << "Schedule for "
                    << GetName() << std::endl; }
};

#endif
```

 **On the
CD-ROM**

Name: **Expense.h**
Location: **Quincy99\Programs\Chap14**

Listing 14-5: Expense.h

```cpp
/////////////////////////////////////
// File Name: Expense.h
/////////////////////////////////////
#ifndef EXPENSE_H
#define EXPENSE_H

#include "Property.h"

class Expense : public Property
{
public:
```

```
        Expense(int id) : Property(id)
            { }
        virtual ~Expense() { }
    };

    #endif
```

The `Asset` and `Expense` classes are derived from the `Property` class. The principal difference is that the `Asset` class includes an asset type initializer and data member that presumably would be used in computing its depreciation schedule — a process that is simulated in this example by the `Schedule()` member function. The `Expense` class has no type or `Schedule` members.

The Computer and Pencils Classes

We don't implement the `Computer` and `Pencils` classes as a part of this exercise even though they are included in the class hierarchy diagram in Figure 14-4. Their behavior is trivial in this context, and they do not employ MI, so they have nothing to add to this lesson that you did not learn in Chapter 13.

The CompanyCar and LeaseCar Classes

Now, we get to the part of the example that involves MI. Listing 14-6, Cars.h, implements the `CompanyCar` and `LeaseCar` classes.

On the CD-ROM

Name: **Cars.h**
Location: **Quincy99\Programs\Chap14**

Listing 14-6: **Cars.h**

```
/////////////////////////////////////
// File Name: Cars.h
/////////////////////////////////////
#ifndef CARS_H
#define CARS_H

#include "Vehicle.h"
#include "Asset.h"
#include "Expense.h"

class CompanyCar : public Vehicle, public Asset
```

Continued

Listing 14-6 (continued)

```
{
public:
    CompanyCar(int id, int year, const std::string& model) :
                Vehicle(year, model), Asset(id, Asset::straight)
        {  }
};

class LeaseCar : public Vehicle, public Expense
{
public:
    LeaseCar(int id, int year, const std::string& model) :
                Vehicle(year, model), Expense(id)
        {  }
};

#endif
```

The CompanyCar class is derived multiply from Vehicle and Asset. The LeaseCar class is derived multiply from Vehicle and Expense. Remember that Asset and Expense each are derived from Property and that Property and Vehicle each are derived from DisplayObject. That is why DisplayObject must be a virtual base class in this hierarchy.

The Application

Listing 14-7 represents the application that uses the class hierarchy we just formed.

On the CD-ROM

Name: **pr14001.cpp**
Location: **Quincy99\Programs\Chap14**

Listing 14-7: **Using multiple inheritance**

```
/////////////////////////////////////
// File Name: pr14001.cpp
/////////////////////////////////////
#include "cars.h"

/////////////////////////////////////
// The main() function.
/////////////////////////////////////
int main()
```

```
{
    CompanyCar car1(1, 1996, "Chevy");
    LeaseCar   car2(2, 1997, "Ford");
    car1.MaintenanceSchedule();
    car1.ReportTime();
    car2.MaintenanceSchedule();
    car2.ReportTime();

    return 0;
}
```

Listing 14-7 does not use all the features of the class hierarchy. It does not add costs, names, or dates acquired, and it does not report all the data values. It calls the `Vehicle::MaintenanceSchedule()` function for both objects to identify the object. Then, it calls the `ReportTime()` member function of the root base class `DisplayObject` to demonstrate the behavior of the virtual base class.

Some Practice

Please take a moment now to turn back to Chapter 13 and review Figure 13-5, where I discussed design choices for the `SpecialCustomDate` class. I chose a design approach that did not involve MI, because you had not learned about MI yet. Given what you have learned in this chapter, redesign the `SpecialCustomDate` class with MI, as diagrammed in Figure 14-5.

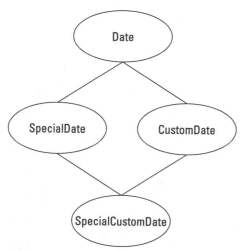

Figure 14-5: Revising the SpecialCustomDate class

Summary

Now that you understand the behavior of MI in a class hierarchy, you can decide for yourself whether the model suits your programming style. When base classes are not virtual, the potential ambiguities and duplicate data members can make for designs that are complex and difficult to comprehend. The two preeminent application frameworks for Windows are the Microsoft Foundation Classes (MFC) and Borland's Object Windows Library (OWL). OWL makes extensive use of MI, whereas MFC contains no MI. These two class hierarchy designs represent opposite design philosophies for solving the same problem. Both of them work well.

✦   ✦   ✦

Class Templates

Class templates enable you to describe a generic data type to manage other data types. Class templates typically are used to build general-purpose container classes, such as stacks, lists, and queues, in which the maintenance of the container is generic but the item in the container is specific. The Standard C++ library (Part III of this book) includes many such template container classes. In this chapter, you learn the programming techniques that make such classes possible.

Class Template Basics

Consider the ListEntry linked-list class that you used in Chapter 11 in Listings 11-20 and 11-24. These particular linked-list classes manage lists of character pointers. A program may need several linked lists, each one managing a different data type. By using a class template, you can define a generic linked-list class with an unspecified data type to appear in the list. You then can associate specific classes with the template.

The following example shows the format of a class template specification:

```
template<class T>
class LinkedList
{
    T& p;
    // ...
public:
    // ...
    void AddEntry(T &entry);
};
```

The template specifies objects of type LinkedList with an unspecified data type as a parameter. Users of the template specify the data type that the list manages. The first part of a class template definition and its member function definitions is the template specifier:

```
template<class T>
```

The T identifier represents the parameterized data type throughout the definition. The identifier can consist of any C++ data type, including intrinsic types and classes. The use of T for the primary template parameter is a convention. You can use any valid C++ identifier.

As with normal classes, you must provide the member functions for a class template. The LinkedList example has an AddEntry() member function. You define the function as shown here:

```
template<class T>
void LinkedList<T>::AddEntry(T &entry)
{
    // ...
}
```

These function definitions belong in the header file that contains the class definition. They must be visible to the program that declares objects of the class template. Additionally, they do not generate any code until you use them.

You declare an object of a class template by specifying the name of the class and its parameterized data type:

```
LinkedList<int> IntList;
```

This statement declares an object from the LinkedList template with the int data type as the parameter.

Think of C++ templates as macros. The compiler uses the object declaration to build the class definition and functions. Also, the compiler substitutes the template argument, which is int in the preceding example, for the template parameter, which is T in the LinkedList template example.

Declaring Multiple Objects of a Class Template

You can declare more than one object of a class template in the same program. For example, given the preceding LinkedList template, a program can declare two different linked lists:

```
LinkedList<char*> StrList;
LinkedList<Date> DateList;
```

These statements declare two `LinkedList` objects. The first one is a list of character pointers. The second one is a list of `Date` objects. These two statements cause the compiler to generate two copies of the member functions in the template. Each copy is customized to work with the type specified in the declaration. This example has a copy of the code for character pointers and a second one for the `Date` class. Wherever the template definition uses `T`, the compiler substitutes `char*` for the first object and `Date` for the second. This means that the code in the template's member functions must work in the context of those types.

If you use the same data types for two different objects of the same template, as shown next, the compiler generates only one set of code for the two objects.

```
LinkedList<int> monthList;
LinkedList<int> yearList;
```

Calling Class Template Member Functions

The using program calls a class template's member functions just as it calls member functions of other classes. For example, you can add entries to the `LinkedList` objects with these calls:

```
Date dt(6,24,93);         // A date
DateList.AddEntry(dt);    // Add the date to DateList
char* name = "Dolly";     // A string
StrList.AddEntry(name);   // Add the string to StrList
int n = 123;              // An int
IntList.AddEntry(n);      // Add the int to IntList
```

Declaring Multiple Parameters

A template can contain more than one data-type parameter, making it possible to build parameterized data types of considerable complexity. The parameters can consist of classes, which are identified by the `class` keyword. Other parameters can be specific data types, as shown here:

```
template <class T, class S, int b>
```

At least one parameter should be a class. When you declare an object of the class template, you must use actual types where they are called for. In the preceding example, you can use any type for the first two parameters, but the third type must be an `int`. Listing 15-1 illustrates how a class template works.

Name: **pr15001.cpp**
Location: **Quincy99\Programs\Chap15**

Listing 15-1: **A simple class template**

```cpp
/////////////////////////////////////
// File Name: pr15001.cpp
/////////////////////////////////////
#include <iostream>

/////////////////////////////////////
// Template definition.
/////////////////////////////////////
template<class T1, class T2>
class MyTemp
{
    T1 t1;
    T2 t2;

public:
    MyTemp(T1 tt1, T2 tt2)
        { t1 = tt1; t2 = tt2; }
    void display()
        { std::cout << t1 << ' ' << t2 << std::endl; }
};

/////////////////////////////////////
// The main() function.
/////////////////////////////////////
int main()
{
    int a = 123;
    double b = 456.789;
    MyTemp<int, double> mt(a, b);
    mt.display();

    return 0;
}
```

The template in Listing 15-1 builds a parameterized type from two parameters. The class template stores and displays values. Meanwhile, the main() function declares an object of the type with int and double as the parameters. Then it tells the object to display itself. Listing 15-1 displays this output:

```
123 456.789
```

Listing 15-1 calls attention to something you should consider when using a template. The template sends its parameterized types to the std::cout object by using the << insertion operator. Therefore, any type you use with the template must be compatible with that operation — this means that there must be an overloaded << operator function that accepts `std::ostream` objects on the left and objects of the parameterized type on the right. Listing 15-1 works because the `std::ostream` class can accept integers and doubles with the << operator. If a class template uses relational operators to compare objects of the parameterized type, the type must be able to use those operators, too. C++ intrinsic types work with such a template, but user-defined types do not work if you don't overload the relational operators.

When you specify a specific type for a class template parameter, you also can specify a default value for that argument. For example, Listing 15-2 modifies the template in Listing 15-1 to accept a third parameter that is an integer with a default value of 10. The template adds the value of the third parameter to the values of the first and second parameters and displays the results. The `main()` function in Listing 15-2 creates two objects from the class template — one that supplies a value for the third parameter and one that accepts the default value.

Name: **pr15002.cpp**
Location: **Quincy99\Programs\Chap15**

Listing 15-2: **Default values for parameters of a specific type**

```cpp
//////////////////////////////////////
// File Name: pr15002.cpp
//////////////////////////////////////
#include <iostream>

//////////////////////////////////////
// Template definition.
//////////////////////////////////////
template<class T1, class T2, int num = 10>
class MyTemp
{
    T1 t1;
    T2 t2;

public:
    MyTemp(T1 tt1, T2 tt2)
        { t1 = tt1+num; t2 = tt2+num;}
    void display()
        { std::cout << t1 << ' ' << t2 << std::endl; }
};

//////////////////////////////////////
// The main() function.
//////////////////////////////////////
```

Continued

Listing 15-2 *(continued)*

```
int main()
{
    int a = 123;
    double b = 456.789;
    MyTemp<int, double> mt1(a, b);
    MyTemp<int, double, 100> mt2(a, b);
    mt1.display();
    mt2.display();

    return 0;
}
```

Listing 15-2 produces the following output:

```
133 466.789
223 556.789
```

A Bounded Array Class Template

C and C++ programmers often build bugs into their programs because the language does not test whether an array subscript is within the bounds of the array. The following code passes the compiler's error tests and executes with no runtime bounds-checking.

```
int main()
{
    int array[10];
    for (int i = 0; i <= 10; i++)
        array[i] = 123;

    return 0;
}
```

The problem with this code is that the subscript is allowed to go beyond the end of the array. The array has 10 elements. The subscript can go as high as 10, which references the 11th (nonexisting) element. However, the program writes an integer into the next integer position in memory beyond the array. The result depends on the program and the compiler. If you are lucky, the program aborts early in testing and you find the problem. If you are not so lucky, the 11th array element is in a harmless position and you do not encounter the bug until much later when it is more difficult to isolate.

Other languages have bounded arrays. The runtime systems of those languages do not enable you to address an array with a subscript that is beyond the array's boundaries. The cost is in runtime efficiency.

You can use a template to add bounded arrays to your programs without adding much overhead. The technique depends on your understanding not only of templates but also of the Standard C assert macro (refer to Chapter 7). Listing 15-3, named barray.h, is the class template for the bounded array.

Name: **barray.h**
Location: **Quincy99\Programs\Chap15**

Listing 15-3: **Class template header**

```
/////////////////////////////////////////
// File Name: barray.h
/////////////////////////////////////////
#ifndef BARRAY_H
#define BARRAY_H

#include <cassert>

// A bounded array template.
template <class T, int b>
class Array
{
    T elem [b];

public:
    Array() { /* ... */ }
    T& operator[] (int sub)
    {
        assert(sub >= 0 && sub < b);
        return elem[sub];
    }
};

#endif
```

This simple template has one purpose: to check all subscripted references to array elements and to abort the program if a subscript is out of bounds. Observe that the template specifier has two parameter types:

```
template <class T, int b>
```

If the template included non-inline member functions, the statement just shown immediately would precede the function definitions, as well.

The overloaded subscript operator ([ ]) function in the Array class template grants read/write subscripted access to elements of the array. The assert macro validates the subscript's value. If the value is less than zero or greater than the array's dimension minus 1, the assert macro displays an error message on the stderr device and aborts the program. Listing 15-4 demonstrates the use of the bounded-array template.

On the CD-ROM

Name: **pr15003.cpp**
Location: **Quincy99\Programs\Chap15**

Listing 15-4: **Using a bounded array template**

```cpp
/////////////////////////////////////
// File Name: pr15003.cpp
/////////////////////////////////////
#include <iostream>
#include <iomanip>

#include <Date.h>
#include "Barray.h"

int main()
{
    // A bounded array of dates.
    Array<Date, 5> dateArray;

    // Some dates.
    Date dt1(12,17,37);
    Date dt2(11,30,38);
    Date dt3(6,24,40);
    Date dt4(10,31,42);
    Date dt5(8,5,44);

    // Put the dates in the array.
    dateArray[0] = dt1;
    dateArray[1] = dt2;
    dateArray[2] = dt3;
    dateArray[3] = dt4;
    dateArray[4] = dt5;

    // Display the dates.
    for (int i = 0; i < 5; i++)
        std::cout << dateArray[i] << std::endl;
    std::cout << std::flush;
```

```
        // Try to put a date in the array
        // outside the range of the subscript.
        Date dt6(1,29,92);
        dateArray[5] = dt6;  // Template's assertion aborts.

        return 0;
    }
```

The program declares an Array object of Date objects with a subscript limit of 5. Then it declares five Date objects, which it puts into the array. After displaying all five objects, the program flushes std::cout and then tries to put another Date object into the array's sixth position, which does not exist. The assert macro's test is false, and the program aborts. Listing 15-4 displays this output:

```
12/17/37
11/30/38
6/24/40
10/31/42
8/5/44
Assertion failed: sub >= 0 && sub < b, file Barray.h, line 19

abnormal program termination
```

The format of the error message depends on the compiler's implementation of the Standard C assert macro, but the information displayed is the same.

After your program is tested fully, you can remove the assertion code by inserting the following line before the include of <cassert>:

```
#define NDEBUG
```

When to Use Class Templates

Templates surround other types with generic management. The types that you provide as parameters have their own behavior. Class templates provide a way to contain objects of those classes in general-purpose containers. The details of their containment are unrelated to their purposes. A Date class has its own behavior, as does a string class. A class that encapsulates a person's name, address, and phone number also has its own behavior. Their participation in a queue, list, bag, linked list, balanced tree, or any other kind of container is unrelated to their purpose. It is natural and proper to use the features of a programming language to separate these two unrelated behaviors.

Before C++ supported templates, programmers used inheritance to associate data types with container classes. In other cases, they built cumbersome classes that used void pointers and casts to manage the containment of unrelated types in various containers. These approaches worked well enough, but were not always the best ones. As a rule, you should use inheritance when the derived class modifies the functional behavior of the base. When the relationship manages objects of the class without changing the class's behavior, use templates.

There are, however, other considerations. If the management algorithm entails a lot of code in the class definition and its member functions — and if you plan to instantiate many different parameterized versions of the template — think twice before you build the entire algorithm as a template. Remember that each distinct use of the template generates a new copy of the code. If the template manages a significant number of different types, the executable program can be big. Programmers often separate the common code that is not influenced by the parameterized type into a base class from which they derive the class template. The base class code is instantiated only once, irrespective of the number of discrete type instantiations in the derived class template.

A Linked-List Template

I used the LinkedList class at the beginning of this chapter to show you how templates work. Now, let's implement a complete LinkedList class template. Listing 15-5, named Linklist.h, is the header file that defines the LinkedList template.

 Name: **Linklist.h**
Location: **Quincy99\Programs\Chap15**

Listing 15-5: **Using a linked-list template**

```
/////////////////////////////////////
// File Name: linklist.h
/////////////////////////////////////
#ifndef LINKLIST_H
#define LINKLIST_H

template <class T> class LinkedList;
template <class T>
// The linked-list entry.
class ListEntry
{
    T thisentry;
    ListEntry* nextentry;
```

```
        ListEntry* preventry;
        ListEntry(T& entry);
        friend class LinkedList<T>;
};

template <class T>
// Construct a linked-list entry.
ListEntry<T>::ListEntry(T &entry)
{
    thisentry = entry;
    nextentry = 0;
    preventry = 0;
}

template <class T>
// The linked list.
class LinkedList
{
    // The list head.
    ListEntry<T>* firstentry;
    ListEntry<T>* lastentry;
    ListEntry<T>* iterator;
    void RemoveEntry(ListEntry<T> *lentry);
    void InsertEntry(T& entry, ListEntry<T> *lentry);

public:
    LinkedList();
    ~LinkedList();
    void AppendEntry(T& entry);
    void RemoveEntry(int pos = -1);
    void InsertEntry(T& entry, int pos = -1);
    T* FindEntry(int pos);
    T* CurrentEntry();
    T* FirstEntry();
    T* LastEntry();
    T* NextEntry();
    T* PrevEntry();
};

template <class T>
// Construct a linked list.
LinkedList<T>::LinkedList()
{
    iterator = 0;
    firstentry = 0;
    lastentry = 0;
}

template <class T>
```

Continued

Listing 15-5 *(continued)*

```cpp
// Destroy a linked list
LinkedList<T>::~LinkedList()
{
    while (firstentry)
        RemoveEntry(firstentry);
}

template <class T>
// Append an entry to the linked list.
void LinkedList<T>::AppendEntry(T& entry)
{
    ListEntry<T>* newentry = new ListEntry<T>(entry);
    newentry->preventry = lastentry;
    if (lastentry)
        lastentry->nextentry = newentry;
    if (firstentry == 0)
        firstentry = newentry;
    lastentry = newentry;
}

template <class T>
// Remove an entry from the linked list.
void LinkedList<T>::RemoveEntry(ListEntry<T>* lentry)
{
    if (lentry == 0)
        return;
    if (lentry == iterator)
        iterator = lentry->preventry;

    // Repair any break made by this removal.
    if (lentry->nextentry)
        lentry->nextentry->preventry = lentry->preventry;
    if (lentry->preventry)
        lentry->preventry->nextentry = lentry->nextentry;

    // Maintain list head if this is last and/or first.
    if (lentry == lastentry)
        lastentry = lentry->preventry;
    if (lentry == firstentry)
        firstentry = lentry->nextentry;

    delete lentry;
}

template <class T>
// Insert an entry into the linked list.
void LinkedList<T>::InsertEntry(T& entry, ListEntry<T>* lentry)
{
```

```
        ListEntry<T>* newentry = new ListEntry<T>(entry);
        newentry->nextentry = lentry;

        if (lentry)
        {
            newentry->preventry = lentry->preventry;
            lentry->preventry = newentry;
        }

        if (newentry->preventry)
            newentry->preventry->nextentry = newentry;
        if (lentry == firstentry)
            firstentry = newentry;
}

template <class T>
// Remove an entry from the linked list.
void LinkedList<T>::RemoveEntry(int pos)
{
    FindEntry(pos);
    RemoveEntry(iterator);
}

template <class T>
// Insert an entry into the linked list.
void LinkedList<T>::InsertEntry(T& entry, int pos)
{
    FindEntry(pos);
    InsertEntry(entry, iterator);
}

template <class T>
// Return the current linked-list entry.
T* LinkedList<T>::CurrentEntry()
{
    return iterator ? &(iterator->thisentry) : 0;
}

template <class T>
// Return a specific linked-list entry.
T* LinkedList<T>::FindEntry(int pos)
{
    if (pos != -1)
    {
        iterator = firstentry;
        if (iterator)
        {
            while (pos--)
                iterator = iterator->nextentry;
```

Continued

Listing 15-5 *(continued)*

```
            }
        }

        return CurrentEntry();
    }

template <class T>
// Return the first entry in the linked list.
T* LinkedList<T>::FirstEntry()
{
    iterator = firstentry;

    return CurrentEntry();
}

template <class T>
// Return the last entry in the linked list.
T* LinkedList<T>::LastEntry()
{
    iterator = lastentry;

    return CurrentEntry();
}

template <class T>
// Return the next entry in the linked list.
T* LinkedList<T>::NextEntry()
{
    if (iterator == 0)
        iterator = firstentry;
    else
        iterator = iterator->nextentry;

    return CurrentEntry();
}

template <class T>
// Return the previous entry in the linked list.
T* LinkedList<T>::PrevEntry()
{
    if (iterator == 0)
        iterator = lastentry;
    else
        iterator = iterator->preventry;

    return CurrentEntry();
}

#endif
```

This template definition builds a linked list of objects of any type. After the list is built, the user can navigate it using the template's member functions, which return pointers to objects in the list.

There are two templates in the `Linklist.h` file. The first one is for the `ListEntry` class, which the `LinkedList` class uses. A using program cannot declare an object of this class. Observe that there is no public constructor. Only a friend of this class template can use it; the `LinkedList` class is its only friend. The `ListEntry` class contains a listed object and pointers to the next and previous objects in the list.

The `LinkedList` template contains the *list head*, a data structure that includes pointers to the first and last entries in the class and an iterator pointer that the class uses to navigate the list. These pointers point to `ListEntry` objects.

The `LinkedList` class uses two private member functions to insert and remove `ListEntry` objects from the list. The `LinkedList` class constructs and destroys these `ListEntry` objects.

The `LinkedList` class's public interface consists of a constructor and destructor; member functions to append, insert, and remove objects of the type; and member functions to navigate the list. Listings 15-6 and 15-7 demonstrate this behavior.

A Linked List of Integers

Listing 15-6 uses the `LinkedList` class to maintain a list of integers.

Name: **pr15004.cpp**
Location: **Quincy99\Programs\Chap15**

Listing 15-6: **Using a linked-list template for integers**

```
/////////////////////////////////////
// File Name: pr15004.cpp
/////////////////////////////////////
#include <iostream>
#include "linklist.h"

int main()
{
    LinkedList<int> IntList;

    // Add 10 integers to the linked list.
    for (int i = 0; i < 10; i++)
```

Continued

Listing 15-6 *(continued)*

```cpp
        IntList.AppendEntry(i);

    // Iterate through the 10 and remove #5.
    int* ip = IntList.FirstEntry();
    while (ip)
    {
        std::cout << *ip << ' ';
        if (*ip == 5)
            IntList.RemoveEntry();
        ip = IntList.NextEntry();
    }

    // Iterate through what's left.
    std::cout << std::endl;
    while ((ip = IntList.NextEntry()) != 0)
        std::cout << *ip << ' ';

    return 0;
}
```

The program in Listing 15-6 declares a LinkedList object with int as the type parameter. Then it adds 10 integers to the list. Next, the program uses a FirstEntry() call and a series of NextEntry() calls to iterate through the list, displaying each integer as it retrieves it. When it finds the list entry with the value 5, the program calls RemoveEntry() to remove the entry from the list. At the end, the program iterates through the list a second time, displaying the values to prove that it removed number 5. Listing 15-6 displays this output:

```
0 1 2 3 4 5 6 7 8 9
0 1 2 3 4 6 7 8 9
```

A Linked List of Dates

Listing 15-7 uses the LinkedList template to build and maintain a list of Date objects. For this listing, you link the program with the Date class from Chapter 11.

Name: **pr15005.cpp**
Location: **Quincy99\Programs\Chap15**

Listing 15-7: **Using a linked-list template for dates**

```cpp
/////////////////////////////////////////
// File Name: pr15005.cpp
/////////////////////////////////////////
#include <iostream>
#include <date.h>
#include "linklist.h"

int main()
{
    LinkedList<Date> DateList;
    Date dt1(12,17,37);
    Date dt2(11,30,38);
    Date dt3(6,24,40);
    Date dt4(10,31,42);
    Date dt5(8,5,44);

    // Add five dates to the linked list.
    DateList.AppendEntry(dt1);
    DateList.AppendEntry(dt2);
    DateList.AppendEntry(dt3);
    DateList.AppendEntry(dt4);
    DateList.AppendEntry(dt5);

    // Iterate through the dates.
    std::cout << "---Forward---" << std::endl;
    Date* dp;
    while ((dp = DateList.NextEntry()) != 0)
        std::cout << *dp << std::endl;

    // Insert a date.
    Date dt6(1,29,92);
    DateList.InsertEntry(dt6, 3);

    // Iterate through the dates.
    std::cout << "---Backward---" << std::endl;
    dp = DateList.LastEntry();
    while (dp != 0)
    {
        std::cout << *dp << std::endl;
        dp = DateList.PrevEntry();
    }

    return 0;
}
```

The program in Listing 15-7 declares a `LinkedList` object with the `Date` type. Then, it declares five `Date` objects, which it puts into the list by calling the `AppendEntry()` function. The program iterates through the list and displays the `Date` objects. Next, it inserts a date by calling the `InsertEntry()` function with a `Date` object and the integer parameter 3. The integer parameter specifies that the insertion should occur before the fourth entry in the list. A zero value inserts the object at the front of the list. Finally, the program iterates through the list in reverse order by calling `LastEntry()` and then `PrevEntry()` until no more entries are returned. The program displays the dates in reverse order to prove the success of the insertion. Listing 15-7 displays this output:

```
---Forward---
12/17/37
11/30/38
6/24/40
10/31/42
8/5/44
---Backward---
8/5/44
10/31/42
1/29/92
6/24/40
11/30/38
12/17/37
```

Template Specialization

You can generate a specialized version of a complete class template or of selected member functions of a class template. Specialized templates and functions enable the programmer to define specific behavior related to a particular type. Using the specialized type, the specialized class or function overrides the class template or template member function when a template object is instantiated.

Class Template Specialization

Listing 15-8 illustrates the specialization of a class template. It defines a class template named `Set`, which has a constructor and a member function named `display()`. The `display()` function sends to the standard `cout` object the data value of the type being parameterized. Not all types, however, overload the `<<` operator in this way. The `Date` class, as an example, does not. The program in Listing 15-8, therefore, provides a specialized class for instantiation of the `Set` template when the type being parameterized type is a `Date`.

On the
CD-ROM

Name: **pr15006.cpp**
Location: **Quincy99\Programs\Chap15**

Listing 15-8: **Class template specialization**

```cpp
////////////////////////////////////
// File Name: pr15006.cpp
////////////////////////////////////
#include <iostream>
#include <date.h>

////////////////////////////////////
// The Set class template.
////////////////////////////////////
template <class T>
class Set
{
    T t;

public:
    Set(T st) : t(st) { }
    void display()
        { std::cout << t << std::endl; }
};

////////////////////////////////////
// Specialized class template.
////////////////////////////////////
class Set<Date>
{
    Date t;
public:
    Set(Date st) : t(st) { }
    void display()
        { std::cout << "Date: " << t << std::endl; }
};

////////////////////////////////////
// The main() function.
////////////////////////////////////
int main()
{
    Set<int> intset(123);
    Set<Date> dt = Date(1,2,3);
    intset.display();
    dt.display();

    return 0;
}
```

Listing 15-8 displays these values:

```
123
1/2/3
```

Template Member Function Specialization

The program in Listing 15-8 specializes the complete Set class template even
though only the display() member function changes in the specialization. An
alternative approach is to specialize only the member functions that change.
Listing 15-9 modifies the program to eliminate the specialized class template
and to substitute only a specialization of the display member function.

**On the
CD-ROM**

Name: **pr15007.cpp**
Location: **Quincy99\Programs\Chap15**

Listing 15-9: **Template member function specialization**

```cpp
/////////////////////////////////////
// File Name: pr15007.cpp
/////////////////////////////////////
#include <iostream>
#include <Date.h>

/////////////////////////////////////
// The Set class template.
/////////////////////////////////////
template <class T>
class Set
{
    T t;
public:
    Set(T st) : t(st) { }
    void display();
};

template <class T>
void Set<T>::display()
{
    std::cout << t << std::endl;
}

// Specialized class template member function.
void Set<Date>::display()
{
    std::cout << "Date: " << t << std::endl;
}
```

```
/////////////////////////////////////
// The main() function.
/////////////////////////////////////
int main()
{
    Set<int> intset(123);
    Set<Date> dt = Date(1,2,3);
    intset.display();
    dt.display();

    return 0;
}
```

Listing 15-9 displays these values:

```
123
1/2/3
```

The specialized member function cannot be inline in the original template definition.

Partial Template Specialization

You also can create a *partial specialization* of a class template, which is a class template that uses the same name as a primary template but whose parameters represent a special case. For example, suppose you have a class template that accepts two objects as parameters and displays those objects onscreen. Now suppose that you want the template to handle a special case in which the second parameter is a char value to be added as an integer to the object in the first parameter. Listing 15-10 is a program that demonstrates how you can solve this problem by using class template partial specialization.

On the CD-ROM

Name: **pr15008.cpp**
Location: **Quincy99\Programs\Chap15**

Listing 15-10: **Template partial specialization**

```
/////////////////////////////////////
// File Name: pr15008.cpp
/////////////////////////////////////
```

Continued

Listing 15-10 *(continued)*

```cpp
#include <iostream>

/////////////////////////////////////
// Primary template.
/////////////////////////////////////
template <class T1, class T2>
class MyTemplate
{
    T1 obj1;
    T2 obj2;

public:
    MyTemplate(T1 o1, T2 o2) : obj1(o1), obj2(o2){}

    void display()
    {
        std::cout << "OBJECT DISPLAY" << std::endl;
        std::cout << "--------------" << std::endl;
        std::cout << "Object 1: " << obj1 << std::endl;
        std::cout << "Object 2: " << obj2 << std::endl;
        std::cout << std::endl;
    }
};

/////////////////////////////////////
// Template partial specialization.
/////////////////////////////////////
template <class T>
class MyTemplate<T, char>
{
    T obj1, obj2;
public:
    MyTemplate(T o1, char c) : obj1(o1), obj2(o1)
        {obj2 += (int)c;}

    void display()
    {
        std::cout << "OBJECT DISPLAY" << std::endl;
        std::cout << "--------------" << std::endl;
        std::cout << "Object 1: " << obj1 << std::endl;
        std::cout << "Object 2: " << obj2 << std::endl;
        std::cout << std::endl;
    }
};

/////////////////////////////////////
// The main() function.
/////////////////////////////////////
```

```
int main()
{
    MyTemplate<int, int> mt1(10, 20);
    MyTemplate<int, char> mt2(10, 'B');
    mt1.display();
    mt2.display();
}
```

Listing 15-10 produces the following output:

```
OBJECT DISPLAY
--------------
Object 1: 10
Object 2: 20

OBJECT DISPLAY
--------------
Object 1: 10
Object 2: 76
```

Default Class Template Arguments

Just as you can supply default values for class template parameters of a specific type (see "Declaring Multiple Parameters" earlier in this chapter), you also can supply default types for a parameter. For example, the following line from a class template declaration declares a template that accepts two parameters, the second of which has a default type of int:

```
template<class T1, class T2 = int>
```

To create an object from this class template, you can write something like this:

```
MyTemp<int, double> mt1(10, 15.75);
```

In this case, the template's default type is ignored and the second parameter has a type of double. However, you also can create an object from the template like this:

```
MyTemp<int> mt2(10, 15.75);
```

Notice that, in this case, the declaration supplies only the first of the two template parameter types. For that reason, the second value supplied for the object mt2 is treated as an integer, which is the default type for the second template parameter. Listing 15-11 shows how class template default parameters work.

On the
CD-ROM

Name: **pr15009.cpp**
Location: **Quincy99\Programs\Chap15**

> Listing 15-11: **Default template parameters**

```cpp
/////////////////////////////////////
// File Name: pr15009.cpp
/////////////////////////////////////
#include <iostream>

/////////////////////////////////////
// Template definition.
/////////////////////////////////////
template<class T1, class T2 = int>
class MyTemp
{
    T1 t1;
    T2 t2;

public:
    MyTemp(T1 tt1, T2 tt2)
        { t1 = tt1; t2 = tt2;}
    void display()
        { std::cout << t1 << ' ' << t2 << std::endl; }
};

/////////////////////////////////////
// The main() function.
/////////////////////////////////////
int main()
{
    int a = 123;
    double b = 456.789;
    MyTemp<int, double> mt1(a, b);
    MyTemp<int> mt2(a, b);
    mt1.display();
    mt2.display();

    return 0;
}
```

Listing 15-11 produces the following output:

```
123 456.789
123 456
```

Summary

Templates add support for generic objects and functions to C++, an object-oriented feature that was missing in traditional C++ and that many programmers judged to be a major deficiency in the language. As you learned in Chapter 10, function templates add a great deal of flexibility to the C++ language. Class templates extend this flexibility to C++ classes. In the next chapter, you dig deeper into the object-oriented programming paradigm, tying together the skills you've learned in the other chapters in this part of the book.

✦   ✦   ✦

Object-Oriented Programming

Object-oriented programming is a programming model — an approach to the expression of a computer program that emphasizes the data rather than the procedures. C++ includes features that support object-oriented programming. This chapter explains the model so that you, as a new C++ programmer, can associate what you have learned about the C++ language with the terms and concepts of object-oriented programming.

As pervasive as object-oriented programming has become, many programmers still do not understand it. By using the example programs in this book, you have acquired a working knowledge of C++. That experience alone has exposed you to the object-oriented paradigm. Having built and used C++ classes in class hierarchies, you have written object-oriented programs. There are, however, many terms in the object-oriented lexicon that this book intentionally has postponed until this discussion. Simply writing a C++ program does not qualify a programmer as an expert on object-oriented technology. There are rules and procedures to follow, and there are benefits to gain by understanding and following the disciplines.

The traditional procedure-oriented programmer does not understand object-oriented programming intuitively. The notations and approaches to design and code are different from what you learned and used in the past. Furthermore, explanations such as this one usually do not complete your understanding of object-oriented programming. You need reinforcement — both from experience and from a feeling that there is something to be gained by using a new and different approach. Programmers might understand the concepts at the intellectual level. Yet they may not accept them as a pragmatic approach to programming simply because they have been writing good programs all along and see no compelling reason to tamper with success. For this reason, it is difficult to teach object-oriented programming, although it is not difficult to learn. Learning object-oriented programming is a process of discovery. Teaching it, therefore, becomes the management of that process.

Many programmers of the current generation have learned and accepted object-oriented programming as a better way to express software algorithms. Most of them started from the procedural paradigm, having programmed in traditional procedural languages such as FORTRAN, COBOL, and C. Those who make the switch become object-oriented advocates. Enough of them have done so that the rest of us cannot deny that there is something to it. You can take a lesson from the observation that once a programmer takes the plunge, he or she almost always becomes a convert. The best way to learn object-oriented programming is to try it.

The Basics

Consider the following object-oriented programming design guideline:

The expression of an algorithm should model the application domain that it supports.

Or, expressed at a higher level:

The solution to a problem should resemble the problem.

A solution that follows these guidelines allows its observers to recognize its purpose without necessarily knowing in advance about the problem being solved. When you see a properly designed word processor, you intuitively understand that the problem being solved is one of capturing and manipulating textual data into an informational document. When you see a properly designed inventory management system, you recognize that its purpose is to maintain stock quantities, locations, and reorder points. You recognize those things because the designs resemble and therefore remind you of the problems that they solve.

Carrying this concept to a higher level of abstraction, you recognize that the purpose of a programming language is to express with algorithms the solution to a data-processing problem. The techniques used in that expression determine how successfully the solution models its problem domain. Object-oriented programming is one of several different approaches to the expression of algorithms, and it is often misunderstood, primarily by those who do not use it.

Procedural Programming

In the classic approach to programming, programmers design sets of data structures followed by functions and procedures to process the data. This approach is called *procedural programming* because it starts with the procedures. We think of programming in this way because that is how programming was done for 40 years.

However, procedural programming does not always deliver a solution that resembles the problem because it emphasizes the functions rather than the data—the procedures rather than the objects. Furthermore, procedural programming does not encourage the programmer to separate and hide from one another the procedures related to different data objects. Programmers have long known that those practices are worthwhile, but most procedural programming languages do not encourage them.

Object-Oriented Programming

The world and its applications are not organized into values and procedures separate from one another. Problem solvers in other crafts do not perceive the world that way. They deal with their problem domains by concentrating on the objects and letting the characteristics of those objects determine the procedures to apply to them. To build a house, grow a tomato, or repair a carburetor, first you think about the object and its purpose and behavior. Then, you select your tools and procedures. The solution fits the problem.

The world is, therefore, object-oriented, and object-oriented programming expresses computer programs in ways that model how people perceive the world. Because programmers are people, it is only natural that your approach to the work of the world reflects your view of the world itself. We have not, however, universally learned how to do that. The crafts of carpentry, farming, and mechanics are centuries old, beginning in cultures that lacked technology. The objects and objectives of those trades were understood long before the development of the technologies that support them. Computer programming is relatively new. We are still forming its disciplines, and the technologies are developing faster than we can adjust.

The Object-oriented Program

An object-oriented program has four fundamental characteristics:

✦ *Abstraction* defines new data types.

✦ *Encapsulation* gathers all of a data type's representation and its behavior into one encapsulated entity.

✦ *Inheritance* derives new data types from existing ones and forms them into hierarchies of classes.

✦ *Polymorphism* specializes the behavior of a derived data type.

Object-oriented programming uses a vocabulary of such terms in ways that are unfamiliar to procedural programmers. You hear these terms used frequently in discussions of object-oriented programming. Here is a more comprehensive list of object-oriented terms:

> abstract base class
>
> abstract data type
>
> abstraction
>
> base class
>
> class
>
> derived class
>
> encapsulation
>
> implementation and interface
>
> inheritance
>
> instance
>
> instantiate
>
> message
>
> method
>
> multiple inheritance
>
> object
>
> polymorphism
>
> subclass
>
> superclass

Now, let's use some of those terms. The object-oriented programmer defines an *abstract data type* by *encapsulating* its *implementation* and *interface* into a *class*. *Inherited* abstract data types *derive* from *subclasses* of *base classes*. Within the program, the programmer *instantiates objects* of classes as *instances* and sends *messages* to the objects by using the class's *methods*.

Confused? Don't be concerned; it will make sense soon enough, and you already did all those object-oriented things when you worked with the example programs in this book. The object-oriented programming community uses these terms universally. Therefore, when object-oriented programmers use "encapsulate," for example, you know that their meaning is consistent with the way others use it. When programmers acknowledge that a program is "object-oriented," you know that the program contains abstraction, encapsulation, inheritance, and polymorphism and that it defines abstract data types, instantiates objects, and sends messages to the object's methods. The discussion that follows draws on your experience with C++ to explain these terms.

The Object

The first question that most procedural programmers ask is, "What are the objects in object-oriented programming?" The second question is, "What should be the objects in my design?" These questions reflect this more revealing question: What is it about object-oriented programming that sets it apart from, and makes it better than, traditional procedural programming? Early writings on the subject effectively explained object-oriented programming to those who already understood it, but their explanations were sometimes too abstruse for newcomers to fathom, and they did not always justify the paradigm as an improved way to express algorithms.

Simply stated, an object is an instance of a data type; in other words, it is what procedural programmers call a variable. The following code declares two objects. The first object is a simple integer; the second object is of an abstract data type:

```
void f()
{
    int ndays; // An instance of an int
    Date cdt;  // An instance of an ADT
    // ...
}
```

Throughout this book, you have declared objects — instances of the classes that you designed in the example programs. In your prior experience with other programming languages, you declared objects when you declared variables. So what are the objects? They are the variables that you declare. What should be the objects in your object-oriented design? Anything that you build as a class is the data type of an object.

Abstraction

Abstraction is the definition of an abstract data type; the definition includes the data type's representation and behavior. An abstract data type is a new type. It is not one of the primitive data types that are built into the programming language. The int, long, and float data types are primitive C++ data types. The compiler knows their data representations and behavior. For example, an integer data type's format — its representation — and response to arithmetic, assignment, and relational operators — its behavior — are defined as a part of the C++ language.

The language, however, does not know an abstract data type; the C++ programmer defines the type's format and behavior in a class. For example, the calendar date class used in some of the exercises in previous chapters is an abstract data type. The compiler and the computer do not know about calendar dates. Programmers have always had to define the behavior of dates by designing structures and functions or by using canned functions from published libraries. The Standard C library has several such date definitions, but they are defined with functions and structures and not with classes. When you define a C++ calendar date class, you express its format and behavior in one design entity. It has month, day, and year data members. It might even support arithmetic and relational operations. Here's an example:

```
class Date
{
    int month, day, year;

public:
    Date(int mo, int da, int yr);
    int operator+(int n);
    // ...
};
```

Having declared a Date class, you can declare an object that has the type of the Date class. You can add an integer value to the object, subtract from it, compare it with other objects, assign it to other date objects, and assign values to it, all depending on which methods are provided and which operators are overloaded. A C++ program declares instances of abstract data types in the same way it declares instances of primitive data types. Refer again to this example:

```
void f()
{
    int ndays; // An instance of an int
    Date cdt;  // An instance of an ADT
    // ...
}
```

The declaration of the cdt object is an instance of an abstract data type.

For convenience, object-oriented programmers use the term *instantiate*. When an object-oriented program declares an instance of a data type, the program has instantiated an object—whether the data type is primitive or abstract. The previous example instantiates the ndays and cdt objects.

Encapsulation

If abstraction defines a C++ class, encapsulation represents the class's design. A programmer encapsulates the data representation and behavior of an abstract data type into a class, giving it its own implementation and interface. An encapsulated design hides its implementation from the class user and reveals its interface, as shown in the following example:

```
class Date
{
// The class implementation.
private:
    int month, day, year;

// The class interface.
public:
    Date(int mo, int da, int yr);
    Date operator+(int n);
    // ...
};
```

The implementation of a class, which consists of the private data members and private member functions, essentially is hidden from the using program. The preceding month, day, and year data members are the class's implementation. A user of the class does not care about the details of an implementation — only that it works. The class designer could change the implementation totally — perhaps changing the date representation to a long integer count of days — and the using programs, once recompiled and relinked with the new class implementation, would be unaffected.

The interface, which is visible to the user of the class, consists of the public members that are usually member functions. The class user reads and modifies values in the data representation by calling public member functions. The previous example consists of the constructor, which contains initialization parameters, and an overloaded addition operator, which presumably enables the user of the class to compute and return a new Date object by adding an integral number of days to an existing Date object.

To use the abstract data type defined in the previous example, a programmer makes assumptions about the interface based on its appearance and the programmer's understanding of C++ syntax. If the programmer is not the class's author, those assumptions could be invalid if the class interface design is not intuitive. In the case of the example, most programmers assume that the overloaded addition operator adds an integer to a Date object and returns another Date object with the result, as illustrated here:

```
void f()
{
    Date dt(6,29,92);
    dt = dt + 30;  // should now be 7/29/92
}
```

Designing an intuitive class interface is not automatic. The C++ language provides the tools for you to do a proper job, but nothing in the language enforces good design. The class author can use unnecessarily clever techniques that obscure the meaning of the interface. An object-oriented design is not a good design by default. Learning C++ does not turn a poor programmer into a good one.

Experienced C++ programmers generally agree on certain design standards for C++ classes. The data members are usually private and constitute most of the implementation. The interface consists mostly of member functions that hide the access to the data members. Also, the interface is generic in that it is not bound to any particular implementation. The class author should be able to change the implementation without affecting the using programs. These apparent rules are only guidelines, however. Sometimes you need to step around them to achieve some purpose. The fewer times you do that, the stronger your design.

Methods and Messages

Method is another name for a C++ member function. Methods may be constructors, destructors, procedures, and overloaded operators. They define the class's interface.

A *message* is the invocation of a method — which, in C++, is the same thing as calling the member function. The program sends a message to an object, providing arguments for the method's parameters, if there are any.

Various kinds of methods are characterized by how they support the class definition. There are functional methods, data type methods, and implicit conversion methods. Note that this delineation and these terms are coined here for convenience and are not part of the official object-oriented lexicon. They define different levels of support that C++ provides for class design.

Functional Methods

The following example shows three methods added to the Date class:

```
class Date
{
    // ...

public:
    // ...
    void Display();          // display the date
    void AdjustMonth(int m); // +/- m months
    int DayOfWeek() const;   // return 0-6 = Sun-Sat
};
```

The three methods here illustrate three typical kinds of methods. The first method tells the object to do something, in this case display itself. The class's implementation knows how to display the object's data representation. The programmer who uses the class is unconcerned about the details of the implementation.

The second method tells the object to change itself, in this case to adjust its month data value up or down by the integer argument in the method's parameter. Once again, the programmer who uses the class does not care how the object stores the month value or what algorithm adjusts the month—only that it works.

The third method is one that returns a value, in this case the day of the week represented by the object's current value.

These methods define behavior related to the functional properties of the class. The class is a calendar date, and you want it to behave like a date.

Data Type Methods

Data type methods make a class act like a primitive data type by giving the class the properties similar to those of a primitive data type. These properties are usually implemented as overloaded operators in the class interface. The following example shows methods that compare dates, assign them to one another, and perform some arithmetic on them.

```
class Date
{
    // ...

public:
    // ...
    // Arithmetic operators.
    Date operator+(int n);
    Date operator-(int n);
    int operator-(Date &dt);

    // Assignment operators.
    Date& operator=(Date &dt);

    // Relational operators.
    int operator==(Date &dt);
    int operator!=(Date &dt);
    int operator<(Date &dt);
    int operator>(Date &dt);
};
```

Implicit Conversion Methods

The C++ language handles implicit conversion of intrinsic data types. If you write an expression with an `int` when the compiler expects a `long`, the compiler knows how to make the conversion and does so quietly. If, however, you write an expression when the compiler expects an abstract data type, and you provide a different data type intrinsic or abstract, the compiler does not know how to deal with that data. Similarly, if the expression expects an intrinsic data type and you use an abstract data type, the compiler does not know what to do. In either case, unless you provide implicit conversion methods, the compiler issues an error message and refuses to compile the program.

You can add implicit conversion methods to a class so that the compiler knows how to convert from one data type to another. The conversion constructor function constructs a data type to an abstract data type, and the member conversion function returns a data type converted from the type of the class in which the member conversion function is a member. When you code an expression in which the compiler expects to see something other than what you provide as just described, the compiler executes one of your implicit conversion methods to convert the data type. This is an example of a method that you do not call explicitly (or send a message to) from within your program. It executes as the result of the implicit call inferred by the compiler by its interpretation of your expression. Your program implies a call to the method by the context in which it uses data types in an expression.

The following example shows two implicit conversion methods added to the `Date` class:

```
class Date
{
    // ...

public:
    // ...
    Date(int n);    // conversion constructor
    operator int(); // member conversion function
};
```

The first method converts an `int` data type to a `Date` object that is being constructed. Note that if the constructor function is declared with the `explicit` qualifier, the constructor cannot function as an implicit conversion method. It can be used only as an explicit constructor to instantiate a `Date` object from an `int` argument.

The second method in the preceding example converts a Date data type to an int object and returns that object to the sender of the message (invoker of the method, caller of the function, or however you prefer to say it). The conversions are not restricted to converting between abstract data types and primitive data types. You can convert among different abstract data types in the same manner. For example, you might have a Date class and a CustomDate class, and the same principles apply.

Member Functions

Having just learned about methods and messages in detail, you soon find that the terms themselves are not used much in C++ circles. The terms come from the object-oriented lexicon and reflect the syntax of pure object-oriented programming languages such as SmallTalk and Eiffel. Most C++ programmers prefer to "call member functions" rather than "send messages through methods," which essentially is the same thing. Nonetheless, you should understand the terminology, because you will encounter the object-oriented terms.

Inheritance

A class can inherit the characteristics of another class. The original class is called the *base class*, and the new class is called the *derived class*. You also hear these classes called the *superclass* and the *subclass*. The word subclass sometimes is used as a verb to mean the act of inheriting.

The derived class inherits the data representation and behavior of the base class except where the derived class modifies the behavior by overloading member functions. The derived class also may add behavior that is unique to its own purpose.

A program can instantiate objects of a base class as well as those of a derived class. If the base class is an *abstract base class* — one that can be used only to derive new classes — the program may not instantiate objects of the base class.

Inheritance is the foundation of most object-oriented designs, and it often is ill applied or over-applied. Some programmers get carried away with the power of inheritance, and C++ can spring surprises on the unwary designer. Many designs use inheritance to solve problems that would be supported better by a different approach, usually by embedding an object of the original class as a data member in the new class rather than deriving the new class from the original one. Despite this warning, inheritance is a powerful feature. When properly used, it offers a rich design capability to the object-oriented programmer.

Single Inheritance

The C++ inheritance mechanism enables you to build an orderly hierarchy of classes. When several of your abstract data types have characteristics in common, you can design their commonalities into a single base class and separate their unique characteristics into unique derived classes. That is the purpose of inheritance.

For example, suppose that a personnel system maintains information about employees. Employees are people, and people have common characteristics: name, address, date of birth, and so on. Yet the system might record different kinds of employees; in other words, managers, project workers, and support personnel might be recorded differently. Therefore, you could design a base class of employees that stores in each object of the base class the name, address, Social Security number, and date of birth of an employee. Then you could derive separate classes for managers, project workers, and support personnel. Each of the derived classes would inherit the characteristics of the employee class and would have additional characteristics unique unto itself. For example, the manager class might include an annual incentive bonus data member that other employee classes do not have. The project worker class could have a list of project assignments. The support personnel class could record overtime hours worked.

Multiple Inheritance

A derived class can inherit the characteristics of more than one base class. This technique is called *multiple inheritance*. Not all object-oriented programming languages support multiple inheritance, and many experts assert that it is both unnecessary and dangerous. Nonetheless, C++ supports multiple inheritance, and there are times when you might find it an effective way to express class relationships.

Recall that the effectiveness of a programming language can be measured in its ability to model the problem domains that it supports. The objects in the world reflect membership in multiple-inheritance hierarchies, and programmers are called upon to write programs to model those objects. A sofa bed is a sofa and it is a bed, both of which are items of furniture. An amphibious airplane is a boat and an airplane, both of which are vehicles. A company car is an asset and a vehicle; but a leased car is a vehicle but not an asset, and cash is an asset, and on and on.

Class Relationships

Object-oriented designers strive to use inheritance to model relationships in which the derived class is a kind of the base class. A car is a kind of vehicle. An engineer is a kind of employee, which is a kind of person. This relationship is called, colloquially, the ISA relationship.

Inheritance is not appropriate for relationships where one class has an instance of another. An employee has a date of birth. A department has a manager. This relationship is called the HASA relationship. Instead of using inheritance, the class that has an object of another class embeds the object as a data member. The HASA relationship is appropriate when the embedded object is singular and belongs to the class that embeds it. An employee's date of birth belongs to that employee. Even when another employee has the same birthday, each one has a private copy of the data element.

A third relationship exists when a class uses the methods of another class. This relationship, called the USESA relationship, usually is implemented with an embedded pointer or reference in the using class to the used class. You use this relationship when objects of the using class share the services of an object of the used class. The objects of the two classes exist in separate spaces, but those of one class depend on the presence of those of the other class.

Polymorphism

Polymorphism exists when a derived class specializes the behavior of its base class to meet the requirements of the derived class. A C++ base class uses the virtual member function to specify that overriding member functions in derived classes have polymorphic behavior with respect to that method.

If a derived class overrides a base class method and if the base class method is not a virtual function, then the overriding behavior is effective only when the compiler is dereferencing a pointer, reference, or object of the derived class itself. If the object's pointer or reference refers to the base class, then the base class method has precedence. Such behavior is not polymorphic. However, if the base class method is virtual, then the compiler selects the overriding derived class method regardless of the type being dereferenced by the compiler.

Suppose, for example, that you further decompose the support staff class in this discussion into derived classes that represent the various kinds of support personnel. You could have typists, corporate pilots, chauffeurs, maintenance personnel, instructors, and so on. The system measures skill levels differently for each of these disciplines, yet there is a requirement for a general-purpose skill index for the base support class. Each derived class exhibits different behavior for data entry and retrieval of the skill index, but some parts of the system invoke the skill method without knowing which kind of support personnel object is involved. The polymorphic skill method modifies the class's behavior at runtime based on the type of the derived class.

Summary

The object-oriented programming model is a rich medium for the expression of the data formats and functions of an application. It is not necessary, however, for C++ programmers to immerse themselves in the object-oriented passion. The availability of improved design and programming methods does not outdate the traditional approaches automatically. C++ has the facility to support the basics of object-oriented programming while permitting the programmer to use traditional procedural programming where it seems appropriate. C++, in fact, encourages that approach. By supporting traditional C flow control of nested functions, C++ enables you to leverage your existing investment in mature and useful C function libraries.

Furthermore, C++ does not force you to create a pure object-oriented hierarchical data structure in which every data type descends from one generic root base object. Instead, C++ enables you to build a number of class hierarchies representing the various problem domains with which your application might deal. There can be classes that define the data structures of the application's functional purpose; there can be classes that supply general-purpose container data structures such as strings, lists, queues, and so on; there can be framework classes that integrate your application with a particular user interface; and there can be classes that encapsulate the processes of your particular problem domain. All of these classes can coexist independently of one another in a system of hierarchies integrated by you into an object-oriented application.

✦   ✦   ✦

The Standard C++ Library

Introduction to the Standard C++ Library

This chapter provides an introduction to the Standard C++ Library. You learned about the Standard C Library in Chapter 7; the C++ Library consists of classes that implement common programming idioms. Using these classes, you can do everything from handle strings and files to manage containers, such as stacks and queues.

The std::string Class

When BASIC programmers switched en masse to C in the mid-1980s, virtually everyone had the same reaction, "What, no string data type?" BASIC programmers loved the language's rich set of string operators for manipulating character strings. C's null-terminated character arrays, its so-called string literals, and its `std::strcpy()` and `std::strcmp()` family of functions seemed lame by comparison.

When those same C programmers switched to C++ in the early 1990s, they all seized the opportunity to use the C++ class mechanism to implement string classes and recover some of the convenience they gave up when they abandoned BASIC. Most early C++ books included string classes as examples. Most of the early C++ compilers included string classes among their other class libraries. No two of those early string classes were quite the same — or so it seemed — and there was no standard for anyone to follow.

Finally, C++ has a standard string class. The C++ committee approved one, and most compilers now implement the Standard C++ `std::string` class. To use it, you include the

`<string>` header. We use the `std::string` class in its programs, but these programs simply instantiate, initialize, display, and read data into string objects. The `std::string` class has much more functionality than you've discovered so far.

Following is a description of the `std::string` class's primary characteristics for your reference. If you need a more thorough examination of the `std::string` class and C++ string-handling techniques, please refer to Chapter 18.

Constructing Strings

Using the `std::string` class, you can construct `std::string` objects in several ways:

✦ You can construct an empty `std::string` object: `std::string s1;`

✦ You can construct a `std::string` object from another string object: `std::string s2("this is a string");`

✦ You can construct a `std::string` object from a null-terminated character array: `std::string s3(s2);`

Assigning Strings

Once you construct `std::string` objects, you can assign the value of one `std::string` object to another `std::string` object. You also can assign a null-terminated character array to a `std::string` object. The following demonstrates how you can assign a single character to a `std::string` object:

```
s1 = s3;
s2 = "a different string";
s3 = 'X';
```

Concatenating Strings

You can build new strings by *concatenating* existing strings with other strings, null-terminated character arrays, and single characters. The concatenation operators, shown here, are + and +=:

```
std::string s4("hello ");    // "hello "
std::string s5("dolly");     // "dolly"
std::string s6 = s4 + s5;    // "hello dolly"
s4 += s2;                    // "hello dolly"
s4 += '!';                   // "hello dolly!"
```

Subscripting Strings

You can use the [ ] subscript operator or the at(int) member function to retrieve a single character from a string and to change a character in a string:

```
char ch1 = s4[1];       // ch1 = 'e'
char ch2 = s4.at(2);    // ch2 = 'l'
s4[5] = ',';            // "hello,dolly!"
s4.at(0) = 'J';         // "Jello,dolly!"
```

Comparing Strings

The std::string class supports all the relational operators. You can compare strings with one another and with null-terminated character arrays:

```
std::string s1("hello ");
if ("goodbye" < s1)
    // ...
if (s1 == "hello")
    // ...
```

Substrings

The std::string::substr() function extracts a substring from a string and returns the extracted substring. The first argument is the zero-based position in the original string of the substring. The second argument is the number of characters in the substring:

```
std::string s1("my goodbye");
std::cout << s1.substr(3, 4);    // displays "good"
```

The std::string class has no right and left member functions to emulate the BASIC right$ and left$ operators, although most of the early ad hoc string classes included right() and left() member functions. You can simulate the left operation by using the substr() function with a zero value position argument:

```
std::string s2("hello dolly");
std::string s3(s2.substr(0, 5);  // emulates s2.left(5);
                                 // initializes s3 with "hello"
```

You can use the std::string class's length() function, which returns the length of the string, to simulate the right operation:

```
// Emulates s2.right(5);
// initializes s4 with "dolly"std::string.
s4(s2.substr(s2.length()-5,5));
```

Searching Strings

The `std::string` class includes several overloaded `find()` and `rfind()` functions. The `find()` functions search forward, starting at the beginning of the `std::string` object. The `rfind()` functions search in reverse, starting at the end of the `std::string` object. You can search for a matching substring, a single character, and a null-terminated character array. The functions return a zero-based index into the string, or -1 if the search argument is not found. Following are some examples. The comments on each line specify the value returned by the function.

```
std::string s1("hello dolly");
int ndx;
ndx = s1.find("dolly");   // 6
ndx = s1.find("ll");      // 2
ndx = s1.rfind("ll");     // 8
ndx = s1.find('o');       // 4
ndx = s1.rfind('o');      // 7
ndx = s1.find("bye");     // -1
```

String Operations

Following are a few of the string class's additional member functions.

clear()

The `clear()` function clears the string object to a zero-length value.

empty()

The `empty()` function returns a `bool` that indicates whether the string is empty (`TRUE`) or has string data (`FALSE`).

length()

The `length()` function returns the number of characters in the string object.

c_str()

The `c_str()` function returns a `const` pointer to the string data buffer.

Input/Output Streams

The example programs in this book use the C++ `std::iostream` class library to read input from the keyboard and display the results onscreen. But the `std::iostream` class library has capabilities beyond those that read and write the console. The library is the C++ equivalent of the Standard C stream *I/O (input/output)* functions; you can use it to manage console and file input/output. The `std::iostream` classes have many more features than what I describe briefly in this chapter. Refer to Chapter 19 for more thorough coverage.

C++ doesn't have input/output operators as intrinsic or integral parts of the language. Just as C relies on function libraries to extend the language with input/output functions, C++ depends on class libraries for its input and output. C++ manages file and console input/output as streams of characters. C++ programs manage data values as data types, such as integers, structures, classes, and so on. The `std::iostream` library provides the interface between the data types that a program views and the character streams of the input/output system.

Stream Classes

In Standard C++, the *stream classes* are implemented as template classes that you can specialize for different character types. Standard C++ has two sets of specialized classes for the two standard character types — char and wchar_t — but the mechanism provides for the specialization of any character set of any character width.

The std::ios Class

C++ streams are implemented as classes. The `std::cout` and `std::cin` objects are global instances of those classes, which derive from a base class named `std::ios` and are declared by the system. There is not much to know about `std::ios`, although later you will use constant values and functions that `std::ios` defines — including `std::ios::beg()` and `std::ios::setprecision(int)`. A program deals mostly with objects of types derived from the `std::ios` class, such as `std::istream` and `std::ostream`. Many of the member functions that you use for objects of these classes are defined in the `ios` class.

The std::ostream Class

A class named `std::ostream`, which derives from `std::ios`, manages stream output. You learned to display a message onscreen with a statement such as the following one:

```
std::cout << "Hello, Dolly";
```

The `std::cout` object is an external object of the `ostream` class. The library declares the `cout` object, and an `extern` declaration of `cout` appears in `<iostream>` so that it is available to any program that includes `<iostream>`.

Besides `std::cout`, `<iostream>` declares other objects as instances of the `std::ostream` class. The `std::cerr` object writes to the standard error device and uses unbuffered output. The `std::clog` object also writes to the standard error device, but it uses buffered output.

A program writes to an `std::ostream` object by using the overloaded `<<` insertion operator. The examples in this book use this feature extensively. The `std::ostream` class provides sufficient overloaded `<<` insertion operators to support writing most standard C++ data types to the output stream. Earlier, in Chapter 12, you learned how to overload the `<<` insertion operator to write your own classes to a `std::ostream` object.

The std::istream Class

The `std::istream` class manages stream input in the same way that the `std::ostream` class manages output. The `std::istream` class is declared externally in `<iostream>`. The `std::cin` object reads data values from the standard input device.

The `std::istream` class uses the overloaded `>>` extraction operator to read input. There are sufficient overloaded extraction `>>` operators to support reading the standard C++ data types; a user-defined class can overload the `>>` extraction operator to read data from a `std::istream` object.

Buffered Output

The data characters written to an `std::ostream` object usually are buffered. For example, the `std::ostream` class collects output bytes into a buffer and does not write them to the actual device associated with the object until one of the following events occurs:

- ✦ The buffer fills
- ✦ The program tells the object to flush its buffer
- ✦ The program terminates
- ✦ The program reads data from the `cin` object when the output object is `cout`

The `std::cout` and `std::clog` objects use buffered output. The `std::cerr` object does not.

Sometimes you need to tell the program to flush a stream's buffer. A program tells an `std::ostream` object to flush itself by sending it the `std::flush` manipulator, as the following code fragment demonstrates.

```
std::cout << "Please wait..." << std::flush;
```

Formatted Output

Most of the example programs in this book display unformatted data. The C++ `std::iostream` class library includes techniques for managing the format of displayed data. Chapter 2 discusses the `std::dec`, `std::oct`, and `std::hex` manipulators. These manipulators set the default format for input and output. If you insert the `std::hex` manipulator into the output stream, for example, the object translates the internal data representation of the object into the correct display. Listing 2-18 in Chapter 2 demonstrates this behavior. Several other manipulators and functions control the format of stream output. You get an introduction to these stream formatters here. Chapter 18 provides example programs that demonstrate formatted output.

Manipulators, Flags, and Member Functions

Programs can use manipulators and member functions to change the various modes of display that flags control. The `std::ios` class keeps the current settings of the flags and values in member data items. You can change many of the flags and values with either a manipulator or a member function.

The std::ios::width Function

A program can specify a default width for all of the following display elements by calling the `std::ostream::width()` member function. The `width()` member function takes a width parameter. The width value remains in effect for the `std::ostream` object until you change it. An example of a call to the `width()` member function follows:

```
std::cout.width(10);
```

The std::setw Manipulator

Sometimes, a report needs to use different widths for different data elements. It is more convenient to insert width commands into the stream than to interrupt the output to call formatting functions. The `std::setw` manipulator provides this capability. An example of using the `std::setw` manipulator follows:

```
std::cout << std::setw(6) << names[i]
          << std::setw(10) << values[i]
          << std::endl;
```

The std::ios::fill Function

You can use the `fill()` member function to set the value of the padding character for output that has a width other than the default width. An example follows:

```
std::cout.width(10);
std::cout.fill('*');
std::cout << values[i] << std::endl;
```

Output Justification

Often, you may want values to be right-justified, rather than left-justified. An example is numbers that represent money. You can set justification using the `std::setiosflags` and `std::resetiosflags` manipulators, as shown here:

```
std::cout << std::setiosflags(std::ios::left)
          << std::setw(6) << names[i]
          << std::resetiosflags(std::ios::left)
          << std::setiosflags(std::ios::right)
          << std::setw(10) << values[i]
          << std::endl;
```

The std::setprecision Manipulator

The `std::setprecision` manipulator tells the object to use a specified number of digits of precision. An example follows:

```
std::cout << std::setiosflags(std::ios::left)
          << std::setw(6)
          << names[i]
          << std::resetiosflags(std::ios::left)
          << std::setiosflags(std::ios::right)
          << std::setw(10)
          << std::setprecision(1)
          << values[i]
          << std::endl;
```

Scientific and Fixed Notation

Floating-point numbers are displayed in either *fixed-point* or *scientific (exponential)* notation. The `std::setprecision` manipulator overrides the default fixed-point notation mode, as shown in the following example:

```
std::cout << std::setiosflags(std::ios::left)
          << std::setw(6)
          << names[i]
          << std::resetiosflags(std::ios::left)
          << std::setiosflags(std::ios::fixed)
          << std::setiosflags(std::ios::right)
          << std::setw(10)
          << std::setprecision(1)
          << values[i]
          << std::endl;
```

The ios::setf() and ios::unsetf() Functions

The `std::ios` class, from which `std::ostream` is derived, also includes `unsetf()` and `setf()` member functions that clear and set flags to control output format. The following example uses `unsetf()` to clear the `std::ios::scientific` flag and `setf` to set the `std::ios::fixed` flag:

```
std::cout.unsetf(std::ios::scientific);
std::cout.setf(std::ios::fixed);
```

The `setf()` call shown next differs from the preceding one. This variation on the call has two parameters — the flag to set and a mask that defines the flags to clear:

```
std::cout.setf(std::ios::fixed, std::ios::scientific);
```

Formatting Flags

Table 17-1 lists the formatting flags that the `std::ios` class defines. These flags have mutually exclusive bit values that you can OR together to form a single bit mask. The `std::setiosflags` and `std::resetiosflags` manipulators and the `setf()` and `unsetf()` member functions accept OR'd masks of these flags as arguments.

Table 17-1
ios Formatting Flags

Flag	Description
`std::ios::boolalpha`	Inserts and extracts `bool` type in alphabetic format. Default setting: off
`std::ios::hex`	Displays integers in base 16. Default setting: off
`std::ios::internal`	Fills between sign and value. Default setting: off
`std::ios::left`	Left-aligns fields. Default setting: on
`std::ios::oct`	Displays integers in base 8. Default setting: off
`std::ios::right`	Right-aligns fields. Default setting: off
`std::ios::scientific`	Displays floating-point numbers in exponential notation. Default setting: off
`std::ios::showbase`	Displays an integer's numeric base. Default setting: off
`std::ios::showpoint`	Displays decimal point and trailing zeroes. Default setting: off
`std::ios::showpos`	Displays + for positive numeric values. Default setting: off
`std::ios::skipws`	Bypasses white space. Default setting: off
`std::ios::stdio`	Stays in sync with `<cstdio>` functions. Default setting: off
`std::ios::unitbuf`	Flushes the stream after each insertion. Default setting: off
`std::ios::uppercase`	Displays A-F for hex values and E for scientific notation. Default setting: off
`std::ios:dec`	Displays integers in base 10. Default setting: on
`std::ios:fixed`	Displays floating-point numbers in fixed notation. Default setting: off

Formatting Manipulators

Table 17-2 lists the manipulators that `<iomanip>` defines. Each of these manipulators compiles to an expression that returns an internal type (`std::smanip`) that the `std::ios` object (`std::cout`, for example) uses to manage the format of the data stream. You insert manipulators into output streams with the `<<` insertion operator.

Table 17-2	
<iomanip> Manipulators	

Manipulator	Description
`std::resetiosflags(int m)`	Resets (turns off) flags in OR'd mask m expression
`std::setbase(int b)`	Sets numeric base to b (8, 10, or 16)
`std::setfill(int c)`	Sets padding fill character to c
`std::setiosflags(int m)`	Sets (turns on) flags in OR'd mask m expression
`std::setprecision(int p)`	Sets floating-point precision to p
`std::setw(int w)`	Sets field width to w

Table 17-3 lists the manipulators that `<iostream>` defines to control streams. You insert the first six manipulators in Table 17-3 into output streams using the `<<` insertion operator. You insert the last manipulator (`std::ws`) into input streams with the `>` extraction operator.

Table 17-3	
<iostream> Manipulators	

Manipulator	Description
`std::endl`	Inserts newline character (`'\n'`); flushes the stream
`std::ends`	Inserts null character (`'\0'`)
`std::flush`	Flushes the stream
`std::dec`	Displays integers in base 10
`std::hex`	Displays integers in base 16
`std::oct`	Displays integers in base 8
`std::ws`	Skips white space in the input stream

Formatting Functions

The `std::ios` class includes several functions that control the format of a stream. You call these functions through an object of the class (`cout`, for example). Table 17-4 lists the `ios` formatting functions.

Table 17-4
ios Formatting Functions

Function	Description
`int std::ios::fill()`	Returns current padding fill character
`int std::ios::fill(int c)`	Sets padding fill character to `c`; returns previous character
`int std::ios::precision()`	Returns current floating-point precision
`int std::ios::precision(int p)`	Sets precision to `p`; returns previous precision
`int std::ios::setf(int m)`	Turns on flags in OR'd mask `m`; returns previous flags
`int std::ios::setf(int m1, int m2)`	Turns on flags in OR'd `m1`; turns off flags in OR'd `m2`; returns previous flags
`void std::ios::unsetf(int m)`	Turns off flags in OR'd `m`
`int std::ios::width()`	Returns current width
`int std::ios::width(int w)`	Sets width to `w`; returns previous width

Output Member Functions

The `std::ostream` class includes two member functions that write characters and memory blocks to output stream objects as alternatives to the overloaded `<<` insertion operator. The `put()` member function writes a single character to the output stream. The following two statements are the same:

```
std::cout.put('A');
std::cout << 'A';
```

Listing 17-1 demonstrates using the `put()` member function with the `cout` object, as compared with using the insertion operator.

Name: **pr17001.cpp**
Location: **Quincy99\Programs\Chap17**

Listing 17-1: **Using the put() member function**

```
/////////////////////////////////////
// File Name: pr17001.cpp
/////////////////////////////////////
#include <iostream>

int main()
{
    std::cout.put('H');
    std::cout.put('i');
    std::cout.put('!');

    std::cout << std::endl;

    std::cout << 'H';
    std::cout << 'i';
    std::cout << '!';

    return 0;
}
```

Listing 17-1 displays the following output:

```
Hi!
Hi!
```

The write() member function writes any block of memory to the stream in binary format. Because write() does not terminate when it sees a null, it is useful for writing the binary representations of data structures to stream files (which I discuss in detail in Chapter 19). Here's an example of using the write() function:

```
std::cout.write(data, sizeof data);
```

Listing 17-2 illustrates the write() function with the cout object.

Name: **pr17002.cpp**
Location: **Quincy99\Programs\Chap17**

Listing 17-2: **The ostream write() function**

```cpp
/////////////////////////////////////////
// File Name: pr17002.cpp
/////////////////////////////////////////
#include <iostream>

int main()
{
    static struct
    {
        char msg[23];
        int alarm;
        int eol;
    } data = { "It's Howdy Doody time!", '\a', '\n' };

    std::cout.write(reinterpret_cast<char*>(&data),
        sizeof data);

    return 0;
}
```

In Listing 17-2, the program writes the message, sounds the alarm, and advances to the next line.

Note the cast to `char*` before the address of the structure object. The `write()` function accepts `char` pointers and `unsigned char` pointers only. The address of the structure must be cast to one of these.

Input Member Functions

The `>>` extraction operator has a limitation that programs sometimes need to overcome: it bypasses white space. If you type characters on a line that the extraction operator reads, only the nonspace characters come into the receiving character variable. The spaces are skipped. Similarly, if the program uses the extraction operator to read a string of words, the input stops when it finds a space character. The next word is read into the next use of the extraction operation on the `std::istream` object, and all spaces between the words are lost. You cannot override this behavior by resetting the `std::ios::skipws` flag. That flag does not affect the `>>` extraction operator. You must use the `std::istream` class's `get()` and `getline()` member functions to read input characters that include white space.

The `get()` member function works just like the `>>` extraction operator, except that white space characters are included in the input.

Listing 17-3 demonstrates the difference between using the get() member function and using the extraction operator to acquire input from a stream.

On the CD-ROM

Name: **pr17003.cpp**
Location: **Quincy99\Programs\Chap17**

Listing 17-3: **The istream get() member function**

```
/////////////////////////////////////////
// File Name: pr17003.cpp
/////////////////////////////////////////
#include <iostream>

int main()
{
    char line[25], ch = 0, *cp;

    std::cout << " Type a line terminated by 'x'"
              << std::endl << '>';
    cp = line;
    while (ch != 'x')
    {
        std::cin >> ch;
        *cp++ = ch;
    }
    *cp = '\0';
    std::cout << ' ' << line;

    std::cout << "\n Type another one" << std::endl << '>';
    cp = line;
    ch = 0;
    while (ch != 'x')
    {
        std::cin.get(ch);
        *cp++ = ch;
    }
    *cp = '\0';
    std::cout << ' ' << line;

    return 0;
}
```

In Listing 17-3, the program reads two strings from the keyboard one character at a time. The first input uses the extraction operator, and the second one uses the

get() member function. If you type now is the timex for both entries, the
screen looks like the following display:

```
Type a line terminated by 'x'
now is the timex              (entered by you)
nowisthetimex                 (echoed by the program)
Type another one
now is the timex              (entered by you)
now is the timex              (echoed by the program)
```

The extraction operator skips over the white space, and the get() function does
not. The program needs the "x" terminator because it needs to know when to stop
reading. Because cin is a buffered object, the program does not start to see
characters until you type the carriage return and the program does not see that
character.

A variation of the get() function enables a program to specify a buffer address and
the maximum number of characters to read. Listing 17-4 shows how the get()
function can specify a buffer address and length, instead of a character variable, to
receive the input.

On the CD-ROM

Name: **pr17004.cpp**
Location: **Quincy99\Programs\Chap17**

Listing 17-4: **Using get() with a buffer address and length**

```cpp
/////////////////////////////////////////
// File Name: pr17004.cpp
/////////////////////////////////////////
#include <iostream>

int main()
{
    char line[25];

    std::cout << " Type a line terminated by carriage return"
            << std::endl << '>';
    std::cin.get(line, 25);
    std::cout << ' ' << line;

    return 0;
}
```

Listing 17-4 reads whatever you type into the structure and echoes it to the screen.

The length value minus 1 is the maximum number of characters the program reads into the buffer. You can type more than that number, but the excess characters are discarded.

The `getline()` function works similarly, retrieving a line of text from the stream, as shown here:

```
std::cin.getline(line, 25, 'q');
```

This function call allows a third argument that specifies the terminating character for input. If you do not include that argument, its default value is the newline character.

Listing 17-5 uses the `getline()` function with a third argument to specify a terminating character for the input stream.

Name: **pr17005.cpp**
Location: **Quincy99\Programs\Chap17**

Listing 17-5: **The istream getline() member function**

```cpp
/////////////////////////////////////
// File Name: pr17005.cpp
/////////////////////////////////////
#include <iostream>

int main()
{
    char line[25];

    std::cout << " Type a line terminated by 'q'"
            << std::endl << '>';
    std::cin.getline(line, 25, 'q');
    std::cout << ' ' << line;

    return 0;
}
```

If you type **after this I quit**, the console displays the following:

```
Type a line terminated by 'q'
after this I quit          (entered by you)
after this I               (echoed by the program)
```

Some compilers include the terminating character in the final string, as shown here:

```
after this I q                  (echoed by the program)
```

The `std::istream` class's `read()` member function is the input equivalent of the `write()` function. It reads the binary representation of the input data into the buffer without bypassing white space. It usually is used with file input/output. An example follows:

```
std::cin.read(&data, sizeof data);
```

Listing 17-6 shows an example of using the `read()` function to read a string of characters from the keyboard into a structure.

On the
CD-ROM

Name: **pr17006.cpp**
Location: **Quincy99\Programs\Chap17**

Listing 17-6: **The istream read() function**

```cpp
//////////////////////////////////////
// File Name: pr17006.cpp
//////////////////////////////////////
#include <iostream>

int main()
{
    struct
    {
        char msg[23];
    } data;

    std::cin.read(reinterpret_cast<char*>(&data),
        sizeof(data));
    std::cout << data.msg;

    return 0;
}
```

Listing 17-6 reads whatever you type into the structure and echoes it to the screen.

File Input/Output

A *file stream* is an extension of a console stream. File stream classes derive from the console stream classes and inherit all the characteristics of the console. But files have some requirements of their own that character devices such as the console do not have. Files have distinct names. A program can append data to an existing file. A program also can seek a specified position in a file. The class inheritance facility of C++ is a natural way to build file classes from console classes, and that is how the file stream classes work.

A program that uses the file stream classes must include the <fstream> header file wherein the classes are defined. The program also can include <iostream>, but it is not necessary because <fstream> itself includes <iostream>.

Please note that the following sections provide only an overview of file handling with the Standard C++ Library. Please consult Chapter 19 for a full treatment of this topic.

The std::ofstream Class

The std::ofstream class objects are files to which a program can write. In the most elementary use of std::ofstream, the program declares an object of type std::ofstream and passes a file name argument to the constructor. Then the program writes to the file through the object. When the object goes out of scope, the file closes. Here's a brief example:

```
std::ofstream tfile("test.dat");
tfile << "These are test data";
```

You also can append to a file, as shown here:

```
std::ofstream tfile("test.dat", std::ios::app);
tfile << ", and these are more";
```

Here, also, is an example of calling the write() function to write to a stream associated with a disk file:

```
std::ofstream tfile("date.dat");
tfile.write(&dt, sizeof dt);
```

The std::ifstream Class

The std::ifstream class objects are input files. A program can declare an input file stream object and read it. Also, a program can use the > extraction operator, the get() function, or the getline() function as if the stream were the console device rather than a file. A program also can use the read() member function to read binary blocks into memory. Here's an example:

```
std::ifstream tfile("date.dat");
tfile.read(&dt, sizeof dt);
```

Testing for End-of-File

The `std::istream::eof()` member function returns a TRUE value if the stream reaches the end of its character stream. A program typically uses this test to determine whether a program has reached the end of a file and should try no more reads of the data, as shown here:

```
std::ifstream tfile("test.dat");
while (!tfile.eof())
{
    char ch;
    tfile.get(ch);
    if (!tfile.eof())
        std::cout << ch;
}
```

Seeking

File streams support random access of binary files. A program can modify the current position of a file stream using one of the member functions `seekg()` or `seekp()`. The `seekg()` function changes the position of the next input operation on a file opened for input, as shown here:

```
tfile.seekg(6);
```

The `seekp()` function changes the position of the next output operation on a file opened for output, as shown here:

```
tfile.seekp(16);
```

You can determine the current position for input with the `tellg()` member function and the current position for output with the `tellp()` member function. Here are examples:

```
streampos inpos = tfile.tellg();
streampos outpos = tfile.tellp();
```

Reading and Writing Stream Files

Sometimes a program needs to open a file for read/write access. Typical examples are database files in which a program reads records, updates them, and writes them back to the file. To open a file for read/write access, you add an `openmode` argument to the `std::ifstream` constructor argument list. The `openmode` argument overrides the default read-only mode of `std::ifstream` objects. Following is an example of the syntax for opening a file with read/write access:

```
std::ifstream tfile(fname, ios::in | ios::out);
```

Next, you declare an object of type `std::ostream` (not `std::ofstream`) and initialize its constructor with the return value from the `std::ifstream` object's `rdbuf` member function. This function returns the file's buffer component. You can now use the std::ostream object for writing and use the std::ifstream object for reading.

Opening and Closing a Stream File

A program can declare an std::ifstream or std::ofstream object without specifying a file name. When it does, the object exists but no file is associated with it. You must use the open() member function to associate a file with the std::fstream object. You can disassociate the file from the object by calling the close() member function. This technique enables a single object to represent different files at different times. Here's an example:

```
std::ofstream tfile;
tfile.open("test1.dat");
tfile << "This is TEST1";
tfile.close();
```

Testing Errors

A program can and should test errors when it uses input/output file streams. Each stream object has its own set of condition flags that change according to the current state of the object. You used one of these flags when you tested for end-of-file with the eof() member function. Other member functions that test for flag settings are bad(), fail(), and good(). The bad() function returns a TRUE value if your program attempts to do something illegal, such as seek beyond the end of the file. The fail() function returns a TRUE value for all conditions that include the bad positive return and for any valid operations that fail, such as trying to open an unavailable file or trying to write to a full disk device. The good() function returns TRUE whenever fail() returns FALSE.

Binary and Text Files

The C++ <fstream> library recognizes two kinds of files: binary and text files. By default, all files are opened as text files. To open a binary file, you include the std::ios::binary value in the openmode argument for the open() function or in the constructor's initializer list. Here's an example using the open() function:

```
tfile.open("test1.dat", std::ios::binary);
```

The std::complex Class

The std::complex class is a template class that the library specializes for three intrinsic types: float, double, and long double. The class overloads the arithmetic and relational operators, the insertion and extraction operators, and the assignment operator. The overloaded arithmetic and relational operator functions can accept a single argument of any parameterized complex type or any combination of two arguments of the parameterized type and a parameterized complex type. The overloaded arithmetic operator functions can accept a complex argument and either another complex argument or a scalar variable of the type upon which the complex number is parameterized.

The `std::complex` class includes functions to extract values from a complex object, as shown in Table 17-5.

Table 17-5
Complex Class Value Functions

Function	Description
abs(x)	Returns the magnitude of x
arg(x)	Returns the phase angle of x
conj(x)	Returns the complex conjugate of x
imag()	Returns the imaginary part
norm(x)	Returns the squared magnitude of x
polar(rho, theta)	Returns the complex value corresponding to a complex number whose magnitude is `rho` and whose phase angle is `theta`
real()	Returns the real part

Listing 17-7 is an example of using the `complex` class.

On the CD-ROM

Name: **pr17007.cpp**
Location: **Quincy99\Programs\Chap17**

Listing 17-7: **The complex class**

```
/////////////////////////////////////////
// File Name: pr17007.cpp
/////////////////////////////////////////
#include <iostream>
#include <complex>

int main()
```

Continued

Listing 17-7 *(continued)*

```
{
    std::complex<float> cn(5, 3);
    cn += std::complex<float>(1, 2);
    std::cout << cn;

    return 0;
}
```

The Standard Template Library

The *Standard Template Library (STL)* is a library of container class templates and algorithmic function templates. This chapter does not go into detail about STL. Chapters 20 through 24 in Part IV of this book provide in-depth coverage of the STL library, which enables programmers to implement various types of container objects easily.

Standard Exceptions

Standard C++ defines a standard mechanism for exceptions thrown by Standard C++ Library classes. Here is an overview of the standard exception mechanism:

✦ Exceptions thrown are objects of classes.

✦ Exception classes are derived from a common base.

✦ The base class supports polymorphic members that describe the exception to the runtime system.

As you learn in Chapter 25, a `catch` handler with the base class as its parameter catches a `throw` with a publicly derived class as its parameter. Standard C++ defines a hierarchy of exception classes based on that behavior. Figure 17-1 illustrates its configuration.

Programmers should follow the Standard C++ Library example and model their own exceptions after this hierarchy. Throw objects of these exceptions when appropriate, or throw objects derived from the most appropriate of these exceptions depending on the requirements of your application. Table 17-6 lists the standard exceptions and explains each purpose.

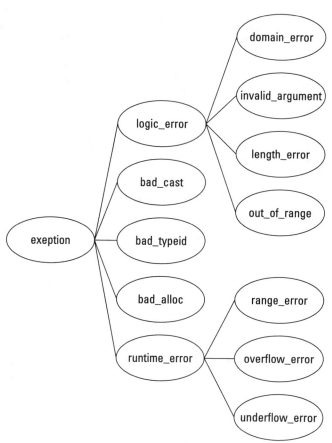

Figure 17-1: Standard C++ exception hierarchy

Table 17-6 Standard C++ Exception Classes	
Exception Class	**Purpose**
std::exception	The top-level base class from which all exceptions are derived
std::logic_error	A base class representing programming errors that violate logical conditions, which should be detectable before the program runs
std::domain_error [1]	A base class for exceptions that report violations of a precondition

Continued

Table 17-6 (contiued)

Exception Class	Purpose
std::invalid_argument	A base class for exceptions that report invalid argument values passed to a function
std::length_error	A base class for exceptions that report attempts to create objects greater than the largest possible object
std::out_of_range	A base class for exceptions that report out-of-range argument values
std::bad_cast	Thrown by the dynamic_cast operator to report bad casts of reference objects
std::bad_typeid	Thrown for a null pointer argument to the typeid operator
std::runtime_error	A base class that represents errors detectable only after the program is running
std::range_error [2]	A base class for exceptions that report violations of a postcondition
std::overflow_error	A base class for exceptions that report arithmetic overflow
std::underflow_error	A base class for exceptions that report arithmetic underflow
std::bad_alloc	A base class for exceptions that report failures to allocate memory

[1] A precondition is one that exists before an operation is carried out. For example, when an operation cannot proceed because something in the system related to the operation's domain is not in a state required to support the operation, the program throws an exception derived from domain_error.

[2] A postcondition is one that exists as the result of an operation. For example, when an operation causes an invalid data condition to occur, the program throws an exception derived from range_error.

The std::exception class defines several member functions that derived classes can override. An important one to remember is the what() function, which returns a pointer to an implementation-dependent string that identifies the exception. Listing 17-8 illustrates how a C++ program can derive exception classes from the Standard C++ Library exception class

Name: **pr17008.cpp**
Location: **Quincy99\Programs\Chap17**

Listing 17-8: Deriving from the Standard C++ Library exception class

```
/////////////////////////////////////
// File Name: pr17008.cpp
/////////////////////////////////////
#include <typeinfo>
#include <iostream>
#include <stdexcept>

/////////////////////////////////////
// The Bummer exception class.
/////////////////////////////////////
class Bummer : public std::runtime_error
{
public:
    Bummer() : std::runtime_error("Bummer") { }
};

/////////////////////////////////////
// The main() function.
/////////////////////////////////////
int main()
{
    try
    {
        throw Bummer();
    }
    catch(std::exception& ex)
    {
        std::cout << ex.what();
    }

    return 0;
}
```

Summary

The Standard C++ Library brings together a host of useful classes that enable C++ programmers to spend more time programming and less time reinventing the wheel. The library includes string-handling classes, stream classes, container classes, exception classes, and more. In Chapter 18, you take a closer look at C++ string handling; in Chapter 19, you examine C++ file handling using streams.

✦　　✦　　✦

Formatting iostreams and the stringstream Classes

Most programs must perform some kind of string manipulation. Sometimes the program needs to extract information from a line of input; other times it needs to format an item for display. The C++ Standard Library supplies all the string-handling classes and functions required to enable you to manage strings in just about any way imaginable. In Chapter 17, you got a brief look at some string-handling features of C++. In this chapter, you get a closer look at string management and display.

Formatted Output

You may need to display numbers in various formats. The C++ `iostream` libraries offer such formatting, thanks to the library's various manipulators, flags, and member functions. To start, take a look at Listing 18-1 — a simple program that displays an unformatted column of floating-point numbers.

On the CD-ROM

Name: **pr18001.cpp**
Location: **Quincy99\Programs\Chap18**

Listing 18-1: Displaying columns of numbers

```
/////////////////////////////////////
// File Name: pr18001.cpp
/////////////////////////////////////
#include <iostream>

int main()
{
    static double values[] =
        { 1.23, 35.36, 653.7, 4358.224 };

    for (int i = 0; i < 4; i++)
        std::cout << values[i] << std::endl;

    return 0;
}
```

Listing 18-1 displays the following output:

```
1.23
35.36
653.7
4358.22
```

If you need to display a simple list of numbers, the std::cout object works just fine. However, life is not often that simple. Next, let's use the formatting features of the Standard C++ iostream system to modify output in various ways.

Manipulators, Flags, and Member Functions

As already mentioned, the iostream library features a number of different ways to manage the display of string information. In this section, you examine the various manipulators, flags, and member functions that enable a program to display data in almost any way.

The ios::width Function

By default, objects of type std::ostream write data without padding. The listings in this book insert the space character between data values in the output stream to separate them. However, you may want displays lined up in columns, which means that the program must write the displays with a fixed width.

Listing 18-2 demonstrates how the width() member function manages output width. By calling the width() function with an argument of 10, the program specifies that the displays are to appear in a column at least 10 characters wide.

On the CD-ROM

Name: **pr18002.cpp**
Location: **Quincy99\Programs\Chap18**

Listing 18-2: **The width() member function**

```
///////////////////////////////////////
// File Name: pr18002.cpp
///////////////////////////////////////
#include <iostream>

int main()
{
    static double values[] = { 1.23, 35.36, 653.7, 4358.224 };

    std::cout.setf(std::ios::fixed, std::ios::scientific);

    for (int i = 0; i < 4; i++)
    {
        std::cout.width(10);
        std::cout << values[i] << std::endl;
    }

    return 0;
}
```

Listing 18-2 displays the following output:

```
      1.23
     35.36
     653.7
   4358.22
```

The std::setw Manipulator

What if you have data that you need to display in table form? Listing 18-3 demonstrates the use of the std::setw manipulator to display columns that have data elements with different width requirements.

Name: **pr18003.cpp**
Location: **Quincy99\Programs\Chap18**

Listing 18-3: **The std::setw manipulator**

```cpp
/////////////////////////////////////////
// File Name: pr18003.cpp
/////////////////////////////////////////
#include <iostream>
#include <iomanip>

int main()
{
    static double values[] =
        { 1.23, 35.36, 653.7, 4358.224 };
    static char *names[] =
        {"Zoot", "Jimmy", "Al", "Stan"};

    std::cout.setf(std::ios::fixed, std::ios::scientific);

    for (int i = 0; i < 4; i++)
        std::cout << std::setw(6)  << names[i]
                  << std::setw(10) << values[i]
                  << std::endl;

    return 0;
}
```

Note that you must include `<iomanip>` to use the `std::setw` manipulator.

Listing 18-3 displays the following output:

```
  Zoot      1.23
 Jimmy     35.36
    Al     653.7
  Stan   4358.22
```

Note that using `std::setw` or `std::width()` does not cause truncation. If the displayed data value is wider than the current width value, then the entire data value is displayed and does affect the format of the displays that follow on the same line. You should be aware of this behavior when you design well-formatted displays that use the `std::setw` manipulator or the `std::width()` member function. Note also that the default width you specify applies only to the object for which you specify it — in this case, the `std::cout` object — and not for other objects of the class.

To return the object to the default width, use the `std::width()` member function or the `std::setw` manipulator with a zero argument.

The std::ios::fill Function

You may find yourself needing to pad display data with a specific character. Checks, for example, often are printed with asterisks preceding the value, filling all space to the left of the number. Listing 18-4 demonstrates this usage by padding a column of numbers with asterisks.

Name: **pr18004.cpp**
Location: **Quincy99\Programs\Chap18**

Listing 18-4: **The fill() member function**

```cpp
///////////////////////////////////////
// File Name: pr18004.cpp
///////////////////////////////////////
#include <iostream>

int main()
{
    static double values[] =
        { 1.23, 35.36, 653.7, 4358.224 };

    for (int i = 0; i < 4; i++)
    {
        std::cout.width(10);
        std::cout.fill('*');
        std::cout << values[i] << std::endl;
    }

    return 0;
}
```

Listing 18-4 displays the following output:

```
******1.23
*****35.36
*****653.7
***4358.22
```

Output Justification

Suppose that you want the names displayed in Listing 18-3 to be left-justified and the number to remain right-justified. You can use the std::setiosflags manipulator to specify left- or right-justified output. Listing 18-5 demonstrates std::setiosflags by modifying the display from Listing 18-3 so that the names are left-justified.

On the CD-ROM

Name: **pr18005.cpp**
Location: **Quincy99\Programs\Chap18**

Listing 18-5: **The setiosflags and resetiosflags manipulators**

```cpp
///////////////////////////////////////
// File Name: pr18005.cpp
///////////////////////////////////////
#include <iostream>
#include <iomanip>

int main()
{
    static double values[] =
        { 1.23, 35.36, 653.7, 4358.224 };
    static char* names[] =
        {"Zoot", "Jimmy", "Al", "Stan"};

    for (int i = 0; i < 4; i++)
        std::cout << std::setiosflags(std::ios::left)
                  << std::setw(6)  << names[i]
                  << std::resetiosflags(std::ios::left)
                  << std::setiosflags(std::ios::right)
                  << std::setw(10) << values[i]
                  << std::endl;

    return 0;
}
```

Listing 18-5 displays the following output:

```
Zoot        1.23
Jimmy      35.36
Al         653.7
Stan     4358.22
```

The listing sets the left-justification flag by using the `std::setiosflags` manipulator with an argument of `std::ios::left`. This argument is a constant value defined in the `ios` class, so its reference must include the `std::ios::` prefix. The `std::resetiosflags` manipulator turns off the left-justification flag to return to the default right-justification mode.

The setprecision Manipulator

Suppose that you want the floating-point numbers in Listing 18-5 to display with only one decimal place. The `std::setprecision` manipulator tells the object to use a specified number of digits of precision. Listing 18-6 adds the `std::setprecision` manipulator to the program.

On the
CD-ROM

Name: **pr18006.cpp**
Location: **Quincy99\Programs\Chap18**

Listing 18-6: **The setprecision manipulator**

```
/////////////////////////////////////
// File Name: pr18006.cpp
/////////////////////////////////////
#include <iostream>
#include <iomanip>

main()
{
    static double values[] = { 1.23, 35.36, 653.7, 4358.224 };
    static char* names[] = {"Zoot", "Jimmy", "Al", "Stan"};

    for (int i = 0; i < 4; i++)
        std::cout << std::setiosflags(std::ios::left)
                  << std::setw(6)
                  << names[i]
                  << std::resetiosflags(std::ios::left)
                  << std::setiosflags(std::ios::right)
                  << std::setw(10)
                  << std::setprecision(1)
                  << values[i]
                  << std::endl;

    return 0;
}
```

Listing 18-6 displays the following output:

```
Zoot           1
Jimmy      4e+01
Al         7e+02
Stan       4e+03
```

Scientific and Fixed Notation

Floating-point numbers are displayed in either *fixed-point* or *scientific (exponential)* notation. Observe that Listing 18-5 uses fixed-point notation and Listing 18-6 employs scientific notation. The std::setprecision manipulator overrides the default fixed-point notation mode.

Scientific notation may not be what the program needs to display. The two flags std::ios::fixed and std::ios::scientific control the notation with which floating-point numbers display. A program can set and clear these flags with the std::setiosflags and std::resetiosflags manipulators. Listing 18-7 uses the std::setiosflags manipulator to set the std::ios::fixed flag so that the program does not display results in scientific notation.

Name: **pr18007.cpp**
Location: **Quincy99\Programs\Chap18**

Listing 18-7: **Setting the ios::fixed flag**

```cpp
/////////////////////////////////////
// File Name: pr18007.cpp
/////////////////////////////////////
#include <iostream>
#include <iomanip>

int main()
{
    static double values[] = { 1.23, 35.36, 653.7, 4358.224 };
    static char* names[] = {"Zoot", "Jimmy", "Al", "Stan"};

    for (int i = 0; i < 4; i++)
        std::cout << std::setiosflags(std::ios::left)
                  << std::setw(6)
                  << names[i]
                  << std::resetiosflags(std::ios::left)
                  << std::setiosflags(std::ios::fixed)
```

```
                    << std::setiosflags(std::ios::right)
                    << std::setw(10)
                    << std::setprecision(1)
                    << values[i]
                    << std::endl;

        return 0;
    }
```

Listing 18-7 displays the following output:

```
Zoot         1.2
Jimmy       35.4
Al         653.7
Stan      4358.2
```

The default notation in some C++ implementations is `std::ios::scientific`. In others, the default is `std::ios::fixed`. Until all compilers comply with the standard specification, it's wise to be specific if you expect portability of your programs among compilers and operating platforms.

The std::ios::setf and std::ios::unsetf Functions

Listing 18-7 inserts the `std::setiosflags` manipulator into the stream to control justification and notation. The `std::ios` class, from which `std::ostream` is derived, also includes `unsetf()` and `setf()` member functions that clear and set flags to control the output format. The following example uses `unsetf()` to clear the `std::ios::scientific` flag and `setf` to set the `std::ios::fixed` flag:

```
    std::cout.unsetf(std::ios::scientific);
    std::cout.setf(std::ios::fixed);
```

The following `setf()` call differs from the previous one. This variation on the call has two parameters: the flag to set and a mask that defines the flags to clear.

```
    std::cout.setf(std::ios::fixed, std::ios::scientific);
```

Formatting Flags

In Table 18-1, you can see the complete set of formatting flags defined by the `std::ios` class. To specify more than one flag, OR the required values together.

Table 18-1
ios Formatting Flags

Flag	Description
std::ios::boolalpha	Inserts and extracts bool type in alphabetic format. Default setting: off
std::ios::hex	Displays integers in base 16. Default setting: off
std::ios::internal	Fills between sign and value. Default setting: off
std::ios::left	Left-aligns fields. Default setting: on
std::ios::oct	Displays integers in base 8. Default setting: off
std::ios::right	Right-aligns fields. Default setting: off
std::ios::scientific	Displays floating-point numbers in exponential notation. Default setting: off
std::ios::showbase	Displays an integer's numeric base. Default setting: off
std::ios::showpoint	Displays decimal point and trailing zeroes. Default setting: off
std::ios::showpos	Displays + for positive numeric values. Default setting: off
std::ios::skipws	Bypasses white space. Default setting: off
std::ios::stdio	Stays in sync with <cstdio> functions. Default setting: off
std::ios::unitbuf	Flushes the stream after each insertion. Default setting: off
std::ios::uppercase	Displays A-F for hex values and E for scientific notation. Default setting: off
std::ios:dec	Displays integers in base 10. Default setting: on
std::ios:fixed	Displays floating-point numbers in fixed notation. Default setting: off

Formatting Manipulators

In Table 18-2, you can see the complete set of manipulators defined in <iomanip>. Insert manipulators into the output stream using the insertion operator (<<).

Table 18-2
<iomanip> Manipulators

Manipulator	Description
std::resetiosflags(int m)	Resets (turns off) flags in OR'd mask m expression
std::setbase(int b)	Sets numeric base to b (8, 10, or 16)
std::setfill(int c)	Sets padding fill character to c
std::setiosflags(int m)	Sets (turns on) flags in OR'd mask m expression
std::setprecision(int p)	Sets floating-point precision to p
std::setw(int w)	Sets field width to w

Table 18-3 lists the manipulators defined in <iostream>. To use these manipulators to control streams, insert them into the stream using the insertion (<<) or extraction (>>) operator—depending upon whether you're manipulating an input or output stream.

Table 18-3
<iostream> Manipulators

Manipulator	Description
std::endl	Inserts a newline character ('\n'); flushes the stream
std::ends	Inserts a null character ('\0')
std::dec	Displays integers in base 10
std::flush	Flushes the stream
std::hex	Displays integers in base 16
std::oct	Displays integers in base 8
std::ws	Skips white space in the input stream

Formatting Functions

Table 18-4 lists the formatting functions that you can call through an iostream object such as cout.

Table 18-4
ios Formatting Functions

Function	Description
`int std::ios::fill()`	Returns current padding fill character
`int std::ios::fill(int c)`	Sets padding fill character to c; returns previous character
`int std::ios::precision()`	Returns current floating-point precision
`int std::ios::precision(int p)`	Sets precision to p; returns previous precision
`int std::ios::setf(int m)`	Turns on flags in OR'd mask m; returns previous flags
`int std::ios::setf(int m1, int m2)`	Turns on flags in OR'd m1; Turns off flags in OR'd m2; returns previous flags
`void std::ios::unsetf(int m)`	Turns off flags in OR'd m
`int std::ios::width()`	Returns current width
`int std::ios::width(int w)`	Sets width to w; returns previous width

stringstream

The `std::stringstream` classes are a new addition to the Standard C++ Library. Listings 18-8, 18-9, and 18-10 are `std::stringstream` versions of Chapter 17's Listings 17-2, 17-5, and 17-7.

On the CD-ROM

Name: **pr18008.cpp**
Location: **Quincy99\Programs\Chap18**

Listing 18-8: **The std::istringstream class**

```
////////////////////////////////////////
// File Name: pr18008.cpp
////////////////////////////////////////
#include <iostream>
#include <sstream>
#include <cstdlib>
#include <string>
```

```
int main()
{
    char instr[100];
    std::cout << "Enter an integer, a float, and a string: ";
    std::cin.getline(instr, 100);
    std::istringstream istr(instr);

    int n;
    float f;
    std::string s;
    istr >> n >> f >> s;
    std::cout << "Extracted from istringstream: "
        << n << ' ' << f << ' ' << s << std::endl;

    return 0;
}
```

Name: **pr18009.cpp**
Location: **Quincy99\Programs\Chap18**

Listing 18-9: **The std::ostringstream class**

```
/////////////////////////////////////
// File Name: pr18009.cpp
/////////////////////////////////////
#include <iostream>
#include <sstream>

int main()
{
    std::ostringstream ostr;
    ostr << "This is only a test" << std::ends;
    const std::string& sp = ostr.str();

    // Now display the ostringstream object.
    std::cout << sp;

    return 0;
}
```

Name: **pr18010.cpp**
Location: **Quincy99\Programs\Chap18**

Listing 18-10: **The std::stringstream class**

```
///////////////////////////////////////
// File Name: pr18010.cpp
///////////////////////////////////////
#include <iostream>
#include <sstream>
#include <string>

int main()
{
    std::stringstream sstr;
    sstr << "Number ";
    sstr << 666;

    sstr.clear();
    sstr.seekg(6);

    int n;
    sstr >> n;
    std::cout << "Extracted int: " << n << std::endl;

    sstr.clear();
    sstr.seekg(0);
    std::string s;
    sstr >> s;
    std::cout << "Extracted string: " << s;

    return 0;
}
```

The wchar_t **versions of** std::istringstream, std::ostringstream, **and** std::stringstream **are named** std::wistringstream, std::wostringstream, **and** std::wstringstream.

Summary

In this chapter, you learned the various ways you can use streams to manipulate and format text output in your programs. The next chapter concludes your study of streams by demonstrating how to use streams to manage disk files.

✦   ✦   ✦

File I/O Streams

◆ ◆ ◆ ◆

In This Chapter

Introducing
the file stream
class hierarchy

Programming with
output streams

Programming with
input streams

Creating streams for
both input and output

◆ ◆ ◆ ◆

In Chapter 7, you got a quick look at the Standard C Library functions that you use to manage file input and output. These days, though, the up-to-date programmer relies on the stream classes built into the Standard C++ Library rather than on the other, more antiquated I/O functions. (The old way still works, however.) In this chapter, you discover the details of using streams to manage disk files.

The File Stream Class Hierarchy

The Standard C++ Library features a rich set of I/O classes for managing disk files. Those classes are built into a hierarchy that, as with all class hierarchies, features general base classes at the top and more specific, derived classes (appropriate for saving and loading various types of data from disk files via streams) at the bottom. A *stream* is nothing more than a series of bytes that are heading from some sort of device to another. In the case of file streams, the two devices connected by the stream are the computer's memory and a file on a disk drive. In the remainder of this chapter, you explore the `std::ofstream`, `std::ifstream`, and `std::fstream` classes and how you use them to manage disk I/O.

The std::ofstream Class

If your program needs to perform only disk file output, create an object of the `std::ofstream` class to handle the I/O tasks. Listing 19-1 uses an `std::ofstream` object in its simplest form.

Name: **pr19001.cpp**
Location: **Quincy99\Programs\Chap19**

Listing 19-1: **File output**

```
/////////////////////////////////////
// File Name: pr19001.cpp
/////////////////////////////////////
#include <fstream>

int main()
{
    std::cout << "Creating file..." << std::endl;
    std::ofstream tfile("test.dat");

    std::cout << "Writing to file..." << std::endl;
    tfile << "These are test data";

    return 0;
}
```

The program creates a file and writes a string to it. To view the file and verify that the program works, drag the file's icon to the Windows 95 Notepad applet.

You also can use the std::ofstream class to append to an existing file. Listing 19-2 appends a string to the file that Listing 19-1 created.

Name: **pr19002.cpp**
Location: **Quincy99\Programs\Chap19**

Listing 19-2: **Appending to an output file**

```
/////////////////////////////////////
// File Name: pr19002.cpp
/////////////////////////////////////
#include <fstream>

int main()
{
    std::cout << "Opening file..." << std::endl;
    std::ofstream tfile("test.dat", std::ios::app);

    std::cout << "Writing to file..." << std::endl;
    tfile << ", and these are more";

    return 0;
}
```

Notice the `std::ios::app` flag added to the following statement from the previous listing:

```
std::ofstream tfile("test.dat", std::ios::app);
```

This is the mode flag, which tells the `tfile` object that it should open the file for append. This mode leaves the existing data intact in the file. Table 19-1 lists the various mode flags along with their descriptions:

<table>
<tr><td colspan="2" align="center">Table 19-1
Stream Mode Flags</td></tr>
<tr><td>**Flag Description**</td><td></td></tr>
<tr><td>`std::ios::app`</td><td>Writes all-new data to the end of the file</td></tr>
<tr><td>`std::ios::ate`</td><td>Writes all-new data to the end of the file, unless the program moves the file pointer — at which time file data is written to the current position</td></tr>
<tr><td>`std::ios::binary`</td><td>Opens the file in binary, rather than text, mode</td></tr>
<tr><td>`std::ios::nocreate`</td><td>Opens the file only if the file already exists; otherwise, the open-file process fails</td></tr>
<tr><td>`std::ios::noreplace`</td><td>Opens the file only if the file does not already exist; if the file does exist, the open-file process fails</td></tr>
<tr><td>`std::ios::out`</td><td>Opens the file for output, deleting the file's current contents; the mode used when no mode is specified</td></tr>
<tr><td>`std::ios::trunc`</td><td>Opens the file for output, deleting the file's current contents</td></tr>
</table>

There are seven of these flags and two types of objects: `std::ofstream` and `std::ifstream`. Therefore, you can code many possible open statements. Not all of them are logical, but you can code them all. For each of them, the file may or may not exist. Consequently, there are even more possible circumstances. Covering them all is beyond the scope of this book. However, here are some of the most common circumstances:

✦ You want to create a file. If it exists, delete the old one.

```
std::ofstream ofile("FILENAME");  // no open_mode
```

✦ You want to read an existing file. If it does not exist, an error has occurred.

```
std::ifstream ifile("FILENAME");  // no open_mode
if (ifile.fail())
// the file does not exist ...
```

✦ You want to read and write an existing file. This is an update mode. You can read records, seek records, rewrite existing records, and add records to the end of the file.

```
std::ifstream ifile("FILENAME", ios::in | ios::out);
if (ifile.fail())
// the file does not exist ...
ostream ofile(ifile.rdbuf());
```

✦ You want to write to an existing file without deleting it first.

```
std::ofstream ofile("FILENAME", ios::out | ios::nocreate);
```

✦ You want to append records to an existing file, creating the file if it does not exist.

```
std::ofstream ofile("FILENAME", ios::out | ios::app);
```

Listing 19-3 illustrates the results of using the `std::ios::noreplace` flag on the file that Listings 19-1 and 19-2 manipulated.

On the CD-ROM

Name: **pr19003.cpp**
Location: **Quincy99\Programs\Chap19**

Listing 19-3: **Avoiding opening an existing file**

```
/////////////////////////////////////
// File Name: pr19003.cpp
/////////////////////////////////////
#include <fstream>

int main()
{
    std::cout << "Opening file..." << std::endl;
    std::ofstream tfile("test.dat", std::ios::noreplace);

    if (tfile.fail())
    {
        std::cout << std::endl
                << "File already exists!" << std::endl
                << "Delete it (Y/N)?" << std::endl;

        char ch;
        std::cin >> ch;
        if ((ch == 'Y') || (ch == 'y'))
        {
            std::ofstream tfile("test.dat");
            tfile << "These are test data";
            tfile << ", and these are more";
            std::cout << "New file created." << std:: endl;
```

```
            }
        else
            std::cout << "File not opened." << std:: endl;
    }

    return 0;
}
```

Rather using the << operator to send data to a file, you can call the stream object's write() member function. Listing 19-4 shows how the write() function records the binary representation of a class object into a data file.

On the CD-ROM

Name: **pr19004.cpp**
Location: **Quincy99\Programs\Chap19**

Listing 19-4: **The write( ) member function**

```cpp
//////////////////////////////////////
// File Name: pr19004.cpp
//////////////////////////////////////
#include <fstream>
#include <Date.h>

int main()
{
    Date dat(6, 24, 1940);
    struct date
    {
        int mo, da, yr;
    } dt;

    dat.GetDate(dt.mo, dt.da, dt.yr);

    std::cout << "Opening file..." << std::endl;
    std::ofstream tfile("date.dat");

    std::cout << "Writing to file..." << std::endl;
    tfile.write(reinterpret_cast<char*>(&dt), sizeof dt);

    return 0;
}
```

The program instantiates a Date object, using the Date class created in Chapter 13. Then the program declares a date structure and uses Date::GetDate() to load the Date object's month, day, and year values into the date structure's data member. The program creates the file and writes the binary value of the struct date object into it. The write() function does not stop writing when it reaches a null character, so the complete class structure is written regardless of its content.

Listing 19-4 teaches another valuable lesson. You may wonder why the program uses an interim, contrived data structure instead of simply writing the Date object like this:

```
tfile.write(static_cast<char*>(&dat), sizeof dat);
```

First, the Date class is an externally designed, abstract data type. You may not know how the class implements its data representation. (Sure, you can always look at the Date.h header file, but read on.)

Secondly, if you depend on the details of that format — and if the Date class designer changes the implementation — you must recompile all programs and convert all data files that depended on the previous data representation.

Third, and most important, the Date class can have one or more virtual functions. (It does.) A class that has virtual functions includes among its data members a hidden private pointer (vptr) to the class's virtual table (vtbl). If the class is derived from other classes, there are vptr data members for all the base classes. Those pointers' values are physical memory addresses based on where in memory the compiler put the class's vtbl for this particular program. The address-of operator (&) returns the memory address of the complete object, and the sizeof operator includes all vptr data members. There is no standard that specifies where in an object's memory the compiler must put vptr data members, so you cannot bypass it in any portable way. You also cannot reference the vptr data member — not even from within a member function — so consequently, you cannot save and restore its value. Not only is the vptr data value meaningless to the storage of a date's value, but if you were to read it from the file into a Date object in another program, you probably would trash the other program's pointer with a value that points to nowhere in particular. Later, when the program accessed the vptr to execute a virtual function or resolve a use of the typeid or dynamic_cast operator, the program would crash.

The std::ofstream class, and the other file stream classes, features many member functions that enable you to manage disk files. Some of these member functions are defined in the class itself, whereas the class inherits others from base classes such as std::ostream. Table 19-2 lists the most commonly used member functions of the stream classes.

Table 19-2
File Stream Member Functions

Function	Description
attach()	Associates an open file with the stream
close()	Closes the file after flushing any unsaved data
flush()	Flushes the stream
open()	Opens a file and associates it with the stream
put()	Writes a byte to the stream
rdbuf()	Returns the filebuf object associated with the stream
seekp()	Sets the position of the stream's file pointer
setmode()	Sets the stream to binary or text mode
tellp()	Gets the position of the stream's file pointer
write()	Writes a set of bytes to the stream

Listing 19-5 puts several of the std::ofstream class's member functions to work.

On the
CD-ROM

Name: **pr19005.cpp**
Location: **Quincy99\Programs\Chap19**

Listing 19-5: **Using ofstream( ) member functions**

```cpp
/////////////////////////////////////
// File Name: pr19005.cpp
/////////////////////////////////////
#include <fstream>
#include <string>

int main()
{
    string str("This is a test");

    // Create an output stream object.
    std::ofstream tfile;

    // Associate a file with the stream.
    tfile.open("testfile.txt");
```

Continued

Listing 19-5 *(continued)*

```
// Write a string one character at a time.
for (int x=0; x<14; ++x)
{
    std::cout << "File pointer: " << tfile.tellp();
    tfile.put(str[x]);
    std::cout << "  " << str[x] << std::endl;
}

// Close up the file.
tfile.close();

return 0;
}
```

Listing 19-5's output looks like this:

```
File pointer: 0   T
File pointer: 1   h
File pointer: 2   i
File pointer: 3   s
File pointer: 4
File pointer: 5   i
File pointer: 6   s
File pointer: 7
File pointer: 8   a
File pointer: 9
File pointer: 10  t
File pointer: 11  e
File pointer: 12  s
File pointer: 13  t
```

The ifstream Class

The std::ifstream class is std::ofstream's counterpart — the I/O class that
enables input from a disk file. When you need only to read data from a file, create an
object of the std::ifstream class in your program. For example, Listing 19-6 reads
the Date object from the file that Listing 19-4 writes.

**On the
CD-ROM**

Name: **pr19006.cpp**
Location: **Quincy99\Programs\Chap19**

Listing 19-6: The read( ) member function

```cpp
////////////////////////////////////////
// File Name: pr19006.cpp
////////////////////////////////////////
#include <fstream>
#include <Date.h>

int main()
{
    struct date
    {
        int mo, da, yr;
    } dt;

    std::ifstream tfile("date.dat");
    tfile.read(reinterpret_cast<char*>(&dt), sizeof dt);
    Date dat(dt.mo, dt.da, dt.yr);
    std::cout << dat;

    return 0;
}
```

Listing 19-6 displays the date 6/24/1940 onscreen. Observe that the program uses the same protective convention that Listing 19-4 uses. It reads the file data into the structure object. Then, it instantiates a Date object from the data members of the structure. An overloaded std::ostream::operator<<(const Date&) function is defined along with the Date class to permit displaying Date objects to std::ostream objects. The program uses this mechanism to display the date on the console.

Reading until End-of-File

Often, when reading data from a file, your program needs to know when it reaches the end of the file. The std::ifstream class provides the eof() member function for this task. Listing 19-7 opens the text file that Listing 19-1 created and Listing 19-2 modified, and reads the file data one character at a time. The program sends each character to std::cout as the character is read and then stops at end-of-file.

Name: **pr19007.cpp**
Location: **Quincy99\Programs\Chap19**

Listing 19-7: **Testing end-of-file**

```cpp
/////////////////////////////////////////
// File Name: pr19007.cpp
/////////////////////////////////////////
#include <fstream>

int main()
{
    std::ifstream tfile("test.dat");

    while (!tfile.eof())
    {
        char ch;
        tfile.get(ch);
        if (!tfile.eof())
            std::cout << ch;
    }

    return 0;
}
```

Assuming you ran Listings 19-1 and 19-2, Listing 19-7 displays this message:

```
These are test data, and these are more
```

Seeking within a File

The stream classes provide a member function named seekg(), which enables a program to move the file pointer to any byte in a file. Listing 19-8 opens a file, changes the input position, and then reads to end-of-file.

Name: **pr19008.cpp**
Location: **Quincy99\Programs\Chap19**

Listing 19-8: **The seekg( ) member function**

```cpp
/////////////////////////////////////
// File Name: pr19008.cpp
/////////////////////////////////////
#include <fstream>

int main()
{
    std::ifstream tfile("test.dat");
    tfile.seekg(6);          // Seek six characters in

    while (!tfile.eof())
    {
        char ch;
        tfile.get(ch);
        if (!tfile.eof())
            std::cout << ch;
    }

    return 0;
}
```

Listing 19-8 displays this message:

```
are test data, and these are more
```

By adding an argument to the function call, a program can specify that a seekg( ) or seekp( ) operation occurs relative to the beginning of the file, the end of the file, or the current position. The argument is defined in the ios class. The following are examples of the function calls:

```cpp
tfile.seekg(5, ios::beg);
tfile.seekg(10, ios::cur);
tfile.seekg(-15, ios::end);
```

If you do not provide the second argument, the seek occurs from the beginning of the file.

You can determine the current position for input with the tellg( ) member function and the current position for output with the tellp( ) member function. Listing 19-9 illustrates the tellg( ) function.

Name: **pr19009.cpp**
Location: **Quincy99\Programs\Chap19**

Listing 19-9: **The tellg( ) member function**

```
/////////////////////////////////////
// File Name: pr19009.cpp
/////////////////////////////////////
#include <fstream.h>

main()
{
    std::ifstream tfile("test.dat");

    while (!tfile.eof())
    {
        char ch;
        std::streampos here = tfile.tellg();
        tfile.get(ch);
        if (ch == ' ')
            std::cout << "\nPosition "
                      << here << " is a space";
    }
}
```

Listing 19-9 displays these messages:

```
Position 5 is a space
Position 9 is a space
Position 14 is a space
Position 20 is a space
Position 24 is a space
Position 30 is a space
Position 34 is a space
```

The program reads the file built by the earlier listings and displays messages showing the character positions where it finds spaces. The tellg() function returns an integral value of type std::streampos — a typedef defined in one of the compiler's internal header files related to file streams.

Reading and Writing Stream Files

Often, you may want to open a file for read/write access. To do this, add an openmode argument to the std::ifstream constructor argument list. The openmode argument overrides the default read-only mode of std::ifstream objects. Listing 19-10 reads the text file from the earlier listings into a character array and writes an uppercase-only copy of the bytes at the end of the file.

Name: **pr19010.cpp**
Location: **Quincy99\Programs\Chap19**

Listing 19-10: **Reading and writing a stream file**

```cpp
//////////////////////////////////////////
// File Name: pr19010.cpp
//////////////////////////////////////////
#include <fstream>
#include <cctype>

int main()
{
    char* fname = "test.dat";

    // Read the file into an array.
    std::ifstream tfile(fname, std::ios::in |
        std::ios::out | std::ios::binary);
    std::ostream ofile(tfile.rdbuf());
    char tdata[100];
    int i = 0;
    while (!tfile.eof() && i < sizeof tdata)
        tfile.get(tdata[i++]);

    // Write the array to the file.
    ofile.seekp(0, ios::end);
    ofile << "\r\n";
    for (int j = 0; j < i-1; j++)
        ofile.put(static_cast<char>(toupper(tdata[j])));

    return 0;
}
```

The program modifies the file so that it contains these contents:

```
These are test data, and these are more
THESE ARE TEST DATA, AND THESE ARE MORE
```

Observe that Listing 19-10 uses the seekp() function to change the output insertion location for the output component of the file.

Observe also that the program sends the string "\r\n" to the file, rather than the std::endl manipulator or the newline character, as a line separator. The program uses this procedure because the file is opened with the std::ios::binary openmode and the listings (as distributed) compile and run under Windows 95 or NT. See the "Binary and Text Files," section later in this chapter for a discussion of the differences between binary and text files.

Associating and Disassociating Files with Streams

It is possible to use a single stream object to represent different files at different times. To do this, you construct a stream object without supplying the name of the associated file. You then call the stream object's open( ) member function to associate the stream with a file and call the close( ) member function to disassociate the file. Listing 19-11 demonstrates how to do this.

On the
CD-ROM

Name: **pr19011.cpp**
Location: **Quincy99\Programs\Chap19**

Listing 19-11: **The open( ) and close( ) member functions**

```cpp
////////////////////////////////////////////
// File Name: pr19011.cpp
////////////////////////////////////////////
#include <fstream>

int main()
{
    // An ofstream object without a file.
    std::ofstream tfile;

    std::cout << "Creating the test1.dat file..."
              << std::endl;
    tfile.open("test1.dat");
    tfile << "This is TEST1";
    tfile.close();

    std::cout << "Creating the test2.dat file..."
              << std::endl;
    tfile.open("test2.dat");
    tfile << "This is TEST2";
    tfile.close();

    return 0;
}
```

The iostream classes include conversion functions that return TRUE or FALSE values if you use the object name in a true/false conditional expression. Suppose that you declare a file stream object without an initializing name and do not associate a name with that object. The following code shows how you can test for that condition:

```cpp
std::fstream tfile;   // No file name given
if (tfile)           // This test returns false
    // ...
```

Binary and Text Files

On some operating platforms — Unix, for example — there is no difference between binary files and text files and the std::ios::binary argument has no effect. Other platforms — MS-DOS, Windows 95, and Windows NT, for example — display a distinct difference. Those platforms that differentiate between text files and binary files do so in these ways:

✦ When the program writes a newline character ('\n') to a binary file, the file system writes the single newline character. On most platforms, this newline character is the same as the linefeed (0x0a) character.

✦ When the program writes a newline character to a text file, the file system writes two characters: a carriage return character (0x0d) followed by a linefeed character (0x0a).

✦ When the program reads a newline character from a binary file, the file system reads the single newline character into memory.

✦ When the program reads a carriage return/linefeed character pair from a text file, the file system translates the pair into a single newline character in memory.

✦ When the program reads a single newline character — a linefeed that is not preceded by a carriage return character — from a text file, the file system inserts the newline character into memory.

This approach has significant implications that mainly involve file position operations — *seeking* and *telling*. (Seeking is finding a given position within a file, whereas telling is retrieving the current file position.) A text file's data representation in memory has a different length than its data representation on disk because of the bidirectional translations between single newline memory characters and carriage return/linefeed character pairs on disk. Consequently, seeking and telling are unreliable operations when applied to text files.

The std::fstream Class

When your program needs to read from and write to a file, it's time to crank up the std::fstream class, which can handle both of these tasks from a single object. Listing 19-12 is a short program that creates an std::fstream object, writes to the stream's file, and then reads from the file.

Name: **pr19012.cpp**
Location: **Quincy99\Programs\Chap19**

Listing 19-12: **A stream for both input and output**

```cpp
/////////////////////////////////////////
// File Name: pr19012.cpp
/////////////////////////////////////////
#include <fstream>

int main()
{
    // Create a file object for both
    // input and output.
    std::fstream tfile("test3.dat",
        std::ios::in | std::ios::out);
    tfile << "This is TEST3";
    tfile.seekg(0);

    char tdata[100];
    int i = 0;
    while (!tfile.eof() && i < sizeof tdata)
        tfile.get(tdata[i++]);

    std::cout << tdata;

    return 0;
}
```

Summary

Using the Standard C++ Library's stream classes, you easily can handle any type of file input or output task. The three main file classes — std::ofstream, std::ifstream, and std::fstream — provide all the functionality you need to manage everything from a text file to a random-access file. In the next chapter, you start learning about C++'s Standard Template Library (STL), which enables you to create and manipulate various types of standard containers, such as stacks and queues.

✦   ✦   ✦

The Standard Template Library (STL)

Introduction to STL

In This Chapter

Introducing the
Standard Template
Library

Exploring sequences,
adapters, and
containers

Exploring iterators,
algorithms,
predicates,
and allocators

The *Standard Template Library (STL)* is a library of container class templates and algorithms. Using STL, a programmer easily can implement many standard types of containers — such as stacks, lists, and queues — as well as manipulate the contents of these containers in various ways.

Why STL?

You can find the rationale for STL in the following observation. Given one set of data types, another set of container types, and a third set of common algorithms to support the containers, the amount of software developed with traditional C++ methods is a product of the number of elements in the three sets. Suppose you have integer, Date, and Personnel objects to contain in lists, queues, and stacks. If you need to insert, extract, and sort algorithms for each object, then there are 27 (3x3x3) traditional C++ algorithms to develop. With templates, you can define the containers as generic classes and reduce the number to nine algorithms — three algorithms for each of the three containers.

However, suppose you design the algorithms themselves as templates that perform generic operations on parameterized containers. There are only three algorithms in this case, which is the underlying basis of STL.

That explanation is a simplification of the STL rationale, but it hints at larger advantages that you cannot ignore. If class template containers are sufficiently generic, they can support any user-defined data type that meets their requirements with respect to operator overloading and behavior. You can contain any data type within any kind of supported container without having to develop custom container code. Furthermore, if the algorithms are sufficiently generic, you can use them to process containers of objects of user-defined data types.

You can add containers of your own design by conforming to the rules of STL; all the existing algorithms automatically work with the new containers.

Finally, as you add conforming algorithms, you find that they work with all containers and all contained data types—those of the present and those not yet designed.

To summarize, if you stick to the rules, you can add to any of the three components that make up STL—the containers, the algorithms, and the contained data types—and all existing components automatically accept the new addition and work seamlessly with it.

The STL Programming Model

STL supports several container types categorized as *sequences* and *associative containers*. A hierarchy of iterator objects, which resemble C++ pointers, manages access to containers. Iterators point to objects in the containers and permit the program to iterate through the containers in various ways.

All the containers have common management member functions defined in their template definitions: `insert()`, `erase()`, `begin()`, `end()`, `size()`, `capacity()`, and so on. Individual containers have member functions that support their unique requirements.

A standard suite of algorithms provides for searching, copying, reordering, transforming, and performing numeric operations on the objects in the containers. The same algorithm performs a particular operation for all containers of all object types.

As I explain the container types, remember that they are implemented as templates; the template arguments given when the program instantiates the containers determines the types of objects they contain.

Sequences

A *sequence* is a container that stores a finite set of objects of the same type in a linear organization. An array of names is a sequence. You use one of the three sequence types—vector, list, or deque—for a particular application depending on its retrieval requirements. Following is an overview of the three sequence types. You learn more about sequences in Chapter 21.

✦ A *vector* is a sequence that you can access at random. You append entries to, and remove entries from, the end of the vector without undue overhead. Insertion and deletion at the beginning or in the middle of the vector takes more time because they involve shifting the remaining entries to make room or to close the deleted object space. A vector is an array of contiguous objects with an instance counter or pointer that indicates the end of the container. Random access is a matter of using a subscript operation.

✦ A *list* is a sequence that you access bidirectionally; it enables you to perform insertions and deletions anywhere without undue performance penalties. Random access is simulated by forward or backward iteration to the target object. A list consists of noncontiguous objects linked with forward and backward pointers.

✦ A *deque* is like a vector, except that a deque allows fast insertions and deletions at the beginning as well as at the end of the container. Random insertions and deletions take more time.

Container Adapters

A *container adapter* uses existing container classes and implements a unique interface. You select the existing container based on the requirements of the problem. You instantiate a container adapter class by naming the existing container in the declaration:

```
std::stack< std::list<int> > stackedlist;
```

The preceding example instantiates a stack container—one of the three container adapters supported by STL—using the list container as the underlying data structure.

A container adaptor hides the public interface of the underlying container and implements its own. A stack data structure, for example, resembles a list but has its own requirements for its user interface.

STL includes three container adapters: `std::stack`, `std::queue`, and `std::priority_queue`, which I summarize in the following paragraphs. You learn more about container adaptors in Chapter 21.

✦ A *stack* is a data structure that exhibits pushdown, pop-up behavior. The most recently inserted (pushed) element is the only one that can be extracted. Extraction of the logically topmost element pops that element from the stack—removes it so that the element inserted immediately before the popped element is now the next available element. The `stack` template class implements two accessor functions, `push()` and `pop()`, to insert and extract elements in the data structure.

✦ A *queue* is a data structure wherein you insert elements at the end and extract elements from the beginning. The queue template class implements two accessor functions, push() and pop(), to insert and extract elements in the data structure.

✦ A *priority queue* is a data structure wherein you insert elements at the end and extract the element that has the highest priority. The priority_queue template class implements two accessor functions, push() and pop(), to insert and extract elements in the data structure.

Associative Containers

Associative containers provide for fast, keyed access to the objects in the container. They are constructed from key objects and a compare function that the container uses to compare objects. Associative containers consist of std::set, std::multiset, std::map, and std::multimap containers. You use associative containers for large dynamic tables that you can search sequentially or at random. Associative containers use tree structures — rather than contiguous arrays or linked lists — to organize the objects. These structures support fast random retrievals and updates. Following is an overview of the STL associative containers. You learn more about associative containers in Chapter 22.

✦ The *set container* holds objects that are key values. The set container does not permit duplicate keys.

✦ The *multiset container* holds objects that are key values. The multiset container permits duplicate keys.

✦ The *map container* holds objects that are key values and associate each key object with another parameterized type object. The map container does not permit duplicate keys.

✦ The *multimap container* holds objects that are key values and associate each key object with another parameterized type object. The multimap container permits duplicate keys.

Iterators

Iterators provide a common method of access into containers. They resemble and have the semantics of C++ pointers. In fact, when the parameterized type is a built-in C++ type (int, double, and so on), the associated iterators are C++ pointers.

Each container type supports one category of iterator depending on the container's requirements. The categories are input, output, forward, bidirectional, and random access. STL defines a hierarchy of iterators, as shown in Figure 20-1.

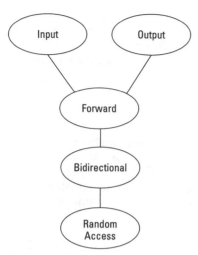

Figure 20-1: STL iterator hierarchy

Each iterator category has all the properties of those above it in the hierarchy. Those properties specify the behavior that the iterator must exhibit in order to support the container. Iterators are so-called smart pointers. They are permitted to have values that represent one of a set of defined states. Table 20-1 lists and explains these states.

Table 20-1	
STL Iterator States	
Iterator State	*Description*
Singular	The iterator's value does not dereference any object in any container. (You can uninitialize the iterator or set it to a logical null value.)
Dereferenceable	The iterator points to a valid object in the container.
Past-the-end	The iterator points to the object position past the last object in the container.

Iterators can be initialized, incremented, and decremented, and their bounds can be limited by the current extent of the containers. If you cause an iterator to be equal to another iterator by incrementing the first one, the second iterator is reachable from the first. The two iterators also are known to refer to the same container. Therefore, the two iterators can define a range of objects in the container.

Iterators can be set as the result of a search of the container or by subscripted reference into the container. Containers include member functions that return iterators pointing to the first object and the past-the-end object position. Iterators are the objects with which STL algorithms work. You learn more about iterators in the following chapters and especially in Chapter 24.

Algorithms

Algorithms, the backbone of STL, perform operations on containers by dereferencing iterators. Each algorithm is a function template parameterized on one or more iterator types. The standard algorithms are grouped into four categories: nonmutating sequence operations, mutating sequence operations, sorting operations, and numeric operations. You learn more about these different categories of algorithms in Chapter 23.

Algorithms accept iterators as arguments. The iterators tell the algorithm which object, or range of objects, to operate on in a container. Every container has a fixed set of iterator values the program can use by calling member functions that return the iterator values. For example, the begin() function returns the value that represents the first logical element in a sequence container; the end() function returns a value that represents the container position one past the last element.

Predicates

Algorithms also accept *predicates*, which are function object arguments. A *function object* is an object of a class that overloads operator() and that you pass to an algorithm as a callback function argument. The algorithm calls the predicate for each object it processes from the container. In some cases, the predicate is a bool function that returns TRUE or FALSE to tell the algorithm whether to select the object. In other cases, the predicate processes the objects that the algorithm finds and returns an object of the type in the container. STL provides a set of standard arithmetic, comparison, and logical function objects that you can use as predicates.

The associative containers require a predicate as an argument to the template instantiation. The predicate argument specifies how elements are stored and retrieved with respect to one another. You learn more about using predicates in the following chapters.

Allocators

Every STL container class defines an allocator class that manages the allocation of memory for the container. STL provides a default allocator object for each container, so you should not need to deal directly with the allocator class. For this reason, I do not cover allocators in detail in this book.

Summary

STL consists of generic containers with iterators, along with algorithms that operate on those containers through their iterators. STL is almost a different programming model—another paradigm, if you will. It flies in the face of pure object-oriented theory by apparently separating the data from the functions. Algorithms are not bound to classes. They are not methods. They are function templates. Their binding to the data occurs as a function of their parameterized argument types.

This overview of STL is by no means an exhaustive study. It should serve, however, as an introduction to the underlying concepts of the Library. The remaining chapters in this part of the book explain the STL library in greater detail, beginning with sequences in Chapter 21.

✦   ✦   ✦

Sequences

The STL *sequence containers* are class templates that implement abstract data types for many frequently used data sequences. Such a sequence with which you already are familiar is an array. However, STL's sequence containers include specialized array types, as well as several other types of data sequences, all of which you explore in this chapter.

Introducing the Sequence Containers

STL implements its sequence containers with the following class templates and adaptors:

+ std::vector: A type of random-access array that provides fast random access to array elements, as well as fast insertion and deletion at the end of the sequence. A std::vector object can change its size as needed.

+ std::deque: A type of random-access array that provides for fast insertion and deletion at both the beginning and end of the sequence. A std::deque object can change its size as needed.

+ std::list: A type of array that does not support random access. That is, because STL implements a std::list object as a doubly linked list, accessing an element in the list requires that you follow pointers from one end of the list. However, insertion or deletion is a constant-time operation, meaning that the time needed to insert or remove an element from the std::list object is the same regardless of where in the list the element is placed.

+ std::queue: A type of adapter container that creates a *first in, first out (FIFO)* container from a std::deque or std::list object.

✦ std::priority_queue: A type of adapter container that creates a sorted sequence from a std::vector or std::deque object.

✦ std::stack: A type of adapter container that creates a *first in, last out (FILO)* container from a std::vector, std::deque, or std::list object.

In the following sections, you explore the various types of sequences and how to use them in your programs.

The vector Class Template

An std::vector object is similar to an array in that it provides random access to elements placed into the sequence. However, unlike a traditional array, an std::vector object (at runtime) can resize itself dynamically in order to hold any number of elements. A std::vector object can insert or remove new elements at the end of its sequence quickly, but insertion or removal from anywhere else in the sequence is not as efficient. This is because the std::vector object must shift the position of elements to accommodate the new element or to close up the space left by a removed element.

You can construct an std::vector object in several ways, as shown here:

```
std::vector<type> name;
std::vector<type> name(size);
std::vector<type> name(size, value);
std::vector<type> name(myvector);
std::vector<type> name(first, last);
```

The first example creates an empty std::vector object named *name* that can hold data of the type *type*. For example, to create an empty std::vector object for integers, you can write:

```
std::vector<int> intVector;
```

The second example creates an std::vector object with an initial size of *size*, whereas the third example creates an std::vector object with an initial size of *size* — each element of which is initialized to *value*. The fourth example uses the copy constructor, which makes an std::vector object from an existing vector, *myvector*. Finally, the fifth example creates a vector from a range of elements that are specified by the iterators *first* and *last*.

Listing 21-1 shows how to create and display the contents of an std::vector object:

Name: **pr21001.cpp**
Location: **Quincy99\Programs\Chap21**

Listing 21-1: **Creating a simple vector**

```cpp
/////////////////////////////////////////
// File Name: pr21001.cpp
/////////////////////////////////////////
#include <iostream>
#include <vector>

int main()
{
    std::vector<int> intVector(10, 1);
    int x = 0;

    std::vector<int>::iterator iter;
    for (iter = intVector.begin();
            iter != intVector.end(); iter++)
    {
        std::cout << "Element #" << x++ << ": "
                << *iter << std::endl;
    }

    return 0;
}
```

Listing 21-1 displays the following output:

```
Element #0: 1
Element #1: 1
Element #2: 1
Element #3: 1
Element #4: 1
Element #5: 1
Element #6: 1
Element #7: 1
Element #8: 1
Element #9: 1
```

The first thing to notice about Listing 21-1 is the #include <vector> line, which includes the appropriate header file for the std::vector class template. The program creates a 10-element std::vector object, of which all the elements are initialized to 1. Notice how the program accesses elements of the std::vector object by using the iter iterator object. You can think of an iterator as a pointer to an element stored in the container. The call to the vector's begin() member function returns an iterator that points to the first data element in the vector, whereas the call to end() returns an iterator that points to the data element at the end of the vector. The for loop uses the ++ operator to increment the iterator object so that it points to the next element in the vector.

Inserting and Accessing Vector Elements

To insert new elements to the end of the sequence stored in an std::vector object, use the push_back() or insert() member function. Listing 21-2 creates an empty std::vector object, populates the sequence with the characters "A" through "J", and displays the contents of the std::vector object.

Name: **pr21002.cpp**
Location: **Quincy99\Programs\Chap21**

Listing 21-2: **Adding elements to a vector**

```cpp
/////////////////////////////////////
// File Name: pr21002.cpp
/////////////////////////////////////
#include <iostream>
#include <vector>

int main()
{
    std::vector<char> charVector;
    int x = 0;

    for (int i=0; i<10; ++i)
        charVector.push_back(65 + i);

    std::vector<char>::iterator iter;
    for (iter = charVector.begin();
            iter != charVector.end(); iter++)
    {
        std::cout << "Element #" << x++ << ": "
                << *iter << std::endl;
    }

    return 0;
}
```

Listing 21-2 displays the following output:

```
Element #0:  A
Element #1:  B
Element #2:  C
Element #3:  D
Element #4:  E
Element #5:  F
```

```
Element #6: G
Element #7: H
Element #8: I
Element #9: J
```

You can specify exactly where to insert new elements by calling the `std::vector` object's `insert()` member function, which takes as arguments the position at which to start the insertion, the number of elements to insert, and the value to insert. To insert a single element, simply supply an iterator for the position and the value to insert. Listing 21-3 creates an empty `std::vector` object and populates the sequence with the characters "A" through "J". Then the program removes characters from the start of the sequence one at a time, displaying the results as it goes.

On the CD-ROM

Name: **pr21003.cpp**
Location: **Quincy99\Programs\Chap21**

Listing 21-3: **Inserting elements anywhere within a vector**

```cpp
/////////////////////////////////////////
// File Name: pr21003.cpp
/////////////////////////////////////////
#include <iostream>
#include <vector>

int main()
{
    // Create and populate the vector.
    std::vector<char> charVector;
    for (int i=0; i<10; ++i)
        charVector.push_back(65 + i);

    // Display the starting vector.
    std::cout << "Original vector: ";
    std::vector<char>::iterator iter;
    for (iter = charVector.begin();
            iter != charVector.end(); iter++)
    {
        std::cout << *iter;
    }
    std::cout << std::endl;

    // Insert five Xs into the vector.
    std::vector<char>::iterator start =
        charVector.begin();
```

Continued

Listing 21-3 *(continued)*

```
    charVector.insert(start, 5, 'X');

    // Display the result.
    std::cout << "Resultant vector: ";
    for (iter = charVector.begin();
            iter != charVector.end(); iter++)
    {
        std::cout << *iter;
    }

    return 0;
}
```

Listing 21-3 displays the following output:

```
Original vector: ABCDEFGHIJ
Resultant vector: XXXXXABCDEFGHIJ
```

Removing Vector Elements

To delete elements from the end of the sequence stored in an `std::vector` object, use the `pop_back()` or `erase()` member function. Listing 21-4 creates an empty `std::vector` object and populates the sequence with the characters "A" through "J". Then the program removes characters from the sequence one at a time, displaying the results as it goes.

Name: **pr21004.cpp**
Location: **Quincy99\Programs\Chap21**

Listing 21-4: Removing elements from a vector

```
//////////////////////////////////////
// File Name: pr21004.cpp
//////////////////////////////////////
#include <iostream>
#include <vector>

int main()
{
    std::vector<char> charVector;
```

```
    for (int i=0; i<10; ++i)
        charVector.push_back(65 + i);

    int size = charVector.size();
    for (int i=0; i<size; ++i)
    {
        charVector.pop_back();
        std::vector<char>::iterator iter;
        for (iter = charVector.begin();
            iter != charVector.end(); iter++)
        {
            std::cout << *iter;
        }
        std::cout << std::endl;
    }

    return 0;
}
```

Listing 21-4 displays the following output:

```
ABCDEFGHI
ABCDEFGH
ABCDEFG
ABCDEF
ABCDE
ABCD
ABC
AB
A
```

You can specify the elements to delete by calling the `std::vector` object's `erase()` member function, which takes as arguments the position at which to start the deletion and the position of the element at which the deletion should stop (that is, this last element is not deleted). The second argument is not required. To delete a single element, simply supply an iterator for the element as the `erase()` member function's single argument. Listing 21-5 creates an empty `std::vector` object and populates the sequence with the characters "A" through "J". Then the program removes characters from the start of the sequence one at a time, displaying the results as it goes.

On the CD-ROM

Name: **pr21005.cpp**
Location: **Quincy99\Programs\Chap21**

Listing 21-5: Removing elements anywhere within a vector

```cpp
///////////////////////////////////////
// File Name: pr21005.cpp
///////////////////////////////////////
#include <iostream>
#include <vector>

int main()
{
    std::vector<char> charVector;

    for (int x=0; x<10; ++x)
        charVector.push_back(65 + x);

    int size = charVector.size();
    for (int x=0; x<size; ++x)
    {
        std::vector<char>::iterator start =
            charVector.begin();
        charVector.erase(start);
        std::vector<char>::iterator iter;
        for (iter = charVector.begin();
                iter != charVector.end(); iter++)
        {
            std::cout << *iter;
        }
        std::cout << std::endl;
    }

    return 0;
}
```

Listing 21-5 displays the following output:

```
BCDEFGHIJ
CDEFGHIJ
DEFGHIJ
EFGHIJ
FGHIJ
GHIJ
HIJ
IJ
J
```

Comparing Vectors

The `std::vector` class template defines a full set of operators. Among these operators are ones needed to perform comparisons between `std::vector` objects. A program can determine which vectors are equal to each other, or which vector is less than or greater than another. Two `std::vector` objects are equal when they have the same number of elements and all elements in the vector have the same value. Listing 21-6 demonstrates how to compare vectors.

On the CD-ROM

Name: **pr21006.cpp**
Location: **Quincy99\Programs\Chap21**

Listing 21-6: **Comparing vectors**

```cpp
/////////////////////////////////////
// File Name: pr21006.cpp
/////////////////////////////////////
#include <iostream>
#include <vector>

int main()
{
    // Create two vector objects.
    std::vector<char> charVector1;
    for (int x=0; x<10; ++x)
        charVector1.push_back(65 + x);
    std::vector<char> charVector2;
    for (int x=0; x<10; ++x)
        charVector2.push_back(66 + x);

    // Display the vectors.
    std::cout << "Vector 1: ";
    std::vector<char>::iterator iter;
    for (iter = charVector1.begin();
            iter != charVector1.end(); iter++)
    {
        std::cout << *iter;
    }
    std::cout << std::endl;

    std::cout << "Vector 2: ";
    for (iter = charVector2.begin();
            iter != charVector2.end(); iter++)
    {
        std::cout << *iter;
```

Continued

Listing 21-6 *(continued)*

```
    }
    std::cout << std::endl;

    // Compare the vectors.
    if (charVector1 == charVector2)
        std::cout << "vector1 == vector2";
    else if (charVector1 < charVector2)
        std::cout << "vector1 < vector2";
    else if (charVector1 > charVector2)
        std::cout << "vector1 > vector2";

    return 0;
}
```

Listing 21-6 produces the following output:

```
Vector 1: ABCDEFGHIJ
Vector 2: BCDEFGHIJK
vector1 < vector2
```

Vector Member Functions

The preceding examples show you how to perform the most needed operations with an std::vector object. The std::vector class template, however, defines more functions than I have shown you so far. Table 21-1 lists some more std::vector member functions, along with their descriptions.

<table>
<tr><td colspan="2" align="center">Table 21-1
Vector Member Functions</td></tr>
<tr><td>*Function*</td><td>*Description*</td></tr>
<tr><td>assign(first, last)</td><td>Replaces the vector elements with the elements specified by the iterators first and last</td></tr>
<tr><td>assign(num, val)</td><td>Replaces the vector elements with num copies of val</td></tr>
<tr><td>at(n)</td><td>Returns the value of the element located at position n in the vector</td></tr>
</table>

Function	Description
back()	Returns a reference to the element at the end of the vector
begin()	Returns an iterator that points to the first element in the vector
capacity()	Returns the current maximum number of elements that can fit into the vector
clear()	Erases all elements of a vector
empty()	Returns a TRUE value if the vector is empty
end()	Returns an iterator that points to the last element in the vector
erase(start, end)	Erases a range of vector elements specified by the iterators start and end
erase(i)	Erases the vector element pointed to by the iterator i
front()	Returns a reference to the element at the start of the vector
insert(i, x)	Inserts value x into the vector at the position specified by iterator i
insert(i, start, end)	Inserts the range of values specified by the iterators start and end into a vector at the position specified by the iterator i
insert(i, n, x)	Inserts n copies of x into a vector at the position specified by the iterator i
max_size()	Returns the maximum size (the greatest number of elements that can fit) of the vector
pop_back()	Removes the vector's last element
push_back(x)	Places the value x at the end of the vector
rbegin()	Returns a reverse iterator that points beyond the last element in the vector
rend()	Returns a reverse iterator that points to the first element of the vector
reverse()	Reverses the order of the elements
resize(n, x)	Resizes the vector by n elements, initializing the new elements with the value x
size()	Returns the size (the number of elements) of the vector
swap(vector)	Swaps the contents of two vectors

The deque Class Template

An `std::deque` object is similar to a vector. However, a deque object is efficient at placing elements in, or removing elements from, both the start and the end of the sequence. However, a vector is efficient only when performing such operations at the end of the sequence. Like a vector, a `std::deque` object provides random access to its elements and can resize itself dynamically as needed, but insertion or removal from anywhere else in the sequence is not as efficient.

You can construct an `std::deque` object in several ways, as shown here:

```
std::deque<type> name;
std::deque<type> name(size);
std::deque<type> name(size, value);
std::deque<type> name(mydeque);
std::deque<type> name(first, last);
```

The first example creates an empty `std::deque` object named *name* that can hold data of the type *type*. For example, to create an empty `std::deque` object for integers, you can write:

```
deque<int> intDeque;
```

The second example creates an `std::deque` object with an initial size of *size*, whereas the third example creates an `std::deque` object with an initial size of *size*, each element of which is initialized to *value*. The fourth example uses the copy constructor, which makes a `std::deque` object from an existing deque, *mydeque*. Finally, the fifth example creates a deque from a range of elements that the iterators *first* and *last* specify.

Listing 21-7 shows how to create and display the contents of an `std::deque` object.

On the CD-ROM

Name: **pr21007.cpp**
Location: **Quincy99\Programs\Chap21**

Listing 21-7: **Creating a simple deque**

```
/////////////////////////////////////
// File Name: pr21007.cpp
/////////////////////////////////////
#include <iostream>
#include <deque>

int main()
{
```

```
std::deque<int> intDeque(10, 1);
int x = 0;

std::deque<int>::iterator iter;
for (iter = intDeque.begin();
        iter != intDeque.end(); iter++)
{
    std::cout << "Element #" << x++ << ": "
            << *iter << std::endl;
}

return 0;
}
```

Listing 21-7 displays the following output:

```
Element #0:  1
Element #1:  1
Element #2:  1
Element #3:  1
Element #4:  1
Element #5:  1
Element #6:  1
Element #7:  1
Element #8:  1
Element #9:  1
```

The first thing to notice about Listing 21-7 is the #include <deque> line, which includes the appropriate header file for the std::deque class template. The program creates a 10-element std::deque object, of which all the elements are initialized to 1.

Inserting and Accessing Deque Elements

To insert new elements into the sequence stored in a std::deque object, you can use either the push_front() or push_back() member function. (Note that the std::vector template class does not define a push_front() member function because inserting new elements into the beginning of a vector is not an efficient operation.) Listing 21-8 creates an empty std::deque object, populates the sequence with the characters "J" through "A", and displays the contents of the std::deque object.

Name: **pr21008.cpp**
Location: **Quincy99\Programs\Chap21**

Listing 21-8: **Adding elements to a deque**

```
//////////////////////////////////////
// File Name: pr21008.cpp
//////////////////////////////////////
#include <iostream>
#include <deque>

int main()
{
    std::deque<char> charDeque;
    int x = 0;

    for (int i=0; i<10; ++i)
        charDeque.push_front(65 + i);

    std::deque<char>::iterator iter;
    for (iter = charDeque.begin();
            iter != charDeque.end(); iter++)
    {
        std::cout << "Element #" << x++ << ": "
                << *iter << std::endl;
    }

    return 0;
}
```

Listing 21-8 displays the following output:

```
Element #0: J
Element #1: I
Element #2: H
Element #3: G
Element #4: F
Element #5: E
Element #6: D
Element #7: C
Element #8: B
Element #9: A
```

You can specify exactly where to insert new elements by calling the std::deque object's insert() member function, which takes as arguments the position at which to start the insertion, the number of elements to insert, and the value to insert. To insert a single element, simply supply an iterator for the position and the value to insert. Listing 21-9 creates an empty std::deque object and populates the sequence with the characters "J" through "A". Then the program removes characters from the start of the sequence one at a time, displaying the results as it goes.

On the
CD-ROM

Name: **pr21009.cpp**
Location: **Quincy99\Programs\Chap21**

Listing 21-9: **Inserting elements anywhere within a deque**

```cpp
///////////////////////////////////////
// File Name: pr21009.cpp
///////////////////////////////////////
#include <iostream>
#include <deque>

int main()
{
    // Create and populate the deque.
    std::deque<char> charDeque;
    for (int x=0; x<10; ++x)
        charDeque.push_front(65 + x);

    // Display the starting deque.
    std::cout << "Original deque: ";
    std::deque<char>::iterator iter;
    for (iter = charDeque.begin();
            iter != charDeque.end(); iter++)
    {
        std::cout << *iter;
    }
    std::cout << std::endl;

    // Insert five Xs into the deque.
    std::deque<char>::iterator start =
        charDeque.begin();
    charDeque.insert(start, 5, 'X');

    // Display the result.
    std::cout << "Resultant deque: ";
    for (iter = charDeque.begin();
            iter != charDeque.end(); iter++)
    {
        std::cout << *iter;
    }

    return 0;
}
```

Listing 21-9 displays the following output:

```
Original deque: JIHGFEDCBA
Resultant deque: XXXXXJIHGFEDCBA
```

Removing Deque Elements

To delete elements from the sequence stored in an `std::deque` object, you can use the `pop_front()` or `pop_back()` member function. Listing 21-10 creates an empty `std::deque` object and populates the sequence with the characters "J" through "A". Then the program removes characters from the sequence one at a time, displaying the results as it goes.

On the CD-ROM

Name: **pr21010.cpp**
Location: **Quincy99\Programs\Chap21**

Listing 21-10: **Removing elements from a deque**

```cpp
/////////////////////////////////////////
// File Name: pr21010.cpp
/////////////////////////////////////////
#include <iostream>
#include <deque>

int main()
{
    std::deque<char> charDeque;

    for (int x=0; x<10; ++x)
        charDeque.push_front(65 + x);

    int size = charDeque.size();
    for (int x=0; x<size; ++x)
    {
        charDeque.pop_back();
        std::deque<char>::iterator iter;
        for (iter = charDeque.begin();
                iter != charDeque.end(); iter++)
        {
            std::cout << *iter;
        }
        std::cout << std::endl;
    }

    return 0;
}
```

Listing 21-10 displays the following output:

```
JIHGFEDCB
JIHGFEDC
JIHGFED
JIHGFE
JIHGF
JIHG
JIH
JI
J
```

You can specify the elements to delete by calling the `std::deque` object's `erase()` member function, which takes as arguments the position at which to start the deletion and the position of the element at which the deletion should stop (that is, this last element is not deleted). The second argument is not required. To delete a single element, simply supply an iterator for the element as the `erase()` member function's single argument. Listing 21-11 creates an empty `std::deque` object and populates the sequence with the characters "J" through "A". Then the program removes characters from the start of the sequence one at a time, displaying the results as it goes.

On the CD-ROM

Name: **pr21011.cpp**
Location: **Quincy99\Programs\Chap21**

Listing 21-11: **Removing elements anywhere within a deque**

```cpp
/////////////////////////////////////
// File Name: pr21011.cpp
/////////////////////////////////////
#include <iostream>
#include <deque>

int main()
{
    std::deque<char> charDeque;

    for (int x=0; x<10; ++x)
        charDeque.push_front(65 + x);

    int size = charDeque.size();
    for (int x=0; x<size; ++x)
    {
        std::deque<char>::iterator start =
            charDeque.begin();
```

Continued

Listing 21-11 *(continued)*

```
        charDeque.erase(start);
        std::deque<char>::iterator iter;
        for (iter = charDeque.begin();
                iter != charDeque.end(); iter++)
        {
            std::cout << *iter;
        }
        std::cout << std::endl;
    }

    return 0;
}
```

Listing 21-11 displays the following output:

```
IHGFEDCBA
HGFEDCBA
GFEDCBA
FEDCBA
EDCBA
DCBA
CBA
BA
A
```

Comparing Deques

Like the `vector` class template, `std::deque` defines a full set of operators. A program easily can determine which deques are equal to each other, or which deque is less than or greater than another. Two `std::deque` objects are equal when they have the same number of elements and all elements in the deque have the same value. Listing 21-12 demonstrates how to compare deques.

On the CD-ROM

Name: **pr21012.cpp**
Location: **Quincy99\Programs\Chap21**

Listing 21-12: Comparing deques

```
////////////////////////////////////////
// File Name: pr21012.cpp
////////////////////////////////////////
```

```cpp
#include <iostream>
#include <deque>

int main()
{
    // Create two deque objects.
    std::deque<char> charDeque1;
    for (int x=0; x<10; ++x)
        charDeque1.push_front(65 + x);
    std::deque<char> charDeque2;
    for (int x=0; x<10; ++x)
        charDeque2.push_front(66 + x);

    // Display the deques.
    std::cout << "Deque 1: ";
    std::deque<char>::iterator iter;
    for (iter = charDeque1.begin();
            iter != charDeque1.end(); iter++)
    {
        std::cout << *iter;
    }
    std::cout << std::endl;

    std::cout << "Deque 2: ";
    for (iter = charDeque2.begin();
            iter != charDeque2.end(); iter++)
    {
        std::cout << *iter;
    }
    std::cout << std::endl;

    // Compare the deques.
    if (charDeque1 == charDeque2)
        std::cout << "deque1 == deque2";
    else if (charDeque1 < charDeque2)
        std::cout << "deque1 < deque2";
    else if (charDeque1 > charDeque2)
        std::cout << "deque1 > deque2";

    return 0;
}
```

Listing 21-12 produces the following output:

```
Deque 1: JIHGFEDCBA
Deque 2: KJIHGFEDCB
deque1 < deque2
```

Deque Member Functions

The preceding examples show you how to perform the most needed operations with an std::deque object. The std::deque class template, however, defines more functions than I have shown you so far. Table 21-2 lists the std::deque member functions, along with their descriptions.

Table 21-2
Deque Member Functions

Function	Description
assign(*first*, *last*)	Replaces the deque elements with the elements specified by the iterators *first* and *last*
assign(*num*, *val*)	Replaces the deque elements with *num* copies of *val*
at(*n*)	Returns the value of the element located at position *n* in the deque
back()	Returns a reference to the element at the end of the deque
begin()	Returns an iterator that points to the first element in the deque
clear()	Erases all elements of a deque
empty()	Returns a TRUE value if the deque is empty
end()	Returns an iterator that points to the last element in the deque
erase(*start*, *end*)	Erases a range of deque elements specified by the iterators *start* and *end*
erase(*i*)	Erases the deque element pointed to by the iterator *i*
front()	Returns a reference to the element at the start of the deque
insert(*i*, *x*)	Inserts value *x* into the deque at the position specified by iterator *i*
insert(*i*, *start*, *end*)	Inserts the range of values specified by the iterators *start* and *end* into a deque at the position specified by the iterator *i*
insert(*i*, *n*, *x*)	Inserts *n* copies of *x* into a deque at the position specified by the iterator *i*
max_size()	Returns the maximum size (the greatest number of elements that can fit) of the deque

Function	Description
pop_back()	Removes the deque's last element
pop_front()	Removes the deque's first element
push_back(*x*)	Places the value *x* at the end of the deque
push_front(*x*)	Places the value *x* at the start of the deque
rbegin()	Returns a reverse iterator that points beyond the last element in the deque
rend()	Returns a reverse iterator that points to the first element of the deque
resize(*n*, *x*)	Resizes the deque by *n* elements, initializing the new elements with the value *x*
size()	Returns the size (the number of elements) of the deque
swap(deque)	Swaps the contents of two deques

The list Class Template

An `std::list` object is similar to a vector or a deque, except that a list object provides no random access. However, an `std::list` object is efficient at placing elements in, or removing elements from, anywhere in the sequence. Also, like a vector or a deque, an `std::list` object can resize itself dynamically as needed. You can construct an `std::list` object in several ways, as shown here:

```
std::list<type> name;
std::list<type> name(size);
std::list<type> name(size, value);
std::list<type> name(mylist);
std::list<type> name(first, last);
```

The first example creates an empty `std::list` object named *name* that can hold data of the type *type*. For example, to create an empty `std::list` object for integers, you can write:

```
list<int> intList;
```

The second example creates a `std::list` object with an initial size of *size*, whereas the third example creates a `std::list` object with an initial size of *size*, of which each element is initialized to *value*. The fourth example uses the copy constructor, which makes a list object from an existing list, *mylist*. Finally, the fifth example creates a list from a range of elements that are specified by the iterators *first* and *last*.

Listing 21-13 shows how to create and display the contents of a list object.

On the
CD-ROM

Name: **pr21013.cpp**
Location: **Quincy99\Programs\Chap21**

Listing 21-13: **Creating a simple list**

```
/////////////////////////////////////
// File Name: pr21013.cpp
/////////////////////////////////////
#include <iostream>
#include <list>

int main()
{
    std::list<int> intList(10, 1);
    int x = 0;

    std::list<int>::iterator iter;
    for (iter = intList.begin();
            iter != intList.end(); iter++)
    {
        std::cout << "Element #" << x++ << ": "
                << *iter << std::endl;
    }

    return 0;
}
```

Listing 21-13 displays the following output:

```
Element #0: 1
Element #1: 1
Element #2: 1
Element #3: 1
Element #4: 1
Element #5: 1
Element #6: 1
Element #7: 1
Element #8: 1
Element #9: 1
```

The first thing to notice about Listing 21-13 is the #include <list> line, which includes the appropriate header file for the list class template. The program creates a 10-element std::list object, of which all the elements are initialized to 1.

Inserting List Elements

To insert new elements into the sequence stored in an `std::list` object, you can use the `push_front()`, `push_back()`, or `insert()` member functions. All such insertion operations are efficient. Listing 21-14 creates an empty `std::list` object, populates the sequence with the characters "J" through "A", and displays the contents of the `std::list` object.

On the CD-ROM

Name: **pr21014.cpp**
Location: **Quincy99\Programs\Chap21**

Listing 21-14: **Adding elements to a list**

```cpp
/////////////////////////////////////////
// File Name: pr21014.cpp
/////////////////////////////////////////
#include <iostream>
#include <list>

int main()
{
    std::list<char> charList;
    int x = 0;

    for (int i=0; i<10; ++i)
        charList.push_front(65 + i);

    std::list<char>::iterator iter;
    for (iter = charList.begin();
            iter != charList.end(); iter++)
    {
        std::cout << "Element #" << x++ << ": "
                    << *iter << std::endl;
    }

    return 0;
}
```

Listing 21-14 displays the following output:

```
Element #0: J
Element #1: I
Element #2: H
Element #3: G
Element #4: F
```

```
Element #5: E
Element #6: D
Element #7: C
Element #8: B
Element #9: A
```

You can specify exactly where to insert new elements by calling the `std::list` object's `insert()` member function, which takes as arguments the position at which to start the insertion, the number of elements to insert, and the value to insert. To insert a single element, simply supply an iterator for the position and the value to insert. Listing 21-15 creates an empty `std::list` object and populates the sequence with the characters "J" through "A". Then it inserts five Xs into the list's second position.

Name: **pr21015.cpp**
Location: **Quincy99\Programs\Chap21**

Listing 21-15: **Inserting elements anywhere within a list**

```cpp
/////////////////////////////////////
// File Name: pr21015.cpp
/////////////////////////////////////
#include <iostream>
#include <list>

int main()
{
    // Create and populate the list.
    std::list<char> charList;
    for (int x=0; x<10; ++x)
        charList.push_front(65 + x);

    // Display contents of list.
    std::cout << "Original list: ";
    std::list<char>::iterator iter;
    for (iter = charList.begin();
            iter != charList.end(); iter++)
    {
        std::cout << *iter;
        //char ch = *iter;
        //std::cout << ch;
    }
    std::cout << std::endl;

    // Insert five Xs into the list.
    std::list<char>::iterator start = charList.begin();
    charList.insert(++start, 5, 'X');
```

```
        // Display the result.
        std::cout << "Resultant list: ";
        for (iter = charList.begin();
                iter != charList.end(); iter++)
        {
            std::cout << *iter;
            //char ch = *iter;
            //std::cout << ch;
        }

        return 0;
}
```

Listing 21-15 displays the following output:

```
Original list: JIHGFEDCBA
Resultant list: JXXXXXIHGFEDCBA
```

Removing List Elements

To delete elements from the sequence stored in an `std::list` object, you can use the `pop_front()`, `pop_back()`, `erase()`, or `remove()` member functions. Listing 21-16 creates an empty `std::list` object and populates the sequence with the characters "A" through "E". Then the program removes the "E" character from the sequence and displays the results.

On the CD-ROM

Name: **pr21016.cpp**
Location: **Quincy99\Programs\Chap21**

Listing 21-16: **Removing elements from a list**

```
/////////////////////////////////////
// File Name: pr21016.cpp
/////////////////////////////////////
#include <iostream>
#include <list>

int main()
{
    std::list<char> charList;

    for (int x=0; x<10; ++x)
```

Continued

Listing 21-16 *(continued)*

```
        charList.push_back(65 + x);

    // Display contents of list.
    std::cout << "Original list: ";
    std::list<char>::iterator iter;
    for (iter = charList.begin();
            iter != charList.end(); iter++)
    {
        std::cout << *iter;
    }
    std::cout << std::endl;

    charList.remove('E');

    // Display contents of list again.
    std::cout << "Resultant list: ";
    for (iter = charList.begin();
            iter != charList.end(); iter++)
    {
        std::cout << *iter;
    }
    std::cout << std::endl;

    return 0;
}
```

Listing 21-16 displays the following output:

```
Original list: ABCDEFGHIJ
Resultant list: ABCDFGHIJ
```

You can specify the elements to delete by calling the `std::list` object's `erase()` member function, which takes as arguments the position at which to start the deletion and the position of the element at which the deletion should stop (that is, this last element is not deleted). The second argument is not required. To delete a single element, simply supply an iterator for the element as the `erase()` member function's single argument. Listing 21-17 creates an empty `std::list` object and populates the sequence with the characters "A" through "J". Then the program erases the character from the sequence's second position, displaying the results.

On the CD-ROM

Name: **pr21017.cpp**
Location: **Quincy99\Programs\Chap21**

Listing 21-17: Removing elements anywhere within a list

```cpp
////////////////////////////////////////
// File Name: pr21017.cpp
////////////////////////////////////////
#include <iostream>
#include <list>

int main()
{
    std::list<char> charList;

    for (int x=0; x<10; ++x)
        charList.push_front(65 + x);

    std::list<char>::iterator start =
        charList.begin();
    charList.erase(++start);

    std::list<char>::iterator iter;
    for (iter = charList.begin();
            iter != charList.end(); iter++)
    {
        cout << *iter;
    }

    return 0;
}
```

Comparing Lists

A program easily can determine which lists are equal to each other or which list is less than or greater than another. Two std::list objects are equal when they have the same number of elements and all elements in the list have the same value. Listing 21-18 demonstrates how to compare lists.

Name: **pr21018.cpp**
Location: **Quincy99\Programs\Chap21**

Listing 21-18: Comparing lists

```cpp
/////////////////////////////////////
// File Name: pr21018.cpp
/////////////////////////////////////
#include <iostream>
#include <list>

int main()
{
    // Create two list objects.
    std::list<char> charList1;
    for (int x=0; x<10; ++x)
        charList1.push_front(65 + x);
    std::list<char> charList2;
    for (int x=0; x<10; ++x)
        charList2.push_front(66 + x);

    // Display the lists.
    std::cout << "list 1: ";
    std::list<char>::iterator iter;
    for (iter = charList1.begin();
            iter != charList1.end(); iter++)
    {
        cout << *iter;
    }
    std::cout << std::endl;

    std::cout << "list 2: ";
    for (iter = charList2.begin();
            iter != charList2.end(); iter++)
    {
        cout << *iter;
    }
    std::cout << std::endl;

    // Compare the lists.
    if (charList1 == charList2)
        std::cout << "list1 == list2";
    else if (charList1 < charList2)
        std::cout << "list1 < list2";
    else if (charList1 > charList2)
        std::cout << "list1 > list2";

    return 0;
}
```

Listing 21-18 produces the following output:

```
list 1: JIHGFEDCBA
list 2: KJIHGFEDCB
list1 < list2
```

List Member Functions

The preceding examples show you how to perform the most needed operations with an std::list object. The std::list class template, however, defines more functions than I have shown you so far. Table 21-3 lists the std::list member functions, along with their descriptions.

<table>
<tr><td colspan="2" align="center">**Table 21-3**
List Member Functions</td></tr>
<tr><td>**Function**</td><td>**Description**</td></tr>
<tr><td>assign(first, last)</td><td>Replaces the contents of the list with the elements pointed to by the first and last iterators</td></tr>
<tr><td>assign(num, val)</td><td>Replaces the contents of the list with num elements of the value val</td></tr>
<tr><td>back()</td><td>Returns a reference to the element at the end of the list</td></tr>
<tr><td>begin()</td><td>Returns an iterator that points to the first element in the list</td></tr>
<tr><td>clear()</td><td>Erases all elements of a list</td></tr>
<tr><td>empty()</td><td>Returns a TRUE value if the list is empty</td></tr>
<tr><td>end()</td><td>Returns an iterator that points to the last element in the list</td></tr>
<tr><td>erase(start, end)</td><td>Erases a range of list elements specified by the iterators start and end</td></tr>
<tr><td>erase(i)</td><td>Erases the list element pointed to by the iterator i</td></tr>
<tr><td>front()</td><td>Returns a reference to the element at the start of the list</td></tr>
<tr><td>insert(i, x)</td><td>Inserts value x into the list at the position specified by iterator i</td></tr>
</table>

Continued

Table 21-3 *(continued)*

Function	Description
insert(*i, start, end*)	Inserts the range of values specified by the iterators *start* and *end* into a list at the position specified by the iterator *i*
insert(*i, n, x*)	Inserts *n* copies of *x* into a list at the position specified by the iterator *i*
max_size()	Returns the maximum size (the greatest number of elements that can fit) of the list
merge(*listref*)	Inserts all the elements in the list referenced by *listref* into the list
pop_back()	Removes the list's last element
pop_front()	Removes the list's first element
push_back(*x*)	Places the value *x* at the end of the list
push_front(*x*)	Places the value *x* at the start of the list
rbegin()	Returns a reverse iterator that points beyond the last element in the list
remove(*val*)	Removes all occurrences of *val* from the list
remove_if(*pred*)	Removes all occurrences of elements for which the predicate *pred* is true
rend()	Returns a reverse iterator that points to the first element of the list
resize(*n, x*)	Resizes the list by *n* elements, initializing the new elements with the value *x*
reverse()	Reverses the order of the elements in the list
size()	Returns the size (the number of elements) of the list
sort()	Sorts the list based on the default predicate
sort(*pred*)	Sorts the list based on the specified predicate
swap(*listref*)	Swaps the contents of two lists
unique()	Removes all the elements necessary to create a list of unique elements — that is, a list that contains no duplicate elements
unique(*pred*)	Removes all the elements necessary to create a list of unique elements based on the specified predicate

The std::stack Container Adaptor

If you've been programming for long, you know that a stack is a sequence that implements first in, last out operations on its elements. Because stacks are such a common data structure, STL implements them. However, stacks are implemented in STL not by a new container class template as you might expect, but rather by a container adaptor named, appropriately enough, std::stack. You can use the std::stack container adaptor to create a stack from an std::vector, std::deque, or std::list object.

Construct a std::stack object as shown here:

```
std::stack<type, container> name;
```

The *type* parameter is the type of data the stack manipulates, and the *container* parameter is the type of container used in the stack implementation — either std::vector, std::deque, or std::list. For example, to create a std::stack object for integers based on a std::list object, you can write:

```
std::stack<int, std::list<int> > intStack;
```

Listing 21-19 shows how to create and manipulate an std::stack object.

On the CD-ROM

Name: **pr21019.cpp**
Location: **Quincy99\Programs\Chap21**

Listing 21-19: **Managing a stack**

```cpp
/////////////////////////////////////
// File Name: pr21019.cpp
/////////////////////////////////////
#include <iostream>
#include <list>
#include <stack>

int main()
{
    std::stack<int, std::list<int> > intStack;

    std::cout << "Values pushed onto stack:"
              << std::endl;
    for (int x=1; x<11; ++x)
    {
```

Continued

Listing 21-19 *(continued)*

```cpp
        intStack.push(x*100);
        std::cout << x*100 << std::endl;
    }

    std::cout << "Values popped from stack:"
              << std::endl;
    int size = intStack.size();
    for (int x=0; x<size; ++x)
    {
        std::cout << intStack.top() << std::endl;
        intStack.pop();
    }

    return 0;
}
```

Listing 21-19 produces the following output:

```
Values pushed onto stack:
100
200
300
400
500
600
700
800
900
1000
Values popped from stack:
1000
900
800
700
600
500
400
300
200
100
```

Because stacks are such simple data structures, they require only basic operations. For this reason, the std::stack container adaptor defines only the empty(), size(), top(), push(), and pop() functions, all of which, except empty(), appear in Listing 21-19.

The std::queue Container Adaptor

A *queue* is a data structure that implements first in, first out operations on its elements. That is, elements in a queue are inserted at one end and removed from the other. STL implements queues with a container adaptor named std::queue. You can use the std::queue container adaptor to create a queue from an std::deque or std::list object.

Construct a std::queue object as shown here:

```
std::queue<type, container> name;
```

The *type* parameter is the type of data the queue manipulates, and the *container* parameter is the type of container used in the queue implementation — either std::deque or std::list. For example, to create an std::queue object for integers based on a std::list object, you can write:

```
std::queue<int, std::list<int> > intQueue;
```

Listing 21-20 shows how to create and manipulate an std::queue object.

On the CD-ROM

Name: **pr21020.cpp**
Location: **Quincy99\Programs\Chap21**

Listing 21-20: **Managing a queue**

```cpp
/////////////////////////////////////////
// File Name: pr21020.cpp
/////////////////////////////////////////
#include <iostream>
#include <list>
#include <queue>

int main()
{
    std::queue<int, std::list<int> > intQueue;

    std::cout << "Values pushed onto queue:"
              << std::endl;
    for (int x=1; x<11; ++x)
    {
        intQueue.push(x*100);
        std::cout << x*100 << std::endl;
```

Continued

Listing 21-20 *(continued)*

```
    }

    std::cout << "Values removed from queue:"
             << std::endl;
    int size = intQueue.size();
    for (int x=0; x<size; ++x)
    {
        std::cout << intQueue.front() << std::endl;
        intQueue.pop();
    }

    return 0;
}
```

Listing 21-20 produces the following output:

```
Values pushed onto queue:
100
200
300
400
500
600
700
800
900
1000
Values removed from queue:
100
200
300
400
500
600
700
800
900
1000
```

Because, like stacks, queues are such simple data structures, they require only basic operations. For this reason, the `std::queue` container adaptor defines only the `empty()`, `size()`, `front()`, `back()`, `push()`, and `pop()` functions, several of which appear in Listing 21-20.

The std::priority_queue Container Adaptor

A *priority queue* is a data structure that pops elements from the sequence in order of priority; the priority is based on the supplied comparison function (called a predicate). For example, if you use the predefined std::less<> predicate each time you add or remove a value from the priority queue, the contents are arranged in descending order. This gives the value with the largest value the highest priority.

STL implements priority queues with a container adaptor named std::priority_queue. You can use the std::priority_queue container adaptor to create a priority queue from an std::vector or std::deque object.

Construct a std::queue object as shown here:

```
std::queue<type, container, predicate> name;
```

The *type* parameter is the type of data the priority queue manipulates, and the *container* parameter is the type of container used in the priority queue implementation—either std::deque or std::vector. The *predicate* parameter is the predicate (comparison function) that is used to determine the priority of elements in the priority queue. The default predicate is std::less<>. For example, to create a std::queue object for integers based on an std::vector object and using the default predicate, you can write:

```
std::queue<int, std::vector<int> > intQueue;
```

Listing 21-21 shows how to create and manipulate an std::priority_queue object.

On the CD-ROM

Name: **pr21021.cpp**
Location: **Quincy99\Programs\Chap21**

Listing 21-21: **Managing a priority_queue**

```cpp
/////////////////////////////////////////
// File Name: pr21021.cpp
/////////////////////////////////////////
#include <iostream>
#include <list>
#include <queue>

int main()
{
```

Continued

Listing 21-21 *(continued)*

```cpp
std::priority_queue<int, std::vector<int> > intPQueue;
intPQueue.push(400);
intPQueue.push(100);
intPQueue.push(500);
intPQueue.push(300);
intPQueue.push(200);

std::cout << "Values removed from priority queue:"
          << std::endl;
int size = intPQueue.size();
for (int x=0; x<size; ++x)
{
    std::cout << intPQueue.top() << std::endl;
    intPQueue.pop();
}

return 0;
}
```

The program shown in Listing 21-21 produces the following results:

```
Values removed from priority queue:
500
400
300
200
100
```

Because the program defines the priority queue using the default `std::less<>` predicate, values are removed from the sequence in order from largest to smallest. You can create a priority queue that organizes its contents based on other priorities. For example, if the program uses the predefined `std::greater<>` when it defines the priority queue, the highest priority value is the smallest because the values are arranged in the priority queue in ascending order. To see this in action, replace the line

```cpp
std::priority_queue<int, std::vector<int> > intPQueue;
```

in Listing 21-21 with this line:

```cpp
std::priority_queue<int, std::vector<int>,
    std::greater<int> > intPQueue;
```

When you run the modified program, the output now looks like this:

```
Values removed from priority queue:
100
200
300
400
500
```

Summary

STL defines a set of common and useful sequence containers that easily enable you to add vectors, lists, queues, and other types of containers to your programs. The template classes that define these containers also provide the member functions needed to manipulate the container contents in useful ways. In the next chapter, you discover another type of STL container — the associative container — that includes different types of maps, sets, and bitsets.

✦   ✦   ✦

Associative Containers

The STL associative containers are class templates that implement abstract data types for many frequently used data containers, which use key values to locate elements. Associative containers are different from sequences (which you just read about in Chapter 21) in that each element in the container has a key through which the element can be located. In this chapter, you explore these handy container types.

Introducing Associative Containers

STL's associative containers include the following types:

◆ std::set: A type of random-access container in which the key and the data element are the same value. All elements of an std::set object must be unique values. That is, an std::set cannot contain duplicate elements.

◆ std::multiset: Another type of container in which the key and the data element are the same value. Unlike the std::set object, an std::multiset can contain duplicate elements.

◆ std::map: A type of container that contains pairs of values. One value is the actual data value and the other is the key used to locate the data value. Only one element can be associated with a specific key.

◆ std::multimap: Another type of container that contains pairs of values. Unlike a std::map object, however, an std::multimap's keys can be associated with multiple data elements.

◆ std::bitset: A type of container that contains a series of bit values. Each element in a bitset object can be the value 0 or 1.

In the following sections, you explore the various types of associative containers and how to use them in your programs.

The std::set Class Template

An std::set object enables a program to store a group of values in sorted order. In a set, the elements of the set act as both the stored data and the key to that data. Essentially, a set is much like an ordered list. You can construct an std::set object in several ways, as shown here:

```
std::set<type, predicate> name;
std::set<type, predicate> name(myset);
std::set<type, predicate> name(first, last);
```

The first example creates an empty std::set object named *name* that can hold data of the type *type*. The object uses the function specified by *predicate* for ordering the elements of the set. For example, to create an empty std::set object for integers, you can write:

```
std::set<int, std::less<int> > intSet;
```

The second example uses the copy constructor, which makes an std::set object from an existing set, *myset*. Finally, the third example creates a set from a range of elements that the iterators *first* and *last* specify. Note that the std::less<> predicate is the default so you do not need to include it in the declaration.

Listing 22-1 shows how to create and display the contents of an std::set object.

On the CD-ROM

Name: **pr22001.cpp**
Location: **Quincy99\Programs\Chap22**

Listing 22-1: **Creating a simple set**

```
///////////////////////////////////////
// File Name: pr22001.cpp
///////////////////////////////////////
#include <iostream>
#include <set>

int main()
{
    // Create the set object.
    std::set<int> intSet;

    // Populate the set with values.
    intSet.insert(10);
    intSet.insert(5);
    intSet.insert(1);
    intSet.insert(3);
    intSet.insert(8);
```

```
    // Display the contents of the set.
    std::cout << "Contents of set: " << std::endl;
    set<int>::iterator iter;
    for (iter=intSet.begin(); iter!=intSet.end(); iter++)
        std::cout << *iter << std::endl;

    return 0;
}
```

Listing 22-1 displays the following output:

```
Contents of set:
1
3
5
8
10
```

The first thing to notice about Listing 22-1 is the #include <set> line, which includes the appropriate header file for the std::set class template. The program creates a five-element std::set object, containing the values 1, 3, 5, 8, and 10.

Inserting Set Elements

To insert new elements into the sequence stored in an std::set object, you use the insert() member function. Listing 22-2 creates an empty std::set object, populates the sequence with the characters "E" through "A", and displays the contents of the std::set object.

Name: **pr22002.cpp**
Location: **Quincy99\Programs\Chap22**

Listing 22-2: **Adding elements to a set**

```
/////////////////////////////////////
// File Name: pr22002.cpp
/////////////////////////////////////
#include <iostream>
#include <set>

int main()
{
    // Create the set object.
    std::set<char> charSet;
```

Continued

Listing 22-2 *(continued)*

```
        // Populate the set with values.
        charSet.insert('E');
        charSet.insert('D');
        charSet.insert('C');
        charSet.insert('B');
        charSet.insert('A');

        // Display the contents of the set.
        std::cout << "Contents of set: " << std::endl;
        set<char>::iterator iter;
        for (iter = charSet.begin(); iter != charSet.end(); iter++)
            std::cout << *iter << std::endl;

        return 0;
    }
```

Listing 22-2 displays the following output:

```
Contents of set:
A
B
C
D
E
```

Removing Set Elements

To delete an element from the sequence stored in an `std::set` object, you call the `erase()` member function. This function takes as arguments the position at which to start the deletion and the position of the element at which the deletion should stop (that is, this last element is not deleted). The second argument is not required. To delete a single element, simply supply an iterator for the element as the `erase()` member function's single argument. Listing 22-3 creates an empty `std::set` object and populates the sequence with the characters "A" through "E". The program then erases the character from the sequence's second position and displays the results.

Name: **pr22003.cpp**
Location: **Quincy99\Programs\Chap22**

Listing 22-3: **Removing elements anywhere within a set**

```cpp
/////////////////////////////////////////
// File Name: pr22003.cpp
/////////////////////////////////////////
#include <iostream>
#include <set>

int main()
{
    // Create the set object.
    std::set<char> charSet;

    // Populate the set with values.
    charSet.insert('E');
    charSet.insert('D');
    charSet.insert('C');
    charSet.insert('B');
    charSet.insert('A');

    // Display the contents of the set.
    std::cout << "Contents of set: " << std::endl;
    set<char>::iterator iter;
    for (iter = charSet.begin(); iter != charSet.end(); iter++)
        std::cout << *iter << std::endl;

    // Erase the set's second element.
    iter = charSet.begin();
    charSet.erase(++iter);

    // Display the new contents of the set.
    std::cout << "Contents of new set: " << std::endl;
    for (iter = charSet.begin(); iter != charSet.end(); iter++)
        std::cout << *iter << std::endl;

    return 0;
}
```

Listing 22-3 displays the following output:

```
Contents of set:
A
B
C
D
E
```

```
Contents of new set:
A
C
D
E
```

Searching a Set

A program easily can locate an element in a set by calling the find() member function, which takes as its single argument the value for which to search. The find() function returns an iterator that points to the located element, or an iterator that points to the end of the set if it does not find the requested element. Listing 22-4 demonstrates how to search a set.

Name: **pr22004.cpp**
Location: **Quincy99\Programs\Chap22**

Listing 22-4: Searching a set

```cpp
/////////////////////////////////////
// File Name: pr22004.cpp
/////////////////////////////////////
#include <iostream>
#include <set>

int main()
{
    // Create the set object.
    std::set<char> charSet;

    // Populate the set with values.
    charSet.insert('E');
    charSet.insert('D');
    charSet.insert('C');
    charSet.insert('B');
    charSet.insert('A');

    // Display the contents of the set.
    std::cout << "Contents of set: " << std::endl;
    set<char>::iterator iter;
    for (iter = charSet.begin(); iter != charSet.end(); iter++)
        std::cout << *iter << std::endl;
    std::cout << std::endl;

    // Find the D.
    iter = charSet.find('D');
```

```
    if (iter == charSet.end())
        std::cout << "Element not found.";
    else
        std::cout << "Element found: " << *iter;

    return 0;
}
```

Listing 22-4 produces the following output:

```
Contents of set:
A
B
C
D
E

Element found: D
```

Comparing Sets

A program easily can determine whether sets are equal to each other or which set is less than or greater than another. Two std::set objects are equal when they have the same number of elements and all elements in the sets have the same value. Listing 22-5 demonstrates how to compare sets.

On the CD-ROM

Name: **pr22005.cpp**
Location: **Quincy99\Programs\Chap22**

Listing 22-5: **Comparing sets**

```
///////////////////////////////////////
// File Name: pr22005.cpp
///////////////////////////////////////
#include <iostream>
#include <set>

int main()
{
    // Create the first set object.
    std::set<char> charSet1;
```

Continued

Listing 22-5 *(continued)*

```cpp
    // Populate the set with values.
    charSet1.insert('E');
    charSet1.insert('D');
    charSet1.insert('C');
    charSet1.insert('B');
    charSet1.insert('A');

    // Display the contents of the first set.
    std::cout << "Contents of first set: " << std::endl;
    set<char>::iterator iter;
    for (iter = charSet1.begin();
            iter != charSet1.end(); iter++)
        std::cout << *iter << std::endl;
    std::cout << std::endl;

    // Create the second set object.
    std::set<char> charSet2;

    // Populate the set with values.
    charSet2.insert('J');
    charSet2.insert('I');
    charSet2.insert('H');
    charSet2.insert('G');
    charSet2.insert('F');

    // Display the contents of the second set.
    std::cout << "Contents of second set: " << std::endl;
    for (iter = charSet2.begin();
            iter != charSet2.end(); iter++)
        std::cout << *iter << std::endl;
    std::cout << std::endl;

    // Compare the sets.
    if (charSet1 == charSet2)
        std::cout << "set1 == set2";
    else if (charSet1 < charSet2)
        std::cout << "set1 < set2";
    else if (charSet1 > charSet2)
        std::cout << "set1 > set2";

    return 0;
}
```

Listing 22-5 produces the following output:

```
Contents of first set:
A
B
C
D
E

Contents of second set:
F
G
H
I
J

set1 < set2
```

Set Member Functions

The preceding examples show you how to perform the most needed operations with an `std::set` object. The `std::set` class template, however, defines more functions than I have shown you so far. Table 22-1 lists the `std::set` member functions along with their descriptions.

<table>
<tr><td colspan="2" align="center">Table 22-1
Set Member Functions</td></tr>
<tr><td>*Function*</td><td>*Description*</td></tr>
<tr><td>begin()</td><td>Returns an iterator that points to the first element in the set</td></tr>
<tr><td>clear()</td><td>Erases all elements of a set</td></tr>
<tr><td>count(x)</td><td>Returns the number of instances of x in the set (either 0 or 1)</td></tr>
<tr><td>empty()</td><td>Returns a TRUE value if the set is empty</td></tr>
<tr><td>end()</td><td>Returns an iterator that points to the last element in the set</td></tr>
<tr><td>equal_range(x)</td><td>Returns two iterators that represent x's lower and upper bounds</td></tr>
<tr><td>erase(i)</td><td>Erases the set element pointed to by the iterator i</td></tr>
<tr><td>erase(start, end)</td><td>Erases a range of set elements specified by the iterators *start* and *end*</td></tr>
<tr><td>erase(x)</td><td>Erases the set element x</td></tr>
</table>

Continued

Table 22-1 *(continued)*	
Function	**Description**
`find(x)`	Returns an iterator that points to *x*. If *x* does not exist, the returned iterator is equal to `end()`.
`insert(i, x)`	Inserts value *x* into the set. The search for *x*'s correct position starts at the element specified by iterator *i*.
`insert(start, end)`	Inserts the range of values specified by the iterators *start* and *end* into the set
`insert(x)`	Inserts *x* into the set
`key_comp()`	Returns the object of type `key_compare` that determines the order of elements in the set
`lower_bound(x)`	Returns an iterator to the element immediately preceding *x*
`max_size()`	Returns the maximum size (the greatest number of elements that can fit) of the set
`rbegin()`	Returns a reverse iterator that points beyond the last element in the set
`rend()`	Returns a reverse iterator that points to the first element of the set
`size()`	Returns the size (the number of elements) of the set
`swap(set)`	Swaps the contents of two sets
`upper_bound(x)`	Returns an iterator that points to *x*
`value_comp()`	Returns the object of type `value_compare` that determines the order of elements in the set

The std::multiset Class Template

An `std::multiset` object enables a program to store a group of values in sorted order. Just as with a set, the elements of the multiset act as both the stored data and the key to that data. However, unlike a set, a multiset can contain duplicate values. You can construct an `std::multiset` object in several ways, as shown here:

```
std::multiset<type, predicate> name;
std::multiset<type, predicate> name(mymultiset);
std::multiset<type, predicate> name(first, last);
```

The first example creates an empty `std::multiset` object named *name* that can hold data of the type *type*. The object uses the function specified by *predicate* for ordering the elements of the set. (The C++ library defines these functions, or you can provide your own; see the "User Defined Predicates" section later in this chapter.) For example, to create an empty `multiset` object for integers, you can write:

```
std::multiset<int, std::less<int> > intSet;
```

The second example uses the copy constructor, which makes an `std::multiset` object from an existing multiset, *mymultiset*. Finally, the third example creates a set from a range of elements that the iterators *first* and *last* specify. Note that the `std::less<>` predicate is the default and you do not need to include it in the declaration. Listing 22-6 shows how to create and display the contents of an `std::multiset` object.

On the
CD-ROM

Name: **pr22006.cpp**
Location: **Quincy99\Programs\Chap22**

Listing 22-6: **Creating a simple multiset**

```cpp
/////////////////////////////////////////
// File Name: pr22006.cpp
/////////////////////////////////////////
#include <iostream>
#include <set>

int main()
{
    // Create the multiset object.
    std::multiset<int> intMultiset;

    // Populate the multiset with values.
    intMultiset.insert(10);
    intMultiset.insert(5);
    intMultiset.insert(1);
    intMultiset.insert(3);
    intMultiset.insert(8);
    intMultiset.insert(5);
    intMultiset.insert(8);

    // Display the contents of the multiset.
    std::cout << "Contents of multiset: " << std::endl;
    multiset<int>::iterator iter;
    for (iter = intMultiset.begin();
            iter != intMultiset.end(); iter++)
        std::cout << *iter << std::endl;

    return 0;
}
```

Listing 22-6 displays the following output:

```
Contents of set:
1
3
5
5
8
8
10
```

Listing 22-6 includes the <set> header, which includes the appropriate header file for the std::multiset class template. (Yes, it's the same header file used for the std::set class template.) The program creates a seven-element std::multiset object containing the values 1, 3, 5, 5, 8, 8, and 10.

Inserting std::multiset Elements

To insert new elements into the sequence stored in an std::multiset object, you use the insert() member function. Because, like the std::set object, the elements of an std::multiset object are sorted, there are no push_front() and push_back() member functions. Listing 22-7 creates an empty std::multiset object, populates the sequence with the characters "E" through "A" (including duplicates of "B" and "D"), and displays the contents of the std::multiset object.

Name: **pr22007.cpp**
Location: **Quincy99\Programs\Chap22**

Listing 22-7: **Adding elements to a multiset**

```cpp
/////////////////////////////////////////
// File Name: pr22007.cpp
/////////////////////////////////////////
#include <iostream>
#include <set>

int main()
{
    // Create the multiset object.
    std::multiset<char> charMultiset;

    // Populate the multiset with values.
    charMultiset.insert('E');
    charMultiset.insert('D');
```

```
charMultiset.insert('C');
charMultiset.insert('B');
charMultiset.insert('A');
charMultiset.insert('B');
charMultiset.insert('D');

// Display the contents of the multiset.
std::cout << "Contents of multiset: " << std::endl;
multiset<char>::iterator iter;
for (iter = charMultiset.begin();
        iter != charMultiset.end(); iter++)
    std::cout << *iter << std::endl;

return 0;
}
```

Listing 22-7 displays the following output:

```
Contents of multiset:
A
B
B
C
D
D
E
```

Removing Multiset Elements

To delete an element from the sequence stored in an `std::multiset` object, call the `erase()` member function. This function takes as arguments the position at which to start the deletion and the position of the element at which the deletion should stop (that is, this last element is not deleted). The second argument is not required. To delete a single element, simply supply an iterator for the element as the `erase()` member function's single argument. Listing 22-8 creates an empty `std::multiset` object and populates the sequence with the characters "A" through "E" (along with a duplicate "B" and "D"). The program then erases the character from the sequence's second position and displays the results.

Name: **pr22008.cpp**
Location: **Quincy99\Programs\Chap22**

Listing 22-8: **Removing elements anywhere within a multiset**

```
//////////////////////////////////////
// File Name: pr22008.cpp
//////////////////////////////////////
#include <iostream>
#include <set>

int main()
{
    // Create the set object.
    std::multiset<char> charMultiset;

    // Populate the multiset with values.
    charMultiset.insert('E');
    charMultiset.insert('D');
    charMultiset.insert('C');
    charMultiset.insert('B');
    charMultiset.insert('A');
    charMultiset.insert('B');
    charMultiset.insert('D');

    // Display the contents of the multiset.
    std::cout << "Contents of multiset: " << std::endl;
    multiset<char>::iterator iter;
    for (iter = charMultiset.begin();
            iter != charMultiset.end(); iter++)
        std::cout << *iter << std::endl;

    // Erase the multiset's second element.
    iter = charMultiset.begin();
    charMultiset.erase(++iter);

    // Display the new contents of the multiset.
    std::cout << "Contents of new set: " << std::endl;
    for (iter = charMultiset.begin();
            iter != charMultiset.end(); iter++)
        std::cout << *iter << std::endl;

    return 0;
}
```

Listing 22-8 displays the following output:

```
Contents of multiset
A
B
B
C
D
```

```
D
E
Contents of new set:
A
B
C
D
D
E
```

Searching an std::multiset

A program easily can locate an element in an `std::multiset` by calling the `find()` member function, which takes as its single argument the value for which to search. The `find()` function returns an iterator that points to the located element, or an iterator that points to the end of the set if it does not find the requested element. Listing 22-9 demonstrates how to search an `std::multiset`.

On the CD-ROM

Name: **pr22009.cpp**
Location: **Quincy99\Programs\Chap22**

Listing 22-9: **Searching a multiset**

```cpp
/////////////////////////////////////
// File Name: pr22009.cpp
/////////////////////////////////////
#include <iostream>
#include <set>

int main()
{
    // Create the multiset object.
    std::multiset<char> charMultiset;

    // Populate the multiset with values.
    charMultiset.insert('E');
    charMultiset.insert('D');
    charMultiset.insert('C');
    charMultiset.insert('B');
    charMultiset.insert('A');
    charMultiset.insert('B');
    charMultiset.insert('D');

// Display the contents of the multiset.
    std::cout << "Contents of multiset: " << std::endl;
    multiset<char>::iterator iter;
    for (iter = charMultiset.begin();
```

Continued

Listing 22-9 *(continued)*

```
            iter != charMultiset.end(); iter++)
        std::cout << *iter << std::endl;
    std::cout << std::endl;

    // Find the first D.
    iter = charMultiset.find('D');
    if (iter == charMultiset.end())
        std::cout << "Element not found.";
    else
    {
        std::cout << "Element found: "
                    << *iter++ << std::endl;
        std::cout << "Next element: " << *iter;
    }

    return 0;
}
```

Listing 22-9 produces the following output:

```
Contents of multiset:
A
B
B
C
D
D
E

Element found: D
Next element: D
```

Comparing std::multisets

A program easily can determine whether multisets are equal to each other or which multiset is less than or greater than another. Two std::multiset objects are equal when they have the same number of elements and all elements in the multisets have the same value. Listing 22-10 demonstrates how to compare multisets.

Name: **pr22010.cpp**
Location: **Quincy99\Programs\Chap22**

Listing 22-10: **Comparing multisets**

```cpp
/////////////////////////////////////
// File Name: pr22010.cpp
/////////////////////////////////////
#include <iostream>
#include <set>

int main()
{
    // Create the first set object.
    std::multiset<char> charMultiset1;

    // Populate the multiset with values.
    charMultiset1.insert('E');
    charMultiset1.insert('D');
    charMultiset1.insert('C');
    charMultiset1.insert('B');
    charMultiset1.insert('A');
    charMultiset1.insert('B');
    charMultiset1.insert('D');

    // Display the contents of the first multiset.
    std::cout << "Contents of first multiset: " << std::endl;
    multiset<char>::iterator iter;
    for (iter = charMultiset1.begin();
            iter != charMultiset1.end(); iter++)
        std::cout << *iter << std::endl;
    std::cout << std::endl;

    // Create the second multiset object.
    std::multiset<char> charMultiset2;

    // Populate the multiset with values.
    charMultiset2.insert('J');
    charMultiset2.insert('I');
    charMultiset2.insert('H');
    charMultiset2.insert('G');
    charMultiset2.insert('F');
    charMultiset2.insert('G');
    charMultiset2.insert('I');

    // Display the contents of the second multiset.
    std::cout << "Contents of second multiset: "
            << std::endl;
    for (iter = charMultiset2.begin();
            iter != charMultiset2.end(); iter++)
        std::cout << *iter << std::endl;
```

Continued

Listing 22-10 *(continued)*

```
    std::cout << std::endl;
    // Compare the sets.
    if (charMultiset1 == charMultiset2)
        std::cout << "set1 == set2";
    else if (charMultiset1 < charMultiset2)
        std::cout << "set1 < set2";
    else if (charMultiset1 > charMultiset2)
        std::cout << "set1 > set2";

    return 0;
}
```

Listing 22-10 produces the following output:

```
Contents of first multiset:
A
B
B
C
D
D
E

Contents of second multiset:
F
G
G
H
I
I
J

set1 < set2
```

Multiset Member Functions

The preceding examples show you how to perform the most needed operations with a std::multiset object. The std::multiset class template, however, defines more functions than I have shown you so far. Table 22-2 lists the std::multiset member functions along with their descriptions.

Table 22-2
Multiset Member Functions

Function	Description
begin()	Returns an iterator that points to the first element in the multiset
clear()	Erases all elements of a multiset
count(*x*)	Returns the number of instances of *x* in the multiset
empty()	Returns a TRUE value if the multiset is empty
end()	Returns an iterator that points to the last element in the multiset
equal_range(*x*)	Returns two iterators that represent *x*'s lower and upper bounds
erase(*i*)	Erases the multiset element pointed to by the iterator *i*
erase(*start*, *end*)	Erases a range of multiset elements specified by the iterators *start* and *end*
erase(*x*)	Erases all occurrences of the multiset element *x*
find(*x*)	Returns an iterator that points to the first occurrence of *x* in the multiset. If *x* does not exist, the returned iterator is equal to end().
insert(*i*, *x*)	Inserts value *x* into the multiset. The search for *x*'s correct position starts at the element specified by iterator *i*
insert(*start*, *end*)	Inserts the range of values specified by the iterators *start* and *end* into the multiset
insert(*x*)	Inserts *x* into the multiset
key_comp()	Returns the object of type key_compare that determines the order of elements in the multiset
lower_bound(*x*)	Returns an iterator to the first occurrence of element *x*
max_size()	Returns the maximum size (the greatest number of elements that can fit) of the multiset
rbegin()	Returns a reverse iterator that points beyond the last element in the multiset
rend()	Returns a reverse iterator that points to the first element of the multiset
size()	Returns the size (the number of elements) of the multiset

Continued

Table 22-2 (continued)	
Function	*Description*
`swap(set)`	Swaps the contents of two multisets
`upper_bound(x)`	Returns an iterator that points to the first element beyond *x*
`value_comp()`	Returns the object of type `value_compare` that determines the order of elements in the multiset

The std::map Class Template

An `std::map` object enables a program to store a group of values in sorted order, with each element associated with a search key. This is unlike an `std::set` or `std::multiset`, in which the elements of the set act as both the stored data and the key to that data. You can construct an `std::map` object in several ways, as shown here:

```
std::map<key, type, predicate> name;
std::map<key, type, predicate> name(mymap);
std::map<key, type, predicate> name(first, last);
```

The first example creates an empty `std::map` object named *name* that can hold data of the type *type*. The *key* parameter is the type of key that is used in the map. The object uses the function specified by *predicate* for ordering the elements of the set. For example, to create an empty `std::map` object for integers, you can write:

```
std::map<int, int, std::less<int> > intMap;
```

The second example uses the copy constructor, which makes an `std::map` object from an existing `std::map`, *mymap*. Finally, the third example creates a map from a range of elements that the iterators *first* and *last* specify. Note that the `std::less<>` predicate is the default so you do not need to include it in the declaration.

Listing 22-11 shows how to create and display the contents of an `std::map` object.

Name: **pr22011.cpp**
Location: **Quincy99\Programs\Chap22**

Listing 22-11: Creating a simple map

```cpp
/////////////////////////////////////
// File Name: pr22011.cpp
/////////////////////////////////////
#include <iostream>
#include <map>

int main()
{
    // Create the map object.
    std::map<int, char> charMap;

    // Populate the map with values.
    charMap.insert(std::map<int, char>::value_type(1,'A'));
    charMap.insert(std::map<int, char>::value_type(3,'C'));
    charMap.insert(std::map<int, char>::value_type(2,'B'));
    charMap.insert(std::map<int, char>::value_type(5,'E'));
    charMap.insert(std::map<int, char>::value_type(4,'D'));

    // Display the contents of the map.
    std::cout << "Contents of map: " << std::endl;
    map<int, char>::iterator iter;
    for (iter = charMap.begin();
            iter != charMap.end(); iter++)
    {
        std::cout << (*iter).first << " --> ";
        std::cout << (*iter).second << std::endl;
    }

    return 0;
}
```

Listing 22-11 displays the following output:

```
Contents of map:
1 --> A
2 --> B
3 --> C
4 --> D
5 --> E
```

Listing 22-11 includes the <map> header, the appropriate header file for the std::map class template. The program creates a five-element std::map object that associates the integer keys 1 through 5 with the characters A through E. At this point, Listing 22-11 probably looks very confusing. Be assured that the following sections will explain everything in detail.

Inserting Map Elements

To insert new elements into the sequence stored in a `std::map` object, you use the `insert()` member function. Because each map element consists of a key and a data item, however, new elements you insert must contain both the key and its associated data. To perform the insertion, then, you must use the class's `value_type` data type, which defines a data type for a pair of map values — a key and a data item. In Listing 22-11, you saw how to create a `std::map` object and insert new elements. You probably thought — and rightly so — that the program was difficult to read, thanks to all the references to the `std::map` template definition. Listing 22-12 shows the same program rewritten to use a `typedef` to replace all the `std::map` template references.

On the CD-ROM

Name: **pr22012.cpp**
Location: **Quincy99\Programs\Chap22**

Listing 22-12: **Adding elements to a map**

```cpp
/////////////////////////////////////
// File Name: pr22012.cpp
/////////////////////////////////////
#include <iostream>
#include <map>

typedef std::map<int, char> MYMAP;

int main()
{
    // Create the map object.
    MYMAP charMap;

    // Populate the map with values.
    charMap.insert(MYMAP::value_type(1,'A'));
    charMap.insert(MYMAP::value_type(3,'C'));
    charMap.insert(MYMAP::value_type(2,'B'));
    charMap.insert(MYMAP::value_type(5,'E'));
    charMap.insert(MYMAP::value_type(4,'D'));

    // Display the contents of the map.
    std::cout << "Contents of map: " << std::endl;
    MYMAP::iterator iter;
    for (iter = charMap.begin();
            iter != charMap.end(); iter++)
    {
        std::cout << (*iter).first << " --> ";
        std::cout << (*iter).second << std::endl;
    }

    return 0;
}
```

In Listing 22-12, take special note of the `insert()` member function's single parameter, which looks like this in the first call to `insert()`:

```
MYMAP::value_type(1,'A')
```

The map object created by the `MYMAP` typedef defines a type definition for the data used in the object. In this case, the data type named `value_type` comprises an integer key and a character data item. You can access each part of the data pair by using `first` and `second`, as in the listing shown here:

```
std::cout << (*iter).first << " --> ";
std::cout << (*iter).second << std::endl;
```

Here, `iter` is an iterator that points to a map element. Just as with a pointer, to dereference an iterator — and so access the data it points to — you use the `*` operator. The `*` operator, however, is not enough. You also need to add `first` and `second` to specify which value in the pair you want to access. In the first lineof the preceding code, the `std::cout` statement displays the current element's key. In the second line, the program displays the data item associated with the key, as well as increments the iterator so it points to the next map element.

The `std::map` class template defines the [ ] operator, enabling you to insert items without calling the `insert()` member function. As you can see in Listing 22-13, using the [ ] operator enables you to use a simpler syntax for inserting elements into a `std::map` object.

On the CD-ROM

Name: **pr22013.cpp**
Location: **Quincy99\Programs\Chap22**

Listing 22-13: Adding elements to a map using the [ ] operator

```
/////////////////////////////////////
// File Name: pr22013.cpp
/////////////////////////////////////
#include <iostream>
#include <map>

typedef std::map<int, char> MYMAP;

int main()
{
    // Create the map object.
    MYMAP charMap;
```

Continued

Listing 22-13 *(continued)*

```cpp
    // Populate the map with values.
    charMap[1] = 'A';
    charMap[4] = 'D';
    charMap[2] = 'B';
    charMap[5] = 'E';
    charMap[3] = 'C';

    // Display the contents of the map.
    std::cout << "Contents of map: " << std::endl;
    MYMAP::iterator iter;
    for (iter = charMap.begin();
            iter != charMap.end(); iter++)
    {
        std::cout << (*iter).first << " --> ";
        std::cout << (*iter).second << std::endl;
    }

    return 0;
}
```

Removing Map Elements

To delete an element from the sequence stored in a `std::map` object, call the `erase()` member function. This function takes as arguments the position at which to start the deletion and the position of the element at which the deletion should stop (that is, this last element is not deleted). The second argument is not required. To delete a single element, simply supply an iterator for the element as the `erase()` member function's single argument. Listing 22-14 creates an empty `std::map` object and populates the map with the characters "A" through "E". The program then erases the character from the map's second position and displays the results.

On the CD-ROM

Name: **pr22014.cpp**
Location: **Quincy99\Programs\Chap22**

Listing 22-14: Removing elements anywhere within a map

```cpp
///////////////////////////////////////
// File Name: pr22014.cpp
///////////////////////////////////////
#include <iostream>
#include <map>
```

```
typedef std::map<int, char> MYMAP;

int main()
{
    // Create the map object.
    MYMAP charMap;

    // Populate the map with values.
    charMap[1] = 'A';
    charMap[4] = 'D';
    charMap[2] = 'B';
    charMap[5] = 'E';
    charMap[3] = 'C';

    // Display the contents of the map.
    std::cout << "Contents of map: " << std::endl;
    MYMAP::iterator iter;
    for (iter = charMap.begin();
            iter != charMap.end(); iter++)
    {
        std::cout << (*iter).first << " --> ";
        std::cout << (*iter).second << std::endl;
    }

    // Erase the map's second element.
    iter = charMap.begin();
    charMap.erase(++iter);

    // Display the new contents of the map.
    std::cout << "Contents of new map: " << std::endl;
    for (iter = charMap.begin();
            iter != charMap.end(); iter++)
    {
        std::cout << (*iter).first << " --> ";
        std::cout << (*iter).second << std::endl;
    }

    return 0;
}
```

Listing 22-14 displays the following output:

```
Contents of map:
1 --> A
2 --> B
3 --> C
4 --> D
5 --> E
```

```
Contents of new map:
1 --> A
3 --> C
4 --> D
5 --> E
```

Searching a Map

A program easily can locate an element in a map by calling the `find()` member function, which takes as its single argument the key for which to search. The `find()` function returns an iterator that points to the located element or an iterator that points to the end of the map if it cannot find the requested element. Listing 22-15 demonstrates how to search a map.

On the CD-ROM

Name: **pr22015.cpp**
Location: **Quincy99\Programs\Chap22**

Listing 22-15: **Searching a map**

```cpp
/////////////////////////////////////
// File Name: pr22015.cpp
/////////////////////////////////////
#include <iostream>
#include <map>

typedef std::map<int, char> MYMAP;

int main()
{
    // Create the map object.
    MYMAP charMap;

    // Populate the map with values.
    charMap[1] = 'A';
    charMap[4] = 'D';
    charMap[2] = 'B';
    charMap[5] = 'E';
    charMap[3] = 'C';

    // Display the contents of the map.
    std::cout << "Contents of map: " << std::endl;
    MYMAP::iterator iter;
    for (iter = charMap.begin();
            iter != charMap.end(); iter++)
    {
        std::cout << (*iter).first << " --> ";
        std::cout << (*iter).second << std::endl;
    }
```

```
    // Find the D.
    MYMAP::iterator pos = charMap.find(4);
    if (pos == charMap.end())
        std::cout << "Element not found.";
    else
        std::cout << "Element found: " << (*pos).second;

    return 0;
}
```

Listing 22-15 produces the following output:

```
Contents of map:
1 --> A
2 --> B
3 --> C
4 --> D
5 --> E
Element found: D
```

Comparing Maps

A program easily can determine whether maps are equal to each other or which map is less than or greater than another. Two std::map objects are equal when they have the same number of elements and all elements in the maps have the same value. Listing 22-16 demonstrates how to compare maps.

On the
CD-ROM

Name: **pr22016.cpp**
Location: **Quincy99\Programs\Chap22**

Listing 22-16: **Comparing maps**

```
/////////////////////////////////////
// File Name: pr22016.cpp
/////////////////////////////////////
#include <iostream>
#include <map>

typedef std::map<int, char> MYMAP;

int main()
{
    // Create the first map object.
    MYMAP charMap1;
```

Continued

Listing 22-16 *(continued)*

```cpp
// Populate the first map with values.
charMap1[1] = 'A';
charMap1[4] = 'D';
charMap1[2] = 'B';
charMap1[5] = 'E';
charMap1[3] = 'C';

// Display the contents of the first map.
std::cout << "Contents of first map: " << std::endl;
MYMAP::iterator iter;
for (iter = charMap1.begin();
        iter != charMap1.end(); iter++)
{
    std::cout << (*iter).first << " --> ";
    std::cout << (*iter).second << std::endl;
}
std::cout << std::endl;

// Create the second map object.
MYMAP charMap2;

// Populate the first map with values.
charMap2[1] = 'F';
charMap2[4] = 'I';
charMap2[2] = 'G';
charMap2[5] = 'J';
charMap2[3] = 'H';

// Display the contents of the second map.
std::cout << "Contents of second map: " << std::endl;
for (iter = charMap2.begin();
        iter != charMap2.end(); iter++)
{
    std::cout << (*iter).first << " --> ";
    std::cout << (*iter).second << std::endl;
}
std::cout << std::endl;

// Compare the maps.
if (charMap1 == charMap2)
    std::cout << "map1 == map2";
else if (charMap1 < charMap2)
    std::cout << "map1 < map2";
else if (charMap1 > charMap2)
    std::cout << "map1 > map2";

return 0;
}
```

Listing 22-16 produces the following output:

```
Contents of first map:
1 --> A
2 --> B
3 --> C
4 --> D
5 --> E

Contents of second map:
1 --> F
2 --> G
3 --> H
4 --> I
5 --> J

map1 < map2
```

Map Member Functions

The preceding examples show you how to perform the most needed operations with a std::map object. The std::map class template, however, defines more functions than I have shown you so far. Table 22-3 lists the std::map member functions along with their descriptions.

<table>
<tr><td colspan="2" align="center">Table 22-3
Map Member Functions</td></tr>
<tr><td>**Function**</td><td>**Description**</td></tr>
<tr><td>begin()</td><td>Returns an iterator that points to the first element in the map</td></tr>
<tr><td>clear()</td><td>Erases all elements of a map</td></tr>
<tr><td>count(x)</td><td>Returns the number of instances of x in the map (either 0 or 1</td></tr>
<tr><td>empty()</td><td>Returns a TRUE value if the map is empty</td></tr>
<tr><td>end()</td><td>Returns an iterator that points to the last element in the map</td></tr>
<tr><td>equal_range(x)</td><td>Returns two iterators that represent x's lower and upper bounds</td></tr>
<tr><td>erase(i)</td><td>Erases the map element pointed to by the iterator i</td></tr>
<tr><td>erase(start, end)</td><td>Erases a range of map elements specified by the iterators start and end</td></tr>
<tr><td>erase(x)</td><td>Erases the map element with the key x</td></tr>
</table>

Continued

Table 22-3 (continued)

Function	Description
find(x)	Returns an iterator that points to x. If the key x does not exist, the returned iterator is equal to end().
insert(i, x)	Inserts value x into the map. The search for x's correct position starts at the element specified by iterator i
insert(start, end)	Inserts the range of values, specified by the iterators start and end, into the map
insert(x)	Inserts x into the map
key_comp()	Returns the object of type key_compare that determines the order of elements in the map
lower_bound(x)	Returns an iterator to the element immediately preceding the key x
max_size()	Returns the maximum size (the greatest number of elements that can fit) of the map
rbegin()	Returns a reverse iterator that points beyond the last element in the map
rend()	Returns a reverse iterator that points to the first element of the map
size()	Returns the size (the number of elements) of the map
swap(map)	Swaps the contents of two maps
upper_bound(x)	Returns an iterator that points to x
value_comp()	Returns the object of type value_compare that determines the order of elements in the map

The std::multimap Class Template

A std::multimap object enables a program to store a group of values in sorted order. Just as with a map, the elements of the multimap contain a key and data item pair. However, unlike a map, a multimap can contain duplicate values. You can construct a std::multimap object in several ways, as shown here:

```
std::multimap<key, type, predicate> name;
std::multimap<key, type, predicate> name(mymultimap);
std::multimap<key, type, predicate> name(first, last);
```

The first example creates an empty `std::multimap` object named *name* that can hold data of the type *type* that is associated with *key*. The object uses the function specified by predicate for ordering the elements of the set. (The C++ Library defines these functions.) For example, to create an empty `std::multimap` object for integers, you can write:

```
std::multimap<int, int, std::less<int> > intSet;
```

The second example uses the copy constructor, which makes a `std::multimap` object from an existing multimap—*mymultimap*. Finally, the third example creates a set from a range of elements that the iterators *first* and *last* specify. Note that the `std::less<>` predicate is the default so you do not need to include it in the declaration.

Listing 22-17 shows how to create and display the contents of a `std::multimap` object.

On the CD-ROM

Name: **pr22017.cpp**
Location: **Quincy99\Programs\Chap22**

Listing 22-17: Creating and displaying a simple multimap

```cpp
///////////////////////////////////////
// File Name: pr22017.cpp
///////////////////////////////////////
#include <iostream>
#include <map>

typedef std::multimap<int, char> MYMAP;

int main()
{
    // Create the multimap object.
    MYMAP charMultimap;

    // Populate the multimap with values.
    charMultimap.insert(MYMAP::value_type(1,'A'));
    charMultimap.insert(MYMAP::value_type(4,'C'));
    charMultimap.insert(MYMAP::value_type(2,'B'));
    charMultimap.insert(MYMAP::value_type(7,'E'));
    charMultimap.insert(MYMAP::value_type(5,'D'));
    charMultimap.insert(MYMAP::value_type(3,'B'));
    charMultimap.insert(MYMAP::value_type(6,'D'));
```

Continued

Listing 22-17 *(continued)*

```
    // Display the contents of the multimap.
    std::cout << "Contents of multimap: " << std::endl;
    MYMAP::iterator iter;
    for (iter = charMultimap.begin();
            iter != charMultimap.end(); iter++)
    {
        std::cout << (*iter).first << " --> ";
        std::cout << (*iter).second << std::endl;
    }

    return 0;
}
```

Listing 22-17 displays the following output:

```
Contents of multimap:
1 --> A
2 --> B
3 --> B
4 --> C
5 --> D
6 --> D
7 --> E
```

Listing 22-17 includes the <map> header, which includes the appropriate header file for the std::multimap class template. The program creates and displays a seven-element std::multimap object.

Inserting Multimap Elements

To insert new elements into the sequence stored in a std::multimap object, you use the insert() member function shown in Listing 22-17. You cannot use the [ ] operator to insert elements into a multimap.

Removing Multimap Elements

To delete an element from the sequence stored in a std::multimap object, call the erase() member function. This function takes as arguments the position at which to start the deletion and the position of the element at which the deletion should stop (that is, this last element is not deleted). The second argument is not required. To delete a single element, simply supply an iterator for the element as the erase() member function's single argument. Listing 22-18 creates an empty std::multimap object and populates the sequence with the characters "A" through "E" (along with a duplicate "B" and "D"). The program then erases the character from the sequence's second position and displays the results.

On the CD-ROM

Name: **pr22018.cpp**
Location: **Quincy99\Programs\Chap22**

Listing 22-18: **Removing elements anywhere within a multimap**

```cpp
/////////////////////////////////////
// File Name: pr22018.cpp
/////////////////////////////////////
#include <iostream>
#include <map>

typedef std::multimap<int, char> MYMAP;

int main()
{
    // Create the multimap object.
    MYMAP charMultimap;

    // Populate the multimap with values.
    charMultimap.insert(MYMAP::value_type(1,'A'));
    charMultimap.insert(MYMAP::value_type(4,'C'));
    charMultimap.insert(MYMAP::value_type(2,'B'));
    charMultimap.insert(MYMAP::value_type(7,'E'));
    charMultimap.insert(MYMAP::value_type(5,'D'));
    charMultimap.insert(MYMAP::value_type(3,'B'));
    charMultimap.insert(MYMAP::value_type(6,'D'));

    // Display the contents of the multimap.
    std::cout << "Contents of multimap: " << std::endl;
    MYMAP::iterator iter;
    for (iter = charMultimap.begin();
            iter != charMultimap.end(); iter++)
    {
        std::cout << (*iter).first << " --> ";
        std::cout << (*iter).second << std::endl;
    }

    // Erase the multimap's second element.
    iter = charMultimap.begin();
    charMultimap.erase(++iter);
```

Continued

Listing 22-18 *(continued)*

```
// Display the new contents of the multimap.
std::cout << "Contents of new multimap: " << std::endl;
for (iter = charMultimap.begin();
        iter != charMultimap.end(); iter++)
{
    std::cout << (*iter).first << " --> ";
    std::cout << (*iter).second << std::endl;
}

return 0;
}
```

Listing 22-18 displays the following output:

```
Contents of multimap:
1 --> A
2 --> B
3 --> B
4 --> C
5 --> D
6 --> D
7 --> E
Contents of new multimap:
1 --> A
3 --> B
4 --> C
5 --> D
6 --> D
7 --> E
```

Searching a Multimap

A program easily can locate an element in a multimap by calling the `find()` member function. This function takes as its single argument the value for which to search. The `find()` function returns an iterator that points to the first occurrence of the requested element or an iterator that points to the end of the set if it does not find the requested element. Listing 22-19 demonstrates how to search a multimap.

Name: **pr22019.cpp**
Location: **Quincy99\Programs\Chap22**

Listing 22-19: **Searching a multimap**

```cpp
/////////////////////////////////////
// File Name: pr22019.cpp
/////////////////////////////////////
#include <iostream>
#include <map>

typedef std::multimap<int, char> MYMAP;

int main()
{
    // Create the multimap object.
    MYMAP charMultimap;

    // Populate the multimap with values.
    charMultimap.insert(MYMAP::value_type(1,'A'));
    charMultimap.insert(MYMAP::value_type(4,'C'));
    charMultimap.insert(MYMAP::value_type(2,'B'));
    charMultimap.insert(MYMAP::value_type(7,'E'));
    charMultimap.insert(MYMAP::value_type(5,'D'));
    charMultimap.insert(MYMAP::value_type(3,'B'));
    charMultimap.insert(MYMAP::value_type(6,'D'));

    // Display the contents of the multimap.
    std::cout << "Contents of multimap: " << std::endl;
    MYMAP::iterator iter;
    for (iter = charMultimap.begin();
            iter != charMultimap.end(); iter++)
    {
        std::cout << (*iter).first << " --> ";
        std::cout << (*iter).second << std::endl;
    }
    std::cout << std::endl;

    // Find the first D.
    iter = charMultimap.find(5);
    if (iter == charMultimap.end())
        std::cout << "Element not found.";
    else
    {
        std::cout << "Element found: ";
        std::cout << (*iter).first << " --> ";
        std::cout << (*iter++).second << std::endl;
        std::cout << "Next element: ";
        std::cout << (*iter).first << " --> ";
        std::cout << (*iter).second << std::endl;
    }

    return 0;
}
```

Listing 22-19 produces the following output:

```
Contents of multimap:
1 --> A
2 --> B
3 --> B
4 --> C
5 --> D
6 --> D
7 --> E

Element found: 5 --> D
Next element: 6 --> D
```

Comparing Multimaps

A program easily can determine whether multimaps are equal to each other or which multimap is less than or greater than another. Two std::multimap objects are equal when they have the same number of elements and all elements in the multimaps have the same value. Listing 22-20 demonstrates how to compare multimaps.

On the
CD-ROM

Name: **pr22020.cpp**
Location: **Quincy99\Programs\Chap22**

Listing 22-20: **Comparing multimaps**

```cpp
//////////////////////////////////////
// File Name: pr22020.cpp
//////////////////////////////////////
#include <iostream>
#include <map>

typedef std::multimap<int, char> MYMAP;

int main()
{
    // Create the first multimap object.
    MYMAP charMultimap;

    // Populate the multimap with values.
    charMultimap.insert(MYMAP::value_type(1,'A'));
    charMultimap.insert(MYMAP::value_type(4,'C'));
    charMultimap.insert(MYMAP::value_type(2,'B'));
```

```
charMultimap.insert(MYMAP::value_type(7,'E'));
charMultimap.insert(MYMAP::value_type(5,'D'));
charMultimap.insert(MYMAP::value_type(3,'B'));
charMultimap.insert(MYMAP::value_type(6,'D'));

// Display the contents of the first multimap.
std::cout << "Contents of first multimap: " << std::endl;
MYMAP::iterator iter;
for (iter = charMultimap.begin();
        iter != charMultimap.end(); iter++)
{
    std::cout << (*iter).first << " --> ";
    std::cout << (*iter).second << std::endl;
}
std::cout << std::endl;

// Create the second multimap object.
MYMAP charMultimap2;

// Populate the second multimap with values.
charMultimap2.insert(MYMAP::value_type(1,'C'));
charMultimap2.insert(MYMAP::value_type(4,'F'));
charMultimap2.insert(MYMAP::value_type(2,'D'));
charMultimap2.insert(MYMAP::value_type(7,'E'));
charMultimap2.insert(MYMAP::value_type(5,'F'));
charMultimap2.insert(MYMAP::value_type(3,'E'));
charMultimap2.insert(MYMAP::value_type(6,'G'));

// Display the contents of the second multimap.
std::cout << "Contents of second multimap: " << std::endl;
for (iter = charMultimap2.begin();
        iter != charMultimap2.end(); iter++)
{
    std::cout << (*iter).first << " --> ";
    std::cout << (*iter).second << std::endl;
}
std::cout << std::endl;

// Compare the multimaps.
if (charMultimap == charMultimap2)
    std::cout << "multimap1 == multimap2";
else if (charMultimap < charMultimap2)
    std::cout << "multimap1 < multimap2";
else if (charMultimap > charMultimap2)
    std::cout << "multimap1 > multimap2";

return 0;
}
```

Listing 22-20 produces the following output:

```
Contents of first multimap:
1 --> A
2 --> B
3 --> B
4 --> C
5 --> D
6 --> D
7 --> E

Contents of second multimap:
1 --> C
2 --> D
3 --> E
4 --> F
5 --> F
6 --> G
7 --> E

multimap1 < multimap2
```

Multimap Member Functions

The preceding examples show you how to perform the most needed operations with a `std::multimap` object. The `std::multimap` class template, however, defines more functions than I have shown you so far. Table 22-4 lists the `std::multimap` member functions along with their descriptions.

Table 22-4
Multimap Member Functions

Function	Description
`begin()`	Returns an iterator that points to the first element in the multimap
`clear()`	Erases all elements of a multimap
`count(x)`	Returns the number of instances of x in the multimap
`empty()`	Returns a TRUE value if the multimap is empty
`end()`	Returns an iterator that points to the last element in the multimap
`equal_range(x)`	Returns two iterators that represent x's lower and upper bounds
`erase(i)`	Erases the multimap element pointed to by the iterator i

Function	Description
erase(*start*, *end*)	Erases a range of multimap elements specified by the iterators *start* and *end*
erase(*x*)	Erases all occurrences of the multimap element *x*
find(*x*)	Returns an iterator that points to the first occurrence of *x* in the multimap. If *x* does not exist, the returned iterator is equal to end().
insert(*i*, *x*)	Inserts value *x* into the multimap. The search for *x*'s correct position starts at the element specified by iterator *i*
insert(*start*, *end*)	Inserts the range of values, specified by the iterators *start* and *end,* into the multimap
insert(*x*)	Inserts *x* into the multimap
key_comp()	Returns the object of type key_compare that determines the order of elements in the multimap
lower_bound(*x*)	Returns an iterator to the first occurrence of element *x*
max_size()	Returns the maximum size (the greatest number of elements that can fit) of the multimap
rbegin()	Returns a reverse iterator that points beyond the last element in the multimap
rend()	Returns a reverse iterator that points to the first element of the multimap
size()	Returns the size (the number of elements) of the multimap
swap(set)	Swaps the contents of two multimaps
upper_bound(*x*)	Returns an iterator that points to the first element beyond *x*
value_comp()	Returns the object of type value_compare that determines the order of elements in the multimap

The std::bitset Class Template

A std::bitset object enables a program to store a group of bit values (0s and 1s). You can construct a std::bitset object in several ways, as shown here:

```
std::bitset<size> name;
std::bitset<size> name(value);
std::bitset<size> name(str, pos, n);
```

The first example creates an empty std::bitset object named *name* that can hold *size* bits. For example, to create a bitset object with 8 bits, you can write:

```
std::bitset<8> bitSet;
```

The second example creates a bitset from the bits in an unsigned long value. Finally, the third example creates a bitset from the contents of a string; *pos* is the position within the bitset at which the values represented by *str* are placed. Both *pos* and *n* have default values, so you usually ignore them.

Manipulating Bits in a Bitset

Any element in a bitset can be the value 0 or 1, which represent an *unset* or *set bit*, respectively. The std::bitset class provides several member functions. Two of these functions are set(), which sets a bit to 1, and reset(), which returns the bit to the value 0. Table 22-5 describes all of these functions, and Listing 22-21 demonstrates using the set() and reset() functions.

Note   This program will not compile with the compiler supplied with this book, because that compiler does not yet support bitsets. This program will, however, compile with Visual C++.

On the CD-ROM   Name: **pr22021.cpp**
Location: **Quincy99\Programs\Chap22**

Listing 22-21: **Manipulating bits in a bitset**

```
//////////////////////////////////////
// File Name: pr22021.cpp
//////////////////////////////////////
#include <iostream>
#include <bitset>

//////////////////////////////////////
// Display a bitset.
//////////////////////////////////////
void display(std::bitset<8> bs)
{
    // Display the bitset.
    std::cout << "Bitset = ";
    for (int x=0; x<8; ++x)
            std::cout << bs[x];
    std::cout << std::endl;
}
```

```
/////////////////////////////////////////
// The main() function.
/////////////////////////////////////////
int main()
{
    // Create and display the bitset object.
    std::bitset<8> bitSet;
    display(bitSet);
    std::cout << std::endl;

    // Set some bits.
    std::cout << "Setting bits 1, 2, 3, 5, and 7."
                 << std::endl;
    bitSet.set(1);
    bitSet.set(2);
    bitSet.set(3);
    bitSet.set(5);
    bitSet.set(7);

    // Display the resultant bitset.
    display(bitSet);
    std::cout << std::endl;

    // Reset some bits.
    std::cout << "Resetting bits 2 and 3."
                 << std::endl;
    bitSet.reset(2);
    bitSet.reset(3);

    // Display the resultant bitset.
    display(bitSet);
    std::cout << std::endl;

    return 0;
}
```

Listing 22-21 produces the following output:

```
Bitset = 00000000

Setting bits 1, 2, 3, 5, and 7.
Bitset = 01110101

Resetting bits 2 and 3.
Bitset = 01000101
```

Testing Bits in a Bitset

A program easily can determine the status of a bit by calling the test() member function. This function returns TRUE if the specified bit is set, or FALSE if the bit is not set. Listing 22-22 demonstrates how to use the test() member function.

Note

This program will not compile with the compiler supplied with this book, because that compiler does not yet support bitsets. This program will, however, compile with Visual C++.

On the CD-ROM

Name: **pr22022.cpp**
Location: **Quincy99\Programs\Chap22**

Listing 22-22: **Testing bits in a bitset**

```cpp
///////////////////////////////////////
// File Name: pr22022.cpp
///////////////////////////////////////
#include <iostream>
#include <bitset>

///////////////////////////////////////
// Display a bitset.
///////////////////////////////////////
void display(std::bitset<8> bs)
{
    // Display the bitset.
    std::cout << "Bitset = ";
    for (int x=0; x<8; ++x)
        std::cout << bs[x];
    std::cout << std::endl;
}

///////////////////////////////////////
// The main() function.
///////////////////////////////////////
int main()
{
    // Create the bitset object.
    std::bitset<8> bitSet;

    // Set some bits.
    bitSet.set(1);
    bitSet.set(2);
    bitSet.set(3);
```

```
        bitSet.set(5);
        bitSet.set(7);

        // Display the resultant bitset.
        display(bitSet);
        std::cout << std::endl;

        // Test the bits.
        for (int x=0; x<8; ++x)
        {
            std::cout << "Bit " << x << " is ";
            if (bitSet.test(x))
                std::cout << "set";
            else
                std::cout << "unset";
            std::cout << std::endl;
        }

        return 0;
    }
```

Listing 22-22 produces the following output:

```
Bitset = 01110101

Bit 0 is unset
Bit 1 is set
Bit 2 is set
Bit 3 is set
Bit 4 is unset
Bit 5 is set
Bit 6 is unset
Bit 7 is set
```

Comparing Bitsets

A program easily can determine whether bitsets are equal to each other. Two bitset objects are equal when they have the same number of elements and all elements in the bitsets have the same value. Listing 22-23 demonstrates how to compare bitsets.

On the
CD-ROM

Name: **pr22023.cpp**
Location: **Quincy99\Programs\Chap22**

Listing 22-23: **Comparing bitsets**

```cpp
////////////////////////////////////
// File Name: pr22023.cpp
////////////////////////////////////
#include <iostream>
#include <bitset>

////////////////////////////////////
// Display a bitset.
////////////////////////////////////
void display(std::bitset<8> bs)
{
    // Display the bitset.
    std::cout << "Bitset = ";
    for (int x=0; x<8; ++x)
        std::cout << bs[x];
    std::cout << std::endl;
}

////////////////////////////////////
// The main() function.
////////////////////////////////////
int main()
{
    // Create and display the first bitset object.
    std::bitset<8> bitSet;
    bitSet.set(1);
    bitSet.set(3);
    bitSet.set(5);
    bitSet.set(7);

    display(bitSet);

    // Create and display the second bitset object.
    std::bitset<8> bitSet2;
    bitSet2.set(0);
    bitSet2.set(1);
    bitSet2.set(3);
    bitSet2.set(5);
    bitSet2.set(7);

    display(bitSet2);

    // Compare the bitsets.
    if (bitSet == bitSet2)
        std::cout << "bitset1 == bitset2";
    else
```

```
        std::cout << "bitset1 != bitset2";
    std::cout << std::endl;

    return 0;
}
```

Listing 22-23 produces the following output:

```
Bitset = 10101010
Bitset = 10101011
bitset1 != bitset2
```

Bitset Member Functions

The preceding examples show you how to perform the most needed operations with a bitset object. The bitset class template, however, defines more functions than I have shown you so far. Table 22-5 lists the bitset member functions along with their descriptions.

Table 22-5	
Bitset Member Functions	
Function	**Description**
any()	Returns TRUE if any bit in the bitset is set
at(pos)	Returns the value of the bit at position pos
count(x)	Returns the number of bits in the bitset
flip()	Toggles all the bits in the bitset
flip(pos)	Toggles the bit at the position pos
none()	Returns TRUE if none of the bits in the bitset are set
reset()	Resets all the bits in the bitset
reset(pos)	Resets the bit at position pos
set()	Sets all the bits in the bitset
set(pos)	Sets the bit at position pos
size()	Returns the size (the number of bits) in the bitset
test(pos)	Returns TRUE if the bit at position pos is set

User-Defined Predicates

You've seen predicates mentioned in several places throughout the STL section of this book. As you know, a predicate is a function that STL uses to determine information about the elements of a container. The result of a call to the predicate (TRUE or FALSE) determines the ordering of the elements in the container. Standard C++ defines many predicates for you, such as `std::less<>` and `std::greater<>`. You can, however, define and use your own predicates when you want to do something with the container that is not supported directly by the standard predicates. Listing 22-24, for example, defines a predicate that not only determines which of two arguments is smaller, but also displays the two arguments being compared. The display enables you to see the predicate in action as STL orders the contents of a `std::map` object.

On the CD-ROM

Name: **pr22024.cpp**
Location: **Quincy99\Programs\Chap22**

Listing 22-24: **User-defined predicates**

```cpp
////////////////////////////////////////
// File Name: pr22024.cpp
////////////////////////////////////////
#include <iostream>
#include <map>

////////////////////////////////////////
// User-defined predicate.
////////////////////////////////////////
class compare
{
public:
    bool operator()(const int c1, const int c2) const
    {
        std::cout << "In Compare: "
                << c1 << " -- " << c2 << std::endl;
        return c1 < c2;
    }
};

////////////////////////////////////////
// The main() function.
////////////////////////////////////////
int main()
{
    // Create the map object.
    std::map<int, char, compare> charMap;

    // Populate the map with values.
    std::cout << "Adding elements to the map:" << std::endl;
    charMap.insert(std::map<int, char>::value_type(1,'A'));
```

```
charMap.insert(std::map<int, char>::value_type(3,'C'));
charMap.insert(std::map<int, char>::value_type(2,'B'));
charMap.insert(std::map<int, char>::value_type(4,'D'));

// Display the contents of the map.
std::cout << std::endl << "Contents of map: " << std::endl;
map<int, char>::iterator iter;
for (iter = charMap.begin();
        iter != charMap.end(); iter++)
{
    std::cout << (*iter).first << " --> ";
    std::cout << (*iter).second << std::endl;
}

return 0;
}
```

Listing 22-24 produces the following output:

```
Adding elements to the map:
In Compare: 3 -- 1
In Compare: 1 -- 3
In Compare: 3 -- 1
In Compare: 2 -- 1
In Compare: 2 -- 3
In Compare: 1 -- 2
In Compare: 2 -- 3
In Compare: 4 -- 2
In Compare: 4 -- 3
In Compare: 3 -- 4
In Compare: 4 -- 3

Contents of map:
1 --> A
2 --> B
3 --> C
4 --> D
```

Now, examine the predicate more closely. The program defines the predicate
like this:

```
class compare
{
public:
    bool operator()(const int c1, const int c2) const
    {
        std::cout << "In Compare: "
                << c1 << " -- " << c2 << std::endl;
        return c1 < c2;
    }
};
```

First, notice that the predicate is actually in the form of a small class. The class provides the predicate's name, `compare`, as well as overloads the ( ) operator. It's the `operator( )` function that does the predicate's work. STL calls this function each time the program's `std::map` object needs to perform a comparison in order to maintain the ordering of the `std::map` object's contents. Changing the predicate changes the way STL orders the map's contents. For example, you can reverse the order of the `std::map` object's elements simply by reversing the comparison in the predicate. To do this, you change the

```
return c1 < c2;
```

in the predicate function to

```
return c1 > c2;
```

Then, when you rerun the program, you get the following results:

```
Adding elements to the map:
In Compare: 3 -- 1
In Compare: 3 -- 1
In Compare: 2 -- 1
In Compare: 2 -- 3
In Compare: 3 -- 2
In Compare: 2 -- 3
In Compare: 4 -- 2
In Compare: 4 -- 3
In Compare: 4 -- 3

Contents of map:
4 --> D
3 --> C
2 --> B
1 --> A
```

Summary

STL defines a set of associative containers that you can use in your programs. These containers are defined in the `std::set`, `std::multiset`, `std::map`, `std::multimap`, and `std::bitset` template classes. As with all STL containers, the associative container classes define member functions that enable a program to manage the containers in various ways. For instance, a program can perform such basic functions as adding elements to, and removing elements from, the container. In the next chapter, you learn about STL's generic algorithms that work hand in hand with the containers to provide enhanced functionality.

✦   ✦   ✦

Generic Algorithms

The Standard Template Library provides many types of containers for manipulating values of various types. To make it even more convenient to manipulate the contents of these containers, STL offers a set of *generic algorithms* that can do everything from locate elements to sort elements into a specified order. In this chapter, you explore these many types of algorithms.

Introduction to Generic Algorithms

The generic algorithms fall into four categories, as listed here:

+ *Non-modifying sequence algorithms:* Do not modify the containers on which they work. Such algorithms include `std::adjacent_find()`, `std::find()`, `std::find_end()`, `std::find_first()`, `std::count()`, `std::mismatch()`, `std::equal()`, `std::for_each()`, and `std::search()`.

+ *Mutating sequence algorithms:* Modify the containers on which they work. Such algorithms include `std::copy()`, `std::copy_backward()`, `std::fill()`, `std::generate()`, `std::partition()`, `std::random_shuffle()`, `std::remove()`, `std::replace()`, `std::rotate()`, `std::reverse()`, `std::swap()`, `std::swap_ranges()`, `std::transform()`, and `std::unique()`.

✦ *Sorting algorithms*: Sort the contents of containers in various ways. These algorithms include std::sort(), std::stable_sort(), std::partial_sort(), and std::partial_sort_copy(), as well as a number of related functions, including std::nth_element(), std::binary_search(), std::lower_bound(), std::upper_bound(), std::equal_range(), std::merge(), std::includes(), std::push_heap(), std::pop_heap(), std::make_heap(), std::sort_heap(), std::set_union(), std::set_intersection(), std::set_difference(), std::set_symmetric_difference(), std::min(), std::min_element(), std::max(), std::max_element(), std::lexicographical_compare(), std::next_permutation(), and std::prev_permutation().

✦ *Numeric algorithms:* Perform numerical calculations on the contents of containers. This category includes std::accumulate(), std::inner_product(), std::partial_sum(), and std::adjacent_difference().

In the following sections, you examine these different categories of generic algorithms and learn to use them in your own programs.

Non-Modifying Sequence Algorithms

On a sequence, you may need to perform many functions that don't need to modify the sequence on which the functions work. For example, counting the number of elements in a sequence or finding an element in a sequence requires access to the container that holds the sequence. However, it does not require that you modify the contents of the container. STL defines nine non-modifying sequence algorithms, as shown in Table 23-1. Note that all of these algorithms are defined in the std namespace. However, for the sake of brevity, I left std:: off their names in the table.

Table 23-1	
Non-Modifying Sequence Algorithms	
Function	*Description*
adjacent_find(*first, last*)	Returns an iterator that points to the first element of an adjacent pair of equal values. The function searches the range of values specified by the iterators *first* and *last*. There is also a predicate version of this function that requires a comparison function as its third parameter.
count(*first, last, val*)	Returns the number of elements of a specified value, *val*, in a sequence. The function searches the range of values specified by the iterators *first* and *last*.

Function	Description
equal (first, last, first2)	Returns TRUE if the range of values specified by the iterators *first* and *last* is equal to the range of the same length starting at *first2*. There is also a predicate version of this function that requires a comparison function as its fourth parameter.
find (first, last, val)	Returns an iterator that points to the first value in the range specified by the iterators *first* and *last* that equals *val*. There is also a predicate version of this function, named find_if(), which requires a comparison function as its third parameter.
find_end (first, last, first2, last2)	Returns an iterator that points to the last occurrence of the subsequence within the range *first*, *last* that equals the sequence *first2*, *last2*. There is also a predicate version of this function that requires a comparison function as its fifth parameter.
find_first (first, last, first2, last2)	Returns an iterator to an element within the range specified by the iterators *first*, *last* that matches one of the elements in the range *first2*, *last2*. There is also a predicate version of this function that requires a comparison function as its fifth parameter.
for_each (first, last, func)	Performs the operation defined in a function, *func*, for each of the elements in the range *first*, *last*.
mismatch (first, last, first2)	Returns a pair of iterators that specify the positions of the first elements that are unequal in the range *first*, *last* and the range of equal length starting at *first2*. There is also a predicate version of this function that requires a comparison function as its fourth parameter.
search (first, last, first2, last2)	Returns an iterator that points to the first occurrence of the subsequence within the range *first*, *last* that equals the sequence *first2*, *last2*. There is also a predicate version of this function that requires a comparison function as its fifth parameter.

Following are three programs that demonstrate several of the non-modifying sequence algorithms. Listing 23-1 uses the std::adjacent_find() function to find two pairs of matching elements in a std::multiset object. Listing 23-2 uses the std::count() function to determine the number of 8s in a multiset. Finally, Listing 23-3 uses the std::for_each() function to display the contents of a multiset.

Name: **pr23001.cpp**
Location: **Quincy99\Programs\Chap23**

Listing 23-1: **Using the std::adjacent_find( ) function**

```cpp
/////////////////////////////////////
// File Name: pr23001.cpp
/////////////////////////////////////
#include <iostream>
#include <set>
#include <algorithm>

int main()
{
    // Create the set object.
    std::multiset<int, less<int> > intSet;

    // Populate the set with values.
    intSet.insert(10);
    intSet.insert(3);
    intSet.insert(1);
    intSet.insert(3);
    intSet.insert(8);
    intSet.insert(8);
    intSet.insert(5);

    // Display the contents of the set.
    std::cout << "Contents of set: " << std::endl;
    multiset<int, less<int> >::iterator it = intSet.begin();
    for (int x=0; x<intSet.size(); ++x)
        std::cout << *it++ << std::endl;
    std::cout << std::endl;

    // Find the first pair of equal values.
    std::cout << "First matching pair:" << std::endl;
    it = adjacent_find(intSet.begin(), intSet.end());
    std::cout << *it++ << std::endl;
    std::cout << *it << std:: endl << std::endl;

    // Find the second pair of equal values.
    std::cout << "Second matching pair:" << std::endl;
    it = adjacent_find(it, intSet.end());
    std::cout << *it++ << std::endl;
    std::cout << *it;

    return 0;
}
```

Listing 23-1 produces the following output:

```
Contents of set:
1
3
3
5
8
8
10

First matching pair:
3
3

Second matching pair:
8
8
```

On the CD-ROM

Name: **pr23002.cpp**
Location: **Quincy99\Programs\Chap23**

Listing 23-2: **Using the std::count( ) function**

```cpp
////////////////////////////////////
// File Name: pr23002.cpp
////////////////////////////////////
#include <iostream>
#include <set>
#include <algorithm>

int main()
{
    // Create the set object.
    std::multiset<int, less<int> > intSet;

    // Populate the set with values.
    intSet.insert(10);
    intSet.insert(8);
    intSet.insert(1);
    intSet.insert(3);
    intSet.insert(8);
    intSet.insert(8);
    intSet.insert(5);

    // Display the contents of the set.
    std::cout << "Contents of set: " << std::endl;
    multiset<int, less<int> >::iterator it = intSet.begin();
```

Continued

Listing 23-2 *(continued)*

```
    for (int x=0; x<intSet.size(); ++x)
        std::cout << *it++ << std::endl;
    std::cout << std::endl;

    // Count the number of 8s in the set.
    int cnt = count(intSet.begin(), intSet.end(), 8);
    std::cout << "Number of 8s = " << cnt;

    return 0;
}
```

Listing 23-2 produces the following output:

```
Contents of set:
1
3
5
8
8
8
10

Number of 8s = 3
```

Name: **pr23003.cpp**
Location: **Quincy99\Programs\Chap23**

Listing 23-3: Using the std::for_each( ) function

```
/////////////////////////////////////
// File Name: pr23003.cpp
/////////////////////////////////////
#include <iostream>
#include <set>
#include <algorithm>

/////////////////////////////////////
// The function to be called by
// for_each().
/////////////////////////////////////
void show_val(int val)
{
```

```
        std::cout << val << std::endl;
    }

    //////////////////////////////////////
    // The main() function.
    //////////////////////////////////////
    int main()
    {
        // Create the set object.
        std::multiset<int, less<int> > intSet;

        // Populate the set with values.
        intSet.insert(10);
        intSet.insert(8);
        intSet.insert(1);
        intSet.insert(3);
        intSet.insert(8);
        intSet.insert(8);
        intSet.insert(5);

        // Display the contents of the set.
        std::cout << "Contents of set: " << std::endl;
        for_each(intSet.begin(), intSet.end(), show_val);

        return 0;
    }
```

Listing 23-3 produces the following output:

```
Contents of set:
1
3
5
8
8
8
10
```

Mutating Sequence Algorithms

Some types of sequence operations result in modifying the contents of a container. For example, you may want to copy part of a sequence into another part of the same sequence, or you may want to fill a sequence with a given value. STL's mutating sequence algorithms provide for such operations, and Table 23-2 lists and describes them. Note that all of these algorithms are defined in the std namespace. However, for the sake of brevity, I left std:: off their names in the table.

Table 23-2
Mutating Sequence Algorithms

Function	Description
copy (first, last, first2)	Copies the elements of the range specified by the iterators *first* and *last* to the range beginning at the element specified by the iterator *first2*.
copy_backward (first, last, first2)	Copies the elements of the range specified by the iterators *first* and *last* to the range beginning at the element specified by the iterator *first2*. However, this function copies the elements starting with the last element and works backwards to the first.
fill (first, last, val)	Copies *val* into every element in the range specified by the iterators *first* and *last*.
generate (first, last, func)	Calls the function *func* for each element, copying the result of *func* into the element.
partition (first, last, pred)	Partitions a sequence into two sections, in which the first section contains the elements that return a TRUE value from the predicate *pred* and the second section contains those elements that return FALSE from *pred*. The function returns an iterator that points to the dividing point between the two partitions.
random_shuffle (first, last)	Randomly shuffles the elements in the range specified by the iterators *first* and *last*.
remove (first, last, val)	Removes all values that match *val* from the range specified by the iterators *first* and *last*.
replace (first, last, val1, val2)	Replaces *val1* with *val2* in the range specified by the iterators *first* and *last*.
rotate (first, middle, last)	Left-rotates the elements from the range *middle to last* to the range starting at *first*.
reverse (first, last)	Reverses the elements of the range specified by the bidirectional iterators *first* and *last*.
swap (it1, it2)	Swaps the two elements specified by the iterators *it1* and *it2*.
swap_ranges (first, last, first2)	Swaps a range of values between the range *first, last* and the range of the same length starting at *first2*.

Function	Description
`transform` `(first, last, first2, func)`	Applies the function *func* to each element in the range specified by the iterators *first* and *last* and stores the results in the range beginning at *first2*.
`unique` `(first, last)`	Removes all consecutive matching elements from the range specified by the iterators *first* and *last*.

Following are four programs that demonstrate several of the mutating sequence algorithms. Listing 23-4 uses the `std::fill()` function to fill a vector with zeroes. Listing 23-5 uses the `std::random_shuffle()` function to scramble the contents of a vector. Listing 23-6 uses the `std::partition()` function to place all occurrences of the number 5 at the beginning of a vector. Finally, Listing 23-7 uses the `std::rotate()` function to reorganize the characters in a vector.

On the CD-ROM

Name: **pr23004.cpp**
Location: **Quincy99\Programs\Chap23**

Listing 23-4: **Using the std::fill( ) function**

```cpp
/////////////////////////////////////
// File Name: pr23004.cpp
/////////////////////////////////////
#include <iostream>
#include <vector>
#include <algorithm>

/////////////////////////////////////
// The function to be called by
// for_each().
/////////////////////////////////////
void show_val(int val)
{
    std::cout << val << std::endl;
}

/////////////////////////////////////
// The main() function.
/////////////////////////////////////
int main()
{
```

Continued

Listing 23-4 *(continued)*

```cpp
    // Create the vector object.
    std::vector<int> intVector;

    // Populate the vector with values.
    for (int x=0; x<10; ++x)
        intVector.push_back(x);

    // Display the contents of the vector.
    std::cout << "Contents of vector: " << std::endl;
    for_each(intVector.begin(), intVector.end(), show_val);

    // Fill vector with zeroes.
    fill(intVector.begin(), intVector.begin() + 5, 0);

    // Display the contents of the new vector.
    std::cout << "Contents of vector: " << std::endl;
    for_each(intVector.begin(), intVector.end(), show_val);

    return 0;
}
```

Listing 23-4 produces the following output:

```
Contents of vector:
0
1
2
3
4
5
6
7
8
9
Contents of vector:
0
0
0
0
0
5
6
7
8
9
```

Name: **pr23005.cpp**
Location: **Quincy99\Programs\Chap23**

Listing 23-5: **Using the std::random_shuffle( ) function**

```cpp
/////////////////////////////////////
// File Name: pr23005.cpp
/////////////////////////////////////
#include <iostream>
#include <vector>
#include <algorithm>

/////////////////////////////////////
// The function to be called by
// for_each().
/////////////////////////////////////
void show_val(int val)
{
    std::cout << val << std::endl;
}

/////////////////////////////////////
// The main() function.
/////////////////////////////////////
int main()
{
    // Create the vector object.
    std::vector<int> intVector;

    // Populate the vector with values.
    for (int x=0; x<10; ++x)
        intVector.push_back(x);

    // Display the contents of the vector.
    std::cout << "Contents of vector: " << std::endl;
    for_each(intVector.begin(), intVector.end(), show_val);

    // Shuffle the vector.
    random_shuffle(intVector.begin(), intVector.end());

    // Display the contents of the new vector.
    std::cout << "Contents of vector: " << std::endl;
    for_each(intVector.begin(), intVector.end(), show_val);

    return 0;
}
```

Listing 23-5 produces the following output:

```
Contents of vector:
0
1
2
3
4
5
6
7
8
9
Contents of vector:
8
1
9
2
0
5
7
3
4
6
```

On the CD-ROM

Name: **pr23006.cpp**
Location: **Quincy99\Programs\Chap23**

Listing 23-6: **Using the std::partition( ) function**

```cpp
///////////////////////////////////////
// File Name: pr23006.cpp
///////////////////////////////////////
#include <iostream>
#include <vector>
#include <algorithm>

///////////////////////////////////////
// The function to be called by
// for_each().
///////////////////////////////////////
void show_val(int val)
{
    std::cout << val << std::endl;
}


///////////////////////////////////////
// The predicate for partition().
///////////////////////////////////////
bool equals5(int val)
```

```
    {
        return (val == 5);
    }

    ////////////////////////////////////////
    // The main() function.
    ////////////////////////////////////////
    int main()
    {
        // Create the vector object.
        std::vector<int> intVector;

        // Populate the vector with values.
        intVector.push_back(8);
        intVector.push_back(5);
        intVector.push_back(7);
        intVector.push_back(5);
        intVector.push_back(2);
        intVector.push_back(5);

        // Display the contents of the vector.
        std::cout << "Contents of vector: " << std::endl;
        for_each(intVector.begin(), intVector.end(), show_val);

        // Partition the vector.
        partition(intVector.begin(), intVector.end(), equals5);

        // Display the contents of the new vector.
        std::cout << "Contents of vector: " << std::endl;
        for_each(intVector.begin(), intVector.end(), show_val);

        return 0;
    }
```

Listing 23-6 produces the following output:

```
Contents of vector:
8
5
7
5
2
5
Contents of vector:
5
5
5
7
2
8
```

Name: **pr23007.cpp**
Location: **Quincy99\Programs\Chap23**

Listing 23-7: **Using the std::rotate( ) function**

```cpp
/////////////////////////////////////
// File Name: pr23007.cpp
/////////////////////////////////////
#include <iostream>
#include <vector>
#include <algorithm>

/////////////////////////////////////
// The function to be called by
// for_each().
/////////////////////////////////////
void show_val(char val)
{
    std::cout << val << std::endl;
}

/////////////////////////////////////
// The main() function.
/////////////////////////////////////
int main()
{
    // Create the vector object.
    std::vector<char> charVector;

    // Populate the vector with values.
    charVector.push_back('T');
    charVector.push_back('H');
    charVector.push_back('E');
    charVector.push_back('R');
    charVector.push_back('E');
    charVector.push_back(' ');
    charVector.push_back('H');
    charVector.push_back('I');
    charVector.push_back(' ');

    // Display the contents of the vector.
    std::cout << "Contents of vector: " << std::endl;
    for_each(charVector.begin(), charVector.end(), show_val);

    // Rotate the vector.
```

```
        rotate(charVector.begin(),
            charVector.begin()+6, charVector.end());

        // Display the contents of the new vector.
        std::cout << "Contents of vector: " << std::endl;
        for_each(charVector.begin(), charVector.end(), show_val);

        return 0;
}
```

Listing 23-7 produces the following output:

```
Contents of vector:
T
H
E
R
E

H
I

Contents of vector:
H
I

T
H
E
R
E
```

Sorting Algorithms

Sorting is probably one of the most useful algorithms for a sequence of items, so it's no surprise that STL provides functions for sorting the contents of a container (random-access containers only). All told, STL defines over 25 sorting and sorting-related functions, although four of them—`std::sort()`, `std::stable_sort()`, `std::partial_sort()`, and `std::partial_sort_copy()`—are probably the most important. Table 23-3 lists the sorting-related functions and their descriptions. Note that all of these algorithms are defined in the `std` namespace. However, for the sake of brevity, I left `std::` off their names in the table.

Table 23-3
Sorting Algorithms

Function	Description
`binary_search` `(first, last, val)`	Searches for *val* in a range of sorted elements specified by the iterators *first* and *last*. Returns TRUE if the element is found; it returns FALSE otherwise. A second version of this function requires a predicate as its fourth argument.
`equal_range` `(first, last, val)`	Searches a range of sorted elements specified by the iterators *first* and *last* for the correct first and last position for *val* and returns the position as a pair of iterators. A second version of this function requires a predicate as its fourth argument.
`includes` `(first, last, first2, last2)`	Returns TRUE if the range specified by the iterators *first* and *last* contains a sorted range equal to the range specified by *first2* and *last2*. A second version of this function requires a predicate as its fifth argument.
`lexicographical_compare` `(first, last, first2, last2)`	Performs a *lexicographical* (dictionary-like) comparison between the ranges specified by the iterators *first*, *last* and *first2*, *last2*. A second version of this function requires a predicate as its third argument.
`lower_bound` `(first, last, val)`	Searches a range of sorted elements specified by the iterators *first* and *last* for the correct first position for *val* and returns the position as an iterator. A second version of this function requires a predicate as its fourth argument.
`make_heap` `(first, last)`	Creates a heap from the contents of the sequence specified by the iterators *first* and *last*. A second version of this function requires a predicate as its third argument.
`max` `(val1, val2)`	Returns the greater of the specified arguments. A second version of this function requires a predicate as its third argument.

Function	Description
`max_element` `(first, last)`	Returns the greatest element in the range specified by the iterators *first* and *last*. A second version of this function requires a predicate as its third argument.
`merge` `(first, last, first2, last2, result)`	Sorts together two sorted ranges of values specified by the iterators *first, last, first2,* and *last2* into the range beginning at *result*. A second version of this function requires a predicate as its sixth argument.
`min` `(val1, val2)`	Returns the lesser of the specified arguments. A second version of this function requires a predicate as its third argument.
`min_element` `(first, last)`	Returns the smallest element in the range specified by the iterators *first* and *last*. A second version of this function requires a predicate as its third argument.
`next_permutation` `(first, last)`	Changes the range of elements specified by the iterators *first* and *last* into the next greater permutation (lexicographically). A second version of this function requires a predicate as its third argument.
`nth_element` `(first, nth, last)`	Sorts a range of values specified by the iterators *first* and *last* into two partitions, in which the *nth* element is filled with the value that would appear in that position if the sequence were sorted fully. All elements to the left of the *nth* element are less than or equal to all elements to the right of the *nth* element. A second version of this function requires a predicate as its fourth argument.
`partial_sort_copy` `(first, last, first2, last2)`	Sorts a range of values, specified by the *first* and *last* iterators, into partial order and places the smallest elements into the position specified by the iterator *first2*. No elements are copied beyond the position specified by the iterator *last2*. A second version of this function requires a predicate as its fifth argument.

Continued

Table 23-3 *(continued)*

Function	Description
`partial_sort` `(first, middle, last)`	Sorts a range of values, specified by the *first* and *last* iterators, into partial order. The sorted elements are placed into the first part of the sequence, with the remaining elements placed in the range specified by *middle* and *last*. A second version of this function requires a predicate as its fourth argument.
`pop_heap` `(first, last)`	Removes the largest element from the heap specified by the iterators *first* and *last*. A second version of this function requires a predicate as its third argument.
`prev_permutation` `(first, last)`	Changes the range of elements specified by the iterators *first* and *last* into the next smaller permutation (lexicographically). A second version of this function requires a predicate as its third argument.
`push_heap` `(first, last)`	Places an element on a heap specified by the iterators *first* and *last*. The element placed on the heap is located at *last*-1. A second version of this function requires a predicate as its third argument.

`set_difference`
`(first, last, first2,`
`last2, result)`
	Creates a sorted range from the set difference of the sorted ranges specified by the iterators *first*, *last*, *first2*, and *last2* and returns an iterator that points to the end of the new range. The merged sequence will begin at the position specified by *result*. A second version of this function requires a predicate as its sixth argument.

`set_intersection`
`(first, last, first2,`
`last2, result)`
	Creates a sorted range from the intersection of the sorted ranges specified by the iterators *first*, *last*, and *first2*, *last2* and returns an iterator that points to the end of the new range. The new range will begin at the position specified by *result*. A second version of this function requires a predicate as its sixth argument.

Function	Description
set_symmetric_difference (first, last, first2, last2, result)	Creates a sorted range from the set symmetric difference of the sorted ranges specified by the iterators *first, last,* and *first2, last2* and returns an iterator that points to the end of the new range. The new range will begin at the position specified by *result*. A second version of this function requires a predicate as its sixth argument.
set_union (first, last, first2, last2, result)	Creates a sorted range from the union of the sorted ranges specified by the iterators *first, last,* and *first2, last2* and returns an iterator that points to the end of the new range. The new range will begin at the position specified by *result*. A second version of this function requires a predicate as its sixth argument.
sort (first, last)	Sorts a range of values specified by the *first* and *last* iterators. A second version of this function requires a predicate as its third argument.
sort_heap (first, last)	Transforms the heap specified by the iterators *first* and *last* into a sorted range. A second version of this function requires a predicate as its third argument.
stable_sort (first, last)	Sorts a range of values specified by the *first* and *last* iterators. This sort algorithm maintains the relative positions of equivalent elements. A second version of this function requires a predicate as its third argument.
upper_bound (first, last, val)	Searches a range of sorted elements specified by the iterators *first* and *last* for the correct last position for *val* and returns the position as an iterator. A second version of this function requires a predicate as its fourth argument.

Following are five programs that demonstrate some of the sorting algorithms. Listing 23-8 uses the std::sort() function to sort the contents of a vector. Listing 23-9 uses the std::partial_sort() function to sort the smallest five elements of a vector into the first half of a vector. Listing 23-10 demonstrates the std::nth_element() function, and Listing 23-11 uses the std::merge() function to merge two vectors. Finally, Listing 23-12 uses the std::include() function to locate a matching sorted range in two vectors.

On the CD-ROM

Name: **pr23008.cpp**
Location: **Quincy99\Programs\Chap23**

Listing 23-8: **Using the std::sort( ) function**

```cpp
/////////////////////////////////////
// File Name: pr23008.cpp
/////////////////////////////////////
#include <iostream>
#include <vector>
#include <algorithm>

/////////////////////////////////////
// The function to be called by
// for_each().
/////////////////////////////////////
void show_val(char val)
{
    std::cout << val << std::endl;
}

/////////////////////////////////////
// The main() function.
/////////////////////////////////////
int main()
{
    // Create the vector object.
    std::vector<char> charVector;

    // Populate the vector with values.
    charVector.push_back('Z');
    charVector.push_back('D');
    charVector.push_back('F');
    charVector.push_back('S');
    charVector.push_back('A');
    charVector.push_back('Q');
    charVector.push_back('C');
    charVector.push_back('G');
```

```
charVector.push_back('M');
charVector.push_back('Y');

// Display the contents of the vector.
std::cout << "Contents of vector: " << std::endl;
for_each(charVector.begin(), charVector.end(), show_val);

// Sort the vector.
sort(charVector.begin(), charVector.end());

// Display the contents of the new vector.
std::cout << "Contents of vector: " << std::endl;
for_each(charVector.begin(), charVector.end(), show_val);

return 0;
}
```

Listing 23-8 produces the following output:

```
Contents of vector:
Z
D
F
S
A
Q
C
G
M
Y
Contents of vector:
A
C
D
F
G
M
Q
S
Y
Z
```

Name: **pr23009.cpp**
Location: **Quincy99\Programs\Chap23**

Listing 23-9: **Using the std::partial_sort( ) function**

```cpp
/////////////////////////////////////
// File Name: pr23009.cpp
/////////////////////////////////////
#include <iostream>
#include <vector>
#include <algorithm>
#include <string>

/////////////////////////////////////
// The function to be called by
// for_each().
/////////////////////////////////////
void show_val(string val)
{
    std::cout << val << std::endl;
}

/////////////////////////////////////
// The main() function.
/////////////////////////////////////
int main()
{
    // Create the vector object.
    std::vector<string> strVector;

    // Populate the vector with values.
    strVector.push_back("Zebra");
    strVector.push_back("Deer");
    strVector.push_back("Fish");
    strVector.push_back("Snake");
    strVector.push_back("Bat");
    strVector.push_back("Cat");
    strVector.push_back("Bird");
    strVector.push_back("Turtle");
    strVector.push_back("Horse");
    strVector.push_back("Cow");

    // Display the contents of the vector.
    std::cout << "Contents of vector: " << std::endl;
    for_each(strVector.begin(), strVector.end(), show_val);
    std::cout << std::endl;

    // Sort the vector.
    partial_sort(strVector.begin(),
        strVector.begin() + 5, strVector.end());

    // Display the contents of the new vector.
```

```
        std::cout << "Contents of vector: " << std::endl;
        for_each(strVector.begin(), strVector.end(), show_val);

        return 0;
    }
```

Listing 23-9 produces the following output:

```
Contents of vector:
Zebra
Deer
Fish
Snake
Bat
Cat
Bird
Turtle
Horse
Cow

Contents of vector:
Bat
Bird
Cat
Cow
Deer
Zebra
Snake
Turtle
Horse
Fish
```

Name: **pr23010.cpp**
Location: **Quincy99\Programs\Chap23**

Listing 23-10: **Using the std::nth_element( ) function**

```
/////////////////////////////////////
// File Name: pr23010.cpp
/////////////////////////////////////
#include <iostream>
#include <vector>
#include <algorithm>
#include <string>
```

Continued

Listing 23-10 *(continued)*

```cpp
/////////////////////////////////////
// The function to be called by
// for_each().
/////////////////////////////////////
void show_val(string val)
{
    std::cout << val << std::endl;
}


/////////////////////////////////////
// The main() function.
/////////////////////////////////////
int main()
{
    // Create the vector object.
    std::vector<string> strVector;

    // Populate the vector with values.
    strVector.push_back("Zebra");
    strVector.push_back("Deer");
    strVector.push_back("Fish");
    strVector.push_back("Snake");
    strVector.push_back("Bat");
    strVector.push_back("Cat");
    strVector.push_back("Bird");
    strVector.push_back("Turtle");
    strVector.push_back("Horse");
    strVector.push_back("Cow");

    // Display the contents of the vector.
    std::cout << "Contents of vector: " << std::endl;
    for_each(strVector.begin(), strVector.end(), show_val);
    std::cout << std::endl;

    // Sort the vector.
    nth_element(strVector.begin(),
        strVector.begin() + 5, strVector.end());

    // Display the contents of the new vector.
    std::cout << "Contents of vector: " << std::endl;
    for_each(strVector.begin(), strVector.end(), show_val);

    return 0;
}
```

Listing 23-10 produces the following output:

```
Contents of vector:
Zebra
Deer
Fish
Snake
Bat
Cat
Bird
Turtle
Horse
Cow

Contents of vector:
Cow
Bird
Cat
Bat
Deer
Fish
Horse
Snake
Turtle
Zebra
```

On the CD-ROM

Name: **pr23011.cpp**
Location: **Quincy99\Programs\Chap23**

Listing 23-11: **Using the std::merge( ) function**

```cpp
///////////////////////////////////////
// File Name: pr23011.cpp
///////////////////////////////////////
#include <iostream>
#include <vector>
#include <algorithm>
#include <string>

///////////////////////////////////////
// The function to be called by
// for_each().
///////////////////////////////////////
void show_val(string val)
{
```

Continued

Listing 23-11 *(continued)*

```cpp
        std::cout << val << std::endl;
}

/////////////////////////////////////////
// The main() function.
/////////////////////////////////////////
int main()
{
    // Create the vector objects.
    std::vector<string> strVector1;
    std::vector<string> strVector2;
    std::vector<string> strVector3(10);

    // Populate two vectors with values.
    strVector1.push_back("Zebra");
    strVector1.push_back("Deer");
    strVector1.push_back("Fish");
    strVector1.push_back("Snake");
    strVector1.push_back("Bat");

    strVector2.push_back("Cat");
    strVector2.push_back("Bird");
    strVector2.push_back("Turtle");
    strVector2.push_back("Horse");
    strVector2.push_back("Cow");

    // Display the contents of the vectors.
    std::cout << "Contents of vector1: " << std::endl;
    for_each(strVector1.begin(), strVector1.end(), show_val);
    std::cout << std::endl;

    std::cout << "Contents of vector2: " << std::endl;
    for_each(strVector2.begin(), strVector2.end(), show_val);
    std::cout << std::endl;

    // Sort the vectors.
    sort(strVector1.begin(), strVector1.end());
    sort(strVector2.begin(), strVector2.end());

    // Merge the sorted vectors.
    merge(strVector1.begin(), strVector1.end(),
          strVector2.begin(), strVector2.end(),
          strVector3.begin());

    // Display the contents of the new vector.
    std::cout << "Contents of vector3: " << std::endl;
    for_each(strVector3.begin(), strVector3.end(), show_val);

    return 0;
}
```

Listing 23-11 produces the following output:

```
Contents of vector1:
Zebra
Deer
Fish
Snake
Bat

Contents of vector2:
Cat
Bird
Turtle
Horse
Cow

Contents of vector3:
Bat
Bird
Cat
Cow
Deer
Fish
Horse
Snake
Turtle
Zebra
```

On the CD-ROM

Name: **pr23012.cpp**
Location: **Quincy99\Programs\Chap23**

Listing 23-12: **Using the std::merge( ) function**

```cpp
//////////////////////////////////////
// File Name: pr23012.cpp
//////////////////////////////////////
#include <iostream>
#include <vector>
#include <algorithm>
#include <string>

//////////////////////////////////////
// The function to be called by
// for_each().
//////////////////////////////////////
void show_val(string val)
{
    std::cout << val << std::endl;
}
```

Continued

Listing 23-12 *(continued)*

```cpp
///////////////////////////////////////
// The main() function.
///////////////////////////////////////
int main()
{
    // Create the vector objects.
    std::vector<string> strVector1;
    std::vector<string> strVector2;

    // Populate two vectors with values.
    strVector1.push_back("Zebra");
    strVector1.push_back("Deer");
    strVector1.push_back("Fish");
    strVector1.push_back("Snake");
    strVector1.push_back("Bat");

    strVector2.push_back("Deer");
    strVector2.push_back("Antelope");
    strVector2.push_back("Turtle");
    strVector2.push_back("Snake");
    strVector2.push_back("Fish");

    // Sort the vectors.
    sort(strVector1.begin(), strVector1.end());
    sort(strVector2.begin(), strVector2.end());

    // Display the contents of the vectors.
    std::cout << "Contents of vector1: " << std::endl;
    for_each(strVector1.begin(), strVector1.end(), show_val);
    std::cout << std::endl;

    std::cout << "Contents of vector2: " << std::endl;
    for_each(strVector2.begin(), strVector2.end(), show_val);
    std::cout << std::endl;

    // Search for the sorted range Deer, Fish, Snake.
    bool result =
        includes(strVector1.begin(), strVector1.end(),
                strVector2.begin()+1, strVector2.begin()+3);
    if (result)
        std::cout << "Found sorted range." << std::endl;
    else
        std::cout << "Did not find sorted range." << std::endl;

    return 0;
}
```

Listing 23-12 produces the following output:

```
Contents of vector1:
Bat
Deer
Fish
Snake
Zebra

Contents of vector2:
Antelope
Deer
Fish
Snake
Turtle

Found sorted range.
```

Numeric Algorithms

STL's numeric algorithms implement four types of calculations that you can perform on a sequence of values. Table 23-4 lists these four functions along with their descriptions. Note that all of these algorithms are defined in the std namespace. However, for the sake of brevity, I left std:: off their names in the table.

Table 23-4 Numeric Algorithms	
Function	*Description*
accumulate (first, last, init)	Calculates the sum of *init* and each of the elements in the range specified by the *first* and *last* iterators. A second version of this function requires a predicate as its fourth argument.
inner_product (first, last, first2, init)	Returns the sum of *init* and the inner product of the ranges specified by the iterators *first*, *last*, and *first2*. An inner product is calculated by multiplying each element in the first range by the element in the same position of the second range and then summing all the results. A second version of the function requires two predicates as its fifth and sixth arguments.

Continued

Table 23-4 *(continued)*	
Function	*Description*
`partial_sum` `(first, last, result)`	Calculates the partial sum of the elements specified by the iterators *first* and *last*, assigning the result to the range beginning at *result*. A partial sum is calculated as follows. First, the initial element in the source range is assigned to the first element of the result sequence. Then, the first two elements in the source range are summed and the result is assigned to the second element of the result sequence. Next, the second and third element of the source range are summed and the result is assigned to the third element of the result sequence. This continues on up through the entire source range. A second version of the function requires a predicate as its fourth argument.
`adjacent_difference` `(first, last, result)`	Calculates the adjacent difference of the elements specified by the iterators *first* and *last* and assigns the result to the range beginning at *result*. An adjacent difference is calculated as follows. First, the initial element of the source range is assigned to the first element of the result sequence. Then, the first element of the source range is subtracted from the second element and the result is assigned to the second element of the result sequence. Next, the second element of the source range is subtracted from the third element and the result is assigned to the third element of the result sequence. This process continues through all the elements in the source range. A second version of the function requires a predicate as its fourth argument.

Following are four programs that demonstrate the four numeric algorithms.

On the CD-ROM

Name: **pr23013.cpp**
Location: **Quincy99\Programs\Chap23**

Listing 23-13: **Using the std::accumulate( ) function**

```cpp
/////////////////////////////////////
// File Name: pr23013.cpp
/////////////////////////////////////
#include <iostream>
#include <vector>
#include <algorithm>
#include <numeric>

/////////////////////////////////////
// The function to be called by
// for_each().
/////////////////////////////////////
void show_val(int val)
{
    std::cout << val << std::endl;
}

/////////////////////////////////////
// The main() function.
/////////////////////////////////////
int main()
{
    // Create the vector object.
    std::vector<int> intVector1;

    // Populate the vector.
    for (int x=0; x<5; ++x)
        intVector1.push_back(x);

    // Display the contents of the vector.
    std::cout << "Contents of vector1: " << std::endl;
    std::for_each(intVector1.begin(),
        intVector1.end(), show_val);
    std::cout << std::endl;

    // Calculate and display sum.
    int result = std::accumulate(intVector1.begin(),
        intVector1.end(), 5);
    std::cout << "Result = " << result;

    return 0;
}
```

Listing 23-13 produces the following output:

```
Contents of vector1:
0
1
2
3
4

Result = 15
```

On the
CD-ROM

Name: **pr23014.cpp**
Location: **Quincy99\Programs\Chap23**

Listing 23-14: **Using the std::inner_product( ) function**

```cpp
/////////////////////////////////////
// File Name: pr23014.cpp
/////////////////////////////////////
#include <iostream>
#include <vector>
#include <algorithm>
#include <numeric>

/////////////////////////////////////
// The function to be called by
// for_each().
/////////////////////////////////////
void show_val(int val)
{
    std::cout << val << std::endl;
}

/////////////////////////////////////
// The main() function.
/////////////////////////////////////
int main()
{
    // Create the vector objects.
    std::vector<int> intVector1;
    std::vector<int> intVector2;

    // Populate the vectors.
    for (int x=0; x<5; ++x)
        intVector1.push_back(x);
    for (int x=2; x<7; ++x)
        intVector2.push_back(x);

    // Display the contents of the vectors.
    std::cout << "Contents of vector1: " << std::endl;
```

```
    std::for_each(intVector1.begin(),
        intVector1.end(), show_val);
    std::cout << std::endl;
    std::cout << "Contents of vector2: " << std::endl;
    std::for_each(intVector2.begin(),
        intVector2.end(), show_val);
    std::cout << std::endl;

    // Calculate the inner product.
    int result = std::inner_product(intVector1.begin(),
        intVector1.end(), intVector2.begin(), 0);
    std::cout << "Result = " << result;

    return 0;
}
```

Listing 23-14 produces the following output:

```
Contents of vector1:
0
1
2
3
4

Contents of vector2:
2
3
4
5
6

Result = 50
```

Name: **pr23015.cpp**
Location: **Quincy99\Programs\Chap23**

Listing 23-15: **Using the std::partial_sum( ) function**

```
/////////////////////////////////////
// File Name: pr23015.cpp
/////////////////////////////////////
#include <iostream>
#include <vector>
#include <algorithm>
#include <numeric>
```

Continued

Listing 23-15 *(continued)*

```cpp
/////////////////////////////////////////
// The function to be called by
// for_each().
/////////////////////////////////////////
void show_val(int val)
{
    std::cout << val << std::endl;
}


/////////////////////////////////////////
// The main() function.
/////////////////////////////////////////
int main()
{
    // Create the vector objects.
    std::vector<int> intVector1;
    std::vector<int> intVector2(5);

    // Populate the vector.
    for (int x=2; x<7; ++x)
        intVector1.push_back(x);

    // Display the contents of the vector.
    std::cout << "Contents of vector1: " << std::endl;
    std::for_each(intVector1.begin(),
        intVector1.end(), show_val);
    std::cout << std::endl;

    // Calculate the partial sum.
    std::partial_sum(intVector1.begin(),
        intVector1.end(), intVector2.begin());

    // Display the contents of the resultant vector.
    std::cout << "Contents of vector2: " << std::endl;
    std::for_each(intVector2.begin(),
        intVector2.end(), show_val);
    std::cout << std::endl;

    return 0;
}
```

Listing 23-15 produces the following output:

```
Contents of vector1:
2
3
4
5
6
```

```
Contents of vector2:
2
5
9
14
20
```

On the CD-ROM

Name: **pr23016.cpp**
Location: **Quincy99\Programs\Chap23**

Listing 23-16: **Using the std::adjacent_difference( ) function**

```cpp
////////////////////////////////////////
// File Name: pr23016.cpp
////////////////////////////////////////
#include <iostream>
#include <vector>
#include <algorithm>
#include <numeric>

////////////////////////////////////////
// The function to be called by
// for_each().
////////////////////////////////////////
void show_val(int val)
{
    std::cout << val << std::endl;
}

////////////////////////////////////////
// The main() function.
////////////////////////////////////////
int main()
{
    // Create the vector objects.
    std::vector<int> intVector1;
    std::vector<int> intVector2(5);

    // Populate the vector.
    intVector1.push_back(3);
    intVector1.push_back(4);
    intVector1.push_back(12);
    intVector1.push_back(6);
    intVector1.push_back(10);

    // Display the contents of the vector.
    std::cout << "Contents of vector1: " << std::endl;
    std::for_each(intVector1.begin(),
        intVector1.end(), show_val);
    std::cout << std::endl;
```

Continued

Listing 23-16 *(continued)*

```
    // Calculate the partial sum.
    std::adjacent_difference(intVector1.begin(),
        intVector1.end(), intVector2.begin());

    // Display the contents of the resultant vector.
    std::cout << "Contents of vector2: " << std::endl;
    std::for_each(intVector2.begin(),
        intVector2.end(), show_val);
    std::cout << std::endl;

    return 0;
}
```

Listing 23-16 produces the following output:

```
Contents of vector1:
3
4
12
6
10

Contents of vector2:
3
1
8
-6
4
```

Summary

STL defines a set of generic algorithms that provide various ways to manipulate and process the contents of containers including locating, sorting, copying, matching, and shuffling elements. The generic algorithms come in four types: non-modifying sequence algorithms, mutating sequence algorithms, sorting algorithms, and numeric algorithms. In the next and final chapter on STL, you learn more about iterators.

✦   ✦   ✦

Iterators

For all intents and purposes, you can think of an iterator
as a pointer. Iterators, however, enable a program to
iterate over the contents of an STL container, which is how
they got their name. To iterate through the contents of a
container means to traverse the container elements one or
more elements at a time. STL defines five types of iterators,
which are named according to the way you use them. In this
chapter, you explore iterators in detail.

Introduction to Iterators

The different types of iterators are as follows:

+ *Input iterators:* Used only to read from a sequence, this
  type of iterator can be incremented, dereferenced, and
  compared.

+ *Output iterators:* Used only to write to a sequence, this
  type of iterator can be incremented and dereferenced.

+ *Forward iterators:* Used for both reading and writing, this
  type of iterator combines the functionality of the input
  and output iterators with the ability to save its value in
  order to restart a traversal from the iterator's original
  position.

+ *Bidirectional iterators:* Used for both reading and writing,
  this type of iterator is similar to the forward iterator,
  except that a bidirectional iterator can be incremented
  and decremented.

+ *Random-access iterators:* The most powerful of the
  iterator types, random-access iterators have all the
  functionality of bidirectional iterators with the ability
  to use pointer arithmetic and all pointer comparisons.

Different STL algorithms require different types of iterators in
order to function correctly. Because different STL containers
support different kinds of iterators, you cannot use all

In This Chapter

Programming with
input and output
iterators

Learning about
forward and bi-
directional iterators

Using random-access
iterators

Exploring special-
purpose iterators

algorithms with all containers. For example, a vector object provides random-access iterators, which makes sense because a vector requires random access to its elements. The sort() algorithm also requires random-access iterators in order to function properly. This means that you can sort a vector object. In the following sections, you examine the different iterator types in more detail.

Input Iterators

Input iterators are (along with output iterators) the least powerful of all iterator types; as such, they are supported by all STL containers. A program can use an input iterator only to read the contents of a container. In order to traverse a sequence, an input iterator can be incremented (but not decremented) and compared for equality or inequality using the == and != operators. Listing 24-1 demonstrates the use of input iterators.

On the CD-ROM

Name: **pr24001.cpp**
Location: **Quincy99\Programs\Chap24**

Listing 24-1: **Using input iterators**

```
/////////////////////////////////////
// File Name: pr24001.cpp
/////////////////////////////////////
#include <iostream>
#include <vector>

int main()
{
    // Create a vector object.
    std::vector<int> intVector;

    // Populate the vector.
    for (int x=0; x<10; ++x)
        intVector.push_back(x);

    // Display the contents of the vector.
    std::cout << "Contents of the vector: " << std::endl;
    std::vector<int>::iterator it = intVector.begin();
    while (it != intVector.end())
    {
        std::cout << *it << std::endl;
        ++it;
    }

    return 0;
}
```

Listing 24-1 produces the following output:

```
Contents of the vector:
0
1
2
3
4
5
6
7
8
9
```

The program in Listing 24-1 compares, dereferences, and increments an iterator used as an input iterator. Note that the `std::vector` member functions `begin()` and `end()` actually return random-access iterators. This means that the iterator `it` used in Listing 24-1, as well as the iterators employed in many other listings in this chapter, actually are random-access iterators that the programs use to demonstrate the abilities of the other iterator types.

First, the program sets the `it` iterator to point to the first element of the `intVector` vector:

```
std::vector<int>::iterator it = intVector.begin();
```

Then, the program uses a `while` loop to iterate over the contents of the vector. The `while` loop's control statement compares the `it` iterator to an iterator (returned by the `end()` member function) representing the end of the sequence:

```
while (it != intVector.end())
```

Within the body of the `while` loop, the program dereferences the iterator in order to access the contents of the currently referenced sequence element:

```
std::cout << *it << std::endl;
```

Finally, also in the loop, the program increments the iterator so that it points to the next element in the sequence:

```
++it;
```

Output Iterators

A program can use an output iterator only to write to the contents of a container. In order to traverse a sequence, an output iterator can be incremented (but not decremented). Listing 24-2 demonstrates the use of output iterators.

Name: **pr24002.cpp**
Location: **Quincy99\Programs\Chap24**

Listing 24-2: **Using output iterators**

```cpp
/////////////////////////////////////////
// File Name: pr24002.cpp
/////////////////////////////////////////
#include <iostream>
#include <vector>

int main()
{
    // Create a vector object.
    std::vector<int> intVector(5);

    // Populate the vector.
    std::vector<int>::iterator out = intVector.begin();
    *out++ = 10;
    *out++ = 15;
    *out++ = 20;
    *out++ = 25;
    *out = 30;

    // Display the contents of the vector.
    std::cout << "Contents of the vector: " << std::endl;
    std::vector<int>::iterator it = intVector.begin();
    while (it != intVector.end())
    {
        std::cout << *it << std::endl;
        ++it;
    }

    return 0;
}
```

Listing 24-2 produces the following output:

```
Contents of the vector:
10
15
20
25
30
```

The program in Listing 24-2 dereferences and increments an iterator (actually a random-access iterator) used as an output iterator. First, the program sets the `out` iterator to point to the first element of the `intVector` vector:

```
std::vector<int>::iterator out = intVector.begin();
```

Then, the program uses dereferencing and incrementing to set the values of the vector's five elements:

```
*out++ = 10;
*out++ = 15;
*out++ = 20;
*out++ = 25;
*out = 30;
```

Forward Iterators

Forward iterators can iterate in a forward direction over the contents of a container, both reading and writing as required by the algorithm. In this way, a forward iterator combines the abilities of both the input and output iterators. However, a program can save the value of a forward iterator in order to start traversing a container from the same position. Listing 24-3 demonstrates the use of forward iterators.

Name: **pr24003.cpp**
Location: **Quincy99\Programs\Chap24**

Listing 24-3: **Using forward iterators**

```
/////////////////////////////////////
// File Name: pr24003.cpp
/////////////////////////////////////
#include <iostream>
#include <vector>

int main()
{
    // Create a vector object.
    std::vector<int> intVector(5);

    // Initialize iterators.
    std::vector<int>::iterator it = intVector.begin();
    std::vector<int>::iterator saveIt = it;
```

Continued

Listing 24-3 *(continued)*

```
        // Populate the vector.
        *it++ = 10;
        *it++ = 15;
        *it++ = 20;
        *it++ = 25;
        *it = 30;

        // Display the contents of the vector.
        std::cout << "Contents of the vector: " << std::endl;
        while (saveIt != intVector.end())
        {
            std::cout << *saveIt << std::endl;
            ++saveIt;
        }

        return 0;
    }
```

Listing 24-3 produces the following output:

```
Contents of the vector:
10
15
20
25
30
```

The program in Listing 24-3 saves, dereferences, increments, and compares an iterator used as a forward iterator. First, the program sets the it iterator to point to the first element of the intVector vector:

```
std::vector<int>::iterator it = intVector.begin();
```

Then, the program saves a copy of the iterator:

```
std::vector<int>::iterator saveIt = it;
```

Next, the program uses dereferencing and incrementing to set the values of the vector's five elements:

```
*it++ = 10;
*it++ = 15;
*it++ = 20;
*it++ = 25;
*it = 30;
```

Finally, the program uses the saved iterator to display the contents of the vector:

```
while (saveIt != intVector.end())
{
    std::cout << *saveIt << std::endl;
    ++saveIt;
}
```

Bidirectional Iterators

Bidirectional iterators can iterate in a forward or reverse direction over the contents of a container, both reading and writing as required by the program. In this way, a bidirectional iterator combines the capabilities of a forward iterator with the capability to traverse a sequence in reverse. Listing 24-4 demonstrates the use of bidirectional iterators.

On the
CD-ROM

Name: **pr24004.cpp**
Location: **Quincy99\Programs\Chap24**

Listing 24-4: **Using bidirectional iterators**

```
/////////////////////////////////////
// File Name: pr24004.cpp
/////////////////////////////////////
#include <iostream>
#include <vector>

int main()
{
    // Create a vector object.
    std::vector<int> intVector(5);

    // Initialize iterators.
    std::vector<int>::iterator it = intVector.begin();
    std::vector<int>::iterator saveIt = it;

    // Populate the vector.
    *it++ = 10;
    *it++ = 15;
    *it++ = 20;
    *it++ = 25;
    *it = 30;

    // Display the contents of the vector.
```

Continued

Listing 24-4 *(continued)*

```
    std::cout << "Contents of the vector: " << std::endl;
    while (saveIt != intVector.end())
    {
        std::cout << *saveIt << std::endl;
        ++saveIt;
    }

    // Display the contents of the vector backwards.
    std::cout << "Contents of the vector backwards: "
              << std::endl;
    do
    {
        --saveIt;
        std::cout << *saveIt << std::endl;
    }
    while (saveIt != intVector.begin());

    return 0;
}
```

Listing 24-4 produces the following output:

```
Contents of the vector:
10
15
20
25
30
Contents of the vector backwards:
30
25
20
15
10
```

The program in Listing 24-4 saves, dereferences, increments, decrements, and compares an iterator used as a bidirectional iterator. First, the program sets the it iterator to point to the first element of the intVector vector:

```
std::vector<int>::iterator it = intVector.begin();
```

Then, the program saves a copy of the iterator:

```
std::vector<int>::iterator saveIt = it;
```

Next, the program uses dereferencing and incrementing to set the values of the vector's five elements:

```
*it++ = 10;
*it++ = 15;
*it++ = 20;
*it++ = 25;
*it = 30;
```

The program then uses the saved iterator to display the contents of the vector:

```
while (saveIt != intVector.end())
{
    std::cout << *saveIt << std::endl;
    ++saveIt;
}
```

Finally, the program uses the same iterator to display the contents of the vector in reverse:

```
do
{
    --saveIt;
    std::cout << *saveIt << std::endl;
}
while (saveIt != intVector.begin());
```

Random-Access Iterators

Random-access iterators are the most powerful of the lot. They can do anything any of the other iterators can do. In addition, you can manipulate—as well as compare—random-access iterators by using pointer arithmetic. That is, a program can

✦ Add values to a random-access iterator (for example, it + 5 or it + = 10)

✦ Subtract values from a random-access iterator (for example, it - 5 or it - = 10)

✦ Subtract one iterator from another (for example, it1 - it2)

✦ Compare iterators using the full set of comparison operators (for example, it < it2 or it1 >= it2)

Listing 24-5 demonstrates the use of random-access iterators.

Name: **pr24005.cpp**
Location: **Quincy99\Programs\Chap24**

Listing 24-5: Using random-access iterators

```cpp
///////////////////////////////////////
// File Name: pr24005.cpp
///////////////////////////////////////
#include <iostream>
#include <vector>

int main()
{
    // Create a vector object.
    std::vector<int> intVector(5);

    // Initialize iterators.
    std::vector<int>::iterator it = intVector.begin();
    std::vector<int>::iterator saveIt = it;

    // Populate the vector.
    *it++ = 10;
    *it++ = 15;
    *it++ = 20;
    *it++ = 25;
    *it = 30;

    // Change the contents of the third element.
    it -= 2;
    *it = 100;

    // Display the contents of the vector.
    std::cout << "Contents of the vector: " << std::endl;
    while (saveIt != intVector.end())
    {
        std::cout << *saveIt << std::endl;
        ++saveIt;
    }

    // Display the contents of the vector backwards.
    std::cout << "Contents of the vector backwards: "
              << std::endl;

    saveIt -= 1;
    while (saveIt >= intVector.begin())
    {
        std::cout << *saveIt << std::endl;
        --saveIt;
    }

    return 0;
}
```

Listing 24-5 produces the following output:

```
Contents of the vector:
10
15
100
25
30
Contents of the vector backwards:
30
25
100
15
10
```

The program in Listing 24-5 saves, dereferences, increments, decrements, and compares an iterator used as a random-access iterator. First, the program sets the `it` iterator to point to the first element of the `intVector` vector:

```
std::vector<int>::iterator it = intVector.begin();
```

Then, the program saves a copy of the iterator:

```
std::vector<int>::iterator saveIt = it;
```

Next, the program uses dereferencing and incrementing to set the values of the vector's five elements:

```
*it++ = 10;
*it++ = 15;
*it++ = 20;
*it++ = 25;
*it = 30;
```

The program then changes the value of the vector's third element by subtracting 2 from the iterator and dereferencing the iterator in an assignment statement:

```
it -= 2;
*it = 100;
```

Next, the program uses the saved iterator to display the contents of the vector:

```
while (saveIt != intVector.end())
{
    std::cout << *saveIt << std::endl;
    ++saveIt;
}
```

Finally, the program employs the same iterator to display the contents of the vector in reverse:

```
saveIt -= 1;
while (saveIt >= intVector.begin())
{
    std::cout << *saveIt << std::endl;
    --saveIt;
}
```

Unlike the bidirectional iterator version of this loop (a do loop) in Listing 24-4, this while loop uses the >= comparison operator in its control statement.

Special-Purpose Iterators

STL defines several special-purpose iterators. These include *stream iterators* — special types of input and output iterators that enable a program to manage data associated with I/O streams — and *insert* and *reverse* iterators, which are special-purpose iterators formed by iterator adaptors. In this section, you examine these helpful types of iterators.

Stream Iterators

STL provides two stream-iterator classes. These classes are std::istream_ iterator and std::ostream_iterator. The std::istream_iterator class defines an input iterator that you can use with input streams. That is, std::istream_ iterator cannot handle output. Conversely, std::ostream_iterator is the stream output iterator, which cannot handle input.

Input Stream Iterators

To create an input stream iterator, you can write something like this:

```
std::istream_iterator<char>(strm)
```

This line creates an input stream iterator, for character data, which is attached to the stream object strm. Listing 24-6 demonstrates how to use an input stream iterator.

Name: **pr24006.cpp**
Location: **Quincy99\Programs\Chap24**

Listing 24-6: **Using input stream iterators**

```cpp
///////////////////////////////////////
// File Name: pr24006.cpp
///////////////////////////////////////
#include <iostream>
#include <vector>
#include <algorithm>

///////////////////////////////////////
// The function to be called by
// for_each().
///////////////////////////////////////
void show_val(int val)
{
    std::cout << val << std::endl;
}

///////////////////////////////////////
// The main() function.
///////////////////////////////////////
int main()
{
    // Create a vector object.
    std::vector<int> intVector;

    // Populate the vector.
    std::cout << "Enter five integers separated by spaces:"
            << std::endl;
    for (int x=0; x<5; ++x)
        intVector.push_back
            (*std::istream_iterator<int>(std::cin));

    std::cout << std::endl << "Contents of set: "
            << std::endl;
    std::for_each(intVector.begin(),
        intVector.end(), show_val);

    return 0;
}
```

Listing 24-6 produces the following output (the numbers that appear depend upon the numbers you enter after the prompt):

```
Enter five integers separated by spaces:
34 75 29 92 15
```

```
Contents of set:
34
75
29
92
15
```

In Listing 24-6, the program employs an input stream iterator to retrieve values from the standard input stream object std::cin and uses those values to populate the intVector vector object. The lines that accomplish the task look like this:

```
for (int x=0; x<5; ++x)
    intVector.push_back(*std::istream_iterator<int>(std::cin));
```

Notice that, because the push_back() function requires as its argument a data value rather than an iterator, the program dereferences the std::istream_iterator object.

Output Stream Iterators

To create an output stream iterator, you can write something like this:

```
std::ostream_iterator<char>(strm)
```

This line creates an output stream iterator, for character data, which is attached to the stream object strm. Listing 24-7 demonstrates how to use an output stream iterator.

On the CD-ROM

Name: **pr24007.cpp**
Location: **Quincy99\Programs\Chap24**

Listing 24-7: **Using output stream iterators**

```
/////////////////////////////////////
// File Name: pr24007.cpp
/////////////////////////////////////
#include <iostream>
#include <vector>
#include <algorithm>
#include <string>

/////////////////////////////////////
// The function to be called by
// for_each().
/////////////////////////////////////
void show_val(std::string val)
```

```
    {
        std::cout << val << std::endl;
    }

    ///////////////////////////////////////
    // The main() function.
    ///////////////////////////////////////
    int main()
    {
        // Create the vector objects.
        std::vector<std::string> strVector1;
        std::vector<std::string> strVector2;

        // Populate two vectors with values.
        strVector1.push_back("Zebra");
        strVector1.push_back("Deer");
        strVector1.push_back("Fish");
        strVector1.push_back("Snake");
        strVector1.push_back("Bat");

        strVector2.push_back("Cat");
        strVector2.push_back("Bird");
        strVector2.push_back("Turtle");
        strVector2.push_back("Horse");
        strVector2.push_back("Cow");

        // Display the contents of the vectors.
        std::cout << "Contents of vector1: " << std::endl;
        std::for_each(strVector1.begin(),
            strVector1.end(), show_val);
        std::cout << std::endl;

        std::cout << "Contents of vector2: " << std::endl;
        std::for_each(strVector2.begin(),
            strVector2.end(), show_val);
        std::cout << std::endl;

        // Sort the vectors.
        std::sort(strVector1.begin(), strVector1.end());
        std::sort(strVector2.begin(), strVector2.end());

        // Merge the sorted vectors to cout.
        std::merge(strVector1.begin(), strVector1.end(),
            strVector2.begin(), strVector2.end(),
            std::ostream_iterator<std::string>(std::cout));

        return 0;
    }
```

Listing 24-7 produces the following output:

```
Contents of vector1:
Zebra
Deer
Fish
Snake
Bat

Contents of vector2:
Cat
Bird
Turtle
Horse
Cow

BatBirdCatCowDeerFishHorseSnakeTurtleZebra
```

In Listing 24-7, the program uses an output stream iterator to display values onscreen via the `std::cout` object. The lines that accomplish the task look like this:

```
merge(strVector1.begin(), strVector1.end(),
        strVector2.begin(), strVector2.end(),
        std::ostream_iterator<std::string>(std::cout));
```

This call to the `merge()` function merges the sorted vectors `strVector1` and `strVector2`. However, instead of the output iterator (the `merge()` function's fifth argument) pointing to another container, it directs the merged values to `cout`, causing the merged string values to appear onscreen.

Iterator Adaptors

Iterator adaptors modify one type of iterator into a special-purpose iterator. This is not unlike the way container adaptors, discussed in Chapter 21, can change the capabilities of a container to suit another purpose, such as converting a `std::list` object into a `std::stack`. STL defines two types of iterator adaptors that create reverse iterators and insert iterators.

Reverse Iterators

Reverse iterators traverse the contents of a container in the reverse direction. Because the STL containers define reverse iterators, you don't need to define such iterators in your program. Instead, you can get a reverse iterator by calling a container's `rbegin()` or `rend()` member function. Listing 24-8 shows you how to use these functions, as well as compares their usage with the `begin()` and `end()` functions with which you already are familiar.

Name: **pr24008.cpp**
Location: **Quincy99\Programs\Chap24**

Listing 24-8: **Using reverse iterators**

```cpp
/////////////////////////////////////
// File Name: pr24008.cpp
/////////////////////////////////////
#include <iostream>
#include <vector>
#include <algorithm>
#include <string>

/////////////////////////////////////
// The function to be called by
// for_each().
/////////////////////////////////////
void show_val(std::string val)
{
    std::cout << val << std::endl;
}
/////////////////////////////////////
// The main() function.
/////////////////////////////////////
int main()
{
    // Create the vector object.
    std::vector<std::string> strVector;

    // Populate the vector.
    strVector.push_back("Zebra");
    strVector.push_back("Deer");
    strVector.push_back("Fish");
    strVector.push_back("Snake");
    strVector.push_back("Bat");

    // Display the contents of the vector.
    std::cout << "Contents of the vector: " << std::endl;
    std::for_each(strVector.begin(),
        strVector.end(), show_val);
    std::cout << std::endl;

    // Display the contents of the vector in reverse.
    std::cout << "Reverse contents of the vector: "
            << std::endl;
    std::for_each(strVector.rbegin(),
        strVector.rend(), show_val);
    std::cout << std::endl;

    return 0;
}
```

Listing 24-8 produces the following output:

```
Contents of the vector:
Zebra
Deer
Fish
Snake
Bat

Reverse contents of the vector:
Bat
Snake
Fish
Deer
Zebra
```

Notice in Listing 24-8 how the loop that displays the vector in the forward direction looks identical to the loop that displays the vector in the reverse direction—with the exception of replacing the begin() and end() function calls with rbegin() and rend() function calls, which return reverse iterators. You also can initialize and use the reverse iterators as follows:

```
std::vector<std::string>::reverse_iterator begin =
    strVector.rbegin();
std::vector<std::string>::reverse_iterator end =
    strVector.rend();
std::for_each(begin, end, show_val);
```

Insert Iterators

An *insert iterator* enables a program to insert new values into a sequence using syntax that normally would overwrite the value at the specified location. STL defines three insert iterator adaptors: std::back_insert_iterator, std::front_insert_iterator, and std::insert_iterator. You can use the back_insert_iterator adaptor with any container that defines a push_back() member function. You can use the front_insert_iterator adaptor with any container that defines a push_front() member function. Finally, you can use the insert_iterator adaptor with any container that defines an insert() member function.

To understand how an insert iterator works, first look at Listing 24-9. This listing uses a conventional iterator to overwrite the zeroes that the five-element intVector object contains after it is constructed. The program's output follows the listing.

Name: **pr24009.cpp**
Location: **Quincy99\Programs\Chap24**

Listing 24-9: **Overwriting values with an iterator**

```cpp
/////////////////////////////////////
// File Name: pr24009.cpp
/////////////////////////////////////
#include <iostream>
#include <vector>
#include <algorithm>


/////////////////////////////////////
// The function to be called by
// for_each().
/////////////////////////////////////
void show_val(int val)
{
    std::cout << val << std::endl;
}


/////////////////////////////////////
// The main() function.
/////////////////////////////////////
int main()
{
    // Create the vector object.
    std::vector<int> intVector(5);
    std::vector<int>::iterator it = intVector.begin();

    // Populate the vector.
    *it++ = 23;
    *it++ = 34;
    *it++ = 45;
    *it++ = 56;
    *it = 67;

    // Display the contents of the vector.
    std::cout << "Contents of the vector: " << std::endl;
    std::for_each(intVector.begin(),
        intVector.end(), show_val);
    std::cout << std::endl;

    return 0;
}
```

Listing 24-9 produces the following output:

```
Contents of the vector:
23
34
45
56
67
```

The program in Listing 24-9 defines a five-element vector. Because the size of the vector is given in the definition, each of the five elements is initialized with zeroes. That is, after the line

```
std::vector<int> intVector(5);
```

executes, you see this if you display the contents of the vector:

```
Contents of the vector:
0
0
0
0
0
```

Next, the program defines an iterator that points to the first element in the vector:

```
std::vector<int>::iterator it = intVector.begin();
```

The program then can use this iterator to overwrite the zeroes in the vector's five elements, like this:

```
*it++ = 23;
*it++ = 34;
*it++ = 45;
*it++ = 56;
*it = 67;
```

Now, when you display the contents of the vector, you get the results that follow Listing 24-9. In this example, it is a conventional iterator so the syntax used causes elements to be overwritten. You can change this behavior by using an insert iterator in place of the conventional iterator. Then, the same syntax causes the new values to be inserted into the vector — rather than overwriting existing values. This process causes the size of the vector to expand, as demonstrated in Listing 24-10.

On the CD-ROM

Name: **pr24010.cpp**
Location: **Quincy99\Programs\Chap24**

Listing 24-10: **Inserting values with an iterator**

```
//////////////////////////////////////
// File Name: pr24010.cpp
//////////////////////////////////////
#include <iostream>
#include <vector>
#include <algorithm>
```

```
/////////////////////////////////////
// The function to be called by
// for_each().
/////////////////////////////////////
void show_val(int val)
{
    std::cout << val << std::endl;
}


/////////////////////////////////////
// The main() function.
/////////////////////////////////////
int main()
{
    // Create the vector object.
    std::vector<int> intVector(5);
    std::back_insert_iterator<std::vector<int> > it(intVector);

    // Populate the vector.
    *it++ = 23;
    *it++ = 34;
    *it++ = 45;
    *it++ = 56;
    *it = 67;

    // Display the contents of the vector.
    std::cout << "Contents of the vector: " << std::endl;
    std::for_each(intVector.begin(),
        intVector.end(), show_val);
    std::cout << std::endl;

    return 0;
}
```

Listing 24-10 produces the following output:

```
Contents of the vector:
0
0
0
0
0
23
34
45
56
67
```

Because Listing 24-10 uses a `std::back_insert_iterator`, the new values are inserted at the back of the sequence. A `std::front_insert_iterator` (which doesn't work with a vector because a vector doesn't define a `push_front()` member function) enables values to be inserted at the front of a sequence. An `std::insert_iterator` (also not supported by a vector container) enables inserts at any location in the sequence.

Summary

Basically, an iterator is STL's version of a pointer — a special pointer that enables a program to iterate over the contents of an STL container. STL defines five types of iterators, which are named according to the way you use them. These different types of iterators consist of input iterators, output iterators, forward iterators, bidirectional iterators, and random-access iterators. In the next chapter, you start exploring exception handling, an advanced C++ topic that begins the final section of this book.

✦   ✦   ✦

Exception Handling

Exception handling is a C++ feature that enables a program to intercept and process exceptional conditions — errors, usually — in an orderly, organized, and consistent manner. Exception handling allows one section of a program to sense and dispatch error conditions, and another section to handle them. Usually one category of code, perhaps the classes and functions in a library, can detect errors without knowing the appropriate handling strategy. It is just as common for other categories of code to be able to deal with errors without being able to detect them.

For example, a class library function may perform math by detecting overflow, underflow, divide-by-zero, and other exceptional conditions that are the result of user input. Selection of a strategy for handling the exception depends on the application. Some programs write error messages on the console; others display dialog boxes in a graphical user interface; still others request the user to enter better data; and others terminate the program. The error can result from a bug in the program or invalid (and invalidated) user input. A reusable library function should not presume to know the best exception-handling strategy for all applications. On the other hand, an application cannot be expected to detect all possible exceptions.

That a distant function can report an error to the using program has implications. Somehow, the detecting function must return control to the handling function through an orderly sequence of function returns. The detecting function can be many function calls deep. An orderly return to the higher level of the handler function requires, at the very least, a coordinated unwinding of the stack.

Exception Handling In C

Traditional C programs take two approaches to exception handling: They follow each function call with a test for errors; or they use setjmp() and std::longjmp() (refer to Chapter 7) to intercept error conditions. The first approach, which uses something like the global macro errno and null or error function return values to report the nature of the error, is reliable but tedious. Programmers tend to avoid or overlook all the possibilities. The setjmp() and std::longjmp() approach is closer to what C++ exception handling strives for: an orderly and automatic way to unwind the stack to a state that was recorded at a specified place higher in the function-call hierarchy.

The setjmp() and std::longjmp() approach is intended to intercept and handle conditions that do not require immediate program termination. The syntax checker of a programming language translator, for example, can be in the depths of a recursive descent parser when it detects a syntax error. The program does not need to terminate. It simply should report the error and find its way back to where it can read the next statement and continue. The program uses setjmp() to identify that place and std::longjmp() to get back to it. Following is a code fragment that represents that process:

```
#include <setjmp.h>
std::jmp_buf jb;

void Validate()
{
    int err;

    err = setjmp(jb);
    if (err)
        /* An exception has occurred */
        ReportError(err);
    while (getInput())
        parse();
}

/* Parse a line of input. */
void parse()
{
    /* parse the input */
    /* ... */
    if (error)
        std::longjmp(jb, ErrorCode);
}
```

The std::longjmp() call unwinds the stack to its state as recorded in the std::jmp_buf structure by the setjmp() call. The initial setjmp() call returns zero. The std::longjmp() call jumps to a return from the setjmp() call and causes setjmp() to seemingly return the specified error code, which should be nonzero.

This scheme, however, contains anomalies. And, as you soon will learn, C++ exception handling does not solve all of them. Suppose that the parse() function looked like this:

```
void parse()
{
    std::FILE *fp = std::fopen(fname, "rt");
    char *cp = std::malloc(1000);

    /* Parse the input */
    /* ... */
    if (error)
        std::longjmp(jb, ErrorCode);
    std::free(cp);
    std::fclose(fp);
}
```

Ignore for the moment that in a real program the function would test for exceptions to the std::fopen() and std::malloc() calls. The two calls represent resources that the program acquires before, and releases after, the std::longjmp() call. The calls could be in interim functions that the program calls after the setjmp() operation and that themselves call the parse() function. The point is that the std::longjmp() call occurs before those resources are released. Therefore, every exception in this program represents two system resources that are lost: a heap segment and a file handle. In the case of the std::FILE* resource, subsequent attempts to open the same file would fail. If each pass through the system opened a different file — for example, a temporary file with a system-generated file name — the program would fail when the operating system ran out of file handles.

Programmers traditionally solve this problem by structuring their programs to avoid it. Either they manage and clean up resources before calling std::longjmp(), or they do not use std::longjmp() where interim resources are at risk. In the preceding function, you can solve the problem by moving the std::longjmp() call below the std::free() and std::fclose() calls. However, the solution is not always that simple.

Unwinding the stack in a C program involves resetting the stack pointer to where it pointed when the program called setjmp(). The std::jmp_buf structure stores the information that the program needs to do that. This procedure works because the stack contains automatic variables and function return addresses. Resetting the stack pointer essentially discards the automatic variables and forgets about the function return addresses. All this is correct behavior, because the automatic variables are no longer needed and the interim functions are not to be resumed.

Exception Handling in C++

Using `std::longjmp()` to unwind the stack in a C++ program does not work, because automatic variables on the stack include objects of classes, and those objects need to execute their destructor functions. Consider this modification to the `parse()` function, which now is in a C++ program:

```
void parse()
{
    std::string str("Parsing now");
    // Parse the input.
    // ...
    if (error)
        std::longjmp(jb, ErrorCode);
}
```

Assume that the constructor for the `string` class allocates memory for the string value from the heap. Its destructor returns that memory to the heap. In this program, however, the `std::string` destructor does not execute, because `std::longjmp()` unwinds the stack and jumps to the `setjmp()` call before the `str` object goes out of scope. The memory used by the `str` object itself is returned to the stack, but the heap memory pointed to by a pointer in the string is not returned to the heap.

This problem is one that C++ exception handling solves. The unwinding of the stack in the exception-handling throw operation, the analog to `std::longjmp()`, includes calls to the destructors of automatic objects. Furthermore, if the throw occurs from within the constructor of an automatic object, its destructor is not called; but the destructors of objects embedded in the throwing object are called.

The try Block

C++ functions that can detect and recover from errors execute from within a `try` block that looks like this:

```
try
{
    // C++ statements
}
```

Code executing outside any `try` block cannot detect or handle exceptions. `try` blocks may be nested. The `try` block typically calls other functions that are able to detect exceptions.

The catch Exception Handler

A `catch` exception handler with a parameter list follows a `try` block:

```
try
{
    // C++ statements.
}
catch(int err)
{
    // Error-handling code.
}
```

There can be multiple `catch` handlers with different parameter lists:

```
try
{
    // C++ statements.
}
catch(int err)
{
    // Error-handling code.
}
catch(char *msg)
{
    // Error-handling code with char *.
}
```

The type in the parameter list identifies the `catch` handler. The parameter in the `catch` parameter list does not have to be named. If the parameter is named, it declares an object with that name, and the exception-detection code can pass a value in the parameter. If the parameter is unnamed, the exception-detection code can jump to the `catch` exception handler merely by naming the type.

The throw Statement

To detect an exception and jump to a `catch` handler, a C++ function issues the `throw` statement with a data type that matches the parameter list of the proper `catch` handler:

```
throw "An error has occurred";
```

This `throw` statement jumps to the `catch` exception handler function that has the `char*` parameter list.

The throw statement unwinds the stack, cleaning up all objects declared within the try block by calling their destructors. Next, throw calls the matching catch handler, passing the parameter object.

The try/throw/catch Sequence

Listing 25-1 begins to bring the exception-handling steps together.

On the CD-ROM

Name: **pr25001.cpp**
Location: Quincy99\Programs**Chap25**

Listing 25-1: **Throwing and catching an exception**

```cpp
/////////////////////////////////////
// File Name: pr25001.cpp
/////////////////////////////////////
#include <iostream>

// Function prototypes.
void foo();

// Exception class declaration.
class Bummer{};

/////////////////////////////////////
// The main() function.
/////////////////////////////////////
int main()
{
    // The try block.
    try
    {
        std::cout << "calling foo" << std::endl;
        foo();
        std::cout << "return from foo << std::endl";
    }

    // Catch exception handler.
    catch(Bummer)
    {
        // Error-handling code.
        std::cout << "catching Bummer" << std::endl;
    }
    std::cout << "done" << std::endl;

    return 0;
```

```
    }

//////////////////////////////////////
// Program function.
//////////////////////////////////////
void foo()
{
    int error = 1;

    // C++ statements to do stuff.
    if (error)
    {
        std::cout << "throwing Bummer" << std::endl;
        throw Bummer();
    }
}
```

Listing 25-1 displays this output:

```
calling foo
throwing Bummer
catching Bummer
done
```

In Listing 25-1, the program enters a try block; this means that functions called directly or indirectly from within the try block can throw exceptions. In other words, the foo() function can throw exceptions and so can any function called by foo().

The catch exception handler function immediately following the try block is the only handler in this example. It catches exceptions that are thrown with a Bummer parameter. Bummer is a class set up specifically to identify the exception.

The catch handlers and their matching throw statements can have a parameter of any type. For example:

```
catch(ErrorCode ec) { ... }
// ...
throw ErrorCode(123);
```

This example assumes that there is a class named ErrorCode that can be constructed with an integer parameter list. The throw statement builds a temporary object of type ErrorCode and initializes the object with the value given in the throw statement. The parameter may be an automatic variable within the block that uses throw even if the catch uses a reference, as shown here:

```
void bar()
{
    try
    {
        foo();
    }
    catch(ErrorCode& ec)
    {
        // ...
    }
}

// ...
void foo()
{
    // ...
    if (error)
    {
        ErrorCode dt(234);
        throw dt;
    }
}
```

The throw statement builds a temporary ErrorCode object to pass to the catch handler. The automatic ErrorCode object in the foo() function is allowed to go out of scope. The temporary ErrorCode object is not destroyed until the catch handler completes processing.

When a try block has more than one catch handler, a throw executes the one that matches the parameter list. That handler is the only one to execute, unless it throws an exception to execute a different catch handler. When the executing catch handler exits, the program proceeds with the code following the last catch handler. Listing 25-2 demonstrates this behavior.

On the CD-ROM

Name: **pr25002.cpp**
Location: Quincy99\Programs**Chap25**

Listing 25-2: **Multiple catch handlers**

```
///////////////////////////////////
// File Name: pr25002.cpp
///////////////////////////////////
#include <iostream>

// Function prototypes.
void foo();
```

```cpp
// Exception class declarations.
class Bummer {};
class Dumber {};

/////////////////////////////////////
// The main() function.
/////////////////////////////////////
int main()
{
    // The try block.
    try
    {
        std::cout << "calling foo" << std::endl;
        foo();
        std::cout << "return from foo" << std::endl;
    }

    // Catch exception handler.
    catch(Bummer)
    {
        // Error-handling code.
        std::cout << "catching Bummer" << std::endl;
    }
    catch(Dumber)
    {
        // Error-handling code.
        std::cout << "catching Dumber" << std::endl;
    }
    std::cout << "done" << std::endl;

    return 0;
}

/////////////////////////////////////
// Program function.
/////////////////////////////////////
void foo()
{
    int error = 1;

    // C++ statements to do stuff...

    if (error)
    {
        std::cout << "throwing Dumber" << std::endl;
        throw Dumber();
    }
}
```

Listing 25-2 displays this output:

```
calling foo
throwing Dumber
catching Dumber
done
```

Exception Specification

You can specify the exceptions that a function may throw when you declare the function, as shown here:

```
void f() throw(Dumber, Killer)
{
    // C++ statements
    if (err1)
        throw Dumber();
    if (err2)
        throw(Killer());
}
```

The exception specification is part of the function's signature. You must include it in the prototype and in the function's definition header block. Otherwise, the compiler reports a type mismatch when it encounters the second declaration of the function.

Unexpected Exceptions

If a function includes an exception specification as shown previously, and if the function throws an exception not given in the specification, the exception is passed to a system function named `std::unexpected()`. The `std::unexpected()` function calls the latest function named as an argument in a call to the `std::set_unexpected()` function, which returns its current setting. A function with no exception specification can throw any exception.

Catch-All Exception Handlers

A `catch` handler with ellipses for a parameter list, shown next, catches all uncaught exceptions:

```
catch(...)
{
    // error-handling code
}
```

In a group of `catch`es associated with a `try` block, the catch-all handler must appear last. Listing 25-3 demonstrates the catch-all handler.

Name: **pr25003.cpp**
Location: Quincy99\Programs**Chap25**

Listing 25-3: **A catch-all handler**

```cpp
/////////////////////////////////////
// File Name: pr25003.cpp
/////////////////////////////////////
#include <iostream>

// Function prototypes.
void foo();

// Exception class declarations.
class Bummer {};
class Dumber {};
class Killer {};

/////////////////////////////////////
// The main() function.
/////////////////////////////////////
int main()
{
    // The try block.
    try
    {
        std::cout << "calling foo" << std::endl;
        foo();
        std::cout << "return from foo" << std::endl;
    }

    // Catch exception handler.
    catch(Bummer)
    {
        // Error-handling code
        std::cout << "catching Bummer" << std::endl;
    }
    catch(Dumber)
    {
        // Error-handling code.
        std::cout << "catching Dumber" << std::endl;
    }
    catch(...)
    {
        // Catching leftovers.
        cout << "catching Killer" << std::endl;
    }
    std::cout << "done" << std::endl;
```

Continued

Listing 25-3 *(continued)*

```
    return 0;
}

/////////////////////////////////////
// Program function.
/////////////////////////////////////
void foo()
{
    int error = 1;

    // C++ statements to do stuff...

    if (error)
    {
        std::cout << "throwing Killer" << std::endl;
        throw Killer();
    }
}
```

The catch-all handler in Listing 25-3 catches the `Killer` exception, because none of the other `catch` handlers has a matching `Killer` parameter list. Listing 25-3 displays this output:

```
calling foo
throwing Killer
catching Killer
done
```

Throwing an Exception from a Handler

You can code a `throw` with no operand in a `catch` handler or in a function called by a `catch` handler. The `throw` with no operand rethrows the original exception. Listing 25-4 demonstrates this behavior.

Name: **pr25004.cpp**
Location: Quincy99\Programs**Chap25**

Listing 25-4: Rethrowing exceptions

```
/////////////////////////////////////
// File Name: pr25004.cpp
/////////////////////////////////////
```

```cpp
#include <iostream>

// Function prototypes.
void foo();

// Exception class declaration.
class Bummer {};

////////////////////////////////////
// The main() function.
////////////////////////////////////
int main()
{
    // The try block.
    try
    {
        // An inner try block.
        try
        {
            std::cout << "calling foo" << std::endl;
            foo();
        }
        catch(...)
        {
            std::cout << "rethrowing Bummer" << std::endl;
            throw;     // Rethrow the exception.
        }
    }

    // Catch exception handler.
    catch(Bummer)
    {
        // Error-handling code.
        std::cout << "catching Bummer" << std::endl;
    }
    std::cout << "done" << std::endl;

    return 0;
}

////////////////////////////////////
// Program function.
////////////////////////////////////
void foo()
{
    int error = 1;

    // C++ statements to do stuff...

    if (error)
    {
```

Continued

Listing 25-4 *(continued)*

```
            std::cout << "throwing Bummer" << std::endl;
            throw Bummer();
        }
}
```

Listing 25-4 displays this output:

```
calling foo
throwing Bummer
rethrowing Bummer
catching Bummer
done
```

Uncaught Exceptions

An uncaught exception is one for which there is no `catch` handler specified, or one thrown by a destructor that is executing as the result of another `throw`. Such an exception causes the `std::terminate()` function to be called, which calls `std::abort()` to terminate the program. Listing 25-5 illustrates this behavior.

On the CD-ROM

Name: **pr25005.cpp**
Location: Quincy99\Programs**Chap25**

Listing 25-5: **Uncaught exceptions**

```
////////////////////////////////////////
// File Name: pr25005.cpp
////////////////////////////////////////
#include <iostream>

// Function prototype.
void foo();

// Exception class declarations.
class Bummer {};
class Killer {};

////////////////////////////////////////
// The main() function.
////////////////////////////////////////
int main()
```

```
{
    // The try block.
    try
    {
        std::cout << "calling foo" << std::endl;
        foo();
    }

    // Catch exception handler.
    catch(Bummer)
    {
        // Error-handling code.
        std::cout << "catching Bummer" << std::endl;
    }
    std::cout << "done" << std::endl;

    return 0;
}

//////////////////////////////////////
// Program function.
//////////////////////////////////////
void foo()
{
    int error = 1;

    // C++ statements to do stuff...

    if (error)
    {
        std::cout << "throwing Killer" << std::endl;
        throw Killer();
    }
}
```

Listing 25-5 displays this output:

```
calling foo
throwing Killer
Abnormal program termination
```

The last part of the output depends on what the compiler's std::abort() function displays before it terminates the program. The GNU compiler that accompanies this book on the companion CD-ROM aborts the program without displaying the "Abnormal program termination" message.

You can specify a function for std::terminate() to call by calling the std::set_terminate() function, which returns its current value. Listing 25-6 demonstrates this usage.

Name: **pr25006.cpp**
Location: **Chap25**

Listing 25-6: **Catching uncaught exceptions**

```cpp
/////////////////////////////////////
// File Name: pr25006.cpp
/////////////////////////////////////
#include <iostream>
#include <cstdlib>
#include <exception>

// Exception class declarations.
class Bummer {};
class Killer {};

/////////////////////////////////////
// Catch uncaught exceptions.
/////////////////////////////////////
void terminator_2()
{
    std::cout << "catching the uncaught" << std::endl;
    exit(-1);
}

/////////////////////////////////////
// The main() function.
/////////////////////////////////////
int main()
{
    std::set_terminate(&terminator_2);

    // The try block.
    try
    {
        std::cout << "throwing Killer" << std::endl;
        throw Killer();
    }

    // Catch exception handler.
    catch(Bummer)
    {
        // Error-handling code.
        std::cout << "catching Bummer" << std::endl;
```

```
    }
    std::cout << "done" << std::endl;

    return 0;
}
```

Listing 25-6 displays this output:

```
throwing Killer
catching the uncaught
```

Selecting Among Thrown Exceptions

To review: One or more `catch` handlers, which are distinguished by their parameter lists, follow a `try` block. You must decide in your design how to differentiate the exceptions. You might code only one `catch` handler with an `int` parameter and enable the value of the parameter to determine the error type. This approach, illustrated next, makes the unlikely assumption that you have control of all the throws in all the functions in all the libraries that you use.

```
catch(int exception_code)
{
    switch (exception_code)
    {
        case 0:
            // Process code 0.
            break;
        case 1:
            // Process code 1.
            break;
        // ....
    }
}
```

Throwing intrinsic types is not the best approach. If all libraries threw integers, for example, the `catch` handlers would become a hodgepodge of collisions and conflicts. Most programmers use class definitions derived from the standard exception classes (discussed in Chapter 17) to distinguish exceptions and categories of exceptions. A `throw` with a publicly derived class as its parameter is caught by a `catch` handler with the base class as its parameter. Consider this example:

```
class FileError
{
public:
    virtual void HandleException() = 0;
};
```

```
class Locked : public FileError
{
public:
    void HandleException();
};

class NotFound : public FileError
{
public:
    void HandleException();
};

void bar()
{
    try
    {
        foo();
    }
    catch(FileError& fe)
    {
        fe.HandleException();
    }
}

void foo()
{
    // ...
    if (file_locked)
        throw NotFound();
}
```

`FileError` is a public virtual base class. Its derived classes are `NotFound` and `Locked`. The only `catch` handler for this category of exception is the one with the `FileError` reference parameter. The handler does not know which of the exceptions was thrown, but it calls the `HandleException` pure virtual function, which automatically calls the proper function in the derived class. See Chapter 17 for a discussion of the standard exception classes from which you can derive custom exception classes.

Exceptions and Unreleased Resources

Recall the discussion at the beginning of this chapter about the `setjmp()` and `std::longjmp()` anomaly of unreleased resources. C++ exception handling does not solve that problem. Consider this condition:

```
void foo()
{
```

```
str::string *str = new std::string("Hello, Dolly");
// ...

if (file_locked)
    throw NotFound();

delete str;
}
```

The `new` operator allocates the `std::string` object from the heap. If the program throws the exception, the `delete` operation is not performed. In this case, there are two complications. The memory allocated on the heap for the `std::string` object is not released, and its destructor is not called. This means that the memory that its constructor allocates for the string data also is lost.

The same problem exists with dangling open file handles, unclosed screen windows, and other such unresolved system resources. If the program just shown seems easy to fix, remember that the `throw` can occur from within a library function far into a stack of nested function calls.

Programming idioms have been suggested that address this problem, and programmers must consider them. Dr. Stroustrup suggests that all such resources can be managed from within automatic instances of resource-management classes. Their destructors release everything as the `throw` unwinds the stack. Another approach is to make all dynamic heap pointers and file and window handles global so that the catch handler can clean everything up. These methods sound cumbersome, however, and they work only if all the functions in all the libraries cooperate.

An Improved Calculator Program

Listing 6-25 in Chapter 6 demonstrated recursion by implementing a simple four-function calculator. Listing 7-3 in Chapter 7 improved the calculator by using the Standard C `setjmp()` and `std::longjmp()` functions to handle errors. Now, Listing 25-7 further improves the calculator by applying much of what you have learned since Chapter 6, including the use of exception handling to manage the errors in the calculator.

Name: **pr25007.cpp**
Location: Quincy99\Programs**Chap25**

Listing 25-7: **A calculator with exceptions**

```cpp
/////////////////////////////////////
// File Name: pr25007.cpp
/////////////////////////////////////
#include <iostream>
#include <cstdlib>
#include <cctype>
#include <string>

// Declare the error class.
class Error {};

/////////////////////////////////////
// Calculator class declaration.
/////////////////////////////////////
class Calculator
{
    int pos;
    std::string expr;
    int addsubt();
    int multdiv();
    int number() throw(Error);

public:
    Calculator(){ }
    int Compute(const std::string& str) throw(Error);
};

/////////////////////////////////////
// Calculator class definition.
/////////////////////////////////////
int Calculator::Compute(const std::string& str) throw(Error)
{
    int rtn = 0;
    try
    {
        pos = 0;
        expr = str;
        rtn = addsubt();
        if (pos < expr.length() && expr[pos] != '\0')
            throw Error();
    }
    catch(Error)
    {
        std::cout << '\r';
        while (pos--)              // position error pointer
            std::cout << ' ';
        std::cout << "^ syntax error" << std::endl << '\a';
        throw;
    }
```

```
        return rtn;
}

// Top of recursive descent: add/subtract.
int Calculator::addsubt()
{
    int rtn = multdiv();
    while (expr[pos] == '+' || expr[pos] == '-')
    {
        int op = expr[pos++];
        int opr2 = multdiv();
        if (op == '+')
            rtn += opr2;
        else
            rtn -= opr2;
    }

    return rtn;
}

// Highest precedence: multiply/divide.
int Calculator::multdiv()
{
    int rtn = number();
    while (expr[pos] == '*' || expr[pos] == '/')
    {
        int op = expr[pos++];
        int opr2 = number();
        if (op == '*')
            rtn *= opr2;
        else
            rtn /= opr2;
    }

    return rtn;
}

// Extract a number.
int Calculator::number() throw(Error)
{
    int rtn;

    if (expr[pos] == '(')
    {
        // Parenthetical expression.
        pos++;
        rtn = addsubt();        // Back to top.
        if (expr[pos++] != ')')  // Must have ')'
            throw Error();
    }
```

Continued

Listing 25-7 *(continued)*

```
    else
    {
        // Extract the number.
        if (!std::isdigit(expr[pos]))
            throw Error();
        char ans[80] = "0";
        int i = 0;
        while (std::isdigit(expr[pos]) && pos < expr.length())
            ans[i++] = expr[pos++];
        ans[i] = '\0';
        rtn = std::atoi(ans);
    }

    return rtn;
}

////////////////////////////////////////
// The main() function.
////////////////////////////////////////
int main()
{
    int ans;
    do
    {
        // Read an expression.
        std::cout << "Enter expression (0 to quit):"
                  << std::endl;
        std::string expr;
        std::cin >> expr;

        try
        {
            Calculator calc;
            ans = calc.Compute(expr);
            if (ans != 0)
                std::cout << ans << std::endl;
        }
        catch(Error)
        {
            std::cout << "Try again" << std::endl;
            ans = 1;
        }
    }
    while (ans != 0);

    return 0;
}
```

Listing 25-7's first improvement over the earlier calculator programs is to implement the calculator in a class. The `main()` function reads the arithmetic expression from the console, enters a `try` block, and instantiates a `Calculator` object. The program calls the `Calculator` object's `Compute()` function, passing the expression string as an argument. If everything goes properly, the `Compute()` function returns an integer value that is the result of the expression. If the value is zero, the program terminates. Otherwise, the program displays the value and asks for another expression to compute.

If an error occurs during the computation, the `Calculator` object throws an `Error` exception. The `main()` function catches the exception, displays a "Try again" message, and asks for another expression.

Now, all the recursive-descent parsing algorithms are member functions in the `Calculator` class. The `Compute()` member function initializes a subscript data member into the expression string, enters a `try` block, and calls the `addsubt()` member function at the top of the recursive descent. If any part of that process encounters an error in the expression, the function throws an `Error` exception, which the `Compute()` member function catches. When it catches an exception, the `Compute()` function uses the current subscript data member to display where in the expression string the error was found. Then, the `Compute()` function rethrows the exception so that the `main()` function can catch it, too. If no exception is thrown, the `Compute()` function returns the value returned by the `addsubt()` member function. The rest of the program, which consists mainly of the recursive-descent parsing algorithm, works just as it does in the two earlier calculator programs.

Summary

Exception handling is a valuable addition to C++. Chapters 26 and 27 discuss namespaces — new casting mechanism, runtime type information-features that the ANSI committee added to Standard C++.

✦   ✦   ✦

Advanced C++ Topics

Namespaces

Namespaces have represented a problem in C and C++
since the language's inception in the early 1970s. In an
interview in *Dr. Dobb's Journal* in 1989, Dr. Dennis Ritchie, the
designer of C, addressed the namespace problem, saying that
the ANSI/ISO X3J11 C standardization committee introduced
" ... a convention that helps, but it certainly didn't solve the
real problem."

Here is the problem: External, global identifiers are in scope
throughout a program. They are visible to all object modules
in the application program, in third-party class and function
libraries, and in the compiler's system libraries. When two
variables in global scope have the same identifier, the linker
generates an error.

Programmers avoid such name collisions in their own code by
assigning unique identifiers to each variable. Under Standard C
(applying the convention mentioned by Dr. Ritchie), the compi-
ler system prefixes its internal global identifiers with underscore
characters, and programmers are told not to employ that usage
to avoid conflicts. Third-party library publishers addressed their
part of the problem with mnemonic prefixes to global identifiers.
This strategy attempts to avoid conflicts with other libraries,
but it is unsuccessful when two publishers use the same prefix.

The problem is that the language had no built-in mechanism
with which a library publisher could stake out a so-called
namespace of its own — one that would insulate its global
identifiers from those of other libraries linked into the same
program.

Programmers using multiple libraries with coincidental name
collisions had three choices: Get the source code to the libraries
and modify and recompile them; convince one of the publishers
to rename identifiers and republish its library; or choose not to
use one of the offending libraries. Often, none of the three
choices was available.

The C++ committee approached this problem by introducing
namespaces, a feature wherein identifiers declared within a
defined block are associated with the block's namespace

identifier. All references from outside the block to the global identifiers declared in the block must qualify, in one way or another, the global identifier reference with the namespace identifier. Publishers of libraries specify the name-space identifiers for the libraries' global identifiers. This feature is no more effective than using prefixes; two library publishers conceivably and unwittingly can use the same namespace identi-fier. Identifiers, however, tend to be longer than the typical two- or three-character prefixes and stand a better chance of being unique.

Introducing Namespaces

As you just read, what with hundreds of third-party libraries — not to mention C++'s considerable programming libraries — programmers sometimes find it a challenge to come up with variable or function names that are guaranteed not to conflict with other symbols. Standard C++'s solution to this growing problem is namespaces, an additional layer of identifier scope that enables a programmer to create meaningful symbol names without fear of stepping all over someone else's handiwork.

Simply put, a *namespace* is a named area of scope in which all identifiers created by the programmer are guaranteed to be unique — assuming that the programmer hasn't duplicated an identifier within the namespace and assuming that a previously defined namespace of the same name doesn't already exist. You define a simple namespace like this:

```
namespace MyNames
{
    int val1 = 10;
    int val2 = 20;
}
```

Here, two integer variables, val1 and val2, are defined to be part of the MyNames namespace. This is just an introductory example. Later in this chapter, you examine namespace definitions in greater detail.

Referring to Members of a Namespace

One example of a namespace is std, the namespace in which Standard C++ defines its library's identifiers. To use the cout stream object, you must tell the compiler that cout is found within the std namespace. You do this by prefixing the cout identifier with the name of the namespace and the scope resolution operator (::), as shown in Listing 26-1.

On the CD-ROM

Name: **pr26001.cpp**
Location: Quincy99\Programs**Chap26**

Listing 26-1: Using the std namespace

```
/////////////////////////////////////
// File Name: pr26001.cpp
/////////////////////////////////////
#include <iostream>

int main()
{
    std::cout << "Coming to you from cout.";

    return 0;
}
```

Listing 26-1 displays a short message by using the cout object to stream text to the screen. Notice how the cout object's name is preceded by the std namespace name, a convention you should be comfortable using by now.

The using namespace Statement

Another way to gain access to the identifiers defined in a namespace is to include the using namespace statement in the source code file that references the namespace. For example, Listing 26-2 is a version of Listing 26-1 that includes the using namespace statement.

 On the CD-ROM

Name: **pr26002.cpp**
Location: Quincy99\Programs**Chap26**

Listing 26-2: The using namespace statement

```
/////////////////////////////////////
// File Name: pr26002.cpp
/////////////////////////////////////
#include <iostream>

using namespace std;

int main()
{
    cout << "Coming to you from cout.";

    return 0;
}
```

Listing 26-2 works identically to Listing 26-1. However, thanks to the using namespace statement, the program no longer requires that the std namespace name preface the cout object's name. This may seem like a great timesaver, because not only does the cout identifier no longer require the std preface, but neither does any other identifier defined in the std namespace. Please note, though, that this is not a recommended programming practice, because the using namespace statement essentially places the specified namespace at the global level, which completely defeats the purpose of having a namespace in the first place. Listing 26-3 demonstrates the trouble you can get into by including the using namespace statement in a program.

On the
CD-ROM

Name: **pr26003.cpp**
Location: Quincy99\Programs**Chap26**

Listing 26-3: **Problems with the using namespace statement**

```cpp
///////////////////////////////////////
// File Name: pr26003.cpp
///////////////////////////////////////
#include <iostream>

namespace MyNames
{
    int val1 = 10;
    int val2 = 20;
}

namespace MyOtherNames
{
    int val1 = 30;
    int val2 = 50;
}

using namespace std;
using namespace MyNames;
using namespace MyOtherNames;

int main()
{
    cout << "Coming to you from cout.";
    val1 = 100;

    return 0;
}
```

When you try to compile Listing 26-3, Quincy 99 provides the following error messages:

```
pr26003.cpp: In function `int main()':
pr26003.cpp:25: use of `val1' is ambiguous
pr26003.cpp:14:   first declared as `int MyOtherNames::val1'
here
pr26003.cpp:8:   also declared as `int MyNames::val1' here
```

Here, the compiler tells you that, in the statement val1 = 100, the compiler doesn't know which version of val1 the program refers to. Is it the one defined in MyNames or the one defined in MyOtherNames? There's no way to tell. To avoid these types of problems, you should write a program such as Listing 26-3 as shown in Listing 26-4, which compiles and runs just fine.

Name: **pr26004.cpp**
Location: Quincy99\Programs**Chap26**

Listing 26-4: **Avoiding the using namespace statement**

```cpp
//////////////////////////////////////
// File Name: pr26004.cpp
//////////////////////////////////////
#include <iostream>

namespace MyNames
{
    int val1 = 10;
    int val2 = 20;
}

namespace MyOtherNames
{
    int val1 = 30;
    int val2 = 50;
}

int main()
{
    std::cout << "Coming to you from cout.";
    MyNames::val1 = 100;

    return 0;
}
```

Defining a Namespace

A namespace can contain many types of identifiers, including those shown in the following list:

✦ Variable names

✦ Constant names

✦ Function names

✦ Structure names

✦ Class names

✦ Namespace names

A namespace can be defined in only two places: either at the global level of scope or within another namespace (which forms a *nested namespace*). Listing 26-5 demonstrates a namespace definition that defines various types of variables and functions.

Name: **pr26005.cpp**
Location: Quincy99\Programs**Chap26**

Listing 26-5: **The namespace definition**

```
/////////////////////////////////////
// File Name: pr26005.cpp
/////////////////////////////////////
#include <iostream>

/////////////////////////////////////
// Namespace definition.
/////////////////////////////////////
namespace MyNames
{
    const int OFFSET = 15;
    int val1 = 10;
    int val2 = 20;
    char ch = 'A';

    int ReturnSum()
    {
        int total = val1 + val2 + OFFSET;
        return total;
    }

    char ReturnCharSum()
    {
```

```
        char result = ch + OFFSET;
        return result;
    }
}

//////////////////////////////////////
// The main() function.
//////////////////////////////////////
int main()
{
    std::cout << "Namespace member values:" << std::endl;
    std::cout << MyNames::val1 << std::endl;
    std::cout << MyNames::val2 << std::endl;
    std::cout << MyNames::ch << std::endl << std::endl;
    std::cout << "Results of namespace functions:"
              << std::endl;
    std::cout << MyNames::ReturnSum() << std::endl;
    std::cout << MyNames::ReturnCharSum() << std::endl;

    return 0;
}
```

Listing 26-5 produces the following output:

```
Namespace member values:
10
20
A

Results of namespace functions:
45
P
```

Nested Namespaces

Namespaces can be defined within other namespaces. In such a case, a program can reference identifiers defined in the outer namespace by using only the outer namespace name as a preface. Identifiers defined within the inner namespace, however, require as prefixes the names of both the outer and inner namespace. Listing 26-6 demonstrates nested namespaces:

On the CD-ROM

Name: **pr26006.cpp**
Location: Quincy99\Programs**Chap26**

Listing 26-6: **Nested namespaces**

```cpp
///////////////////////////////////////
// File Name: pr26006.cpp
///////////////////////////////////////
#include <iostream>

///////////////////////////////////////
// Namespace definition.
///////////////////////////////////////
namespace MyNames
{
    int val1 = 10;
    int val2 = 20;

    namespace MyInnerNames
    {
        int val3 = 30;
        int val4 = 40;
    }
}

///////////////////////////////////////
// The main() function.
///////////////////////////////////////
int main()
{
    std::cout << "Namespace values:" << std::endl;
    std::cout << MyNames::val1 << std::endl;
    std::cout << MyNames::val2 << std::endl;
    std::cout << MyNames::MyInnerNames::val3
              << std::endl;
    std::cout << MyNames::MyInnerNames::val4
              << std::endl;

    return 0;
}
```

Listing 26-6 produces the following output:

```
Namespace values:
10
20
30
40
```

Unnamed Namespaces

Although it's useful to give a namespace a name, you can declare unnamed name-spaces simply by omitting the name in the definition. For example, the following example defines an unnamed namespace containing two integer variables:

```
namespace
{
    int val1 = 10;
    int val2 = 20;
}
```

Identifiers defined in an unnamed namespace are placed, for all intents and purposes, in the global namespace, which pretty much defeats the purpose of a namespace. For this reason, unnamed namespaces are not particularly useful.

Namespace Aliases

Namespaces can be given aliases, which are alternative names for a defined namespace. You can create a namespace alias simply by assigning the current namespace name to the alias, like this:

```
namespace MyNames
{
    int val1 = 10;
    int val2 = 20;
}

namespace MyAlias = MyNames;
```

Listing 26-7 demonstrates the use of a namespace alias.

Name: **pr26007.cpp**
Location: Quincy99\Programs**Chap26**

Listing 26-7: **Namespace aliases**

```
///////////////////////////////////////
// File Name: pr26007.cpp
///////////////////////////////////////
#include <iostream>

///////////////////////////////////////
// Namespace definition.
///////////////////////////////////////
```

Continued

Listing 26-7 *(continued)*

```
namespace MyNames
{
    int val1 = 10;
    int val2 = 20;
}

namespace MyAlias = MyNames;

//////////////////////////////////////
// The main() function.
//////////////////////////////////////
int main()
{
    std::cout << "Namespace values:" << std::endl;
    std::cout << MyNames::val1 << std::endl;
    std::cout << MyNames::val2 << std::endl;
    std::cout << std::endl;

    std::cout << "Alias namespace values:" << std::endl;
    std::cout << MyAlias::val1 << std::endl;
    std::cout << MyAlias::val2 << std::endl;

    return 0;
}
```

Listing 26-7 produces the following output, proving that both namespace names refer to the same identifiers:

```
Namespace values:
10
20

Alias namespace values:
10
20
```

Summary

Namespaces are an invaluable tool for ensuring an almost limitless number of identifiers for C++ programs. Because namespaces look similar to structures, programmers find it easy to create and use namespaces in their programs. In the next chapter, you learn about two other features of the C++ language: runtime type information (RTTI) and new-style typecasting.

✦   ✦   ✦

New-Style Casts and RTTI

✦ ✦ ✦ ✦

In This Chapter

Introducing new-style
casts

Understanding
dynamic and static
casts

Using the reinterpret_
cast and const_cast
operators

Programming with
Run-Time Type
Information (RTTI)

✦ ✦ ✦ ✦

The ANSI/ISO committee took advantage of its standard-ization charter to introduce modifications to the C++ language definition that enhance the language in ways proposed by committee members. The C++ committee's changes are innovations. In most cases, the changes implement features that committee members admire in other languages, features that they view as deficiencies in traditional C++, or simply features that they've always wanted in a programming language. A great deal of thought and discussion were invested in each change; and consequently, the committee feels that the current Standard C++ is the best definition of C++ possible today. In the preceding chapter, you learned about namespaces—one of the innova-tions accepted into Standard C++. In this chapter, you discover new-style casts and runtime type information (RTTI)—two other important C++ innovations.

New-Style Casts

New-style C++ casts replace traditional C typecast notation (refer to Chapter 6). They provide safer notation that reflects the design of polymorphic class hierarchies and that you readily can find in code using text-searching tools such as the Unix `grep` command-line utility. C-style casts are still supported by the language, but their use is discouraged and they gradual-ly will disappear as new programs replace old ones.

In a perfect universe, programs would need no casts at all. The framers of the language would like to eliminate them. However, research shows that many idioms require them, particularly in systems programming. The C-style cast is known to be unsafe, error-prone, difficult to spot in programs, and more difficult to ferret out in large bodies of source-code text. New-style casts are the committee's attempt to improve the casting situation.

There are four new-style casting operators. Each one returns an object converted according to the rules of the operator. They use the following syntax:

```
cast_operator <type> (object)
```

The `cast_operator` is one of the following: `dynamic_cast`, `static_cast`, `reinterpret_cast`, and `const_cast`. The `type` argument is the type to which the object is cast. The `object` argument is the object being type cast .

dynamic_cast

The `dynamic_cast` operator casts a base class reference or pointer to a derived class reference or pointer, and vice versa. You can use `dynamic_cast` only when the base class has at least one virtual function.

The `dynamic_cast` operator permits a program to determine at runtime whether a base class reference or pointer refers to an object of a specific derived class, or to an object of a class derived from the specified class. This operation is called *downcasting*.

Downcasting Pointers

If a `dynamic_cast` operation on a pointer is not valid — if the type of the pointer being cast from is not a member of the class hierarchy being cast to — `dynamic_cast` returns a zero. Listing 27-1 demonstrates downcasting pointers with the `dynamic_cast` operator.

Name: **pr27001.cpp**
Location: **Quincy99\Programs\Chap27**

Listing 27-1: **Downcasting to pointers with dynamic_cast**

```
/////////////////////////////////////
// File Name: pr27001.cpp
/////////////////////////////////////
#include <typeinfo>
#include <iostream>

/////////////////////////////////////
// Define the Shape class.
/////////////////////////////////////
class Shape
{
public:
    virtual void foo() {}  // To enable rtti.
};
```

```cpp
/////////////////////////////////////
// Declare classes derived from Shape.
/////////////////////////////////////
class Circle    : public Shape { };
class Rectangle : public Shape { };

/////////////////////////////////////
// Process Circle and Rectangle objects.
/////////////////////////////////////
void Process(Shape* sp)
{
    // Downcast Shape* to Circle*.
    Circle* cp = dynamic_cast<Circle*>(sp);
    if (cp != 0)
    {
        std::cout << "Processing a Circle" << std::endl;
        return;
    }

    // Downcast Shape* to Rectangle*.
    Rectangle* rp = dynamic_cast<Rectangle*>(sp);
    if (rp != 0)
    {
        std::cout << "Processing a Rectangle" << std::endl;
        return;
    }

    std::cout << "Unknown Shape, cannot process" << std::endl;
}

/////////////////////////////////////
// The main() function.
/////////////////////////////////////
int main()
{
    // Instantiate and process a Circle.
    Circle circle;
    Process(&circle);

    // Instantiate and process a Rectangle.
    Rectangle rect;
    Process(&rect);

    // Instantiate and process a generic Shape.
    Shape shape;
    Process(&shape);

    return 0;
}
```

The Process() nonmember function in Listing 27-1 knows about objects derived from the Shape base class. Process() is a nonmember function rather than a member of Shape; the Shape class design does not need to know all the present and future specializations of itself. This approach is an alternative to having a pure virtual or empty Shape::Process() function that is overridden by derived classes. Process() represents some external generic process that does not implement any particular abstract data type's behavior, but it does need to use the interfaces of the object's classes.

If the object whose address is passed to Process() is not a Circle, the dynamic_cast<Circle*> operation returns a zero value and Process() knows not to call functions that are unique to Circles. Similarly, if the object is not a Rectangle, the dynamic_cast<Rectangle*> operation returns a zero value and Process() knows not to call functions that are unique to Rectangles.

A program that uses the dynamic_cast operator must include the <typeinfo> header and enable runtime type information as a compile option. The dynamic_cast operator uses internal runtime type information data structures to perform its checking and conversions. I cover runtime type information later in this chapter.

Downcasting References

If you use references rather than pointers, dynamic_cast throws a bad_cast exception when the target is not of the specified class. Listing 27-2 demonstrates this behavior.

Name: **pr27002.cpp**
Location: **Quincy99\Programs\Chap27**

Listing 27-2: **Downcasting to references with dynamic_cast**

```
/////////////////////////////////////////
// File Name: pr27002.cpp
/////////////////////////////////////////
#include <typeinfo>
#include <iostream>

/////////////////////////////////////////
// Define the Control class.
/////////////////////////////////////////
class Control
{
public:
    virtual void foo() {}
};
```

```
/////////////////////////////////////
// Derive classes from Control.
/////////////////////////////////////
class TextBox : public Control { };
class EditBox : public TextBox { };
class Button : public Control { };

/////////////////////////////////////
// Paint Control objects.
/////////////////////////////////////
void Paint(Control& cr)
{
    try
    {
        TextBox& ctl = dynamic_cast<TextBox&>(cr);
        std::cout << "Paint a TextBox" << std::endl;
    }
    catch(bad_cast)
    {
        std::cout << "nonTextBox, can't paint" << std::endl;
    }
}

/////////////////////////////////////
// The main() function.
/////////////////////////////////////
int main()
{
    // Instantiate and paint Control.
    Control ct;
    Paint(ct);

    // Instantiate and paint Button.
    Button bt;
    Paint(bt);

    // Instantiate and paint TextBox.
    TextBox tb;
    Paint(tb);

    // Instantiate and paint EditBox.
    EditBox eb;
    Paint(eb);

    return 0;
}
```

Listing 27-2 also demonstrates that a `dynamic_cast` works when the object is derived from the type from which it is cast. `TextBox` derives from `Control`. `EditBox` derives from `TextBox`. A reference to `Control`, the topmost base class in the hierarchy, can refer to an object of type `EditBox`—the bottommost derived class. The `Control` reference, which refers to an `EditBox` object, can be downcast to a reference to type `TextBox`—the inner class in this particular hierarchy.

Upcasting

Upcasting casts a reference, or pointer to a derived class, to a reference or pointer to one of the base classes in the same hierarchy. Most upcasting is done by implicit conversion. When the `main()` function in Listing 27-1 passes the address of a `Circle` object as an argument to the `Process()` function's pointer-to-`Shape` parameter, an implicit conversion occurs. The compiler performs a static type-check to ensure that the conversion is permitted; if it is not permitted, the compiler issues a compile-time error message. You must fix the program's source code before you can compile it. The type-check in Listing 27-1 passes because `Circle` is derived from `Shape` and because derived class objects can be referenced through pointers and references to their base class (or classes).

Inasmuch as implicit conversion involves static, compile-time type-checking, it follows that the actual contents of a pointer involved in an implicit cast do not enter into the process. A pointer may contain a null value or may never be initialized at all; the compiler still permits the conversion. You use `dynamic_cast` for upcasting when you need to determine at runtime whether a pointer to a derived class really contains the address of an object of that class. At the same time, you want to coerce the address into a pointer of one of the object's base classes.

static_cast

Unlike `dynamic_cast`, the `static_cast` operator makes no runtime check and is not restricted to base and derived classes in the same polymorphic class hierarchy. You can use `static_cast` to invoke implicit conversions between types that are not in the same hierarchy. Type-checking is static, wherein the compiler checks to ensure that the conversion is valid. This is opposed to the dynamic runtime type-checking that `dynamic_cast` performs. Assuming that you do not subvert the type system with a C-style cast to coerce an invalid address into a pointer or to initialize a pointer with zero, `static_cast` is a reasonably safe type-casting mechanism. Listing 27-3 compares `static_cast` with C-style casts.

On the
CD-ROM

Name: **pr27003.cpp**
Location: **Quincy99\Programs\Chap27**

Listing 27-3: **Comparing static_cast with C-style casts**

```cpp
////////////////////////////////////////
// File Name: pr27003.cpp
////////////////////////////////////////
#include <iostream>

////////////////////////////////////////
// Define class B.
////////////////////////////////////////
class B
{
    int i;

public:
    // Conversion constructor.
    B(int a) : i(a)       { }

    void display()  { std::cout << i; }
};

////////////////////////////////////////
// The main() function.
////////////////////////////////////////
int main()
{
    // C-style cast int to B.
    B bobj1 = (B)123;
    bobj1.display();
    std::cout << '/';

    // Constructor notation.
    B bobj2 = B(456);
    bobj2.display();
    std::cout << '/';

    // Static_cast.
    B bobj3 = static_cast<B>(789);
    bobj3.display();

    return 0;
}
```

If you are downcasting from a base to a derived type—a conversion that is not always safe—static_cast assumes that its argument is an object of (or pointer or reference to an object of) the base class within an object of the derived class. The cast can result in a different, possibly invalid address. Consider this code:

```cpp
class C : public A, public B { };
B *bp;
```

```
// bp is somehow initialized ...
C *cp = static_cast<C*>(bp);
```

If the bp pointer points to an object of type C, the cast works correctly. If it points to an object of type B, the cast makes the conversion, but the address is incorrect; it resides in a pointer to C but really points to an object of type B.

Similarly, if the pointer points to an object of the base class and you use the derived class pointer to dereference members of the nonexistent derived class object, then unpredictable behavior results.

If you are unsure about the safety of the cast, use dynamic_cast to downcast a reference or pointer and then check the result.

If you are casting from a derived to a base type—a safe practice—static_cast assumes that its argument is a valid object of the derived class or a pointer or reference to an object of the derived class.

reinterpret_cast

The reinterpret_cast operator replaces most other uses of the C-style cast, except those in which you cast away "constness" (discussed next). The reinterpret_cast operator converts pointers into other pointer types, numbers into pointers, and pointers into numbers. You should know what you are doing when you use reinterpret_cast, just as you should when you use C-style casts. That is not to say that you should never use reinterpret_cast. There are times when nothing else (except C-style casts) will do. Listing 27-4 demonstrates a simple memory allocator that returns the address of a 100-character buffer as a void pointer. The main() function assigns the return to a char pointer. Under the conversion rules of C++ (and unlike those of C), you cannot convert void* to char* implicitly, so you need a cast. Rather than employing a C-style cast, the listing uses reinterpret_cast.

Name: pr27004.cpp
Location: Quincy99\Programs\Chap27

Listing 27-4: **Using reinterpret_cast**

```
/////////////////////////////////////////
// File Name: pr27004.cpp
/////////////////////////////////////////
#include <iostream>
#include <cstring>
```

```
/////////////////////////////////////
// Create a buffer.
/////////////////////////////////////
void* getmem()
{
    static char buf[100];
    return buf;
}

/////////////////////////////////////
// The main() function.
/////////////////////////////////////
int main()
{
    char* cp = reinterpret_cast<char*>(getmem());
    std::strcpy(cp, "Hello, Woody");
    std::cout << cp;

    return 0;
}
```

const_cast

The three cast operators just discussed respect "constness" — that is, you cannot use them to cast away the constness of an object. For that, use the const_cast operator. Its type argument must match the type of the object argument, except for the const and volatile keywords.

When would you want to cast away constness? Class designs should take into consideration users who declare a const object of the type. They do that by declaring as const any member functions that do not modify any of the object's data member values. Those functions are accessible through const objects. Other functions are not. Some classes, however, have data members that contribute to the management, rather than the purpose, of the objects. They manipulate hidden data that the user is unconcerned about, and they must do so for all objects regardless of constness.

For example, consider a global counter that represents some number of actions taken against an object of the class, const or otherwise. Listing 27-5 demonstrates such a program.

Name: **pr27005.cpp**
Location: **Quincy99\Programs\Chap27**

Listing 27-5: **Using const_cast**

```
///////////////////////////////////////
// File Name: pr27005.cpp
///////////////////////////////////////
#include <iostream>

///////////////////////////////////////
// Define the const class A.
///////////////////////////////////////
class A
{
    int val;
    int rptct;  // Number of times the object is reported.

public:
    A(int v) : val(v), rptct(0) { }
    ~A() { cout << val << " was reported "
                << rptct << " times."; }
    void report() const;
};

void A::report() const
{
    const_cast<A*>(this)->rptct++;
    cout << val << endl;
}

///////////////////////////////////////
// The main() function.
///////////////////////////////////////
int main()
{
    const A a(123);

    a.report();
    a.report();
    a.report();

    return 0;
}
```

If the declaration of the A::report() member function were not const, the using program could not use the function for const objects of the class. The function itself needs to increment the rptct data member, something it normally could not do from a const member function because const functions cannot change data values. To cast away the constness of the object for that one operation, the function uses the const_cast operator to cast the this pointer to a pointer to a non-const object of the class.

C++ provides the `mutable` keyword to specify class members that are never `const`—even when a `const` object of the class is instantiated. Chapter 11 discusses the `mutable` keyword.

Runtime Type Information (RTTI)

The `typeid` operator supports the new C++ runtime type information feature. Given an expression or a type as an argument, the operator returns a reference to a system-maintained object of type `type_info` that identifies the type of the argument. There are only a few things that you can do with the `type_info` object reference. You can compare it to another `type_info` object for equality or inequality. You also can initialize a `type_info` pointer variable with its address. However, you cannot assign or copy a `type_info` object or pass it as a function argument. You can call the member function `type_info::name()` to get a pointer to the type's name. In addition, you can call the member function `type_info::before()` to get a 0 or 1 integer that represents the order of the type in relation to another type. Listing 27-6 demonstrates some of the `typeid` operator's behavior.

Name: **pr27006.cpp**
Location: **Quincy99\Programs\Chap27**

Listing 27-6: **Examining typeid behavior**

```
/////////////////////////////////////
// File Name: pr27006.cpp
/////////////////////////////////////
#include <typeinfo>
#include <iostream>

// Declare a class.
class Control { };

/////////////////////////////////////
// The main() function.
/////////////////////////////////////
int main()
{
    // Display name of type.
    Control ct;
    std::cout << "ct is a " << typeid(ct).name() << std::endl;

    // Compare typeids and display type of expression.
    double counter = 1.23;
    if (typeid(counter) != typeid(Control))
        std::cout << "counter is not a "
                << typeid(Control).name()
```

Continued

Listing 27-6 *(continued)*

```
                << std::endl;
    if (typeid(counter) == typeid(1.23))
        std::cout << "counter is a double" << std::endl;
    if (typeid(counter) != typeid(int))
        std::cout << "counter is not an int" << std::endl;

    return 0;
}
```

A program that uses the `typeid` operator must include the `<typeinfo>` header and must have the runtime type information compile option enabled.

How do you use `typeid`? What purpose is gained by determining the specific type of an object? The `dynamic_cast` operator is more flexible in one way and less so in others. It tells you that an object is of a specified class or, in some cases, of a class in the same class hierarchy as the specified class. But for you to be able to use `dynamic_cast`, there must be an object of the class already instantiated. Furthermore, `dynamic_cast` works only with pointers and references to polymorphic class objects; at least one virtual function must exist somewhere in the class hierarchy. The `typeid` operator works with instantiated objects, pointers and references to objects, intrinsic type names, function names, class members, class names, and expressions.

Consider a persistent object database manager. It scans the database files and constructs memory objects from data values that it finds. How does it determine which constructors to call? RTTI can provide that intelligence. If the first component of a persistent object record is the class name or an offset into an array of class names, the program can use RTTI to select the constructor. Examine the following example, in which the database scanner retrieves the class name of the next object and calls the `DisplayObject()` function. In this example, the database records only three classes.

```
void DisplayObject(char *cname)
{
    if (std::strcmp(cname, typeid(Employee).name())==0)
    {
        Employee empl;
        empl.Display();
    }
    else if (std::strcmp(cname, typeid(Department).name())==0)
    {
        Department dept;
        dept.Display();
```

```
    }
    else if (std::strcmp(cname, typeid(Project).name())==0)
    {
        Project proj;
        proj.Display();
    }
}
```

This example assumes that the database manager knows how to construct each object when the file pointer is positioned just past the type identifier in the record. This technique assumes that the scanner program knows about all the classes in the database and is similar to the one used in the Parody II object database manager.

Summary

This chapter describes relatively new language features—innovations of the ANSI/ISO C++ committee. Many legacy C++ programs exist that use none of these features because of the relative newness of the features to the language. Many C++ programmers still code with traditional idioms that they trust, waiting to see whether all these new features pass muster in the industry. Some programmers have not figured out how they can use some of the features—such is the evolution of any significant programming language. In the next chapter, you dig into namespaces, a programming technique that provides an additional layer of scope for identifiers.

✦   ✦   ✦

Locales

In general, as their names suggest, *locales* represent the various ways information is displayed in different areas of the world or for computer users of a specific culture. For example, the U.S.-style date 1/21/2000 is displayed as 21/1/2000 in Greece and as 21.1.2000 in Germany. Application developers who intend for their products to be distributed around the world need to be aware of these differences and know how to write their programs so that they are locale aware. In this chapter, you get a quick look at locales and how they are used in C++ programming.

Elements of Internationalization

In the preceding paragraph, you learned that dates are one type of data you must consider when writing applications for an international market. In all, there are seven *elements of internationalization* that you must handle in such an application. Those elements are listed and described as follows:

✦ *Characters:* While you can represent a language — such as English — using the simple ASCII code, other languages require much larger character sets than a code set designed to represent a maximum of 256 characters. This problem gives rise to three types of character codes: single-byte ASCII characters, multibyte characters, and wide characters.

✦ *Character Ordering:* When sorting characters into order — a process called *collating* — different sorting rules apply for different languages. For example, in Spanish, the double-symbol letter ll is considered to be a single character and so is not sorted in the same way a pair of l's is in English.

✦ *Character Classification:* Every language contains character codes for alphabetic, numeric, punctuation, and other types of symbols. The group that a character fits into is its classification.

✦ *Numbers:* Different countries represent numbers in different ways. For example, the U.S.-style number 34,785,000.75 is written as 34.785.000,75 in Germany.

✦ *Currency:* Different countries use different types of currency and so they use different currency symbols. In the United States, the currency symbol is the dollar sign; in Germany, the currency symbol is DM. Also, the location of currency symbols in currency values varies from country to country. For example, the dollar sign is placed in front of the amount, as in $45.98. However, the DM symbol is placed after the amount, as in 12,45 DM.

✦ *Time and Date:* Times and dates are displayed differently throughout the world. You've seen examples of how dates differ. Time representations differ as well.

✦ *Language:* If English, Spanish, French, or any other language were the only language on earth, writing international applications would be easier to say the least. As we all know, however, there are many different languages. Obviously, the text in an internationalized program should be displayed in the appropriate language, which usually means keeping text separate from the executable file in a resource that can be translated as needed.

The C++ Standard Library provides ways to manage most of the elements of internationalization. The exception is the native language of each locale, which, in most cases, must be translated manually. In the rest of this chapter, you discover some tools that the C++ libraries provide for application internationalization.

The std::locale Class

In C++, an object of the `std::locale` class represents a locale. A `locale` object is a kind of container that holds objects called *facets*, which represent the elements of internationalization described in the preceding section. For example, a `locale` object contains facets that manage elements such as date and time formats, currency sym-bols, and number formats. Facets not only provide information about an element of a locale, but also provide an interface for internationalization services.

The Standard Facets

Although a programmer can create specialized facets, C++ defines seven standard facets, as listed here:

✦ *Code Conversion:* This type of facet converts between different character representations, such as converting from multibyte characters to wide characters.

✦ *Collate:* This type of facet manages character ordering for string collation.

✦ *Ctype:* This type of facet manages character classification, such as setting a character's case or determining whether a character is part of the language's punctuation group.

✦ *Numeric:* This type of facet manages number formatting.

✦ *Monetary:* This type of facet manages currency formatting.

✦ *Time and Date:* This type of facet manages time and date formatting.

✦ *Messages:* This type of facet manages message catalogs, which enable an application to translate simple responses such as "Yes" and "No."

Default and Global Locales

You probably don't realize it, but you've used locales already. In fact, you have used locales a lot. Every C++ program you write runs under the *default locale*, which is the U.S. ASCII locale. The C++ Library creates this locale object, called `std::locale::classic()`, for you. Just like any locale, `std::locale::classic()` determines the way many library functions display information.

There's also something called the *global locale*, which is the currently active locale. When you don't change the locale in your program, the default and global locales are the same. You can change the global locale, but you cannot change the default locale.

Creating a Locale Object

With the exception of the default locale, a locale object requires you to create the object first. The `std::locale` class provides four ways to create a locale object, as follows:

```
std::locale localeName();
std::locale localeName(localeCode);
std::locale localeName(locale1, locale2, cat);
std::locale localeName(locale1, localeCode, cat);
```

The first example creates a `locale` object from the global locale, whereas the second example creates the `locale` object from the locale code string specified by *localeCode*. (Table 28-1 shows locale codes you can use with the `locale` class's constructor.) The third constructor example creates a copy of the `locale` object *locale1*, replacing those facets in *locale1* with facets in *locale2* specified by *cat*. The fourth example is similar, except that a locale code string specifies the facet-source locale.

Table 28-1	
Locale Codes	
Language	*Name*
Chinese	"chinese"
Chinese (simplified)	"chinese-simplified" or "chs"
Chinese (traditional)	"chinese-traditional" or "cht"
Czech	"czech" or "csy"
Danish	"danish" or "dan"
Dutch	"dutch" or "nld"
Dutch (Belgian)	"belgian", "dutch-belgian", or "nlb"
English (default)	"english"
English (Australian)	"australian", "ena", or "english-aus"
English (Canadian)	"canadian", "enc", or "english-can"
English (New Zealand)	"english-nz" or "enz"
English (UK)	"english-uk", "eng", or "uk"
English (USA)	"american", "american english", "american-english", "english-american", "english-us", "english-usa", "enu", "us", or "usa"
Finnish	"finnish" or "fin"
French (default)	"french" or "fra"
French (Belgian)	"french-belgian" or "frb"
French (Canadian)	"french-canadian" or "frc"
French (Swiss)	"french-swiss" or "frs"
German (default)	"german" or "deu"
German (Austrian)	"german-austrian" or "dea"
German (Swiss)	"german-swiss", "des", or "swiss"
Greek	"greek" or "ell"
Hungarian	"hungarian" or "hun"
Icelandic	"icelandic" or "isl"
Italian (default)	"italian" or "ita"
Italian (Swiss)	"italian-swiss" or "its"
Japanese	"japanese" or "jpn"

Language	Name
Korean	"kor" or "korean"
Norwegian (default)	"norwegian"
Norwegian Norwegian (Bokmal)	"norwegian-bokmal" or "nor"
Norwegian Norwegian (Nynorsk)	"norwegian-nynorsk" or "non"
Polish	"polish" or "plk"
Portuguese (default)	"portuguese" or "ptg"
Portuguese (Brazilian)	"portuguese-brazilian" or "ptb"
Russian (default)	"russian" or "rus"
Slovak	"slovak" or "sky"
Spanish (default)	"spanish" or "esp"
Spanish (Mexican)	"spanish-mexican" or "esm"
Spanish (Modern)	"spanish-modern" or "esn"
Swedish	"swedish" or "sve"
Turkish	"turkish" or "trk"

Listing 28-1 demonstrates creating and using locales by displaying the date format for English, French, and German. Please note that Listing 28-1 and all other listings in this chapter were developed with Visual C++ 6.0 because the gcc compiler that Quincy 99 uses does not support C++ locales yet.

Name: **pr28001.cpp**
Location: **Quincy99\Programs\Chap28**

: Dates using different locales

```
/////////////////////////////////////
// File Name: pr28001.cpp
/////////////////////////////////////
#include <iostream>
#include <locale>
#include <time.h>

int main()
{
    char dateStr[81];
    time_t curTime;
```

Continued

Listing 28-1 *(continued)*

```
struct tm* tmTime;

// Get the current time.
time(&curTime);


// Convert the time to a tm structure.
tmTime = gmtime(&curTime);

// Convert the time to a string.
strftime(dateStr, 80, "%#x", tmTime);

// Set the global locale to the native locale.
std::locale native("");
std::locale::global(native);

// Output the date using the native locale.
std::cout << "Native Date: " << std::endl;
std::cout << dateStr << std::endl << std::endl;

// Make the global locale French.
std::locale french("french");
std::locale::global(french);

// Redisplay the date using the French locale.
strftime(dateStr, 80, "%#x", tmTime);
std::cout << "French Date: " << std::endl;
std::cout << dateStr << std::endl << std::endl;

// Make the global locale German.
std::locale german("german");
std::locale::global(german);

// Redisplay the date using the German locale.
strftime(dateStr, 80, "%#x", tmTime);
std::cout << "German Date: " << std::endl;
std::cout << dateStr << std::endl << std::endl;

return 0;
}
```

Listing 28-1 produces the following output on a system whose native locale is U.S. English:

```
Native Date:
Friday, November 05, 2000
```

```
French Date:
vendredi 05 novembre 2000

German Date:
Freitag, 05. November 2000
```

Listing 28-1 is well documented by its comments. One line, however, deserves a closer look:

```
std::locale native("");
```

When the program calls the `locale` constructor with an empty string, the returned `locale` object is set to the native locale, which is based upon the system's user settings. Usually, users can set their native locales by setting system variables such as `LANG`.

Creating a Mixed Locale

You can create a mixed locale by changing the facet of one locale to the equivalent facet of another locale. For example, suppose you want all output done according to the French locale — except for dates, which you want displayed in the U.S. English format. Listing 28-2 demonstrates how to solve this problem.

Name: **pr28002.cpp**
Location: **Quincy99\Programs\Chap28**

Listing 28-2: **Creating mixed locales**

```cpp
/////////////////////////////////////
// File Name: pr28002.cpp
/////////////////////////////////////
#include <iostream>
#include <locale>
#include <clocale>
#include <ctime>

int main()
{
    char dateStr[81];
    time_t curTime;
    struct tm* tmTime;

    // Get the current time.
    time(&curTime);
```

Continued

Listing 28-2 *(continued)*

```
// Convert the time to a tm structure.
tmTime = gmtime(&curTime);

// Convert the time to a string.
strftime(dateStr, 80, "%#x", tmTime);

// Make the global locale French with USA dates.
std::locale french(std::locale("french"),
    std::locale("american"), LC_TIME);
std::locale::global(french);

// Redisplay the date using the mixed locale.
strftime(dateStr, 80, "%#x", tmTime);
std::cout << "French Date: " << std::endl;
std::cout << dateStr << std::endl << std::endl;

return 0;
}
```

Listing 28-2 produces the following output:

```
French Date:
Friday, November 05, 1999
```

As you can see, the locale object is French, but the call to the locale class's constructor replaces the time facet with the American version. This results in dates formatted for U.S. English, even though the rest of the locale supports French formatting. The LC_TIME constant comes from Table 28-2, which describes the constants for specifying facets.

Table 28-2 Locale Category Values	
Value	**Description**
LC_ALL	Sets all categories
LC_COLLATE	Sets the locale category associated with collating functions
LC_CTYPE	Sets the locale category associated with character classification functions
LC_MONETARY	Sets the locale category that affects monetary formatting
LC_NUMERIC	Sets the locale category that affects numeric formatting
LC_TIME	Sets the locale category that affects time and date formatting

Streams and Locales

In many circumstances, using streams in an application can simplify the use of locales — especially when you want to support multiple locales concurrently. This is because you can *imbue* a stream with a locale, after which that stream will format data based on the facets of the locale. You can create and imbue streams for all the locales the program needs to support. To imbue a stream with a locale, call the stream object's `imbue()` member function. Listing 28-3 demonstrates how to use the `imbue()` member function.

 On the CD-ROM

Name: **pr28003.cpp**
Location: **Quincy99\Programs\Chap28**

Listing 28-3: **Using streams and the imbue() function**

```cpp
///////////////////////////////////////
// File Name: pr28003.cpp
///////////////////////////////////////
#include <iostream>
#include <locale>

int main()
{
    // Output a number using the native locale.
    std::locale native("");
    std::cout.imbue(native);
    std::cout << "Native Number: " << std::endl;
    std::cout << 10999.82 << std::endl << std::endl;

    // Redisplay the number using the Dutch locale.
    std::locale dutch("dutch");
    std::cout.imbue(dutch);
    std::cout << "Dutch Number: " << std::endl;
    std::cout << 10999.82 << std::endl << std::endl;

    return 0;
}
```

Listing 28-3 produces the following output:

```
Native Number:
10999.8

Dutch Number:
10999,8
```

Manipulating Facets

Because a `locale` object's facets provide services used to localize software, you need a way to access and use these services. Two template functions provide this important support: `std::has_facet()` and `std::use_facet()`. The `std::has_facet()` template function returns `TRUE` if a specified facet exists in a given locale. For example, to determine whether the German locale supports the ctype facet, you can write:

```
std::locale german("german");
bool OK = std::has_facet<std::ctype<char> >(german);
```

Each type of facet defines functions a program can call upon to manipulate data for a locale. You call `std::use_facet()` to call a facet object's member functions. Although the many different facet functions are beyond the scope of this chapter, a simple example should get you on your way. Suppose that you want to call upon the ctype facet's `toupper()` function to uppercase a string according to the rules of the German locale. You can write something like this:

```
std::string test = "abcdefghijklmnopqrstuvwxyz";
char* first = test.begin();
char* last = test.end();
std::use_facet< std::ctype<char> >
    (german).toupper(first, last);
```

Listing 28-4 demonstrates how to call upon a facet's services. Please note that the `std::has_facet()` and `std::use_facet()` calls in this listing include additional arguments that do not appear in the previous examples. These extra arguments are nonstandard extensions required by Visual C++ 6.0.

Note   This program does not compile properly because in the experimental Standard C++ Library (included on this book's CD-ROM), localization implementation is incomplete.

On the CD-ROM   Name: **pr28004.cpp**
Location: **Quincy99\Programs\Chap28**

Listing 28-4: **Accessing facets**

```
/////////////////////////////////////
// File Name: pr28004.cpp
/////////////////////////////////////
#include <iostream>
#include <locale>
```

```
#include <string>

int main()
{
    // Set the global locale to German.
    std::locale german("german");
    std::locale::global(german);

    // Check whether the facet is supported.
    bool OK = std::has_facet<std::ctype<char> >(german);
    if (!OK)
    {
        std::cout << "Can't perform the conversion.";
        return 1;
    }

    // Set up the string and string pointers.
    char test[] = "abcdefghijklmnopqrstuvwxyz";
    char* first = test;
    char* last = first + sizeof test;

    // Display the starting string.
    std::cout << "Original String:" << std::endl;
    std::cout << first << std::endl << std::endl;

    // Convert the string to uppercase.
    std::use_facet< std::ctype<char> >(german).toupper(first,
last);

    // Display the converted string.
    std::cout << "Converted String:" << std::endl;
    std::cout << first << std::endl << std::endl;

    return 0;
}
```

Listing 28-4 produces the following output:

```
Original String:
abcdefghijklmnopqrstuvwxyz

Converted String:
ABCDEFGHIJKLMNOPQRSTUVWXYZ
```

Summary

Locales enable a program to support the language conventions of a culture or geographical location. C++ provides the std::locale class for managing the elements of a locale.

✦   ✦   ✦

About the CD-ROM

CD-ROM Contents

The CD-ROM that accompanies this book contains all of the source code for the example programs, along with a complete C and C++ compiler system hosted by a Windows 95/98/NT/2000 Integrated Development Environment (IDE) named Quincy 99. Following is a description of each item on the CD-ROM listed by the subdirectories in which they are recorded.

In the CD-ROM's root directory:

The `Autorun.inf` file automatically runs the Setup program whenever you load the CD-ROM.

The `Readme.txt` file contains some installation notes.

The `Setup.exe` program installs Quincy, the compilers, and the example programs from the CD-ROM to your hard drive.

The `Quincy99.htm` icon opens the Quincy 99 User's Guide in your browser.

`QUINCY99` contains everything you need to code, compile, debug, and execute C and C++ programs.

`QUINCY99\BIN` contains the executable binaries for Quincy 99, the grep utility program, Quincy's Uninstall program, and Quincy's Help database.

QUINCY99\LCC\BIN contains executable binaries for a Windows resource editor program that is not covered in the book, but which Quincy integrates as a tool for developing Windows programs.

QUINCY99\MINGW32 and subdirectories below it contain the executable binaries, libraries, and header files for the Mingw32 port of the gcc-2.95.1 compiler.

QUINCY99\PROGRAMS contains the example programs. This subdirectory is organized by chapter; the subdirectories CHAP01 through CHAP28 contain the programs for the chapters.

QUINCY99\WORKING is an empty subdirectory that the setup program copies during installation to provide a working subdirectory for temporary compiler files.

The SOURCE subdirectory is organized into subdirectories that contain the source code for Quincy 99 — a grep utility program integrated with the IDE, the CD-ROM's Setup program, Quincy's Uninstall program, and the C/C++ compilers and libraries.

The QUINCYDOCS subdirectory contains HTML and GIF files, which combine to form the Quincy 99 User's Guide. Double-click the Quincy99.htm icon on the CD-ROM's root directory to read the document in your browser.

CD-ROM Installation Instructions

To use Quincy 99 and the accompanying compiler, you must install them on your Windows 95/98/NT/2000 computer. If your CD-ROM has AutoPlay enabled, the Setup program runs when you insert the CD-ROM into the drive. If not, you can run the Setup.exe program from the root directory of the CD-ROM. When run, the Setup program displays a dialog box where you can select the items you want to install. You do not have to install everything in order to use the compiler or the IDE. As you select and deselect items, the dialog box displays how much hard disk space is required. See Quincy99.htm on the CD-ROM for details.

Type the drive and subdirectory where you want to install the files if c:\quincy99 is not what you want.

Do not install files into a subdirectory that includes spaces anywhere in its name.

We did not test the example programs with commercial compilers. The gcc compiler suite is recognized as being reasonably compliant with the ISO standard definition of C++, which is why we chose to use it to develop the examples and included it on the CD-ROM. The programs should work properly with any compliant compiler, however.

In all cases, if you choose not to install something, you should reload the CD-ROM in the same drive from which you installed it whenever you restart Quincy 99 so that Quincy can find the files that you left on the CD-ROM.

Upgrades, FAQs, and Support

You can find the latest version of Quincy at the following Web site:

`http://www.midifitz.com/alstevens/quincy99`

As we find and fix bugs and add features, and as the developers of the gcc compilers release newer versions, we will upgrade Quincy. The Web site is where to learn about, and download new releases of, Quincy.

The site also includes a list of frequently asked questions (FAQs) and their answers.

You can send questions and comments about Quincy 99 or anything else in the book to `astevens@ddj.com` and `cwalnum@claytonwalnum.com`.

✦   ✦   ✦

Language Elements

Table B-1				
Standard C++ Keywords				
asm	do	inline	short	typeid
auto	double	int	signed	typename
bool	dynamic_cast	long	sizeof	union
break	else	mutable	static	unsigned
case	enum	namespace	static_cast	using
catch	explicit	new	struct	virtual
char	extern	operator	switch	void
class	false	private	template	volatile
const	float	protected	this	wchar_t
const_cast	for	public	throw	while
continue	friend	register	true	
default	goto	reinterpret_cast	try	
delete	if	return	typedef	

Table B-2
International C++ Keywords

and	bitor	or	xor_e
and_eq	compl	or_eq	not_eq
bitand	not	xor	

Table B-3
Constant Escape Sequences

Escape Sequence	Description
\'	Single quote
\"	Double quote
\\	Backslash
\0	Null (zero) character
\0nnn	Octal number (nnn)
\a	Audible bell character
\b	Backspace
\f	Formfeed
\n	Newline
\r	Carriage return
\t	Horizontal tab
\v	Vertical tab
\xnnn	Hexadecimal number (nnn)

Table B-4
Arithmetic Operators

Symbol	Description
+	Unary plus
-	Unary minus
*	Multiplication

Symbol	Description
/	Division
%	Modulus
+	Addition
–	Subtraction

Table B-5
Logical Operators

Symbol	Description
&&	Logical AND
||	Logical OR
!	Unary NOT

Table B-6
Bitwise Logical Operators

Symbol	Description
&	Bitwise AND
||	Bitwise OR
!	Bitwise exclusive OR (XOR)
~	1's complement

Table B-7
Bitwise Shift Operators

Symbol	Description
<<	Left shift
>>	Right shift

Table B-8
Relational Operators

Symbol	Description
>	Greater than
<	Less than
>=	Greater than or equal to
<=	Less than or equal to
==	Equal to
!=	Not equal to

Table B-9
Increment and Decrement Operators

Symbol	Description
++	Increment operator
--	Decrement operator

Table B-10
Assignment Operators

Symbol	Description
=	Assignment
+=	Addition assignment
-=	Subtraction assignment
*=	Multiplication assignment
/=	Division assignment
%=	Modulus assignment
<<=	Shift left assignment
>>=	Shift right assignment
&=	Bitwise AND assignment
|=	Bitwise OR assignment
^	Bitwise exclusive OR (XOR) assignment

Table B-11
Operator Precedence and Order of Evaluation

Precedence	Operators	Associativity
(Highest)	`() []-> .`	Left-right
	`! ~ ++-- +- * & (type) sizeof`	Right-left
	`* / %`	Left-right
	`+ -`	Left-right
	`<< >>`	Left-right
	`< <= > >=`	Left-right
	`== !=`	Left-right
	`&`	Left-right
	`^`	Left-right
	`|`	Left-right
	`&&`	Left-right
	`||`	Left-right
	`?:`	Right-left
	`= += -= *= /= %= &= ^= |= <<= >>=`	Right-left
(Lowest)	`,`	Left-right

Table B-12
Preprocessing Directives

Directive	Description
`#`	Null directive; no action
`#include`	Includes a source code file at the directive's position
`#define`	Defines a macro
`#undef`	Removes the definition of a macro
`#if`	Compiles code if the given condition is `TRUE`
`#ifdef`	Compiles code if macro is defined
`#ifndef`	Compiles code if macro is not defined

Continued

Table B-12 *(continued)*

Directive	Description
#elif	Compiles code if previous #if... condition is not TRUE and current condition is TRUE
#endif	Terminates #if...#else conditional block
#error	Stops compiling and displays an error message

✦   ✦   ✦

Glossary

This glossary defines C++ and object-oriented programming terms.

abstract base class A class definition that is always a base class from which to derive other classes. The program declares no specific objects of the base class. A C++ abstract base class has a pure virtual function, a protected constructor, or a protected destructor.

abstract data type Also called ADT. A user-defined data type built as a C++ class. The details of implementation are not necessarily a part of the ADT. See also *intrinsic data type* and *concrete data type*.

abstraction Defining an abstract data type by designing a class. Also called *data abstraction*.

address An expression that returns the memory address of a variable or function.

algorithm The formula or procedure by which a set of program instructions performs a defined task.

anonymous object An internal, temporary object created by the compiler.

application A program or group of programs that combine to support a defined, user-related function such as payroll, inventory, accounting, and so on.

applications program As opposed to *systems program*. A program developed for a specific purpose within an application.

argument The value passed to a function. Its type must match that of the function's corresponding parameter, as declared in the function's prototype. See also *parameter*.

array A group of variables of the same type organized into a table of one or more dimensions.

ASCII American Standard Code for Information Interchange. The 8-bit system for encoding digits, the alphabet, special characters, graphics characters, and certain control values.

assignment A statement that places the value of an expression into a memory variable.

associativity The order in which operands in an expression are evaluated: left-to-right or right-to-left. The operator determines associativity.

automatic variable A local variable that does not retain its value when it goes out of scope. Each recursive execution of functions has its own copy of automatic variables.

base class A class from which other classes derive characteristics. The derived class inherits all the characteristics of the base. Also called *superclass*.

binary operator An operator, such as +, that has two operands.

Boolean logic The system of logic that applies the AND, OR, and XOR operators to two bitwise operands.

breakpoint A debugging procedure in which the program's execution is stopped at a specified statement in the source code so that the programmer can examine the program's state.

byte An 8-bit quantity used to store a character value or an integer in the signed range (-128 to 127) or unsigned range (0 to 255).

cast A parenthesized expression with only a type. It tells the compiler to convert the expression that follows to the type in the parentheses. Also called a *typecast*.

character An 8-bit value that represents one of the units in the computer's character set.

class A user-defined data type that may consist of data members and member functions.

class hierarchy A system of base and derived classes.

code Computer instructions encoded in machine, assembly, or a high-level language.

comment An informational statement in a program. The comment provides program documentation for the reader of the code. It reserves no memory and has no effect on the program's execution. C language comments begin with /* characters and end with */ characters. They may span several lines, and they do not nest. C++ language comments begin with // and continue to the end of the line.

compiler A program that reads high-level language source code and generates object code.

concrete data type A user-defined or library data type, complete with interface and implementation. The CDT is meant to be instantiated as an object and is not intended for use solely as a base class.

condition An expression that returns a TRUE or FALSE value.

console The computer's keyboard and screen.

constant A memory object with a defined value that cannot be changed while the program is running.

constructor The function executed by the compiler when the program declares an instance of a class. See also *destructor*.

control structures The building blocks of structured programming: sequence, selection, and iteration. The sequence control structure is the sequential expression of imperative statements. The selection control structure is the if-then-else decision process. The iteration control structure is the while-until loop mechanism. Others are the for iteration and the switch-case selection control structures.

cursor A screen pointer that tells the user where the next keystroke will be echoed. When the system uses a mouse, an additional cursor points to the current mouse position.

data abstraction See *abstraction*.

data member A data component of a class. It may be any valid data type, including intrinsic data types, class objects, pointers, and references.

data type The definition of a datum; its implementation and behavior. See also *intrinsic data type* and *user-defined data type*.

database A collection of data files loosely integrated to support a common application.

debugger A systems program that helps a programmer debug an applications program. The debugger traces the program's source code and supports breakpoints, watchpoints, and the examination and modification of memory variables.

decision The process whereby a program alters the statement execution sequence by testing a condition.

declaration The program statement that associates an identifier with what it identifies. A declaration can declare a variable, specify the format of a structure, declare an external variable, or declare a function or subroutine's return value and parameter list. A declaration may or may not reserve memory.

definition The program statement that defines the existence of a variable or function. A definition reserves memory for the item. The definition sometimes doubles as the item's declaration.

derived class A class that inherits some of its characteristics from a base class. Also called a *subclass*.

destructor The function executed by the compiler when a declared instance of a class goes out of scope. See also *constructor*.

dimension The number of elements in an array. When the array is multidimensional, as in an array of arrays, the secondary dimension is the number of array elements in the array.

DOS The dominant disk operating system for PCs. Also called PC-DOS and MS-DOS. Other operating systems are OS/2, Unix, and Windows NT.

editor A utility program that a programmer uses to create and modify source code and other text files.

element One entry in an array of variables.

encapsulation The activity of defining a class with its data members and member functions encapsulated into the definition. Encapsulation implies an implementation that is hidden from the class user, as well as an interface that is visible to the class user.

error message A message that the program displays to tell the user that an error has occurred in the processing.

escape sequence Two-character combinations coded into string and character constants that begin with a backslash character and compile to a one-character value, which usually cannot be represented by a single character code in the context of the constant.

exception The signal that a program raises (throws) when it senses a condition that must interrupt the current procedure. Another part of the program, one that has run already and is higher in the call stack, can intercept (catch) and process the exception.

executable code The assembled (or compiled) and linked code that is loaded into the computer and executed. In a source program, executable code is distinguished from code that declares objects and function prototypes and defines object formats.

expression A grouping of one or more constant and variable references; function calls; and relational, logical, and arithmetic operators that return a numerical or pointer value.

external data Data objects that are declared external to any procedure. They are accessible to all procedures within their scope. See also *global data*.

extraction operator The overloaded > operator that reads (extracts) values from an input stream. See also *insertion operator*.

field A single entity of data, usually one item of a data type. Collections of fields form files in a database. A field is also called a data element.

file A collection of records of a common format in a database.

file scope The scope of variables and functions that you may access only from within the translation unit. Macros, static functions, and static external variables have file scope.

firmware Software encoded into a read-only memory (ROM) integrated circuit.

floating-point number A number used to represent very large and very small numbers and nonintegral values.

free store The C++ heap. A dynamic memory pool that programs use to allocate and release temporary memory buffers.

friend A function that has access to the private members of a class but that is not a member function of that class. The class definition declares the function to be a friend.

function A program procedure that may return a value and may accept one or more arguments. A function consists of a function header and a function body.

function body The program statements that constitute the local declarations and executable code of a function definition.

function header The first statement in a function definition. It specifies the function's return type, identifier, and parameter list.

global data External data objects declared to be within the scope of the entire program.

global scope The scope of variables and functions that are accessible to all translation units in the program.

goto A statement that abruptly and unconditionally modifies the execution flow to proceed from a remote labeled statement. The `goto` statement specifies a source-code label that matches one attached to an executable source-code statement elsewhere in the function.

graphical user interface (GUI) A common user interface model that uses the graphics capabilities of the screen to support the "desktop" metaphor. A GUI provides generic menu and dialog box functions. Programs written to run under a GUI tend to have the same visual appearance to the user. Windows is the most popular GUI.

header source files Other source files that a program source file includes when it compiles. Header files typically contain things, such as global declarations, that independently compiled translation units need to see.

heap A large, system-controlled buffer of memory from which the program can allocate and deallocate smaller memory buffers dynamically. See also *free store*.

hexadecimal Base-16 numerical notation. The digits are 0-9, A-F.

hierarchy See *class hierarchy*.

identifier The name of a variable, macro, structure, or function.

implementation The private members of a class. The implementation defines the details of how the class implements the behavior of the abstract base type. See also *interface*.

information hiding An object-oriented and structured programming technique in which data representations and algorithms are not within the scope of those parts of the program that do not need to access them.

inheritance The ability of one class to inherit the characteristics of another class. The inherited class is derived from the base class. Also called *subclassing*.

initializer An expression specified as a variable's first assigned value when the variable comes into scope.

inline function A function that the compiler compiles as inline code every time the function is called

input/output redirection A command-line option, when you run a program, which redirects standard input and output to disk files.

insertion operator The overloaded << operator that writes (inserts) values to an output stream. See also *extraction operator*.

instance A declared object.

instantiate To declare an object of a data type.

integer A whole number; a positive or negative value without decimal places.

Integrated Development Environment (IDE) A programming system that integrates a source-code editor, language translator (compiler or interpreter), linker, and debugger into one package.

interactive An operating mode in which the user communicates with the program using the keyboard and mouse during the program's execution.

interface The public members of a class that define the class user's interface to the class's data and its behavior. Usually implemented as member functions. See also *implementation*.

interpreter A programming language processor that executes the program by interpreting the source-code statements one statement at a time. Interpreters are contrasted with compilers, which compile the source code into linkable object code.

intrinsic data type A data type known to the compiler, as compared to a *user-defined data type*. Intrinsic data types in C++ are bool, char, wchar_t, int, float, and double. The integer types may be qualified further as long, short, signed, and unsigned. The double type may be qualified further as long. There are also pointer and reference variables, which refer to objects of specific types. Data aggregates may be organized as arrays of like types and as classes, structures, and unions of varying types. Also called *primitive data type*.

intrinsic operator An operator known to the compiler. That is, an operator that's an integral part of the programming language. For example, C++ includes intrinsic arithmetic operators such as +, -, *, and /.

iteration One of the three control structures of structured programming. (The other two are *sequence* and *selection*.) Iteration is the control structure wherein the program repeats a sequence zero or more times using some tested condition within the sequence or within a statement that controls the loop. This causes the program to cease repeating the sequence and, consequently, to exit from the loop. The while, do...while, and for statements support iteration in C++.

keyword A word that is reserved by the C++ programming language. Typical keywords are if, else, and while.

label An identifier followed by a colon that names a program statement. The `goto` statement specifies the label associated with the next statement that executes.

library A file of relocatable object programs. Applications reference external identifiers in the library and link their object code files with the library. The linker pulls the object files from the library that contains the referenced external identifiers.

linkage specification Notation that tells the C++ compiler that a function was or is to be compiled with the linkage conventions of another language.

linker A systems program that builds an executable program file from a specified group of relocatable object code files. The relocatable object code files can stand alone, or they can be selected from a library.

local scope The scope of automatic and static variables that are declared within a function body or as parameters in the function header

local variable A variable that is defined in a statement block and is not in the scope of outer statement blocks or other functions.

loop A sequence of one or more program statements that iterates — executes repetitively — while, or until, a specified condition is `TRUE`. See also *iteration*.

lvalue An expression that can be dereferenced to modify memory. It can exist on the left side of an assignment. See also *rvalue*.

macro A statement that assigns source-code meaning to an identifier. A macro may have arguments.

manipulator A value that a program sends to a stream to tell the stream to modify one of its modes.

member A component of a class — either a data member or a member function. Also a variable within a structure or union.

member function A function component of a class, also called a *method*. A member function may be virtual.

memory The internal storage medium of the computer. In a PC, semiconductor memory is divided into read-only memory (ROM) and random-access memory (RAM).

menu An interactive program's screen display of selections from which the user may choose. Each selection corresponds to an action that the program can take.

message A message is the invocation of a class's member function in the name of a declared object of the class. The message is sent to the object to tell it to perform its function. The message includes the function call and the arguments that accompany it.

method A method in C++ is a member function of a class. Programs send messages to objects by invoking methods.

multiple inheritance The ability of a derived class to inherit the characteristics of more than one base class.

multitasking An operating system model in which multiple programs run concurrently.

multiuser An operating system model in which multiple users share the processor. Each user runs independently of the other users. Users can run the same or different programs concurrently.

namespace The logical scope in which names are declared and are unique. Names in an inner namespace can override names in an outer namespace. Code in an inner namespace can reference overridden names by using the scope resolution operator. Two objects in the same namespace cannot have the same name.

object A declared instance of a data type, including standard C++ data types as well as objects of classes.

object code The machine language code that an assembler or compiler generates from source code. To produce executable code, the linker program must link object code with other object code files and with library object code files.

object database A collection of persistent objects. See *persistence*.

octal Base-8 number system. The digits are 0-7.

operand The variables and function calls that an expression uses with operators to produce its value.

operating system The master control program that operates the computer. It maintains the file system and provides a command interface for the user to execute utility and application programs. See also *DOS*.

operator The code token that represents how an expression uses its operands to produce a value.

overloaded function A function that has the same name as one or more other functions, but that has a different parameter list. The compiler selects the function to call based on the types and number of arguments in the call.

overloaded operator A function that executes when a C++ operator is seen in a defined context with respect to a class object.

overriding function A function in a derived class that has the same name, return type, and parameter list as a function in the base class. The compiler calls the overriding function when the program calls that function in the name of an object of the derived class. If the function in the base class is virtual, the compiler calls the derived class's function—even when the call is through a pointer or reference to the base class. See also *pure virtual function*.

parameter The declaration of a data item that a function uses to receive arguments passed to the function. This declaration includes the item's type and name and appears in the function's declaration block at the beginning of the function. When the parameter appears in the function's prototype, the parameter's name may be omitted. See *argument* and *prototype*.

parameter list The comma-separated, parenthetical list of parameter variable declarations in a function header or prototype. It specifies the types and identifiers of the function's parameters.

persistence The ability of an object to succeed its creator and subsequently to exist in space other than the space in which it is created.

persistent object An object that exhibits persistence.

platform A loosely applied term to mean the operating system or the programming environment. The computer itself, such as the "PC platform" or the "Macintosh platform." The operating environment, such as the "DOS platform" or the "Windows platform." The software development environment of a programming language, such as the "Visual C++ platform" or the "SmallTalk platform."

pointer A variable that can contain the address of functions or other variables. The item pointed to can be referenced through the pointer.

polymorphism The ability of methods in a class hierarchy to exhibit different behavior for the same message depending on the type of the object for which the method is invoked and without regard to the class type of the reference to the object.

precedence The property that determines the order in which different operators in an expression are evaluated.

preemptive multitasking A multitasking operating system model that does not require handshakes from the running programs. The operating system preempts the running program to enable others to run. Programs are given time slices within which they can run before they are preempted. Programs of higher priority can preempt programs of lower priority at any time.

preprocessor A program that reads source code and translates it into source code suitable for the compiler. The preprocessor defines and resolves macros, includes other source-code files, and causes specified lines of code to be included or deleted based on conditional expressions.

primitive data type See *intrinsic data type*.

private class members Members of a class to which access is granted only to the class's member functions and to friend functions of the class.

program A collection of computer instructions that executes in a logical sequence to perform a defined task. To write a program.

program flow control statement A statement that controls the flow of execution. The `if`, `do`, `while`, `for`, `else`, `break`, `continue`, and `goto` statements are program flow control statements.

proper programming A programming model in which procedures have one entry point at the top, one exit point at the bottom, and no endless loops.

protected class members Members of a class that are private, except to member functions of publicly derived classes.

prototype The definition of a function's name, return type, and parameter list.

public class members Members of a class to which access is granted to all functions within the scope of an object of the class.

pulldown menu A menu that drops down, usually from a menu bar, on top of the screen display. After the user makes a menu selection, the menu pops up out of sight to uncover the displays that it obscured.

pure virtual function A virtual function in a base class that must have a matching function in a derived class. A program may not declare an instance of a class that has a pure virtual function. A program may not declare an instance of a derived class if that derived class does not provide an overriding function for each pure virtual function in the base.

RAM Random-access memory. Volatile semiconductor memory. Most of the PC's internal memory is RAM.

random file A file with fixed-length records that you can access in random sequence by addressing the record number.

real number A number represented in a program with digits and a decimal point. See also *floating-point number.*

real-time A program's ability to respond to external events when they happen. The program's execution may not delay its reaction to those events. A spacecraft's guidance system uses real-time processing. Also refers to a program's ability to emulate events within time constraints that match the user's perception of the passage of time. A flight simulator is an example of such a real-time program.

recursion A function's ability to call itself directly or indirectly from functions that it calls.

reference A variable name that is an alias for another variable.

reference, pass by Pass a pointer to the actual argument. The called function acts upon the caller's copy of the argument. See also *value, pass by.*

relocatable object code Compiled or assembled object code with relative, unresolved memory address references. The linker program resolves the references when it builds an executable program from one or more relocatable object files.

reusable code Functions that perform utility and general-purpose operations that many unrelated programs use.

ROM Read-only memory. Nonvolatile semiconductor memory. The PC's BIOS is stored in ROM. A program may not change the values written in ROM, and the values persist when power is turned off.

rvalue An expression that cannot be on the left side of an assignment because it represents a value that may not be taken from a memory location. See also *lvalue.*

scope The range of source code that can access an identifier. An external identifier typically is in scope within the source-code file in which the object is declared. In C++, the scope extends from the position of the declaration to the end of the file. A global identifier's scope extends to all of the program's source-code files. A local identifier is in scope only within the statement block in which it is declared.

selection One of the three control structures of structured programming. (The other two are *sequence* and *iteration.*) Selection is the control structure wherein the program changes the sequential program flow based on the TRUE/FALSE value of a tested condition. The `kf...else` and `else if` statements support selection in C++.

sequence One of the three control structures of structured programming. (The other two are *selection* and *iteration.*) Sequence is the control structure wherein program statements follow one another in top-down sequence.

sequential file A file of fixed- or variable-length records that are accessed in the sequence in which the records occur in the file.

shareware A technique for marketing software in which users try the programs first and pay for them only if they want to continue using them.

side effects The behavior of a macro that references an argument more than once. If multiple evaluations of an expression can change its meaning or imply unnecessary overhead, the expression is said to have side effects when used as an argument to such a macro.

source code Assembly or high-level programming language code statements.

stack A memory buffer from which the system allocates space for function arguments and automatic variables.

Standard C The C language as defined by the ANSI X3J11 Committee.

Standard C++ The C++ language as defined by the ANSI X3J16 Committee.

standard input/output devices The device files usually assigned to the keyboard and screen but that may be redirected to disk files.

statement A C++ language body of code that you terminate with a semicolon.

statement block A group of statements that starts with a left brace ({) and ends with a right brace (}).

storage class The manner in which a variable is stored in memory—as `auto`, `extern`, `static`, or `register`.

stream A category of character-oriented data files or devices in which the data characters exist in an input or output stream.

string constant A null-terminated, variable-length array of characters coded within an expression and surrounded by double quotation marks.

structure A record format consisting of one or more objects of multiple data types.

structured programming A programming model that uses the three control structures: sequence, selection, and iteration. Structured programming was extended to include the principles of modular programming.

subclass See *derived class*.

subclassing See *inheritance*.

subscript An integer value used in an expression to reference an element of an array.

superclass See *base class*.

systems program As opposed to *applications program*. A program, such as an operating system, which supports the computer system rather than the functional application.

test The application of a condition to alter the sequence of instruction execution. The `if` and `while` control structures are tests.

this A pointer that exists in all nonstatic member functions. The `this` pointer is a pointer to an object of the class. It points to the object for which the function is executed.

top-down design Designing a program beginning at the highest level of execution and proceeding downward. The programmer designs the program's entry point and the calls to lower procedures. Each design of a lower procedure decomposes the design into lower and more detailed levels of abstraction until the final design at the lowest level is an expression of the program's algorithms.

translation unit One independently compiled source-code unit consisting of the C or C++ source file and all included headers.

type The type of a program constant or variable, which can be of a primitive or abstract data type.

type conversion The conversion of one type to another. The compiler has built-in type conversions; a class may define its own conversions for converting from an object of the class to another type and from another type to an object of the class.

type qualifier A qualifying keyword in a variable declaration that specifies whether the variable is `const` or volatile.

type-safe linkage A technique ensuring that functions and function calls in separately compiled program modules use consistent parameter lists.

typecast See *cast*.

unary operator An operator, such as `sizeof`, that has only one operand.

user interface The interactive dialog between the program and the user. In the early days of the PC, user interfaces were invented or contrived by the programmer for each new program. That is why each spreadsheet, word processor, and so on, had its own unique command structure. Users had to learn a different procedure for each program. Contemporary programs are written to run within operating environments, such as Windows, which support a common user interface.

user-defined data type A data type that the programmer builds by using `struct`, `union`, or `typedef`. See also *intrinsic data type*.

utility program A program that performs a utility function in support of the operating environment or the file system. The MS-DOS CHKDSK program is a utility program that tests the integrity of the file system.

value, pass by Pass the value of argument. The called function acts upon its own copy of the argument, leaving the caller's copy intact. See also *reference, pass by*.

variable An object in memory in which the program can modify the value at any time.

virtual function A member function in a class from which other classes may be derived. If the derived class has a function with the same name and parameter list, the derived class's function is executed for objects of the derived class. See also *pure virtual function* and *overriding function*.

watchpoint A debugging procedure in which the debugger watches a memory variable for a specified value, or a specified expression for a `TRUE` condition. When the watchpoint condition is satisfied, the debugger stops the program's execution at the point where the condition became `TRUE`.

white space Spaces, newlines, and tab characters in a source-code text file.

Index

A

Continued

Continued

Continued

Continued

IDG Books Worldwide, Inc.
End-User License Agreement

READ THIS. You should carefully read these terms and conditions before opening the software packet(s) included with this book ("Book"). This is a license agreement ("Agreement") between you and IDG Books Worldwide, Inc. ("IDGB"). By opening the accompanying software packet(s), you acknowledge that you have read and accept the following terms and conditions. If you do not agree and do not want to be bound by such terms and conditions, promptly return the Book and the unopened software packet(s) to the place you obtained them for a full refund.

1. **License Grant.** IDGB grants to you (either an individual or entity) a nonexclusive license to use one copy of the enclosed software program(s) (collectively, the "Software") solely for your own personal or business purposes on a single computer (whether a standard computer or a workstation component of a multiuser network). The Software is in use on a computer when it is loaded into temporary memory (RAM) or installed into permanent memory (hard disk, CD-ROM, or other storage device). IDGB reserves all rights not expressly granted herein.

2. **Ownership.** IDGB is the owner of all right, title, and interest, including copyright, in and to the compilation of the Software recorded on the disk(s) or CD-ROM ("Software Media"). Copyright to the individual programs recorded on the Software Media is owned by the author or other authorized copyright owner of each program. Ownership of the Software and all proprietary rights relating thereto remain with IDGB and its licensers.

3. **Restrictions on Use and Transfer.**

   (a) You may only (i) make one copy of the Software for backup or archival purposes, or (ii) transfer the Software to a single hard disk, provided that you keep the original for backup or archival purposes. You may not (i) rent or lease the Software, (ii) copy or reproduce the Software through a LAN or other network system or through any computer subscriber system or bulletin-board system, or (iii) modify, adapt, or create derivative works based on the Software.

   (b) You may not reverse engineer, decompile, or disassemble the Software. You may transfer the Software and user documentation on a permanent basis, provided that the transferee agrees to accept the terms and conditions of this Agreement and you retain no copies. If the Software is an update or has been updated, any transfer must include the most recent update and all prior versions.

4. **Restrictions on Use of Individual Programs.** You must follow the individual requirements and restrictions detailed for each individual program in Appendix A of this Book. These limitations are also contained in the individual license agreements recorded on the Software Media. These limitations may include a requirement that after using the program for a specified period of time, the user must pay a registration fee or discontinue use. By opening the Software packet(s), you will be agreeing to abide by the licenses and restrictions for these individual programs that are detailed in Appendix A and on the Software Media. None of the material on this Software Media or listed in this Book may ever be redistributed, in original or modified form, for commercial purposes.

5. **Limited Warranty.**

    (a) IDGB warrants that the Software and Software Media are free from defects in materials and workmanship under normal use for a period of sixty (60) days from the date of purchase of this Book. If IDGB receives notification within the warranty period of defects in materials or workmanship, IDGB will replace the defective Software Media.

    (b) **IDGB AND THE AUTHORS OF THE BOOK DISCLAIM ALL OTHER WARRANTIES, EXPRESS OR IMPLIED, INCLUDING WITHOUT LIMITATION IMPLIED WARRANTIES OF MERCHANTABILITY AND FITNESS FOR A PARTICULAR PURPOSE, WITH RESPECT TO THE SOFTWARE, THE PROGRAMS, THE SOURCE CODE CONTAINED THEREIN, AND/OR THE TECHNIQUES DESCRIBED IN THIS BOOK. IDGB DOES NOT WARRANT THAT THE FUNCTIONS CONTAINED IN THE SOFTWARE WILL MEET YOUR REQUIREMENTS OR THAT THE OPERATION OF THE SOFTWARE WILL BE ERROR FREE.**

    (c) This limited warranty gives you specific legal rights, and you may have other rights that vary from jurisdiction to jurisdiction.

6. **Remedies.**

    (a) IDGB's entire liability and your exclusive remedy for defects in materials and workmanship shall be limited to replacement of the Software Media, which may be returned to IDGB with a copy of your receipt at the following address: Software Media Fulfillment Department, Attn.: *Standard C++ Bible*, IDG Books Worldwide, Inc., 10475 Crosspoint Blvd., Indianapolis, IN 46256, or call 1-800-762-2974. Please allow three to four weeks for delivery. This Limited Warranty is void if failure of the Software Media has resulted from accident, abuse, or misapplication. Any replacement Software Media will be warranted for the remainder of the original warranty period or thirty (30) days, whichever is longer.

(b) In no event shall IDGB or the authors be liable for any damages whatsoever (including without limitation damages for loss of business profits, business interruption, loss of business information, or any other pecuniary loss) arising from the use of or inability to use the Book or the Software, even if IDGB has been advised of the possibility of such damages.

(c) Because some jurisdictions do not allow the exclusion or limitation of liability for consequential or incidental damages, the above limitation or exclusion may not apply to you.

7. <u>**U.S. Government Restricted Rights.**</u> Use, duplication, or disclosure of the Software by the U.S. Government is subject to restrictions stated in paragraph (c)(1)(ii) of the Rights in Technical Data and Computer Software clause of DFARS 252.227-7013, and in subparagraphs (a) through (d) of the Commercial Computer — Restricted Rights clause at FAR 52.227-19, and in similar clauses in the NASA FAR supplement, when applicable.

8. <u>**General.**</u> This Agreement constitutes the entire understanding of the parties and revokes and supersedes all prior agreements, oral or written, between them and may not be modified or amended except in a writing signed by both parties hereto that specifically refers to this Agreement. This Agreement shall take precedence over any other documents that may be in conflict herewith. If any one or more provisions contained in this Agreement are held by any court or tribunal to be invalid, illegal, or otherwise unenforceable, each and every other provision shall remain in full force and effect.

GNU GENERAL PUBLIC LICENSE

Version 2, June 1991

Preamble

The licenses for most software are designed to take away your freedom to
share and change it. By contrast, the GNU General Public License is intended
to guarantee your freedom to share and change free software—to make sure
the software is free for all its users. This General Public License applies to
most of the Free Software Foundation's software and to any other program
whose authors commit to using it. (Some other Free Software Foundation
software is covered by the GNU Library General Public License instead.) You
can apply it to your programs, too.

When we speak of *free software*, we are referring to freedom, not price. Our
General Public Licenses are designed to make sure that you have the freedom
to distribute copies of free software (and charge for this service if you wish),
that you receive source code or can get it if you want it, that you can change
the software or use pieces of it in new free programs, and that you know you
can do these things.

To protect your rights, we need to make restrictions that forbid anyone to
deny you these rights or to ask you to surrender the rights. These restrictions
translate to certain responsibilities for you if you distribute copies of the
software, or if you modify it.

For example, if you distribute copies of such a program, whether gratis or for
a fee, you must give the recipients all the rights that you have. You must make
sure that they, too, receive or can get the source code. And you must show
them these terms so they know their rights.

We protect your rights with two steps: (1) copyright the software, and (2)
offer you this license, which gives you legal permission to copy, distribute,
and/or modify the software.

Also, for each author's protection and ours, we want to make certain that
everyone understands that there is no warranty for this free software. If the
software is modified by someone else and passed on, we want its recipients to
know that what they have is not the original, so that any problems introduced
by others will not reflect on the original authors' reputations.

Finally, any free program is threatened constantly by software patents. We wish to avoid the danger that redistributors of a free program will individually obtain patent licenses, in effect making the program proprietary. To prevent this, we have made it clear that any patent must be licensed for everyone's free use or not licensed at all.

The precise terms and conditions for copying, distribution and modification follow.

TERMS AND CONDITIONS FOR COPYING, DISTRIBUTION, AND MODIFICATION

0. This License applies to any program or other work that contains a notice placed by the copyright holder saying it may be distributed under the termsof this Gene-ral Public License. The "Program," below, refers to any such program or work, and a "work based on the Program" means either the Program or any deri-vative work under copyright law: that is to say, a work containing the Program or a por-tion of it, either verbatim or with modifications and/or trans-lated into another language. (Hereinafter, translation is included without limitation in the term "modification.") Each licensee is addressed as "you."

Activities other than copying, distribution, and modification are not covered by this License; they are outside its scope. The act of running the Program is not restricted, and the output from the Program is covered only if its contents constitute a work based on the Program (independent of having been made by running the Program). Whether that is true depends on what the Program does.

1. You may copy and distribute verbatim copies of the Program's source code as you receive it, in any medium, provided that you conspicuously and appropriately publish on each copy an appropriate copyright notice and disclaimer of warranty; keep intact all the notices that refer to this License and to the absence of any warranty; and give any other recipients of the Program a copy of this License along with the Program.

You may charge a fee for the physical act of transferring a copy, and you may at your option offer warranty protection in exchange for a fee.

2. You may modify your copy or copies of the Program or any portion of it, thus forming a work based on the Program, and copy and distribute such modifications or work under the terms of Section 1 above, provided that you also meet all of these conditions:

   a) You must cause the modified files to carry prominent notices stating that you changed the files and the date of any change.

   b) You must cause any work that you distribute or publish, that in whole or in part contains or is derived from the Program or any part thereof, to be licensed as a whole at no charge to all third parties under the terms of this License.

c) If the modified program normally reads commands interactively when run, you must cause it, when started running for such interactive use in the most ordinary way, to print or display an announcement including an appropriate copyright notice and a notice that there is no warranty (or else, saying that you provide a warranty) and that users may redistribute the program under these conditions, and telling the user how to view a copy of this License. (Exception: If the Program itself is interactive but does not normally print such an announcement, your work based on the Program is not required to print an announcement.)

These requirements apply to the modified work as a whole. If identifiable sections of that work are not derived from the Program, and can be reasonably considered independent and separate works in themselves, then this License, and its terms, do not apply to those sections when you distribute them as separate works. But when you distribute the same sections as part of a whole that is a work based on the Program, the distribution of the whole must be on the terms of this License, whose permissions for other licensees extend to the entire whole, and thus to each and every part regardless of who wrote it.

Thus, it is not the intent of this section to claim rights or contest your rights to work written entirely by you; rather, the intent is to exercise the right to control the distribution of derivative or collective works based on the Program.

In addition, mere aggregation of another work not based on the Program with the Program (or with a work based on the Program) on a volume of a storage or distribution medium does not bring the other work under the scope of this License.

3. You may copy and distribute the Program (or a work based on it, under Section 2) in object code or executable form under the terms of Sections 1 and 2 above provided that you also do one of the following:

a) Accompany it with the complete corresponding machine-readable source code, which must be distributed under the terms of Sections 1 and 2 above on a medium customarily used for software interchange; or,

b) Accompany it with a written offer, valid for at least three years, to give any third party, for a charge no more than your cost of physically performing source distribution, a complete, machine-readable copy of the corresponding source code, to be distributed under the terms of Sections 1 and 2 above on a medium customarily used for software interchange; or,

c) Accompany it with the information you received as to the offer to distribute corresponding source code. (This alternative is allowed only for noncommercial distribution and only if you received the program in object code or executable form with such an offer, in accord with Subsection (b) above.)

The source code for a work means the preferred form of the work for making modifications to it. For an executable work, complete source code means all the source code for all modules it contains, plus any associated interface definition files, plus the scripts used to control compilation and installation of the executable. However, as a special exception, the source code distributed need not include anything that is normally distributed (in either source or binary form) with the major components (compiler, kernel, and so forth) of the operating system on which the executable runs, unless that component itself accompanies the executable.

If distribution of executable or object code is made by offering access to copy from a designated place, then offering equivalent access to copy the source code from the same place counts as distribution of the source code, even though third parties are not compelled to copy the source along with the object code.

4. You may not copy, modify, sublicense, or distribute the Program except as expressly provided under this License. Any attempt otherwise to copy, modify, sublicense, or distribute the Program is void, and will automatically terminate your rights under this License.

   However, parties who have received copies, or rights, from you under this License will not have their licenses terminated so long as such parties remain in full compliance.

5. You are not required to accept this License, since you have not signed it. However, nothing else grants you permission to modify or distribute the Program or its derivative works. These actions are prohibited by law if you do not accept this License. Therefore, by modifying or distri-buting the Program (or any work based on the Program), you indicate your acceptance of this License to do so, and all its terms and condi-tions for copying, distributing or modifying the Program or works based on it.

6. Each time you redistribute the Program (or any work based on the Program), the recipient automatically receives a license from the original licensor to copy, distribute, or modify the Program subject to these terms and condi-tions. You may not impose any further restrictions on the recipients' exercise of the rights granted herein. You are not responsible for enforcing compliance by third parties to this License.

7. If, as a consequence of a court judgment or allegation of patent infringement or for any other reason (not limited to patent issues), conditions are imposed on you (whether by court order, agreement or otherwise) that contradict the conditions of this License, they do not excuse you from the conditions of this License. If you cannot distribute so as to satisfy simultaneously your obliga-tions under this License and any other pertinent obligations, then as a consequence you may not distribute the Program at all. For example, if a

patent license would not permit royalty-free redistribution of the Program by all those who receive copies directly or indirectly through you, then the only way you could satisfy both it and this License would be to refrain entirely from distribution of the Program.

If any portion of this section is held invalid or unenforceable under any particular circumstance, the balance of the section is intended to apply and the section as a whole is intended to apply in other circumstances.

It is not the purpose of this section to induce you to infringe any patents or other property right claims or to contest validity of any such claims; this section has the sole purpose of protecting the integrity of the free software distribution system, which is implemented by public license practices. Many people have made generous contributions to the wide range of software distributed through that system in reliance on consistent application of that system; it is up to the author/donor to decide if he or she is willing to distribute software through any other system and a licensee cannot impose that choice.

This section is intended to make thoroughly clear what is believed to be a consequence of the rest of this License.

8. If the distribution and/or use of the Program is restricted in certain countries either by patents or by copyrighted interfaces, the original copyright holder who places the Program under this License may add an explicit geographical distribution limitation excluding those countries, so that distribution is permitted only in or among countries not thus excluded. In such case, this License incorporates the limitation as if written in the body of this License.

9. The Free Software Foundation may publish revised and/or new versions of the General Public License from time to time. Such new versions will be similar in spirit to the present version, but may differ in detail to address new problems or concerns.

Each version is given a distinguishing version number. If the Program specifies a version number of this License which applies to it and "any later version," you have the option of following the terms and conditions either of that version or of any later version published by the Free Software Foundation. If the Program does not specify a version number of this License, you may choose any version ever published by the Free Software Foundation.

10. If you wish to incorporate parts of the Program into other free programs whose distribution conditions are different, write to the author to ask for permission. For software which is copyrighted by the Free Software Foundation, write to the Free Software Foundation; we sometimes make exceptions for this. Our decision will be guided by the two goals of preserving the free status of all derivatives of our free software and of promoting the sharing and reuse of software generally.

NO WARRANTY

11. BECAUSE THE PROGRAM IS LICENSED FREE OF CHARGE, THERE IS NO
WARRANTY FOR THE PROGRAM, TO THE EXTENT PERMITTED BY APPLICABLE
LAW. EXCEPT WHEN OTHERWISE STATED IN WRITING, THE COPYRIGHT
HOLDERS AND/OR OTHER PARTIES PROVIDE THE PROGRAM "AS IS" WITHOUT
WARRANTY OF ANY KIND, EITHER EXPRESSED OR IMPLIED, INCLUDING, BUT
NOT LIMITED TO, THE IMPLIED WARRANTIES OF MERCHANTABILITY AND
FITNESS FOR A PARTICULAR PURPOSE. THE ENTIRE RISK AS TO THE QUALITY
AND PERFORMANCE OF THE PROGRAM IS WITH YOU. SHOULD THE PROGRAM
PROVE DEFECTIVE, YOU ASSUME THE COST OF ALL NECESSARY SERVICING,
REPAIR, OR CORRECTION.

12. IN NO EVENT UNLESS REQUIRED BY APPLICABLE LAW OR AGREED TO IN
WRITING WILL ANY COPYRIGHT HOLDER, OR ANY OTHER PARTY WHO
MAY MODIFY AND/OR REDISTRIBUTE THE PROGRAM AS PERMITTED ABOVE,
BE LIABLE TO YOU FOR DAMAGES, INCLUDING ANY GENERAL, SPECIAL,
INCIDENTAL, OR CONSEQUENTIAL DAMAGES ARISING OUT OF THE USE OR
INABILITY TO USE THE PROGRAM (INCLUDING BUT NOT LIMITED TO LOSS
OF DATA OR DATA BEING RENDERED INACCURATE OR LOSSES SUSTAINED BY
YOU OR THIRD PARTIES OR A FAILURE OF THE PROGRAM TO OPERATE WITH
ANY OTHER PROGRAMS), EVEN IF SUCH HOLDER OR OTHER PARTY HAS
BEEN ADVISED OF THE POSSIBILITY OF SUCH DAMAGES.

*****END OF TERMS AND CONDITIONS*****

How to Apply These Terms to Your New Programs

If you develop a new program, and you want it to be of the greatest possible use to
the public, the best way to achieve this is to make it free software that everyone
can redistribute and change under these terms.

To do so, attach the following notices to the program. It is safest to attach them to
the start of each source file to most effectively convey the exclusion of warranty;
and each file should have at least the "copyright" line and a pointer to where the
full notice is found:

```
<One line to give the program's name and a brief idea of what it does.>
Copyright (c) 19yy (name of author)

This program is free software; you can redistribute it and/or modify it under
the terms of the GNU General Public License as published by the Free Software
Foundation; either Version 2 of the License or (at your option) any later
version.
```

This program is distributed in the hope that it will be useful, but WITHOUT ANY
WARRANTY; without even the implied warranty of MERCHANTABILITY or FITNESS FOR A
PARTICULAR PURPOSE. See the GNU General Public License for more details.

You should have received a copy of the GNU General Public License along with
this program; if not, write to the Free Software Foundation, Inc., 675 Mass
Ave., Cambridge, MA 02139, USA.

Also add information on how to contact you by electronic and paper mail.

If the program is interactive, make it output a short notice like this when it starts in
an interactive mode:

    Gnomovision version 69, Copyright (c) 19yy name of author
    Gnomovision comes with ABSOLUTELY NO WARRANTY; for details type
    'show w'
    This is free software, and you are welcome to redistribute it
    under certain conditions; type 'show c' for details.

The hypothetical commands show w and show c should show the appropriate parts
of the General Public License. Of course, the commands you use may be called something other than show w and show c; they could even be mouse-clicks or menu
items — whatever suits your program.

You should also get your employer (if you work as a programmer) or your school, if
any, to sign a "copyright disclaimer" for the program, if necessary. Here is a sample;
alter the names:

    Yoyodyne, Inc., hereby disclaims all copyright interest in the
    program "Gnomo-vision" (which makes passes at compilers) written
    by James Hacker.

    (signature of Ty Coon), 1 April 1989
    Ty Coon, President of Vice

This General Public License does not permit incorporating your program into
proprietary programs. If your program is a subroutine library, you may consider
it more useful to permit linking proprietary applications with the library. If this is
what you want to do, use the GNU Library General Public License instead of this
License.

my2cents.idgbooks.com

Register This Book — And Win!

Visit **http://my2cents.idgbooks.com** to register this book and we'll automatically enter you in our fantastic monthly prize giveaway. It's also your opportunity to give us feedback: let us know what you thought of this book and how you would like to see other topics covered.

Discover IDG Books Online!

The IDG Books Online Web site is your online resource for tackling technology — at home and at the office. Frequently updated, the IDG Books Online Web site features exclusive software, insider information, online books, and live events!

10 Productive & Career-Enhancing Things You Can Do at www.idgbooks.com

- Nab source code for your own programming projects.

- Download software.

- Read Web exclusives: special articles and book excerpts by IDG Books Worldwide authors.

- Take advantage of resources to help you advance your career as a Novell or Microsoft professional.

- Buy IDG Books Worldwide titles or find a convenient bookstore that carries them.

- Register your book and win a prize.

- Chat live online with authors.

- Sign up for regular e-mail updates about our latest books.

- Suggest a book you'd like to read or write.

- Give us your 2¢ about our books and about our Web site.

You say you're not on the Web yet? It's easy to get started with IDG Books' *Discover the Internet,* available at local retailers everywhere.

CD-ROM Installation Instructions

Insert the CD-ROM into your CD-ROM drive. The setup program on the CD-ROM should automatically start, displaying a dialog with the options that you can install. (If the setup program does not start, go to the Windows taskbar and click Start ⇨ Run. Type **D:\setup**, in which D refers to the drive letter of your CD-ROM drive.)

Select the options you want to install and the drive and subdirectory into which you want to install the software. (The Help button opens a document in your browser that provides details about these options.) Click the Install button to complete the installation.

For more detailed information about installing the CD-ROM, please see Appendix A.